ソフトウェア工学

岸　知二
野田 夏子 ［著］

近代科学社

◆ 読者の皆さまへ ◆

平素より，小社の出版物をご愛読くださいまして，まことに有り難うございます．

（株）近代科学社は 1959 年の創立以来，微力ながら出版の立場から科学・工学の発展に寄与すべく尽力してきております．それも，ひとえに皆さまの温かいご支援があってのものと存じ，ここに衷心より御礼申し上げます．

なお，小社では，全出版物に対して HCD（人間中心設計）のコンセプトに基づき，そのユーザビリティを追求しております．本書を通じまして何かお気づきの事柄がございましたら，ぜひ以下の「お問合せ先」までご一報くださいますよう，お願いいたします．

お問合せ先：reader@kindaikagaku.co.jp

なお，本書の制作には，以下が各プロセスに関与いたしました：

- 企画：冨髙琢磨
- 編集：冨髙琢磨，安原税子
- 組版：藤原印刷（LaTeX）
- 印刷：藤原印刷
- 製本：藤原印刷（PUR）
- 資材管理：藤原印刷
- カバー・表紙デザイン：藤原印刷
- 広報宣伝・営業：山口幸治，西村友也

●本書に記載されている会社名・製品名等は，一般に各社の登録商標または商標です．本文中の©，®，TM 等の表示は省略しています．

> - 本書の複製権・翻訳権・譲渡権は株式会社近代科学社が保有します．
> - [JCOPY] 〈(社)出版者著作権管理機構 委託出版物〉
>   本書の無断複写は著作権法上での例外を除き禁じられています．複写される場合は，そのつど事前に(社)出版者著作権管理機構（https://www.jcopy.or.jp, e-mail: info@jcopy.or.jp）の許諾を得てください．

まえがき

対象
　本書は，学部学生を主対象にしたソフトウェア工学の教科書である．ソフトウェア工学の基本的な内容から大学院相当の内容まで含んでおり，内容を選択することにより情報系の学部学生や非情報系の学部学生の教科書，あるいは大学院での参考書としての利用など，ある程度幅広く利用されることを意図している．一方，本書は実務者のための実用書としての利用は意図していない．

背景
　現在までに多くのソフトウェア工学の教科書や参考書が出版され，良書も多い中，そこに一冊を加えようと考えたことにはいくつかの背景がある．
　1つには，ソフトウェア工学やその周辺をとりまく情報通信技術の進展，ソフトウェア開発や運用の多様化がある．学生には，そうした新しい技術，製品，手法を表層的に受け止めるのではなく，それらがどういう問題を解決するためにどういう経緯の中で生まれてきたものなのかを理解してほしい．本質的な問題や解決のアイデアは，そう簡単に変化はしない．実務の場で現れては消える新しい名称やバズワードに振り回されることなく，その背景や本質を理解できないと，変化の激しい情報通信分野への適応は不可能である．
　もう1つには，実務的な能力を備えた応用力や即戦力をもった人材の育成の要求がある．そうした中，実務者向けの実用書は充実しており，また大学においてもPBL等の実務能力の育成に対する活発な取組みがなされている．しかしながら，場合によっては基礎となる知識や概念の習得を，知識偏重で旧態依然とした学習であると捉える誤解も感じられる．それはとんでもないことで，基礎知識や重要概念の正しい理解なくして応用力や即戦力などおぼつかない．特に大学の学生が，実務の本当の問題を理解することには限界がある．そうした学生が，実務の問題の理解を前提とした実務者向けの本を読んでも，単に技術を利用するスキルの習得に終わる危険性がある．そうした意味で，一定のコンパクトな形で基礎知識や重要概念の体系を，その背景を含めて提示する必要性があると強く感じてきた．

目的

これらを踏まえた本書の立ち位置は，今後の実務能力育成の基盤となるソフトウェア工学の基礎を理解するための教科書というものである．企業在籍時，あるいは大学に移ってからも共同研究等で多くのソフトウェア技術者を見てきた著者らの経験から，組織やプロジェクトの中核となりうる技術者は，技術に対するある意味オーソドックスでバランスの取れた理解を持ち，その上に実務での様々な問題を位置づけられる人が多いと感じている．本書は学生がそうした基盤を習得するための教科書となることをねらっている．ソフトウェア工学の基礎とは，重要な知識単位の理解と，その知識単位の位置づけ，相互の関係性の理解から成り立つと考える．そうしたソフトウェア工学の地図を手に入れれば，実務の森を一人で歩くようになっても，道に迷わない．

内容

本書は，著者らの企業，大学でのソフトウェア工学関連の教育の経験とそこで利用した教材に基づいている．企業内あるいは顧客への教育，大学院での社会人教育，また大学学部や大学院での，情報系，非情報系の学生に対する教育など，様々な教育の経験を踏まえ，中核的な知識単位や関連する知識単位などを選択した．

まず，ソフトウェア工学の全体的な説明と経緯（1章），ソフトウェアモデリングの説明（2章），ソフトウェア技術の基礎と，ソフトウェアが利用される情報システムやそれを活用するビジネスプロセス，あるいは組込みシステムといった，ソフトウェアやソフトウェア工学の位置づけを理解する説明（3章）にそれぞれ章を割いた．ソフトウェアモデリングの理解は，ソフトウェア工学の重要な視点や概念を理解する上でも有用である．

要求定義（4章），設計（5章），実装（6章），検証と妥当性確認（7章）というソフトウェア工学の主要な活動と，その関連づけの考え方としての開発プロセス（8章）についての説明が，本書の骨格的な部分を成している．標準的な構成ではあるが，重要な内容をやや広く深く説明している．

さらに，これらの理解をベースに，保守・進化と再利用（9章），モデル駆動工学（10章），形式手法（11章）についてそれぞれ章を設けて説明している．

プロジェクト管理の話題は必ずしもソフトウェア開発に限った問題ではなく，より広く一般的な内容を含む．しかしながら現実のソフトウェア開発においては，大変重要な側面であるため，本書でも学生として理解しておくことが有用と判断される内容を中心に一定の紙面を割いて説明した（12章）．

以上のように，本書は学部のソフトウェア工学の教科書としては十分な内容を含んでいる．実際の活用にあたっては巻末に記載したガイドを参考

にしていただきたい．

特徴
本書は以下の特徴を持つ．

第一に，知識単位の選定とその用語定義を注意深く行っている点である．ソフトウェア工学は多様な分野を含み，分野に応じて用語や概念が異なる場合もある．そういう意味で正解のない作業ではあるが，海外での用語の使われ方なども調べ，できるだけ穏当な選定と定義を行うように心がけた．

第二に，関連する項目をやや広めかつ深めに取り上げている点である．重要概念のみをピックアップする方法は用語集やリファレンスとしては役立つが，地図を作るには不十分である．その周辺との関連性が見えて初めてその概念が理解できる．そうした意図より，ソフトウェアをとりまく情報システムなどに関する内容，あるいは基本的な概念をさらに掘り下げたやや専門性の高い内容もある程度取り込むようにしている．

第三に，ソフトウェアモデルとその活用に関する記述を強化している点である．ソフトウェア工学におけるソフトウェアモデルの活用は近年大きく進歩している．本書では比較的高度な内容も含めてその説明に紙面を割いた．

もう1つ付け加えるとすると，本書は学生の教科書として，あえて文章での説明を心がけた．これはビジュアル中心でプレゼンテーション的な書籍が多い近年の傾向に反するものかもしれない．しかしながら基礎体力は自分で読み書きすることによってでしか体得できない．本書の立ち位置から，あえて文章を読むことを重要視した構成としている．ただし傍注などを活用し，できるだけ無機的な教科書の形態を脱するように努力した．

謝辞
本書は，諸先輩あるいはコミュニティの方々からの直接的あるいは間接的な情報や助言を多く参考にさせていただいた．また既存のソフトウェア工学の教科書を含め，巻末に示すように様々な文献を参考にさせていただいた．こうした方々の業績なくして本書は存在しない．なお，細合晋太郎氏には，6章と10章の原稿について詳細な確認をいただいたことに謝意を表する．

最後に，小山透社長，冨高琢磨氏をはじめとする近代科学社の皆様には，出版に関し大変なお世話になった．深く感謝の意を表する．

2016年7月
著者

目　次

1章　ソフトウェア工学の概観 … 1
- 1.1　ソフトウェアの位置づけと特徴 … 2
- 1.2　ソフトウェア開発の問題とソフトウェア工学 … 4
- 1.3　ソフトウェア工学の経緯 … 9
- 演習問題・発展課題 … 17

2章　ソフトウェアモデリング … 19
- 2.1　ソフトウェアモデリングとは … 20
- 2.2　基本的なモデリングの視点とUML … 22
- 2.3　モデルの活用方法 … 38
- 演習問題・発展課題 … 40

3章　情報システムとソフトウェア … 41
- 3.1　ソフトウェア技術の基礎 … 42
- 3.2　インターネットとWeb技術 … 49
- 3.3　情報システムの処理形態 … 54
- 3.4　ビジネスと情報システム … 58
- 3.5　組込みシステム … 64
- 演習問題・発展課題 … 71

4章　要求定義 … 73
- 4.1　要求と要求定義 … 74
- 4.2　情報収集，発想支援，合意形成 … 81
- 4.3　ゴールの分析 … 83
- 4.4　シナリオの分析 … 87
- 4.5　ユースケースの分析 … 88
- 4.6　要求仕様 … 90
- 4.7　要求仕様の確認 … 92
- 演習問題・発展課題 … 94

5章　設計 ………………………………………………………………… 95
5.1　設計の基礎 …………………………………………………… 96
5.2　モジュール化 ………………………………………………… 99
5.3　機能に注目する設計 ………………………………………… 104
5.4　情報・データに注目する設計 ……………………………… 106
5.5　状態に注目する設計 ………………………………………… 111
5.6　オブジェクト指向設計 ……………………………………… 112
5.7　ソフトウェアアーキテクチャ ……………………………… 119
5.8　横断的関心事とアスペクト指向技術 ……………………… 123
演習問題・発展課題 ……………………………………………… 126

6章　実装 ………………………………………………………………… 129
6.1　実装と実行環境 ……………………………………………… 130
6.2　実装に関わる技術 …………………………………………… 137
6.3　デバッグ ……………………………………………………… 146
演習問題・発展課題 ……………………………………………… 151

7章　検証と妥当性確認 ……………………………………………… 153
7.1　成果物の確認 ………………………………………………… 154
7.2　テスト技術 …………………………………………………… 156
7.3　テストの運用 ………………………………………………… 166
7.4　レビュー技術 ………………………………………………… 168
7.5　静的解析技術 ………………………………………………… 172
演習問題・発展課題 ……………………………………………… 175

8章　開発プロセス …………………………………………………… 177
8.1　開発プロセスとライフサイクル …………………………… 178
8.2　開発プロセスモデル ………………………………………… 180
演習問題・発展課題 ……………………………………………… 190

9章　保守・進化と再利用 …………………………………………… 191
9.1　保守・進化 …………………………………………………… 192
9.2　保守・進化の技術 …………………………………………… 196
9.3　ソフトウェア再利用とその技術 …………………………… 201
9.4　ソフトウェアパターン ……………………………………… 209
9.5　ソフトウェアプロダクトライン開発 ……………………… 212
演習問題・発展課題 ……………………………………………… 222

10 章　モデル駆動工学 223
　10.1　モデル駆動工学の概要 224
　10.2　UML と MOF 227
　10.3　モデル駆動工学の技術 233
　　　　演習問題・発展課題 239

11 章　形式手法 241
　11.1　形式手法の概要 242
　11.2　形式仕様と検証 245
　11.3　モデル検査 246
　11.4　形式手法の活用 257
　　　　演習問題・発展課題 259

12 章　プロジェクト管理 261
　12.1　プロジェクト管理とは 262
　12.2　スコープ・マネジメント 263
　12.3　タイム・マネジメント 264
　12.4　コスト・マネジメント 268
　12.5　品質とその管理 272
　12.6　その他の管理 275
　12.7　組織としての能力 277
　　　　演習問題・発展課題 281

あとがき 283

学習ガイド 285

演習問題ガイド 287

参考文献 294

索引 305

1章　ソフトウェア工学の概観

[ねらい]
　ソフトウェア工学は広範で多様な内容を含んでいる．本章では個別の内容に入る前に，ソフトウェア工学の位置づけや役割について説明を行う．個々の用語の詳細は不明でも，まず全体のイメージをつかんでもらいたい．

1章　事前学習

(1) §1.1 を読み，ソフトウェアの特徴を述べなさい．
(2) §1.2 を読み，ソフトウェアの規模が変わると，ソフトウェア開発のどういう点に違いが出てくるのか，挙げなさい．
(3) §1.2 を読み，どうして上流工程が重要か理由を挙げなさい．

[この章の項目]
ソフトウェアの位置づけと特徴
ソフトウェア開発の問題とソフトウェア工学
ソフトウェア工学の経緯

1.1 ソフトウェアの位置づけと特徴

本節では，情報システムの中でソフトウェアがどういう位置づけでどういう役割を果たしているのか説明した後，ソフトウェアの持つ特徴について考える．

1.1.1 ソフトウェアと情報システム

現実世界での人間活動を支えるためには情報が不可欠である．店舗は売上や在庫などの情報を扱わなければならないし，工場では部品の在庫量や，製品の生産量を扱わなければならない．個人も自分のスケジュールや家計の情報を扱う必要がある．これらの情報は，例えば機械によって集められた情報を，コンピュータが集計し，人間が結果を見て判断するといったように人，機械，コンピュータなどが協調することによって扱われる．こうした人，機械，コンピュータなどから構成される情報処理のためのシステムを情報システムと呼ぶ．なおシステムとは，相互にやり取りをしながら全体として何らかの目的を達成する，複数の構成要素の集合体のことをいう．

▶ [情報システム]
information system

▶ [システム]
system

▶ [情報処理システム]
information processing system

情報システムの中で，コンピュータから構成される情報処理のための仕組みを情報処理システムと呼ぶ．図 1.1 に情報システムと情報処理システムの関係を示す．情報システムは情報処理システムを含む必然はなく，そもそもコンピュータの出現前も情報の処理はなされていた．しかし情報通信技術の発達と普及もあり，現在はほとんどの情報システムが情報処理システムをその中枢として内包している．

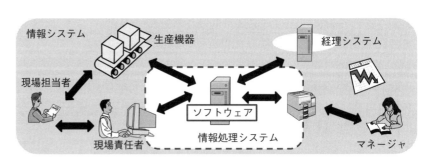

図 1.1　情報システムと情報処理システム

▶ [ソフトウェア]
software

ソフトウェアとは，コンピュータに仕事をさせるために必要なプログラム，データ，関連するドキュメント等である．コンピュータは汎用性を持った機械であり，それ自身は特定の計算や情報処理を行うものではない．そのコンピュータに対してソフトウェアを与えることで，特定目的の情報処理システムとすることができる．つまり，情報システムを実現するためには，そのためのソフトウェアが不可欠なのである．

ソフトウェア工学では，まずこうしたソフトウェアの位置づけを理解することが重要である．つまり我々にとってはソフトウェアを作ることが一義的な目的ではない．あくまで現実世界をよりよくするために情報システムを構築することが目的であり，そのためにソフトウェアを作るのである．

1.1.2 情報システムと組込みシステム

情報システムは，政府や地方自治体から，企業などの様々な組織，さらに個人に至るまで，営利，非営利を問わずおよそ社会で営まれる人間の様々な活動を支えている．そうした社会での人の営みを広くビジネスと呼ぶなら，情報システムはビジネスを支えるものであると捉えることができる．一般に，エンタープライズ系システム，業務システム，あるいはITシステムなどと呼ばれるシステムがこれに含まれる．

一方，現在のコンピュータのもう1つの重要な用途として，組込みシステムがある．組込みシステムとは機器に組み込まれたコンピュータシステムのことであり，組込みシステムのためのソフトウェアを組込みソフトウェアと呼ぶ．社会インフラとなる通信設備や電力設備などに使われる機器，工場の設備などの産業用機器，飛行機や列車といった交通機関に関わる機器，自動販売機や家電などの身の回りの機器など，およそほとんどの機器が組込みシステムを内蔵している．組込みシステムも当然人間の活動のために作られるものだが，直接的にはそれはモータのような物理的な存在としての機器を制御したり，ヒータのような機器を介して室温や湿度といった環境を制御したりするものであり，ビジネスのための情報システムとはやや性格を異にする．

こうした組込みシステムは当初はあくまで機器の制御を行うことが目的であり，例えば従来電気回路で実現していた制御を，代わりにコンピュータで行うなどするものだった．しかしながら機器の高機能化に伴い，高度な機能の多くが組込みソフトウェアで実現されるようになり，次第に組込みシステムなくしては付加価値の高い機器を実現することが難しくなってきた．組込みソフトウェアも大規模，複雑化しており，大規模な情報システムに匹敵するものも存在する．

なお，情報システムは，その内部あるいは外部にある機器とコンピュータ間通信で連携を行うことで，より高度な機能を提供するようになっている．例えば車の位置や速度を収集して渋滞情報を得るといった機能が実現されるようになった．情報システムと組込みシステムはお互いに無関係なのではなく，統合化され，高度な機能の実現のために急速にその協調・連携が検討され具現化されつつある．

▶ [組込みシステム]
embedded system

▶ [組込みソフトウェア]
embedded software

▶ 本書では，主として人間業務を支援するシステムと，物理現象に働きかけるシステムという典型的な2つを挙げ，その呼称として情報システム，組込みシステムという用語を用いる．ただし組込みシステムも情報システムとしての性格を持つし，また物理現象に働きかけるが機器に組み込まれないシステムもある．あくまで典型的なシステムに対する呼称であり，これらに二分されるという意味ではない．

1.1.3 ソフトウェアの特徴

こうした情報システムや組込みシステムの実現に必要となるソフトウェアは，ハードウェアと異なる様々な特徴を持つ．ここでは，それらの中から重要な3つの特徴を挙げる．

- 多種多様さ：

 ソフトウェアは極めて多種多様である．我々の生活はコンピュータによって支えられている．政府，自治体，企業，教育機関，あるいは個人に関わるおよそすべての活動に情報システムが活用されている．一方，通信機械，産業機械，医療機械，家電製品などおよそすべての機器にもコンピュータが組み込まれている．用途が異なれば必要とされる情報処理の機能，性能，あるいは形態も異なるが，そうした違いの多くがソフトウェアによって実現される．結果，極めて多種多様なソフトウェアが必要とされ，それを構築，活用することが求められている．

- 規模と複雑さ：

 ソフトウェアは大規模で複雑である．情報システムに求められる機能は複雑の一途をたどり，またより高い品質が求められるようにもなっている．例えば携帯電話を考えると，本来は通話ができることが唯一最重要の機能であったが，次第にカメラ，メール，音楽再生といった付加機能がどんどん肥大化し，通話機能は当たり前機能とみなされるようになっている．こうした付加機能の多くはソフトウェアで実現されており，結果としてソフトウェアは極めて大規模で複雑なものとなっている．

- 変化の激しさ：

 ソフトウェアは常に変化が求められる．情報システムを取りまくビジネス環境や技術環境はめまぐるしく変化している．ビジネス環境を考えると，例えばネット販売が扱う商品，販売の方法，付加サービス，あるいは関連法規などは常に変化する．技術環境も，例えばプロセッサ，オペレーティングシステム，通信のプロトコル，データの形式などは年々変化している．これらに伴い情報システム，ひいてはソフトウェア自身も変化に追随することを求められる．

 ソフトウェアを考える際には，こうした特徴を踏まえることが重要である．本書でみていくように，ソフトウェア工学はまさにこうしたソフトウェアの特徴によってもたらされる諸問題に対応するためのものなのである．

1.2 ソフトウェア開発の問題とソフトウェア工学

 本節では，ソフトウェア開発の現状を概観した上で，ソフトウェア工学とは何で，それがどのような種類の問題を取り扱うものなのかについて説明する．

1.2.1 ソフトウェア開発の現状

様々な情報システムがコンピュータを利用し,多くの機器が組込みシステムに依存するようになった現在,ソフトウェアの良し悪しが,私たちの活動に決定的な影響を及ぼすようになっている.十分な機能や品質を持つソフトウェアをスケジュール通りに開発することができなければ我々の活動に支障が出る.しかしながら現実には意図通りのソフトウェアを計画通りに開発することは簡単ではない.

一般にプロジェクトの成否は品質,コスト,納期,すなわち QCD によって測ることが多い.ある調査 [56] によると,ベンダ(本書での情報システムを開発する企業)のプロジェクトでは,計画に対して品質が達成できた企業が 8 割,コストが達成できた企業が 8 割,納期が達成できた企業が 8 割強となっている.また組込み系のプロジェクトでは,品質が約 7 割,コストが約 7 割,納期が 8 割弱となっている.別の調査 [99] によると,IT プロジェクト(本書での情報システムの開発プロジェクト)の達成度は品質 52%,コスト 61%,納期 55%であり,その 3 つとも達成できたのは 33%である.このようにソフトウェアの開発プロジェクトを計画通り完遂させるのは必ずしも容易ではなく,さらにソフトウェアの規模が大きくなるほど,その傾向は顕著となり,数多くの失敗プロジェクトの事例が報告されている [15].

▶ [QCD]
Quality Cost Delivery

1.2.2 ソフトウェア工学とは

ソフトウェア工学とは「ソフトウェアの作成と利用に関連した概念を科学的に抽出体系化し,正しいソフトウェアを計画的かつ効率的に作成・利用するための理論と,実践的技術」[95] である.

つまり,目的とするソフトウェアを,時間やコストなどの現実的な制約の中で開発したり利用したりするために必要な理論や実践的技術を体系立てたものである.使える理論があれば当然それに基づくが,必ずしも明確な原理や理論に裏付けられない技術であっても,それが現実制約の中でソフトウェアを実現するために有用であると経験的に知られていればそれを最大限活用する.

このようにソフトウェア工学はおよそソフトウェアの開発・利用に関わる問題を解決,改善することを目的としたものである.もちろんソフトウェア開発に関わる問題は多岐にわたる.しかし,それらの問題の多くは,前述したソフトウェアの特徴や,後述するソフトウェア開発の持つ構造上の問題に起因している.以下,ソフトウェア工学が扱う問題がどういうことに起因するのかを見てみよう.

▶ [ソフトウェア工学]
software engineering

▶ 機械工学や電気工学はそれぞれ機械や電気の工学であるが,ソフトウェア工学はソフトウェアの工学ではなく,ソフトウェアの作成・利用の工学である.

1.2.3 「量の変化が質の変化を生む」

コンピュータのプログラムは年々大規模化している．コンピュータの誕生当時は，少ないメモリの上に小さなプログラムが詰め込まれて作られていたものが，ほどなく高級言語が作られ，プログラムの規模はどんどん肥大化している．今や 100 万行を超えるプログラムは決して珍しくはなく，大規模なものは 1000 万行を超える．

> ▶ プログラムはプログラミング言語を用いて，処理の手順をひとつひとつ記述する．処理が複雑になれば手順が増え，記述に必要な行数も増える．100 万行の記述は，仮に 1 ページを 80 行で印刷したとして 12,500 ページにもなる．それが全体として整合のとれた処理手順でなければならないことを考えると，作成や確認の大変さが想像できよう．

ここで大切なことは，規模が変わればソフトウェアの作り方を変えなければならないということである．直感的な例として旅行の準備について考えてみると，一人旅の準備と，修学旅行の準備とでは，単に人数分作業が増えるというだけでなく，準備の内容や段取りが全く異なるということである．ソフトウェア開発においても，小さなソフトウェアと大きなソフトウェアでは，仕様の決め方や設計の方法は全く異なる．また少人数でのプロジェクトと大人数でのプロジェクトではその運用の方法も全く異なる．開発規模が大きくなった時に，開発の方法は変えずに，単に開発にかかる人や期間を増やせばいいというものではないのである．しかしながら現実にはやり方を変革せずに，人手や時間の増加で対応しようとすることが多く，失敗の危険性が高まるのである．

規模が大きくなった時に気をつけなければならない典型的な問題が，上流工程の問題と管理や組織の問題である．以下，これらについて説明する．

1.2.4 上流工程の問題

> ▶ [上流工程]
> upper process
>
> ▶ [下流工程]
> lower process

ソフトウェア開発で実装より前の要求定義や設計といった工程を上流工程，実装以降の工程を下流工程とそれぞれ呼ぶ．ソフトウェア開発においては，ソフトウェアの規模が大きくなるほど上流工程の重要性が相対的に増し，開発作業全体に占める比重も拡大する傾向がある．

要求定義とは，どういう目的のためにどのようなソフトウェアが必要となるのかを明確にする作業である．小さなプログラムであればその仕様もコンパクトかもしれないが，大きなソフトウェアになると，そもそもどのようなソフトウェアを作るかということ自体が自明でなくなる．例えば一口にネットショッピングのサイトを作る，といっても，具体的にどのような機能を持たせ，どの程度の性能が要求されるのかは，目的によって多様でありそれを明確化することは簡単ではない．また，設計とはソフトウェアを構成するコンポーネントやそのやりとりの方法などを決める作業であり，これを行わないと何をプログラミングすればよいかわからない．小さなプログラムはいきなりプログラミングできるかもしれない．しかし 1 万行，10 万行といったソフトウェアをいきなり作ることは不可能である．

上流工程については，ソフトウェアの不具合と上流工程作業の関係を理解する必要がある．図 1.2 は，前出した調査 [56] による，ソフトウェア開発

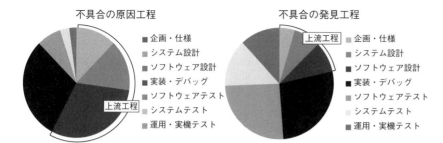

図 1.2 不具合の原因工程と発見工程 [56]

における不具合の原因工程と発見工程を示したものである．ここに示されるように，多くの不具合が上流工程で作り込まれていることが分かる．一方上流工程で発見される不具合はその半分にも満たず，多くはテストで発見されている．つまり多くの不具合は作り込まれてすぐには見つからず，実際にプログラムを作り動作させて初めて発見されているということである．

要求定義や設計での間違いが後の工程で見つかるわけだから，工程をさかのぼって修正を行わなければならない．間違った部分あるいは要求や仕様に合致しない部分を修正する作業を手戻りと呼ぶ．仕様書に誤りがあっても，すぐに気づけば仕様書を修正するだけで済む．しかしその時に気づかず，実際にプログラムを作ってしまってから間違いに気づくと，単に仕様書を修正するだけでなく，それに基づいた設計やプログラムを作り直さなければならない．こうした手戻りのコストは大きなものとなり，工程を1つさかのぼるごとに10倍のコストになるなどと言われることもある．

したがって，上流工程作業で不具合の作り込みをできるだけ少なくし，また作り込まれた不具合をできるだけその段階で発見・修正することは，ソフトウェアの生産性と品質の向上にとって本質的に重要である．規模が大きくなると上流工程作業の比率が増えるため，この傾向は一層顕著になる．そうした観点からも，ソフトウェアの規模が大きくなると，上流工程作業の重要性が増すのである．

1.2.5 管理や組織の問題

ソフトウェア開発のためには要求分析，設計，実装，あるいはテストといった，ソフトウェアの開発や確認に直接的に関わる作業だけでなく，ソフトウェアを計画通りに作成するための様々な間接的な管理作業が必要となる．特に規模が大きくなると，こうした管理作業の重要性や比重が高まってくる．

一般にソフトウェア開発は，目的とするソフトウェアを，限られた時間，コスト，資源の中で実現するための活動である．こうした活動を定常的な

▶ [手戻り]
rework

▶ 手直しという用語も使われる．いずれもやり直しなので作業の後戻りを意味するが，手戻りと言う場合は工程をさかのぼるという意味合いで使われる場合もそれなりにある．

▶ T. DeMarco は，「ソフトウェア開発上の問題の多くは技術的というより社会学的なもの」[29] と述べている．

活動と対比してプロジェクトと呼ぶが，プロジェクトを計画通りに行うことは容易ではない．プロジェクトの実施には作業の分担，スケジュールの立案，コストの管理，品質の管理など様々な作業が必要となり，特有の知識，技術，経験が必要となる．小さなプログラム開発であれば，作業の段取りや作業量の見積もりはまだ容易だが，規模が大きくなるとプロジェクトの管理は格段に難しくなる．量と質の変化で述べたことと同様，数人のプロジェクトと，数十人，数百人のプロジェクトでは，その管理の方法は全く異なるのである．

また一般にソフトウェア開発は属人性の高い仕事であると言われている．生産性も人によって何倍あるいは何十倍も違う．そのため，ソフトウェア開発プロジェクトは優秀な人がいるかどうかで成否が決まると考えられることもある．これは小さいプロジェクトにおいてはある程度正しい．しかしながらプロジェクトが数十人，数百人となると，優秀な人が何人いてもすべてを引き受けることはできない．大規模なプロジェクトでは，そのプロジェクトを実施するチームの力，つまり組織力が鍵となるのである．

特にビジネスとしてソフトウェア開発を行う際には，その組織が，期待されるソフトウェアを開発することのできる能力を持っているかどうかを示すことが大切になる．優秀な人がいたのでそのおかげでうまくいったとか，今回はたまたまいい結果が出たとか，そういうことでは重要なソフトウェア開発をビジネスとして任せることはできない．そのため個人ではなく，組織としてソフトウェア開発の能力がどの程度あるかが厳しく問われるようになっている．一定の組織力があることが第三者のアセスメント等で示せなければ，仕事を受注できない業界もあり，組織力を測り，改善することへの関心や必要性が高まっている．

1.2.6 変化の問題

ソフトウェアの特徴の1つとして，変化への対応が必要なことを述べた．例えば M. M. Lehmen らはソフトウェア進化の法則を提唱し，人間間の活動を機械化するためのシステムは，継続的な変化を免れることはできず，その結果，規模の拡大，複雑度の増加，品質の劣化などが起こることを指摘している [86][87]．

ソフトウェアが変化を求められる理由は大きく2つある．1つは，ビジネス環境が変わるなど，そのソフトウェアが使われる環境が変わることであり，もう1つは，新しい情報通信技術が出現するなど，そのソフトウェアを実現するための技術が変わることである．こうした変化への対応もソフトウェアの規模が大きくなるとより困難になる．

一般にソフトウェアに対して何らかの変更が必要となった時には，仕様や設計のどの部分を変更しなければならないのかを特定し，変更を行い，変

更した部分の確認だけでなく，その変更が他の部分に何らかの影響を与えていないかを確認することも必要となる．そのため結果的にわずかな変更量であっても，それに伴う確認作業は膨大となることも多い．

　当初は一貫した仕様できれいな設計に基づいたソフトウェアだったとしても，こうした修正作業を行ううちに，仕様や内部構造がつぎはぎ的になるなど，次第に崩れてくる．その結果，修正作業はますます難しくなり，さらに品質も劣化してくる．こうした状況は望ましいものではないが，短期間で変化への追随が求められるソフトウェア開発では避けることのできない構造的な問題なのである．

　世の中には，過去に作られいまだに業務の中核を支える不可欠なソフトウェアが多く存在する．こうしたソフトウェアをレガシーソフトウェアと呼ぶが，長期間の修正の繰返しで品質が劣化している．しかしそれを捨てて作り変えることは現実には難しく，使い続けられている．一旦作られたソフトウェアは「慣性」を持ち，規模が大きくなるほどそれを容易に変えることができないということである．

▶ とりあえず動作している部分を作り直すよりも，新たな機能の実現にリソースを振り分けるというのは，現実には避けられない．またレガシーソフトウェアはつぎはぎのため，その仕様そのものが明確でなかったりする．作り変えて従来と振舞いが変わったりすると，これも問題になる．

1.3　ソフトウェア工学の経緯

　本章の最後に，ソフトウェア工学の発祥と変遷について簡単に眺めたい．なお本節は歴史を時系列に沿って網羅的に説明するものではない．いくつかの話題を取り上げるので，ソフトウェア工学の様々な側面をかいま見てもらいたい．

1.3.1　コンピュータの誕生

　プログラムにより動作を定義できる初期の機械としては，19世紀に C. Babbage によって作られた，多項式計算を行うための階差機関や解析機関がある．機械的な仕掛けで動作することが意図されたが完成には至らなかった．電子技術を用いたコンピュータは，1940年代半ばから後半にかけて ENIAC や EDSAC など複数が相次いで作られた．日本でも10年ほど遅れて FUJIC が開発されている．

　初期のコンピュータは真空管を使って作られていたが，1960年ごろより真空管からトランジスタへ，1965年ごろより IC（集積回路）へ，さらに LSI（大規模集積回路）や超 LSI へと，徐々に実装に使われる素子が進化してきた．特に集積回路は2年ごとに集積度が倍増するというムーアの法則にほぼ従って進化しており，現在では10億個のトランジスタに相当する回路を1つの IC として作ることが可能となっている．集積回路は部品点数を激減させ信頼性を高める効果があり，コンピュータの驚異的な進化を支えてきた．こうしたコンピュータの進化によって，扱うことのできるプログラムやデータのサイズも飛躍的に大きくなり，結果ソフトウェアの巨

▶ イギリスの詩人バイロン（G. G. Byron）の娘エイダ（Augusta Ada King）は，C. Babbage の仕事に関わったとされ，最初のプログラマと呼ばれている．1979年に米国国防総省が策定したプログラミング言語の Ada は彼女の名前にちなんでいる．

▶ [ムーアの法則]
　Moore's law

▶ 1ビット記憶するにも2つのトランジスタが必要となる．現在のコンピュータをトランジスタという部品で実装すると部品点数や接続箇所の数は膨大となり，故障や接続不良なども考えると工学的には実現困難である．LSI の進歩なくして，現在のコンピュータは成り立たない．

大化をもたらすことになった.

1.3.2 NATO のソフトウェア工学会議

ソフトウェア工学という用語は，1968 年にドイツのガーミッシュで開催された NATO のソフトウェア工学会議で使われ，広く受け入れられ使われるようになった．この会議の議長である F. L. Bauer は，会議レポートに，ソフトウェア開発も，他の確立された工学分野同様，理論や実践に基づいてなされなければならないという思いを込めてこの用語を選んだ，ということを記している [98].

▶ [NATO ソフトウェア工学会議]
　NATO Software Engineering Conference

　この会議の開催された 60 年代後半は，コンピュータが作られて 20 年がたち，既に社会のいろいろなところで情報システムが構築され利用されていた時代である．日本でも 1960 年半ばには，国鉄の座席予約システム (MARS101) や，東京オリンピックの成績集計システムなど本格的なオンラインシステムが作られていた．ちなみに高級言語の COBOL や FORTRAN が標準化されたのが 1960 年ごろ，市場で大きく成功した IBM のメインフレームである System/360 が発表されたのが 1964 年である．情報システムの中核としてコンピュータの利用が拡大していた時期である．そうした中でソフトウェアが大規模化，複雑化し，ソフトウェア開発において予算の超過，スケジュールの遅れ，品質の未達，要求の積み残しなどが大きな問題となってきた．こうしたソフトウェア開発上の問題は，ソフトウェア危機とも呼ばれた．こうした開発上の諸問題の解決のために創設された工学分野がソフトウェア工学なのである．

▶ [ソフトウェア危機]
　software crisis

1.3.3 ブルックスの法則

　IBM の System/360 というメインフレームについて前述したが，System/360 のオペレーティングシステム OS/360 も先進的なものだった．しかしながらその開発プロジェクトは巨大化し，組織の混乱もあり，リリースが大幅に遅れることとなった．まさに大規模なソフトウェア開発プロジェクトの難しさが現れたといえる．このプロジェクトを率いていた F. P. Brooks はこの教訓に基づき，1975 年にエッセイ集 the Mythical Man-Month（邦題：人月の神話）[11] を著したが，その中に有名なブルックスの法則について記されている．

▶ [ブルックスの法則]
　Brooks' law

　ブルックスの法則は「遅れている開発プロジェクトでは，開発要員の増員はかえって遅れをひどくする」というものである．これは人月に関した間違った認識に対する警句である．人月は作業量の単位だが，1 人の人が 10 ヵ月働いても 10 人月であるし，10 人の人が 1 ヵ月働いても 10 人月である．そのためプロジェクトを早く終わらせたければ多くの人数を投入すればよいのではないか，つまり人数と時間とは互換性があるという錯覚に

陥る．

　これは例えば椅子を運ぶといった分割可能な作業に対しては成り立つ（図1.3左）．しかしながら分割された作業間でコミュニケーションが必要だとすると，分割されるほどコミュニケーションのオーバーヘッドが多くなり，投入人数のわりに時間の削減の効果が上がらない（図中央）．ソフトウェア開発のように作業に複雑な因果関係や経緯があり，またプロジェクトメンバ相互間でのコミュニケーションが頻繁かつ複雑な場合は，人数投入の効果は上がらなかったり逆効果になったりすることもある（図右）．こうした人月に関する正しい認識がないことが，プロジェクトの失敗を招く1つの要因となるのである．

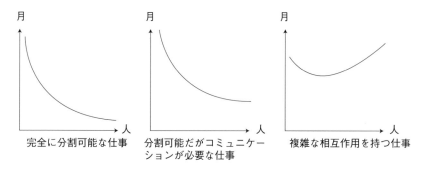

図 1.3　人数と月数の関係 [11]

　さらに Brooks は，No Silver Bullet（銀の弾丸などない）という表現で，ソフトウェア開発の問題を一気に解決するような特効薬は存在しないという考えを述べている．こうした Brooks の指摘するソフトウェア開発の難しさは，本質的には今も変わっていない．

▶ 西洋では，銀の弾丸は狼男などを撃退することができると信じられていることから，問題を解決する特効薬というような意味合いで使われる．

1.3.4　読みやすさや修正しやすさ

　初期のコンピュータは高価な機械で，計算速度も記憶容量も現在のコンピュータと比べて極めて貧弱であったため，いかに速くメモリを使わないプログラムを作成するかが至上命令であった．そのために例えば同じメモリ領域を違う目的で利用したり，プログラムの命令自身を実行中に書き換えたりといった様々な技法を用いてそれを実現した．しかしながら，こうした技法はプログラムの読みやすさや修正しやすさを著しく損ね，開発するプログラムのサイズが大きくなると，そうした弊害が大きくなった．

　そのため，速さやメモリの利用効率が若干悪くても読みやすく修正しやすいプログラムが望ましいと考えられるようになってきた．後述するが，1970年ごろに E. W. Dijkstra らによって提案された構造化プログラミン

グ [30] では，効率を若干犠牲にしても，見やすく修正のしやすいプログラムの制御構造を実現することを提案している．また D. L. Parnas は，プログラムの内部の詳細を外部から隠す情報隠蔽 [119] の考え方を提案したが，これもプログラムを理解しやすくし，また変更をした際にその影響波及を減らすという考え方である．この考えは，データ抽象，オブジェクト指向などソフトウェア工学の重要概念へと発展し，プログラミング言語や設計手法などに活用されている．

1.3.5　ソフトウェアモデリング

プログラミング言語を使うことで，コンピュータの仕掛けを知らなくても，日常用いている数式などに近い表現で，よりコンパクトにプログラムを記述することができる．しかし開発するソフトウェアが大規模化する中で，プログラミング言語を眺めてそれを理解し構造を検討することは，容易ではなくなってきた．

そこで，プログラミング言語よりもさらに抽象度の高いレベルで捉えてそれを分かりやすく記述したいという要望が出てきた．そうした表現方法として使われるようになったのがソフトウェアモデルであり，ソフトウェアモデルを作る作業をソフトウェアモデリングと呼ぶ．

▶ 前述した NATO の会議においてもフローチャートよりも上位の設計表現の必要性が議論されている．

ソフトウェアモデルには様々なものがあるが，多くのものはグラフ構造に基づく図式表現となっており，データフロー図，実体関連図，状態遷移図など，様々なソフトウェアモデルが提案され利用されてきた．1990 年代半ばには，重要なソフトウェアモデルの表記法を統一した UML が作られ，現在では標準図法として広く受け入れられている．また，当初は人が読んで理解するための目的で使われていたが，現在では，例えばソフトウェアモデルからプログラムを生成するなどの技術なども活用されている．ソフトウェアモデリングは，ソフトウェア工学の中心的な位置づけを担っており，本書でも章を設けて詳しく説明する．

1.3.6　開発方法論と開発環境

ソフトウェア工学の成果を実際の開発プロジェクトに適用する際には，それを分かりやすく，間違いなく適用できるような形態で提供することが望まれる．そうした形態の典型例が，開発方法論と開発環境である．

▶ [開発方法論]
development methodology

開発方法論は，ソフトウェア開発を行う際の枠組みである．様々な開発方法論があり内容も多様だが，枠組みには，要求定義や設計といった工程の組み立て方の考え，個々の工程を進めるための考え方や技法，そこで定義される図や文書などが含まれる．特に上流工程作業の質の向上が意識されるようになり，1970 年前後から，分析や設計の開発の考え方や定義する図などを開発方法論として整理することが盛んに行われるようになった．

開発環境は，ソフトウェア開発を行う際のツールや機材などの組合せである．ここでツールには例えばコンパイラやリンカのようなものから，設計のための図を記述するエディタ，あるいはメンバ間のコミュニケーションを行うための掲示板など様々なものが含まれる．また機材もコンピュータやネットワークから，シミュレータやエミュレータなど多様である．これらは独立に使われるだけでなく，ツールがうまく連動したり，あるツールの生成したデータが他のツールに間違いなく引き継がれたりするなど，統合化されることで作業が効率化し，また間違いを減らすことができる．

　ソフトウェア開発プロジェクトでは，こうした開発方法論や開発環境を整備することが，開発の効率化や高品質化にとって今でも重要である．なおプロジェクトはおかれた状況，メンバ，開発対象などが多様であり，1つの開発方法論や開発環境がすべてのプロジェクトに当てはまるわけではない．そのため個々の開発プロジェクトに合わせて開発方法論や開発環境をカスタマイズすることが重要となる．こうしたカスタマイズのスキルはソフトウェア開発プロジェクトにとって必須である．

▶ [開発環境]
development environment

1.3.7　再利用とパターン

　ソフトウェアを作ることが難しいなら，できるだけ作らないほうがいいのではないかというのは当然の考え方である．ソフトウェアの構成要素や構造などを他のソフトウェアに利用することをソフトウェア再利用という．再利用に関しては後で詳しく説明するが，そのためにライブラリ，フレームワーク，コンポーネントなど，再利用を支援する様々な実装技術があり効果を上げてきた．

　再利用は実装レベルの話だけではなく，設計などのより上位の成果物に対してもなされる．特に大きな部品はどのような設計の中でも使えるものではなく，特定の構造を持ったソフトウェアの中で使われることを想定して作られる．したがって効果的に部品を再利用するためにも上位の設計などを再利用することが重要となる．また，仮に部品を再利用しなくても，より大きな影響を持つ設計や仕様を再利用する効果は大きい．

　1994 年に E. Gamma らによって出版されたデザインパターンの本 [39] がきっかけとなり，ソフトウェアパターンについての研究や実務への応用が広まった．ソフトウェアパターンは複数のソフトウェアに繰り返し現れる構造であるが，有用なソフトウェアパターンを蓄積し，カタログ化して活用するという考え方は重要である．開発方法論が「考え方」を提示するのに対して，ソフトウェアパターンは「考えた結果」を提示するものであり，相補的な意義がある．

1.3.8 科学的な方法

コンピュータは 2 進数の演算を行う論理機械であるので，ソフトウェアも数学や論理学などに基づいた開発手法が適しているようにも思われる．しかしながら実際にはほとんどそういう構築方法が取られていない．そのために正しいかどうかを確認する理論的なよりどころがないままにソフトウェアを構築し，膨大な人手をかけて不具合がないかどうかを確認するのが実態である．その理由としては，ソフトウェアは現実世界を対象としているが，ビジネスなど現実システムの問題の多くが論理的に定義しづらいことが考えられる．また，ソフトウェアが多くのハードウェアやソフトウェアなどの人工物の積み重ねの上で動作しているが，それらの動作自体が論理的に定義できないことも一因として考えられる．

しかしながらソフトウェア開発にもっと科学的な手法を取り入れるべきという主張は古くからある．C. A. R. Hoare は 1984 年の論文の中で，ソフトウェア開発は数学に基づいてなされるべきであるとの主張をした [47]．現実はその通りにはなっていないが，そうしたアプローチは古くから研究され，現実の開発にも部分的であれ使われてきた．数理論理学に基づく手法を形式手法と呼ぶが，近年は形式手法を支援するツールの性能も向上し，大きな問題が扱えるようにもなり，日本でも徐々に使われつつある．ソフトウェア開発のすべてをこうした科学的手法で行うことは多くの場合現実的ではないが，要所にこういう手法を適用することは有用かつ現実的であり，今後は 1 つの重要な技術として位置づけられていくと考えられる．

▶ Hoare は，この論文「プログラミング 魔術か科学か」[47] の中で，当時大きな部屋に鎮座していたコンピュータとそれを操る技術者を祭壇と魔術師に例えて，その前時代性を皮肉っている．

1.3.9 組織力とベストプラクティス

80 年代後半に W. Humphrey は CMM（能力成熟度モデル）という考え方を示した [46]．これはソフトウェア開発を行う組織がプロセスを評価し，改善するための枠組みであり，ソフトウェア工学における組織力の重要性を示唆した初期の成果である．こうした組織評価や改善の枠組みは，その後も様々なものが提案され，国際標準や業界標準となって，実務における組織の能力判定などに使われるようになっている．

▶ W. Humphrey は，2003 年に米国で技術的な業績に対して与えられる最も権威あるアメリカ国家技術賞 (National Medal of Technology and Innovation) を授与された．

また組織の改善に利用される考え方として重要なものにベストプラクティスがある．これはベンチマーキングというビジネス手法などで用いられる用語である．ベストプラクティスとは製品，サービス，プロセスなどを改善する際に，目標として設定する優れた製品，サービス，プロセスのことであり，ベンチマーキングにおいては，ベストプラクティスを自らと比較することでギャップを理解し，それから目標を設定して改善を行う．この考え方はソフトウェア工学の世界でも，1990 年代頃より広く用いられるようになってきた．

▶ [ベストプラクティス] best practice

根拠となる理論に基づく科学的手法とは異なり，ベストプラクティスは

現実によい実践がなされているという事実からスタートする．なぜそうすることがよいのかという理屈も，その実践が本当にベストなのかどうかという根拠も必ずしも明確ではない．しかしながら現実の活動を行う際には，こうしたビジネス手法の適用がよりよいソフトウェア開発へとつながっている．こうした側面もソフトウェア工学の重要な1つの姿であることを理解することは有用である．

1.3.10 情報爆発

長らくコンピュータやネットワークは高価で貴重な存在であった．そのためそれらをいかに効率的かつ有効に使うかが情報通信技術の背後にある考え方であった．例えばデータベースに情報を格納する際には，重要なデータを選別し，冗長性をできるだけ減らし，それを活用しやすいように体系的に整理して格納することが通常であった．

しかしながら，コンピュータが高性能化，小型化，低価格化され，またインターネットに代表されるネットワーク技術の発展で，世界中のコンピュータが常時ネットワークに接続されるようになった．また各種のセンサの発達で，人間を介さずに様々な情報がデジタル化されるようになってきた．この結果，企業のビジネスデータ，様々な機器に付けられたセンサ情報，あるいは個人のつぶやきなど，多様で大量のデジタルデータが驚くほどの勢いで生成される時代になっている．

情報爆発とは，こうした情報の急速な増加，さらにはそれに伴う情報の在り方の変化を表す言葉である．従来は良質の整理整頓された情報だけがデジタル化されていたが，現在は玉石混合の未整理の情報がデジタル化されるようになっている．その結果，厳選された情報を利用するというのではなく，様々な情報の洪水の中から必要な情報を見つけ出すという，新しい動きが出てきた．検索エンジン，データマイニング，あるいはビッグデータなどのキーワードはこうした時代背景を反映したものと捉えられる．

こうした情報通信技術の変質は，開発するソフトウェアそのものの変化，あるいは検索，マイニング，あるいは近似解探索などの技術のソフトウェア開発への応用，といったようにソフトウェア工学にも大きな影響を与えている．

▶ [情報爆発]
information explosion

▶ 銀行システムで口座の残高が間違えば大問題だが，検索エンジンが見つけたサイトのURL をクリックして，リンク先が見つかりません，というメッセージが出ても，大騒ぎする人はいない．情報に対する姿勢が違うのである．

1.3.11 一層の多様化の時代

現在のソフトウェア工学は上述した様々な経緯の上に成り立っている．NATOの会議から半世紀になろうかという時間が経過し，社会の状況も変化を続け，技術も進展をしている．しかしながら本章で指摘した問題は今なお中核的な問題として存在している．一方，ソフトウェアの広がり，社会や技術の変化という中，関わる問題は多様に広がっている．

社会インフラや機器を制御するソフトウェアは，1つの不具合が大きな社会的混乱をもたらしたり，日常生活の安全，安心を脅かしたりする危険性をはらんでいる．国家，企業，個人の様々な情報がデジタル化されることは利便性をもたらす一方，情報の漏えいや悪用といった負の側面も避けることができない．またあらゆる機器に組込みシステムが組み込まれているため，組込みソフトウェアの不具合が環境や人に対して直接的に危害を与える．こうしたセキュリティや安全性の問題は大きな課題となっている．

一方で，変化の速いビジネスの場面によっては，短いサイクルで目まぐるしく変わる変化への追随が優先され，予定したすべての機能の実現や一定以上の高度な品質は求められない．例えば予定した期日が来ればその時点で使えるものをリリースするというタイムボックス開発の考え方は，今やアジャイル開発などの形で様々な分野で適用されている．そうした世界ではソフトウェアの利用と開発は同時進行し，ソフトウェアは常に進化を続ける．

ソフトウェアやソフトウェア開発が多様化すると，それを支援するソフトウェア工学の姿も多様化する．そこでは誰もが同じような手法，ツール，技術で開発をすることが困難になる．そのためにそれらを目的，分野，組織に合わせてカスタマイズすることが求められる．例えばソフトウェアモデリング記法の標準である UML は，このカスタマイズのために膨大な機能や定義を内包している．

▶ UML の 2.5 版 [115] では従来 2 分冊で 1,000 ページほどもあった仕様書 [113][114] の内容を見やすく再整理はしているが，それでも 800 ページの大部である．

しかし，こうした時代であるからこそ，技術や製品の表層に捉われず，基本的かつ本質的なソフトウェア工学上の知識や技術を正しく理解することが重要となる．どのような問題に対してどのような知識や技術が有用であると考えられているのか，そうした基本を正しく理解することによって，初めてそれらを目的に合わせて応用することが可能になる．次の章よりそうした基本的な事項について説明する．

1章　演習問題

(1) (§1.1) 情報システムと情報処理システムの違いを述べなさい．
(2) (§1.1) 情報システムと組込みシステムの違いを述べなさい．
(3) (§1.2) プロジェクトの成否を議論する際によく使われる3つの側面は何か述べなさい．
(4) (§1.2) 上流工程とはどのような工程をいうか述べなさい．
(5) (§1.2) 不具合の原因はどの工程が多いか．不具合を発見するのはどの工程が多いか．
(6) (§1.2) 手戻りのコストとは何か述べなさい．またそれが問題となる理由を説明しなさい．
(7) (§1.2) 個人力ではなく組織力が重要となる理由を述べなさい．
(8) (§1.2) レガシーソフトウェアがなぜ問題なのか説明しなさい．
(9) (§1.3) ブルックスの法則とはどのような法則か述べなさい．またそれは何に対する警句か説明しなさい．
(10) (§1.3) ベストプラクティスとは何か述べなさい．

1章　発展課題

(1) 情報システムを1つ取り上げ，文献等で以下を調べなさい．（例：列車の切符予約システム，Webでの販売システム，大学のコースウェア等）
  a) そのシステムはどのような組織，人，機械で構成されているか．
  b) どのような情報処理システムが含まれているか．
  c) そのシステムの外側にはどのような組織，人，機械があるか．
(2) 自動車にどのような組込みシステムが搭載されているか，文献等で調べなさい．
(3) ブルックスの法則では人数と時間の関係について言及されているが，人数を投入すれば時間が短縮できる作業，人数を投入しても短縮できない作業の具体例をいくつか挙げなさい．
(4) ソフトウェアの不具合が社会的問題になった事例を，文献等で調べなさい．
(5) ソフトウェア開発プロジェクトが失敗した事例を，文献等で調べなさい．

2章　ソフトウェアモデリング

[ねらい]

　本章では，ソフトウェア工学の基礎として，ソフトウェアモデリングについて説明する．単に記法として眺めるのではなく，それに関わるソフトウェアやソフトウェア工学の基本的な概念あるいは視点を正しく理解してもらいたい．

2章　事前学習

(1) §2.1 を読み，ソフトウェアモデリングが何の役に立つか述べなさい．

(2) §2.1.4 を読み，形式性がある記法とはどういう記法か述べなさい．

(3) §2.3 を読み，どのようなモデルの使われ方があるか述べなさい．

[この章の項目]
ソフトウェアモデリングとは
基本的なモデリングの視点と UML
モデルの活用方法

2.1 ソフトウェアモデリングとは

ソフトウェア開発では古くからフローチャート，状態遷移図，データフロー図，実体関連図などが使われ，その後もユースケース図，クラス図など様々な表現方法が提案されてきた．こうしたソフトウェアモデルの活用はソフトウェア工学の中核をなす技術の1つといえる．本書では，ソフトウェアモデリングを，情報システムに関わる対象を抽象化し，それを形式性のある記法で表現する作業と定義する．またそうして表現されたものをソフトウェアモデルと呼ぶ．本節では，このソフトウェアモデリングの意味について考えてみたい．

▶ [ソフトウェアモデリング]
software modeling

▶ [ソフトウェアモデル]
software model

2.1.1 ソフトウェアモデリングの有用性

ソフトウェアモデリングが有用な理由としては以下が挙げられる．

(1) 基本的な視点や記述方法の提供

ソフトウェア工学が扱う対象はプログラムだけでなく，要求，仕様，設計など様々なものがある．また現実世界のビジネスや機器制御に関わる概念も表現する必要がある．このように扱う対象は多様だが，ソフトウェア開発ではいくつかの典型的な表現方法が使われてきた．つまり，対象を捉える視点や記述方法にはいくつかの類型があるということである．こうした基本的な表現の視点や記述方法を理解しておくことは多様な対象を表現する際に有用かつ不可欠である．

▶ 視点に即した記述方法のことをビューポイント，その記述方法に従って記述されたモデルをビューと呼ぶ [51].

(2) 規模や複雑さの軽減

前章で述べたようにソフトウェアは大規模，複雑化している．プログラムが大きくなるとプログラムを見るだけでは，その内容を正しく理解することは難しくなる．こうした大規模，複雑なものを理解する際に有用な方法は，対象を抽象化することである．後述するように，抽象化においては対象のある側面だけを取り出してそこに注目する．これは長編小説を理解する際に，あらすじを読んだり，人物相関図を眺めたりすることに似ている．あらすじでは詳細なエピソードは捨てられるが，小説の大きな流れは捉えられる．人物相関図では小説のストーリーは捨てられるが，登場人物の関係は捉えられる．ソフトウェアモデリングは抽象化を行う作業であり，大規模で複雑なソフトウェアの特定の側面をコンパクトに表現し，理解を容易にすることができる．

(3) 正確な表現方法の提供

我々は通常，生活言語（日常生活に用いる話し言葉や書き言葉）や，直

感的な図などを用いてコミュニケーションする．ソフトウェア開発においてもシステムの利用者や開発者の間のコミュニケーションにこうした手段が多用される．しかしながら生活言語や直感的な図は分かりやすいが正確性に欠け，表現手段としては漏れ，抜け，曖昧性を排除することが難しい．

ソフトウェア開発においてはこうした正確性の欠如が大きな開発上の間違いやトラブルになることが多い．例えば会員管理のシステムを考えてみよう．会員にはお試し会員も含まれるのか，入会手続きから脱会手続きに至るどのタイミングからどのタイミングまで会員扱いされるのかといったことが正確に理解され，扱われないと正しいシステムを作ることはできない．ソフトウェアモデリングを利用することで，こうしたことをより正確に記述することが可能となる．

またモデルを書こうとすると，その作業の過程で実は不正確であいまいな部分があったことに気づく．モデルを他の人に見てもらうことで，お互いの理解の間にずれがあることに気づくこともある．ソフトウェアモデリングという作業自身が，より正確であいまい性の少ない記述を導くために大きな役割を果たす．

2.1.2　ソフトウェアモデリングの対象

ソフトウェアモデリングの対象は，情報システムが関わる現実世界から，情報処理システムの仕様，さらにはソフトウェアの仕様，設計，実装に関わる様々なものに至る．ネット販売システムを考えてみよう．こうしたシステムを作るには，販売，商品情報，顧客情報などといった現実世界での活動やそこで扱われる情報を明確にし，どのような情報システムが必要かを決める．それを踏まえてコンピュータを利用した仕組みとしての情報処理システムに求められる機能や性能の議論ができる．さらにこれに基づき情報システムの内部の設計や実装が決定される．こうした様々なものがすべてソフトウェアモデリングの対象となる．

2.1.3　抽象化とは

抽象とは「事物または表象の或る側面・性質を抽（ぬ）き離して把握する心的作用」[139]であり，抽象することを抽象化という．ソフトウェアを開発する際には，どのような機能が必要か，どのような応答速度が求められるか，どのくらいのセキュリティが求められるか，など様々な検討が必要であり，それらをすべて同時に考えることは困難である．そういう時に，機能のことを考える時には機能だけ，応答速度のことを考えるときは応答速度だけ，というように，問題を分離して一時には1つの側面についてのみ考えると考えやすくなる．これが抽象化である．1つの側面のことを考えている際には他の側面はとりあえず除外して考える．これを捨象という．

▶ [抽象化]
abstraction

抽象化はものごとを理解したり考えたりする際に頭の中で行う重要かつ強力な働きである．

ソフトウェアモデリングは情報システムに関わる対象を抽象化して，つまり様々な側面に分離して捉えるための活動なのである．ソフトウェアモデリングにはいくつかの典型的な表現方法があると述べたが，これは別な言い方をすると，情報システムに関する重要な側面として典型的なものがいくつかあり，それらに応じた表現方法が存在するということなのである．

2.1.4　形式性のある記法

抽象化はあくまで頭の中での働きである．抽象化されたことがらを明示的に記述することで，ソフトウェア開発の中で関係者と共有することができる．その際，ソフトウェアモデリングでは形式性のある記法を用いて記述する．

形式性のある記法とは，書き方（文法）と読み方（解釈の仕方）が決まっている記法ということである．書き方はシンタクスという．ソフトウェアモデリングでは図的な表現が多く使われるが，どのような図形要素があり，それらをどのように組み合わせることができるのかという規則がシンタクスである．読み方はセマンティクスという．表現されたソフトウェアモデルが何を表しているのか，つまり表現されたものが，対象世界の概念とどう対応づけられるかをいう．フローチャートを例に考えると，どのような記号があるのか，それらをどのように線でつなぐことができるのかといった規則がシンタクスである．菱形の記号は条件に応じて処理の流れが分岐することを表している（条件分岐という概念と菱形の記号とが対応づけられる）といった意味づけがセマンティクスになる．

書き方が決まっていないと，同じものを表現するのに人それぞれ違った表現をしてしまい混乱をもたらす．また読み方が決まっていないと，同じ表現をみても人それぞれ違った解釈をしてしまい正しく伝わらない．形式性のある記法を用いることでこうした混乱や間違いを減らすことができる．

2.2　基本的なモデリングの視点と UML

本節では，5つの典型的なソフトウェアモデリングの表現方法について説明する．これらの表現方法は，例えば立体を表す立面図，側面図，平面図などと違って，それぞれが直交しているわけでもないし，これらで必要なすべてが網羅されているわけではない．あくまで有用性が高い典型的な表現方法ということである．ソフトウェアモデルは抽象化したものの記述であるから，表現方法ごとに特に注目したい側面があるということである．それが何なのかに注意して以下を読んで欲しい．

本章でのモデルの具体的な記述方法は，基本的に OMG の標準でありソ

▶ [シンタクス]
統語論 syntax

▶ [セマンティクス]
意味論 semantics

▶ [OMG]
Object Management Group

フトウェア開発において広く使われている UML に基づいて説明する．実際のソフトウェア開発では，分野や開発局面により UML でない記法も用いられ，本書でもそうした記述方法を紹介している部分もある．しかしながら記法の詳細は違っても，多くの記法が以下の典型的な類型に含まれる．なお UML の図は対象の静的な構造のモデリングのための図と，振舞いのモデリングのための図に分けられる．以下に説明する図では，クラス図とオブジェクト図が前者に，他の図は後者に含まれる．

▶ [UML]
Unified Modeling Language
▶ UML には6つの構造図と，7つの振舞い図が定義されている．
▶ UML は改版を重ねているが，特に 1.x 版と 2.x 版とは大きく内容が変わっている．本書では 2.4 版の仕様書 [114] に基づいている．

2.2.1　システムの利用方法を表す（ユースケース図）

システムがどのような利用のされ方をするかを記述するためのソフトウェアモデルとしてユースケース図がある．

▶ [ユースケース図]
use case diagram

(1) 目的

ユースケースは，要求されるシステムの利用のされ方を意味する．例えばネット販売システムにおいては，顧客は商品購入の機能を利用するだろうし，事業者は商品管理や顧客管理の機能を利用するだろう．こうしたシステムの提供する外部から観測可能な機能をユースケースとして表現する．

ユースケース図の目的は個別具体的な機能をすべて詳細に列挙することではなく，どのようなシステムの使われ方があるのかを大づかみに捉えることである．現実規模のシステムは非常に多くの機能を持っている．それらをグループ化して捉えることで検討の出発点や機能の分類として利用することが主目的である．

ユースケース図では，現在注目しているシステムをサブジェクトと呼び，それに関わる外部の役割であるアクタを明確にし，システムがどのようなユースケースを持ち，各ユースケースがどのアクタと関わっているかを記述する．なおユースケース図は単独で使われるのではなく，その内容をテキストで記述したユースケース記述と一体となって使われることが一般的である．

▶ [ユースケース]
use case

▶ ユースケース図は，ヤコブソン (I. H. Jacobson) が考案した．その後ヤコブソンは UML の策定に関わり，ユースケース図は UML に含まれるようになった．

▶ [サブジェクト]
subject
▶ [アクタ]
actor

(2) 記法

図 2.1 はユースケース図の記述例である．ここでは対象「ネット販売システム」が，3つのユースケース「商品販売」，「商品管理」，「顧客管理」を持っており，また3つのアクタ「顧客」，「金融機関」，「事業者」があり，各ユースケースにどのアクタが参加しているかが関連で示されている．

拡張は，2つのユースケース（被拡張側と拡張側）の間の関係で，拡張側のユースケースが被拡張側のユースケースに挿入されうることを示す．図 2.2 では「商品販売」というユースケースの中の「購入処理」の箇所（拡張点）に「特典処理」が挿入されうることを示している．UML では破線の矢

▶ [拡張]
extend
▶ [拡張点]
extension point

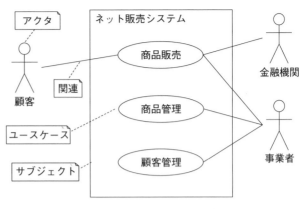

図 2.1 ユースケース図

▶ [依存関係]
dependency

▶ ステレオタイプについては 10 章でさらに説明する．

▶ extension points はユースケース中で拡張される箇所を示す（複数あってもよい）．商品販売が，選択，情報入力，決済，購入処理といった内容を含んでいるとすると，図は特典処理が購入処理の際に行われることを示している．condition はどういうときに拡張されるのか，その条件を示す．

▶ ユースケース名は楕円の外に書いてもよい．図では拡張点の記述があるため，商品販売が外に書かれている．

▶ [包含]
include

▶ extend は拡張されうる，つまり拡張側のユースケースが挿入されうることを示す．一方 include は不可欠の要素として含む，つまり被包含側のユースケースは必ず含まれることを示す．

▶ extend と include の矢印の方向に注意．依存関係の意味を考えると方向性を間違わない．

印は依存関係を表し，矢印の末尾側のモデル要素が矢印の先頭側のモデル要素に依存することを示す．「特典処理」（拡張側）は「商品販売」（被拡張側）があるからこそ意味があるため，依存関係は図の方向にひかれる．さらに ≪ ≫ で囲まれた文字列はステレオタイプと呼ばれ，モデル要素に特定の意味を与える．この場合は拡張 (extend) という特定の意味を持った依存関係であることを示している．

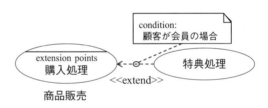

図 2.2 拡張

包含は，二つのユースケース（被包含側と包含側）の間の関係で，被包含側のユースケースが包含側のユースケースに不可欠の要素として含まれることを示す．図 2.3 は包含を使った記述例である．ここでは「決済処理」が，「商品販売」に包含されている．

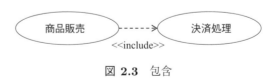

図 2.3 包含

(3) 説明

ユースケースはシステム外部に提供する機能だから，今注目しているシステムが何であり，その内側と外側とは何かを意識して記述する必要があ

る．図を書く際には，ユースケースは対象（四角）の内側に，アクタは外側に配置する．

　一般にシステムは多くの機能を持つが，ユースケースはそれらの機能をグループ化したもの，別の言い方をすると，機能をいくつかのユースケースとして分類したものと捉えられる．したがって，ユースケースが何十，何百も記述されるのは奇異である．またユースケースは処理手順や内部機能を記述するものでもない．

　アクタとは外部の役割を表す．役割という意味は，アクタは現実世界の人，もの，システムそのもの（実体）を表すのではなく，それらがどのような立場でシステムと関わっているかを表しているということである．例えば業務中は事業者の立場でネット販売システムに関わっている人が，業務が終わって家に帰れば顧客の立場でネット販売システムを使うこともありうる．この場合，現実世界では同一の人であっても，ユースケース上は異なった役割として捉えられる．

　ユースケース図中のユースケースには名前が書かれているだけなので，その内容を理解するには不十分である．各ユースケースに対してユースケース記述を作成することで，その内容を明確にすることができる．ユースケース記述の記述項目や記述方法は特に決まっていないが，例えば以下のような項目を記述する．実際のソフトウェア開発では，ユースケース記述の作成が重要である．

- ユースケース名：ユースケースの名称
- アクタ：このユースケースに参加するアクタ
- 目的：このユースケースが何をするものかの概要
- 事前条件：ユースケースが行われる前に成り立っていなければならない

▶ 対象の四角を記述しなくても図法上は間違いではない．ただし記述することで，システムの内側と外側を意識することができる．

▶ include の関係は複数のユースケースに共通する機能を書くためのもので，システム内部に存在する機能を書くためのものではない．ユースケースの定義をみれば，ユースケースで内部機能を表すことが奇異であることが分かる．

▶ [ユースケース記述]
use case text

```
ユースケース名：    商品販売
アクタ：            顧客，事業者，金融機関
目的：              指定した商品の購入をし，代金の決済処理を行う
事前条件：
事後条件：          在庫の無くなった商品には売切れ表示がなされる
基本系列：          1. 顧客が商品を選択してカートにいれる
                   2. 顧客がレジに進み必要な情報を入力する
                   3. 顧客が決済を指示し，システムが金融機関に
                      決済処理を依頼する
                   4. 事業者が商品の発送処理を行う
代替系列：          （特典処理）
                   ...
                   （決済失敗）
                   ...
備考：              一度に購入できる商品の総額は○○円以内
```

図 **2.4** ユースケース記述の例

▶ 決済失敗のような，目的を果たせない系列を，例外系列とする方法もある．

- 事後条件：ユースケースが行われた後に成り立っていなければならない条件
- 基本系列：ユースケースが正常に行われる際の基本的な手順（アクタとシステムのインタラクション）
- 代替系列：基本系列とは別の重要な手順
- 備考：補足事項

上記の項目に基づいたユースケース記述の例を図 2.4 に示す.

2.2.2　対象の構造を表す（クラス図とオブジェクト図）

情報システムが扱う情報やデータの構造を表すソフトウェアモデルとして，クラス図とオブジェクト図とがある.

(1) 目的

クラスは類似した対象を抽象化したものである．別な言い方をすると類似した複数の対象の集合を表すともいえる．オブジェクトはその集合の構成要素，つまり個々の対象を示す．クラスとオブジェクトはプログラミング言語の概念として知られているが，様々な対象の構造を表現するために用いられる．クラスにより構造を表す図をクラス図，オブジェクトにより構造を表す図をオブジェクト図と呼ぶ.

クラス図やオブジェクト図の目的は，対象の構造（どのような対象があり，それらの間にどのような関係があるのか）を表すことである．クラスは対象を抽象的に表しているからクラス図は抽象的な構造を，オブジェクトは具体的な対象を表しているからオブジェクト図は具体的な構造を表す．つまりオブジェクト図はクラス図の示す抽象構造の 1 つの具体例を表すといえる.

対象間の関係はクラス図においては関連，オブジェクト図においてはリンクと呼ばれる．リンクはオブジェクト間に存在する具体的な関係であり，関連は類似した複数のリンクの抽象（あるいは集合）と理解することができる．オブジェクトはクラスのインスタンス（個々の出現・存在）であるが，同様にリンクは関連のインスタンスである.

(2) 記法

図 2.5 はクラスとオブジェクトの記述例である．オブジェクトを示すモデル要素はインスタンス仕様と呼ばれる．図左は「社員」というクラスを示す．モデル化の対象世界では，すべての社員が「名前」「住所」「社員番号」を持つ場合，それらを属性として記述できる．またこのクラスが外部

▶ [クラス図]
　class diagram

▶ [オブジェクト図]
　object diagram

▶ [クラス]
　class

▶ [オブジェクト]
　object

▶ UML が策定される前からクラスやオブジェクトを表現する図法は複数存在したが，UML の策定に関わったランボー (J. Rambaugh) の提案したオブジェクトモデル図が，クラス図のベースと考えられる．さらにオブジェクトモデル図は実体関連図（5 章参照）に原型がある．

▶ クラスとオブジェクトを混在して書くこともできる．

▶ [関連]
　association

▶ [リンク]
　link

▶ [インスタンス]
　instance

▶ [インスタンス仕様]
　instance specification

▶ クラス名は必須だが，属性や操作は記述しなくてもよい．つまり記述されていないからといって属性や操作が存在しないとはいえない．図を読む際に留意が必要である．

に対して提供するサービスを操作として記述できる．一方，図右は「社員」クラスのオブジェクトを示すインスタンス仕様である．オブジェクトでは対応するクラス名の前に：（コロン）を付け下線を引く．そのオブジェクトを識別する名前を記述できる．また属性名の後に＝（等号）に続けてその値を記載できる．クラスもインスタンス仕様も属性や操作は記述しなくても構わない．

図 2.5　クラスとオブジェクト

　図 2.6 は関連とリンクの記述例である．図左はクラス図で，「会社」「社員」クラス，およびその間に「所属」という関連が定義されている．関連端に書かれている「1」や「0..*」は多重度と呼ばれ，インスタンスの数の対応関係に関する制約を示し，ここではそれぞれ「必ず 1」，「0 以上任意個」であることを示している．なお左上のクラス図は関連に「所属」という関連名が書かれているが，左下のクラス図は関連の両端にそれぞれ「雇用者」「被雇用者」と書かれている．これはこの関連においてそれぞれのクラスが果たす役割を表わしており，ロールとも呼ばれる．関連を定義したら，関連名あるいはロールは必ず記述する必要がある．

　図右はオブジェクト図で，「会社」クラスのインスタンス仕様が 2 つ，「社員」クラスのインスタンス仕様が 3 つ記述されており，それらの間にリンクが引かれている．ここでは「小川」は「南北運輸」に，「田中」「鈴木」「山

▶ [多重度]
multiplicity

▶ [ロール]
role

▶ クラスには必ずクラス名を付けるが，関連に関連名やロールを書き忘れる人は，それなりにいる．関連も重要なモデル要素であり，何を表すのか，きちんと記述すべきである．

▶ 多重度が記述されていない場合には多重度 1 を意味する．しかしながら，1 だから記述していないのか，記述し忘れているのかの見分けがつかないので，1 と明記する方が安全である．

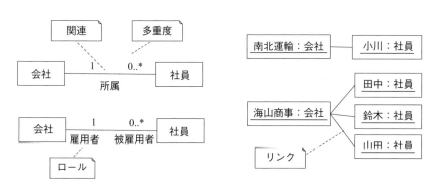

図 2.6　関連とリンク

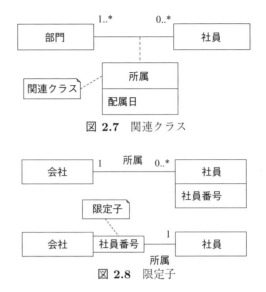

図 2.7 関連クラス

図 2.8 限定子

田」が「海山商事」にそれぞれ所属していることが示されている．リンクはクラス図の多重度の制約に従い，「社員」オブジェクトは 1 つの「会社」オブジェクトと，「会社」オブジェクトは 0 以上任意個の「社員」オブジェクトとそれぞれ接続されている．

図 2.7 は関連クラスの記述例である．関連はクラスとしての特徴を持っており，属性などを定義することができる．関連クラスは，そうした関連のクラスとしての特徴を明示する際に利用する．ここでは「所属」という関連を関連クラスとして記述し，「配属日」という属性を持たせている．

図 2.8 は限定子の記述例である．ある関連端の多重度が多（複数）のときに，端点側クラスの属性値を利用することで多重度を減らせることを示す．図では，「会社」に所属する「社員」は 0 以上任意の人数がいるが，「社員」の持つ「社員番号」という属性値によって特定の「社員」が決定できる状況を示している．

図 2.9 は集約の記述例である．ここでは「会社」の構成要素として「事業部」があることを示している．白い菱形の記号がある方が，記号のない側によって構成されているという全体・部分の関係を示す．また集約の一種としてコンポジションという関係もあり黒いひし形で表す．コンポジションは全体が部分を含み，全体が削除されると部分も削除されるという強い関係を示す．

図 2.10 は汎化の記述例である．ここでは「管理職」も「非管理職」も「社員」の一種であることを表している．白矢印のついている側がより広い概念を示し，ついていない側はより特殊な概念を示していることになる．広い概念を示すクラスをスーパークラス，特殊な概念を示すクラスをサブク

▶ [関連クラス]
association class

▶ [限定子]
qualifier

▶ 限定子は 1 つの属性でなくても，複数の属性の組合せでもよい．例えばクラス名と出席番号という 2 つの属性を限定子として記述してよい．

▶ [集約]
aggregation

▶ [全体・部分]
whole-part

▶ [コンポジション]
composition

▶ [汎化]
generalization

▶ [スーパークラス]
superclass

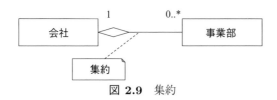
図 2.9 集約

ラスと呼ぶ．汎化はクラス間の関係なので，汎化関係のインスタンスは存在しない．

▶ [サブクラス]
subclass

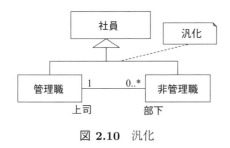
図 2.10 汎化

(3) 説明

クラス図は対象世界に存在するもの，できごと，概念などの間に成り立つ静的な構造を表す．静的な構造とは，対象物の時間変化に関わらず常に成立する構造である．図 2.6 の例でいえば，社員は 10 人だったり 20 人だったりするかもしれないが，クラス図は会社には 0 人以上の社員がいるという時間変化に関わらない記述がなされている．一方，オブジェクト図は社員が 3 人いる状況，10 人いる状況といった，対象世界の特定の状況を例示するものである．一般的な記述は包括的だがその作成や理解は難しくなる．例示的な記述は具体例なので作成や理解は容易だが，あくまで特定の状況を表すだけである．両者はどちらが優れているということではなく，目的に応じて使い分け，補完的に利用することが重要である．

クラスはオブジェクト指向の概念である．本来は情報隠蔽ためのカプセル化の手段だが（5 章参照），ソフトウェアモデリングにおいては，モデル化対象を属性と操作によって特徴づけるためのモデル要素として使われる．属性は対象に付随する情報，操作はそれが他に対して提供するサービス（別な言い方をすると全体の中でそのクラスが果たす役割）をそれぞれ表現する．

汎化の関係においては，スーパークラスがより一般的な概念を表す．つまりサブクラスはスーパークラスの一種であり，より限定的なものである．図 2.11 左のクラス図では，「管理職」あるいは「非管理職」は「社員」の一種であり，それぞれより限定的な特徴（「業績評価」あるいは「残業時間」

▶ 集合間の関係を表す図．円が集合を表し，円の包含関係で部分集合を表す．日常的にはベン図と呼ばれることもある．

▶ [継承]
inheritance

といった属性）を持つと解釈できる．こうした関係は図右のオイラー図のように捉えることができる．なお，サブクラスがスーパークラスの持つ特徴（属性や操作）をすべて引き継ぎ，さらに独自の特徴が追加されるという意味的な概念を継承と呼ぶ．

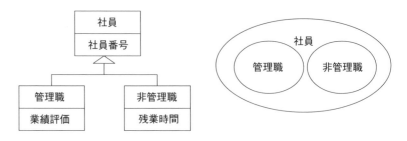

図 2.11　汎化の意味

▶ 図書館の例を考えると，本を借りた日付は，本の属性でもなく，借りた人の属性でもない．借りたという出来事の属性である．現実世界には関連クラスで表すことが自然な状況が結構多い．

関連クラスは関係をクラスとして表現したものである．図 2.7 では「社員」が複数の「部門」に属しうること（兼務できること）を示している．その場合，「配属日」は「部門」ごとに異なるので「所属」という関連に持たせることが自然である．「社員」に持たせると，どの部門への配属日か分からないし，「部門」に持たせるとどの社員の配属日なのか分からない．属性がクラスに所属するのか，関連に所属するのかは大きな違いを生むので，よく検討することが重要である．

2.2.3 制御やデータの流れを表す（アクティビティ図）

情報やデータの処理には，それが行われる手順や順序がある．そうした処理の流れを示すソフトウェアモデルにアクティビティ図がある．

(1) 目的

▶ [アクティビティ図]
activity diagram

アクティビティは情報システムの振舞いをアクションの系列として記述したものである．ここでアクションはアクティビティよりも下位の振舞いを表す．

▶ [アクティビティ]
activity

▶ [アクション]
action

▶ アクティビティとアクションはあくまで相対的なものである．ある振舞いを，より基本的な振舞いを用いて説明するということである．

▶ [制御フロー]
control flow

▶ [データフロー]
dataflow

アクティビティ図の目的はアクティビティを記述すること，つまりどのようなアクションが協調してそのアクティビティが実現されるのかを示すことである．アクティビティは現実世界で行われる仕事や業務でもよいし，コンピュータ上で行われる処理でもよい．

処理の流れには，制御の流れ（制御フロー）とデータの流れ（データフロー）とがある．制御フローは，例えば商品の検索をし，カートにいれ，決済をするというように，処理がどういう順序で実行されるかを示すものである．一方データフローは，単価と個数を入力して合計金額を出力すると

いった，データがどのように処理されるか，つまりある処理への入力データがどのような出力データへと変換されるかを示すものである．

(2) 記法

アクティビティ図は，初期ノードからアクティビティ最終ノードまで，順次アクションをフローで接続した形をとる．フローは判断に接続され条件に応じた分岐をしてもよい．条件による分岐では，条件が満たされる側のフローが有効になる．フローは制御あるいはデータの流れを表現する．

図 2.12 はアクティビティ図の例である．ここでは制御のフローが示されており，「認証」されると（条件が OK なら）「商品選択」が行われ，「決済」されると（条件が OK なら）「領収証印刷」が行われることを示している．

▶ フローを表す図は仕事のワークフロー，処理のデータフロー，あるいはプログラムのフローチャートなど様々な用途で使われてきた．名称は異なるが，アクティビティ図は，そうした図の多くを表現することができる．

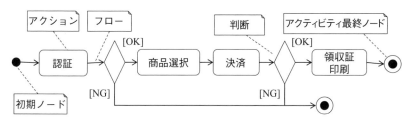

図 2.12　アクティビティ図

フォークはフローが複数に枝分かれすることを，またジョインは複数のフローが合流することを示している．図 2.13 はフォークとジョインの記述例である．「受注」がなされると，「入金確認」と「商品準備」がなされ，この両者が終了すると「出荷」が行われることが示されている．なお「入金確認」と「商品準備」の間の順序関係は規定されていない．

▶ [フォーク]
fork

▶ [ジョイン]
join

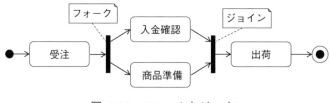

図 2.13　フォークとジョイン

アクションをいくつかのグループに分けて記述する時には分割を行う．グループ化の視点は特に規定はないが，1 つの典型的な方法は，そのアクションを実行する主体に注目する方法である．図 2.14 はスイムレーンを利用した分割の記述例である．ここではアクションが行われる部門によって分割している．

▶ [スイムレーン]
swim lane

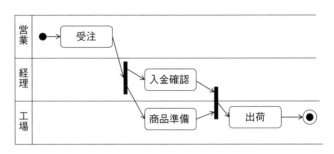

図 2.14 スイムレーンの利用

(3) 説明

アクティビティ図はアクション間の制御フローもしくはデータフローを表す．制御フローはアクションが実行される系列を表し，アクションはフローが示す順番に実行されていく．一方，データフローはデータが変換される系列を示す．アクションは入力フローのデータを，出力フローへと変換するとみなされる．受け渡されるデータを明示的に示したい時には，図2.15のようにデータをオブジェクトとして記述する方法などがある．

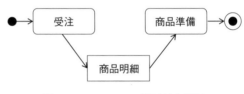

図 2.15 データの明示的な記述

なお 5.3.1 で説明する構造化手法では，異なった図形要素を使ったデータフロー図が使われてきた（図 5.7 参照）．UML の記法とは違うが，それなりに現在でも使われる表記である．

2.2.4　メッセージのやりとりを例示する（シーケンス図）

システムの構成要素間あるいはそれらとシステム外部の要素との間でどのようなメッセージのやりとりが行われるかを例示するソフトウェアモデルに，シーケンス図がある．

(1) 目的

システムは複数の構成要素からなり，それらは相互にやりとりしながらシステム全体としての振舞いを実現する．またシステムはその外部とやりとりを行う．こうしたやりとりはメッセージの交換として表現される．メッセージは送信側から受信側に対する何らかの通信である．例えばシグナル

▶ データフローと制御フローは一義的に注目しているものが違う．一般的にはデータのフローと制御のフローは一致しないので，区別が重要である．しかしながら，両者が一致することもありうる．例えば回覧板のフローは，情報の流れでもあり，それを読みサインするという実行の順番を規定している．

▶ [データフロー図]
DFD
Data Flow Diagram

▶ [シーケンス図]
sequence diagram

▶ シーケンス図的な図法も様々な分野で広く使われている．例えば通信分野の MSC (Message Sequence Chart) などがある．

▶ [メッセージ]
message

の送信，操作の呼出しなどが相当する．どのようなメッセージの送信や受信が行われるのか，時系列に並べたものをトレースという．トレースはシステム上のやりとりの具体例である．

▶ [トレース]
trace

シーケンス図はこのトレースを表現したものである．シーケンス図ではやりとりに参加する要素を横に並べ，その間でのメッセージのやりとりを時系列に沿って上から下に表現する．シーケンス図はオブジェクト図と同様に例示である．

(2) 記法

図 2.16 はシーケンス図の例である．

▶ 図では上部の長方形中で，文字列の前に「：」（コロン）が記述されており，文字列の示すクラスのオブジェクトであることを示している．ただしインスタンス仕様と違って下線はひかない．

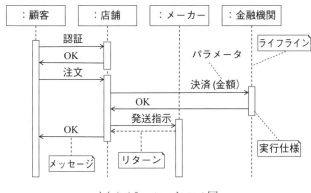

図 2.16 シーケンス図

やりとりに参加する構成要素などをライフラインと呼び，四角と下に伸びる縦線で表現する．これは典型的にはオブジェクトだが，すべてがそうとも限らない．ライフライン間の矢印がメッセージを表し，矢印の起点（元）がメッセージの送信，矢印の終点（先）がメッセージの受信を示す．図は上から下に時間が経過していると解釈され，その順序でメッセージの送信，受信が時系列表現されている．メッセージに対して戻り値などがあることを示したい場合にはリターンとして破線矢印を使う．実行仕様は，このやりとりの中でアクティブな振舞いを行う期間を表している．なお，実行仕様は書いても書かなくても構わない．

▶ [ライフライン]
lifeline

▶ [実行仕様]
execution specification

結合フラグメントはやりとりの断片を表現したものであり四角でそのやりとりの断片を取り囲むように表記する．結合フラグメントには左上にインタラクション演算子が記述され，やりとりの断片はそのインタラクション演算子のオペランド（適用対象）となる．インタラクション演算子にはいくつかの種類があり，種類に応じてオペランドが 1 つであったり複数あったりする．

▶ [結合フラグメント]
combined fragment

▶ [インタラクション演算子]
interaction operator

▶ [オペランド]
operand

図 2.17 は結合フラグメント記述例である．ここでは「alt」というインタラクション演算子が示され，2つのオペランドが破線で区切られて表示されている．「alt」は alternative の略であり，振舞いにいくつかの選択肢があることを示している．破線で区切られた領域につけられたガードに合致すればそこに示されたやりとりが行われる．インタラクション演算子には他に「opt」（オペランドがある場合とない場合がある）や「loop」（繰返し）など様々なものがある．結合フラグメントを使うことによって，複数のトレースをコンパクトに表現することができる．

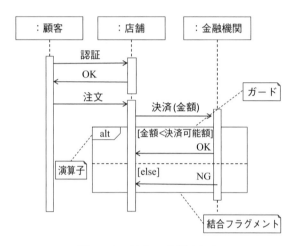

図 2.17　結合フラグメント

(3) 説明

シーケンス図はトレースを表しており，やりとりの例を示したものである．一般にやりとりは複雑になりがちであり，タイミングの違いで様々なやりとりが起りうる．従って典型的なやりとりを具体的に分かりやすく例示することは有用である．しかしながらそれが1つの例であり，それ以外のやりとりも起こりうることを理解しなければならない．結合フラグメントを用いることで複数のトレースを1つのシーケンス図で表現することはできるが，動作例のいくつかの集合を表すだけで，シーケンス図だけでは網羅的にすべてのやりとりを表現できない．

図では上から下への順序関係があるが，あくまで順序を示すだけで，その間隔が実際の時間の長短を表すものではない．もしも実際の時間経過などを示す必要があれば，明示的に時間制約を記述する．図 2.18 は認証 OK を送信して 10 分以内に注文メッセージが受信されるということを示している．なおこの例で示すように，メッセージの送信から受信までに時間がか

▶ 処理のスレッドが複数ある場合などには，トレースの数は膨大になるため，すべてをシーケンス図にすることはできない．それらの中から，最も典型的な例，エラーが起こる例，うっかり考慮もれになりそうな例などをピックアップして記述する．どういう例をどういう目的で記述するかを十分に意識することが重要である．

かると考える場合にはメッセージは斜め線で表わす．

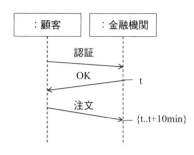

図 2.18　時間制約の記述

なおシーケンス図と類似の情報を記述する図法としてコミュニケーション図がある．コミュニケーション図はライフラインとその間のメッセージというインタラクションに焦点を当てた図法である．記述できる内容としてはシーケンス図のサブセットと考えることができるが，二次元的にライフラインを配置することができ，インタラクションの把握はより容易である．図 2.19 はコミュニケーション図の例である．

図 2.19　コミュニケーション図の例

2.2.5　対象を状態機械として表す（ステートマシン図）

システムやシステムの構成要素などの振舞いを有限状態機械として表現するためのソフトウェアモデルとしてステートマシン図がある．

(1) 目的

システム等が実行時に満たす条件や取りうる形態・状況を状態と呼ぶ．状態は何らかの出来事が発生するとそれが引き金となって他の状態に変わることがある．ある状態から他の状態へ移ることを遷移，出来事の発生をイベント，遷移を引き起こすイベントをトリガと呼ぶ．次の状態は，現在の状態とトリガとなるイベントの組合せで決まる．例えば電話機が待ち受け状態の時に着信というイベントが発生することにより呼出し中という状態に遷移する．しかし同じ着信というイベントが発生しても，通話中という状態であれば呼出し中にならない．つまり同じイベントが発生しても，現

▶ [コミュニケーション図]
communication diagram

▶ コミュニケーション図では，ライフラインは四角で表される．

▶ コミュニケーション図はシーケンス図と類似した情報を表現できるが，UML2.x の記法では，シーケンス図の方が表現力が高い．ただしソフトウェアモデルは表現力だけでなく，人間にとっての読みやすさなどの側面も重要なので，二次元的な配置ができるコミュニケーション図が有用な利用局面も多い．

▶ メッセージにつけられた「．」（ピリオド）で区切られた数字は順序を表す．あるメッセージが他のメッセージに反応して送られる場合，前者の数字に「．」をつけて入れ子的に表現する．

▶ [ステートマシン図]
state machine diagram

▶ [状態]
state

▶ [遷移]
transition

▶ [イベント]
event

▶ [トリガ]
trigger

在の状態によって次の状態が変わりうる.

ステートマシン図はシステム等の振舞いを有限個の状態とその間の遷移という形，すなわち有限状態機械として表現するために使われる．状態や遷移には，例えば状態に入った時や遷移が起こった時に実行される振舞いを関連づけることができる．すなわちシステム等の振舞いがそのときの状態に依存していると捉えられる場合に用いられる．

▶ 一般には状態遷移図と呼ばれる図法の1つである．なおUML1.xではステートチャート図と呼ばれた．

▶ [有限状態機械]
FSM
Finite State Machine

(2) 記法

ステートマシン図は状態とその間の遷移として表現される．図2.20はステートマシン図の記述例である．最初は初期疑似状態からの遷移に沿って，その遷移先の状態に移る．それ以降は，状態とトリガに応じて遷移が起りうるが，最終状態に到達するとそれ以上の遷移は起こらない．

▶ [初期疑似状態]
initial pseudo state

▶ [最終状態]
final state

▶ 初期疑似状態からすぐに次の状態に遷移するが，その遷移上にアクションが定義されていればそれが実行される．例えば初期化処理などの記述ができる．

▶ 初期疑似状態は必ず1つ（厳密に言えば後述する領域ごとに必ず1つ）必要である．一方最終状態はなくても，あるいは複数記述してもよい

図 2.20 ステートマシン図

▶ [入口アクション]
entry action

▶ [出口アクション]
exit action

▶ [内部アクション]
internal action

▶ [do アクティビティ]
do activity

状態にはアクションやアクティビティを記述できる．例えばアクションには状態に入った時に行われる入口アクション（記法上はキーワードentryを付ける），状態から抜ける時に行われる出口アクション（exitを付ける），その状態中で実行し続けられるdoアクティビティ（doを付ける），特定のトリガによって状態内で行われる内部アクション（トリガ名とアクションを記述）などがある．なお，doアクティビティを待つ状態から条件なしの遷移がある場合，そのアクティビティ終了後自動的にその遷移が発火する．遷移にはトリガ，実際に遷移が起る（発火ともいう）ための条件を示すガード条件，とともに，その遷移が発火した際に行われる振舞いの表現を記述することができる．

▶ 内部アクションを起こすトリガは，状態の遷移は引き起こさない．したがってアクションが行われても同じ状態にとどまっている．

図2.21はアクションやアクティビティなどを記述した例である．「編集」状態に入る時には「backup作成」が，出るときには「backup削除」が実行される．また編集中に「再表示指示」というイベントが起こると「再表示」が実行される．「編集」状態にいる時に「終了指示」イベントが発生し，既にデータが「保存済」であれば「終了メッセージ表示」を実行し，「アイドル」状態に移る．「未保存」であれば「保存メッセージ表示」を実行し，「保存」を行い，それが終了すると「アイドル」状態に移る．

▶ [複合状態]
composite state

▶ もしも同じイベントに対して，内部状態からの遷移先と，包含する状態からの遷移先が異なる場合は，内部状態からの遷移先が選ばれる．これはオブジェクト指向におけるオーバーライドと類似した意味と理解できる．

複合状態は複数の状態とその間の遷移を内包する状態である．クラス図

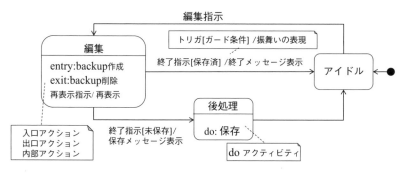

図 2.21 アクションとアクティビティ

における親クラスが子クラスの共通する特徴を表すように，複合状態はその内包する状態の共通する振舞いを表す．例えば複合状態に接続される遷移が発火すると，どの内部状態にいてもその遷移先に移る．図 2.22 は図 2.20 の「選択中」を複合状態としてさらに詳細な内部状態を示したものである．複合状態から「取り消し」というイベントがトリガになって「未選択」状態に戻る遷移が定義されているので，どの内部状態にあっても「取り消し」がトリガになって「未選択」状態に遷移する．

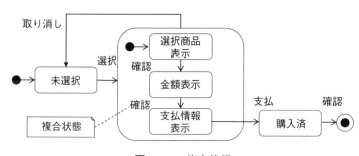

図 2.22 複合状態

状態を複数の直交する状態の組として捉えることが有効な場合がある．そのような場合には複合状態中に破線で複数の領域を設定し，各領域中に直交する状態遷移を記述することができる．図 2.23 はこうした複合状態の

▶ 直交 (orthogonal) とは図形が直角に交わることなどを言うが，ここでは各領域中の状態遷移が並行して起こることを意味する．

▶ 破線で区切られた各領域の状態遷移がどのような順序で発火するのかについては UML では規定がない．厳密な言い方をすると UML は並行性に関する意味論を規定しないからである．これはやや高度な議論であるが，10 章で説明をしているので，興味のある人は参照されたい．

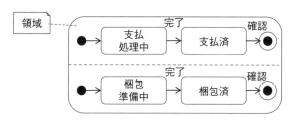

図 2.23 複数の領域を持つ複合状態

記述例である．ここで支払に関する状態遷移と，梱包に関する状態遷移は独立しているため，領域を分けて記述している．全体の状態は，各領域の状態の組として理解することができる（例えば「支払処理中」かつ「梱包済」の状態等）．

(3) 説明

システムは何らかの状態にとどまっているとみなされる．一方遷移する時間というのは考えない．つまりシステムはどのタイミングにおいてもいずれかの状態にあり，遷移中といったタイミングはない．素朴に考えると遷移にも時間がかかりそうだが，モデリングはあくまで抽象であり，システムを状態マシンとして表現するということは，そういう捉え方をするということなのである．

アクティビティ図，特にフローチャートのような制御フローを表す図とステートマシン図を混同してはならない．フローチャートは処理の手順を示すものであるが，ステートマシン図は取りうる状態間の遷移関係を示すものであり，モデル化の観点が異なることに気をつけてほしい．

▶ 実際には混同した記述例は数多く見受けられる．

2.3 モデルの活用方法

本章の最後に，ソフトウェアモデルがどのように使われるのか，また活用における留意点などについて簡単に触れる．

2.3.1 概念整理やヒューマンコミュニケーション

我々は考える際にメモをとったり図を書いたりして整理を行う．モデルはこうしたときの思考ツールとして利用することができる．本章で説明してきたようにそれぞれのモデルはソフトウェア開発にとって有用な視点や概念を提供している．ソフトウェアモデリングを利用することで，視点の定まった思考を支援することが期待される．また開発に関わる人たちの間でコミュニケーションをする際に，生活言語や自由な図ではどうしても漏れ，抜け，曖昧さが多くなる．ソフトウェアモデルを用いることでこうしたコミュニケーション上の問題を軽減することが期待される．こうした目的での利用を，スケッチとしての利用と呼ぶ人もいる．こうした利用においては，モデルは人間が読み書きするものなので，記述の網羅性や厳密さが比較的緩やかであっても，ポイントを絞った活用をすることで効果を上げることができる．

2.3.2 形式性を活用した解析・検証

ソフトウェアモデリングは書き方と読み方が定まった記法を用いるため，人間が読み書きするだけでなく，コンピュータでの処理が相対的に容易に

なる．モデル駆動工学では，情報システムに関わるモデルを入力とし，それを意味に立ち入って解析しプログラムを生成するなどする（10章参照）．あるいは記述された対象を，数学や論理学の世界にマッピングし，そこでの性質を活用した解析や検証を行うということも行われている．例えばソフトウェアの構造を待ち行列ネットワークにマッピングすることで，サーバのスループットを解析することができる．あるいはソフトウェアの振舞いを有限オートマトンで表現し，時相論理式で表される性質が成り立つかどうかを網羅的に検証することができる（11章参照）．こうした活用ではモデルはコンピュータ処理されるため，スケッチとしての利用と比べより網羅的かつ厳密なモデリングが必要とされる．

2.3.3　モデルの妥当性

　本章の冒頭でソフトウェアモデリングの有用性を述べたが，ソフトウェアモデル上で理解されることが対象では成り立たないというようなことがあると，ソフトウェアモデルを活用する意味がない．例えばステートマシン図を書いて，その上ではあるイベントが起こると特定の状態に遷移することになっているのに，実際の対象ではそれに対応する振舞いが観測されないとすると，そのステートマシン図を使って検討を行っても意味がない．もちろんソフトウェアモデルは対象の生き写しではなく抽象化されたものであるから，同一ではない．しかし注目している側面については，合目的なレベルで対象を表現していること，つまりモデルの妥当性が重要となる．

　対象世界である性質が成り立つ時にはモデルにおいてもその性質が成り立ち，対象世界で成り立たない時にはモデルにおいても成り立たないという場合，性質が強保存されるという．場合によってはモデル上で成立するなら対象世界で成立するということだけでも有用かもしれない（弱保存）．こうした性質保存を厳密に議論することは難しいが，現実的な利用の範囲では，モデルを構築したら，対象世界において既に理解されている事柄をモデル上で確認するなどして，モデルの妥当性を確認することが重要である．例えばクラス図を書いたらそれから既知のオブジェクト構造が導出できるかどうかを確認したり，ステートマシン図を書いたら具体的なイベントの系列に対して意図した通りの状態遷移が起るかどうかを確認したりすることで，妥当性をある程度確認することができる．

　ソフトウェアモデルはソフトウェア開発において重要な役割を果たすが，有効に活用するためにも妥当性への配慮が大切となる．

▶ 確認においては，成立すべきことが成立しているかどうかを確認するだけでなく，成立すべきでないことが成立しないことを確認することも有用なことが多い．もちろん弱保存でよいなら前者だけでよい．

▶ モデリングは対象が複雑で理解困難なために行う作業であるから，作成したモデルの確認に膨大な手間がかかったり，確認が極めて難しかったりするならば，モデリングをする意味が薄れる．そういう意味から，色々な要素を1つのモデルの中に詰め込んで表現しようとするアプローチは危険性をはらんでいる．

2章　演習問題

(1) (§2.2.1) アクタと実体の違いを説明しなさい．
(2) (§2.2.1) ユースケース図は個別具体的な機能をすべて列挙するものではないが，それはなぜか．
(3) (§2.2.1) ユースケース記述は何に対して 1 つ記述するのか述べなさい．
(4) (§2.2.2) クラス，オブジェクト，関連，リンクとは何か説明しなさい．またこれらの中で，どれがどのインスタンスであるか述べなさい．
(5) (§2.2.2) 図 2.6 左のクラス図で，社員の兼業を認めると多重度はどうなるか．
(6) (§2.2.2) 図 2.10 のクラス図に対応したオブジェクト図を 3 例書きなさい．
(7) (§2.2.3) アクティビティとアクションとは何か，説明しなさい．
(8) (§2.2.3) 制御フローとデータフローとは何か，それぞれ説明しなさい．
(9) (§2.2.3) フローチャートは，制御フローとデータフローのどちらを表すものか．
(10) (§2.2.4) メッセージ，トレースとはそれぞれ何か．
(11) (§2.2.5) 状態，遷移，トリガとは何か，それぞれ説明しなさい．
(12) (§2.2.5) ステートマシン図で次状態は何の組合せで決まるか．
(13) (§2.2.5) 図 2.21 で，現在「編集」状態で「未保存」である場合，「終了指示」がトリガとなって，「アイドル」状態に遷移するまでにどういうアクション・アクティビティが実行されるか，実行順に列挙しなさい．
(14) (§2.3) モデルの形式性を活用した解析・検証を行う場合には，スケッチとしての利用に比べて，どういうモデリングが必要となるか．
(15) (§2.3) モデルが妥当であるとはどういうことか．

2章　発展課題

(1) 本章で紹介した以外に UML にはどのような図があるか，文献等で調べなさい．それらの図は対象のどのような側面を表現するものか考えなさい．
(2) ユースケース図の記述例を文献等で調べ，出現するアクタが，人・組織，機械・装置，外部のシステムなど，どういう種類のものか分類しなさい．
(3) 組込みシステムのユースケース図を文献等で調べなさい．情報システムと比べ，アクタやユースケースの捉え方に違いがあるか考えなさい．
(4) クラス図の記述例を文献等で調べ，それが記述している対象が何か（現実世界，ソフトウェアの仕様，ソフトウェアの設計等）考えなさい．

3章 情報システムとソフトウェア

[ねらい]

本章ではソフトウェア工学を理解するために必要な基礎あるいは周辺に関する説明をする．まず情報技術の基礎として，ソフトウェア技術，インターネットとWeb技術について説明する．次にコンピュータの典型的な利用対象として，情報システムと組込みシステムについてそれぞれ説明する．

3章　事前学習

(1) §3.1を読み，ソフトウェアの動作の特性が何かを述べなさい．
(2) §3.3を読み，集中処理と分散処理の特徴をそれぞれ挙げなさい．
(3) §3.4を読み，情報システムにIT技術を活用する目的を挙げなさい．

[この章の項目]

ソフトウェア技術の基礎
インターネットとWeb技術
情報システムの処理形態
ビジネスと情報システム
組込みシステム

3.1 ソフトウェア技術の基礎

本節では，情報技術の基礎と，それを踏まえたソフトウェアの基本的な特性を説明する．

3.1.1 情報とデータ

本書では冒頭から情報という用語を使っているが，情報とは何だろうか．データとはどう違うのだろうか．

データは事実，概念，指示の表現である．例えば数値，文字，画像，音声など様々なデータが存在する．コンピュータ上でデータは最終的には2進数で表現される．2進数の1桁をビットと呼ぶ．コンピュータ中でのデータの格納や演算などを行う際には複数ビットを基本的な単位として処理する．この処理単位をバイトと呼び，通常8ビットである．2進数で文字，画像，音声などを表すためには，どのように2進数に対応づけるかといった約束事が必要であり，そうした方法には様々な標準がある．例えば文字の表現方法も ASCII，EBCDIC，EUC，Unicode など多様である．個々の方法について説明はしないが，コンピュータ上の2進数データは，こうした約束事があって初めて文字などとして解釈される．

一方，情報はデータを評価して得ることのできる意味である．評価するとは，判断や行動のためにそのデータを利用することである．例えば温度計が17度を示しているとする．この17度という温度の表現そのものはデータである．一方，暖房を入れようかどうか考えている人は，この温度は暖房を入れるべき温度だという意味と受け取り，それに基づいた判断や行動を起こすかもしれない．この意味が情報である．つまり情報は何らかの目的を持った主体（人や組織）がデータを評価して得られるものであり，そうした主体がいない限りデータは意味を持たない．また評価する主体が異なれば同じデータであっても意味は変わる．例えばある人にとって17度は暖房を入れる温度かもしれないが，別の人にとっては暖房不要の温度かもしれない．

コンピュータそのものは無機的に言えばデータ処理マシンに過ぎない．そのデータに基づいた判断や行動，あるいは人が判断や行動を行うための支援をさせることによって，データ処理マシンが特定目的のための情報処理マシンになる．コンピュータを特定目的のための情報処理マシンにするのは，いうまでもなくソフトウェアの役割である．

3.1.2 コンピュータの動作

コンピュータの基本的な構造を図3.1に示す．コンピュータは大きく5つの主要な構成要素を持っている．命令を解釈する制御装置，演算を行う

▶ [データ]
data

▶ 正確にはハードウェア上では電圧の高低であるが，それを1と0に対応づけて2進数で表現しているということである．

▶ [ビット]
bit

▶ [バイト]
byte

▶ [情報]
information

▶ 情報の定義は多様であり，ほぼデータと同義のものから，知識に近いものまで多様である．本書は A. M. McDonough の定義 [90] に基づいている．

演算装置，プログラムやデータを格納する記憶装置，外部とのやりとりを行うための入力装置と出力装置である．記憶装置を除いた部分をまとめて中央処理装置 (CPU) と呼ぶこともある．なおレジスタは高速で小容量の記憶装置であり，中央処理装置内での処理に必要な命令やデータを格納する．

　記憶装置は主記憶装置と補助記憶装置から構成される．実行の際にはプログラムやデータは主記憶装置上に存在する必要がある．主記憶装置上の格納場所はアドレスによって指定する．プログラムカウンタはレジスタの一種で，次に実行する命令のアドレスを格納するために使われる．補助記憶装置は一般に主記憶より大容量の記憶装置で，プログラムやデータを格納し，必要に応じてその内容を主記憶上に転送して利用する．記憶装置については 3.1.3 でさらに説明する．

　入力装置や出力装置は，他のデバイスとのやりとりを行うための装置である．デバイスとは様々な装置を意味し，キーボード，ディスプレイ，プリンタ，あるいはセンサやモータなど多様なものが含まれる．中央処理装置部分のハードウェアをプロセッサと呼ぶこともあるが，この用語は広い意味で使われ，記憶装置やさらにその他の機能も含むこともある．

▶ [中央処理装置]
CPU
Central Processing Unit

▶ [レジスタ]
register

▶ [主記憶装置（一次記憶装置）]
main memory, primary storage

▶ [補助記憶装置（二次記憶装置）]
auxiliary memory, secondarily storage

▶ [プロセッサ]
processor

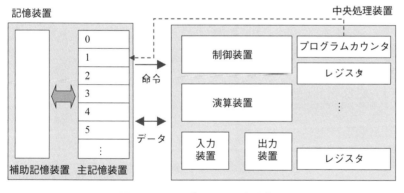

図 3.1　コンピュータの基本構造

　中央処理装置が理解する命令は機械語と呼ばれ，一般に中央処理装置の種類ごとに異なる．機械語は主記憶装置の特定のアドレスにあるデータをレジスタに転送したり，レジスタ上の値に演算を施したりといった，中央処理装置の機構に基づく動作指示である．中央処理装置は，プログラムカウンタの示すアドレスから命令を取り出し，その命令を解釈し，必要なデータを取り出し，演算し，結果を格納するという一連の処理を行い，プログラムカウンタの値を次に実行する命令のアドレスに書き換えて上記の動作を繰り返す．こうした方式をストアードプログラム方式と呼び，この方式に基づくコンピュータの構造をフォンノイマン型アーキテクチャと呼ぶ．こ

▶ [機械語]
machine language

▶ 基本的にはプログラムカウンタの値を 1 増やす（次の命令を指す）．ジャンプ命令であれば，ジャンプ先のアドレスを代入する．

▶ [ストアードプログラム方式, プログラム内蔵方式]
stored program

▶ [フォンノイマン型アーキテクチャ]
von Neumann architecture

のように1つの中央処理装置上では，機械語の命令が1つずつ順次実行されることは，ソフトウェアに対する基本的な認識として重要である．

3.1.3 記憶装置

記憶装置には様々な種類があり，それぞれ異なった特徴を持つ．半導体記憶装置は通常メモリと呼ばれるが，電源を切ると記録内容が消えるメモリや，電源を切っても内容を保持するメモリなど様々な種類があり，また記憶容量や読み書きの速度なども多種多様である．また半導体以外にも，ハードディスクのような磁気ディスク，CDやDVDのような光ディスク，あるいは磁気テープなど，様々なものがある．一般的には，半導体記憶装置は高速だが高価で小容量であり，ディスクやテープは相対的に低速だが記憶装置は安価で大容量である．

コンピュータは大量のデータを高速に処理できるといわれるが，この2つは両立しづらい．そこでコンピュータでは異なった記憶装置を速度や容量を考慮して階層的に組み合わせた構成をとる．こうした構成を記憶階層と呼ぶ．中央処理装置は高速なので，直接処理をするデータを格納するレジスタは高速なものを利用する．しかしながらレジスタの容量は非常に小さい．主記憶装置はレジスタほど高速ではないが，容量は大きい．より大量のデータを格納する際には，さらに低速であっても容量的に有利な補助記憶装置を使う．階層間では必要に応じてデータの転送を行う．また階層間でのデータの転送を効率化するためにキャッシュと呼ばれる記憶装置を配置する．図3.2は記憶階層を模式的に示したものである．

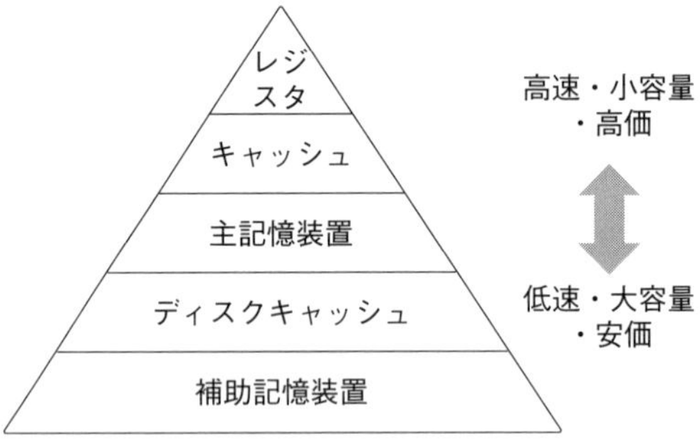

▶ メモリの典型的なタイプとして，読み書きができるが電源を切ると内容が消える RAM(Random Access Memory) と，特殊な方法で内容を書き込むと消えないが，書き込みのできない ROM(Read Only Memory) がある．また，読み書きができ，かつ電源を切っても内容の消えないフラッシュメモリなどもある．

▶ 記憶装置の価格は，単位容量あたりの価格をいうことが多い．CDやDVDなどはメディアを交換できるため，単価は安くなる．

▶ [記憶階層]
　storage hierarchy

▶ [キャッシュ]
　cache

図 3.2　記憶階層

通常プログラムやデータは補助記憶装置に格納され，それを利用する時に主記憶装置に転送し，さらに実際の処理の過程で，その時点で必要な命令やデータをレジスタに転送する．データの転送が多段化するので効率が悪そうにも思えるが，あるデータが参照されると近い将来にも同じデータ

が参照される可能性が高いというデータの局所性が成立する場合が多いので，一般に階層化をすることが有利である．こうした記憶階層の考え方は，ソフトウェアやシステムのデータ配置の設計などの参考になる．

3.1.4 オペレーティングシステム

オペレーティングシステム (OS) とは，コンピュータの様々な資源を適切に活用するために用意されたソフトウェアである．ここで資源とは中央処理装置，記憶装置，入力装置や出力装置を介して接続される各種のデバイスなどが含まれる．

前節で見たように，コンピュータは主記憶装置上のプログラムやデータを読み書きして処理を行い，また様々なデバイスに対して入出力を行う．コンピュータ上では様々なプログラム，データ，デバイスを扱うので，プログラムの実行に際しては，つどそれらを主記憶上に配置したり，必要な設定を行ったりしなければならない．そうした作業を人手で行っていては，いくらプログラムの実行そのものが高速でも，全体としては極めて非効率であり，また間違いも起こりやすい．OS は，そうした様々な資源を管理する役割を担っている．

図 3.3 は，OS の主要な機能と，それが主に関わるコンピュータの構成要素との関係を示したものである．プロセス管理はプログラムの実行の管理，メモリ管理は主記憶の管理，ファイル管理は補助記憶装置の管理，デバイス管理はデバイスやデバイスとのデータのやりとりの管理をそれぞれ行う．

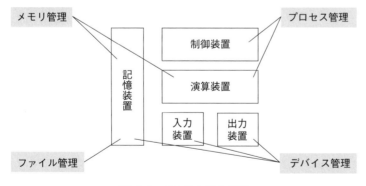

図 **3.3** OS の主要な機能

これらのうち，プログラムの実行に関わるプロセス管理について，以下に説明する．プロセスという用語は様々な意味で使われるが，OS においては OS によって管理される実行単位のことを意味する．プログラムを実行する際にはその実行の状況をプロセスとして管理する．1 つのプログラムであっても，それが同時に複数起動されれば，複数の異なるプロセスと

▶ [局所性]
locality

▶ プログラムの処理内容によっては，こうした局所性が成り立たないこともある．

▶ [オペレーティングシステム]
OS
Operating System

▶ [プロセス]
process

▶ 組込みソフトウェアの分野で使われるリアルタイム OS では，タスクという用語が使われることが多い．

して管理される．

コンピュータ上では一般に複数のプロセスが動作する．例えばメールソフト，音楽プレーヤ，時計などのプロセスが同時に動作するような状況である．こうした同時実行を行う典型的な方法は，1つ以上のプロセスをインタリーブさせながら実行する方法で，これをマルチタスキングと呼ぶ．ここでインタリーブとは，各プロセス内の実行系列の順序を損なわないように実行を切り替えることをいう．また，1つの中央処理装置上でのマルチタスキングを，マルチプログラミングとも呼ぶ．

▶ [インタリーブ]
interleave

▶ [マルチタスキング]
multitasking

▶ [マルチプログラミング]
multiprogramming

▶ 複数の中央処理装置上で複数のプロセスを実行することは，マルチプロセッシング (multiprocessing) と呼ぶ．

図 3.4 は，マルチプログラミングを直感的に説明した図である．複数のプロセスが途中で切り替わりながら実行されている様子を示している．1つの中央処理装置上では，一時に高々1つの機械語しか実行できないため，それぞれのプロセス内での機械語の実行順序は損なわずに，プロセスを切り替えながら実行する．

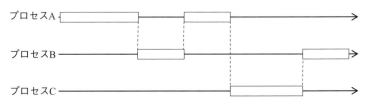

図 **3.4** マルチプログラミング

なお OS 中で，どのプロセスに処理を割り当てるかを決める部分をスケジューラ，切り替えを行う部分をディスパッチャと呼ぶ．どのように切り替えるかというスケジュールの方法には，一定時間ごとに切り替える方法，その時点でより優先度の高いものに割り当てる方法など複数ある．

▶ [スケジューラ]
scheduler

▶ [ディスパッチャ]
dispatcher

3.1.5 プログラミング言語

機械語は2進数で表現されるが，0と1の羅列は人間にとって理解しづらい．そこで機械語を人間が理解しやすい文字列にほぼ1対1に対応づけて表現したプログラミング言語をアセンブリ言語と呼ぶ．アセンブリ言語で書かれたプログラムは，アセンブラと呼ばれるプログラムによって機械語に変換される．アセンブリ言語は処理をきめ細かく記述できるため，ハードウェアの制御を行うプログラムなどには適している．

▶ [アセンブリ言語]
assembly language

しかしながらある程度大きなソフトウェアを作る際には，アセンブリ言語は不利である．第一にアセンブリ言語はコンピュータの仕掛けに対する操作指示のため，記述量が多くなる．例えば単純な計算でも，主記憶装置とレジスタの間でデータ転送をしたり，レジスタ上で演算を行ったりといっ

た記述が必要となる．第二に，機械語同様，アセンブリ言語も中央処理装置ごとに異なる．そのため作成したプログラムは他のコンピュータ上では動作しないので移植性が悪い．

高級言語は，コンピュータの構造を抽象化した言語である．高級言語はコンピュータの構造によらず，数式などの解法をより直接的に記述できるため，プログラミングしやすく記述量も少なくなる．さらに以下に述べるように，プログラムを異なったコンピュータ上に移植することが容易になる．

高級言語にはいくつかの代表的な処理方式がある．コンパイラ方式は，高級言語で書かれたプログラムを，コンパイラと呼ばれるソフトウェアを使って機械語に翻訳する方式である．コンパイラはコンピュータの種類ごとに用意する必要があるが，プログラムを異なったコンピュータ上に移植する際には，移植先のコンピュータのコンパイラで翻訳しなおすことで動作させることができる．正確には，コンパイラは中間語を生成し，それをリンカと呼ばれるソフトウェアでライブラリ等と結合することで，実行可能となる．コンパイラ方式の言語としては Fortran, COBOL, C などがある．

▶ [高級言語]
high-level language, high-order language

▶ [コンパイラ]
compiler

▶ [リンカ]
linker

▶ Fortran は数値計算向けの言語で，1950 年代の半ばに作られた．COBOL は事務処理向けの言語で 1950 年代後半に作られ，1960 年ごろに米国で標準化された．C は 1970 年代初めに作られた．コンパイラ自体の移植性がよい．同じくベル研究所で作られていた UNIX という OS も多くの部分が C で記述された．

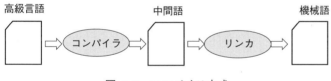

図 3.5　コンパイラ方式

インタプリタ方式は，高級言語を読み込んですぐに中間語に翻訳し，その中間語を実行する方式である．中間語を実行するソフトウェアをインタプリタと呼ぶ．中間語を生成せず，直接実行する方式もある．インタプリタはコンピュータの種類ごとに用意する必要があるが，高級言語で書かれたプログラムはコンピュータが違っても動作可能である．インタプリタ方式の言語としては Basic などがある．

▶ [インタプリタ]
interpreter

▶ Basic は 1960 年代に作られたが，1970 年代後半以降にパソコン上での言語として広く使われた．
▶ 破線内は，ない場合もある．

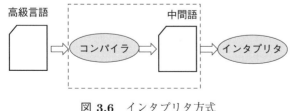

図 3.6　インタプリタ方式

Java はプログラムをバイトコードと呼ばれる中間語に翻訳し，その中間語を仮想マシンと呼ばれるソフトウェア上で実行する方式である．仮想マ

▶ [バイトコード]
bytecode

▶ [仮想マシン]
VM
Virtual Machine

シンはコンピュータの種類ごとに用意する必要があるが，これによってコンピュータごとの違いを隠蔽することができ，共通の中間語が使える．同様の方式にC#があり，MSILと呼ばれる中間語を.NET環境が搭載される実行基盤を使って実行する．

▶ [MSIL]
Microsoft Intermediate Language

▶ Javaは1990年代半ばにSun microsystems（その後Oracleが買収）で開発された．C#は2000年ごろにMicrosoftで開発された．

▶ MSILは国際標準化されCIL(Common Intermediate Language)という名称がつけられている

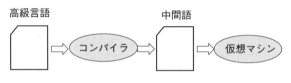

図 3.7 仮想マシン方式

スクリプト方式は，翻訳をせずに，OSやアプリケーションが高級言語を直接実行する方式である．この方式の言語としては，Perl, Java Scriptなどがある．

高級言語は機械語よりも抽象度が高く，数式など問題領域で使われている表現に近い記述を行うことができる．そのため記述が容易になり，記述量も減り，間違いを減らすことができる．かつてはコンパイラなどが生成する機械語よりも人間が記述するアセンブリ言語の方が実行速度やサイズの観点から有利であるという価値観もあった．しかしながら，ソフトウェアの規模が大きくなるとそういう価値観は現実的ではない．1章で触れたように，ソフトウェア工学は規模や複雑さに対する工学であり，そうした観点からはこうした抽象化は必然なのである．

▶ [スクリプト]
script

▶ Perlは1980年代後半，Java Scriptは1990年代半ばに開発された．

▶ 厳密にはスクリプト方式は処理方式の違いとしてコンパイラ方式などと併記されるものではなく，むしろ言語の性格の違いを捉えて区別されるものである．

3.1.6 ソフトウェアの動作の特性

ソフトウェアに関わる情報技術の一部を概観してきたが，これらからソフトウェアの動作に関わる重要な特性を理解することができる．

第一に，ソフトウェアの動作は離散的であるということである．扱うデータは最終的には2進数で表されるため，とびとびの値しかとりえない．動作においても中央処理装置上で機械語の一命令ずつが実行される．ハードウェアの仕組み上は実行中というタイミングはあるが，ソフトウェアの立場からは命令という要素的な処理が，1つずつ実行されるという以上の詳細は議論できない．

第二に，多くの場合，ソフトウェアはインタリーブされて動作をしているという点である．例えばOS上でのマルチプログラミングを考えると，同時に実行中のプロセスは何らかのスケジューリング方法に従って，切り替えられながら実行される．プログラムを記述する人は，そのプログラムが実行される時に，他にどのようなプロセスが動作しているのか，どのタイミングで切り替わるのかを想定できない．複数のプロセスが同じデータや

▶ インタリーブに関わるタイミングの問題については，11章でさらに説明する．

デバイスを扱うという状況では，動作の前後関係や切り替えのタイミングで，実行結果が変わってしまったり，場合によってエラーが起こったりすることもある．ソフトウェアを作る際には，こうした状況も考慮して正しく動作するように設計する必要がある．

　第三に，ソフトウェアの実行は最終的には機械語の単位で行われるということである．我々は高級言語を用いてプログラムを作成し，その表現上で処理の流れを理解するが，3.1.5 で説明したように，多くの場合，高級言語はあくまで人間に対する抽象的な表現であって，コンピュータのハードウェアが理解できる表現ではない．我々は高級言語が一文ずつ実行されると考えるが，実際の実行はあくまで機械語単位で行われるという点である．例えば上記のインタリーブは，高級言語の文の切れ目ではなく，翻訳後の機械語の命令の切れ目で起こる．高級言語でプログラムを作っていてもそれを理解する必要がある．

　ソフトウェアは，コンピュータのハードウェア，OS，プログラミング言語の処理系など，様々な人工物の上で動作するものであり，そこから敷衍されるこうした基本的な特性を，理解することが大切である．

3.2　インターネットと Web 技術

　本節では，近年の情報システムにとって重要な，ネットワーク，インターネット，ワールドワイドウェッブ，さらに Web に関わる技術について，説明する．

3.2.1　通信とネットワーク

　一般に情報やデータを伝達することを通信といい，そうした情報やデータの伝達のための伝送路を通信回線と呼ぶ．ネットワークには様々な意味があるが，ここでは複数のコンピュータが通信回線を介して接続されたデータ通信網の意味で使う．情報通信ネットワークなどとも呼ぶ．

(1) 通信の種類

　通信には，送信と受信のタイミングによって，同期通信と非同期通信とがある．同期通信は送信と受信が同時に起こる通信であり，電話などが相当する．非同期通信は送信と受信が違う時間に起こる通信であり，電子メールなどが相当する．同期通信は相手が通信できる状況にない場合に待ちが生じるが，非同期通信は待ちが生じない．また受信者の数の観点からは，1人の送信者から 1人の受信者へ通信するユニキャスト，1人の送信者から限定された複数の受信者へ通信するマルチキャスト，1人の送信者から不特定多数の受信者へ送信するブロードキャストなどがある．

▶ [通信]
communication

▶ [通信回線]
communication channel

▶ [ネットワーク]
network

▶ [同期]
synchronous

▶ [非同期]
asynchronous

▶ [ユニキャスト]
unicast

▶ [マルチキャスト]
multicast

▶ [ブロードキャスト]
broadcast

(2) LAN と WAN

　企業や学校などの限られたエリア内に設置されているコンピュータを接続するネットワークを構内通信網 (LAN) と呼ぶ．そのエリア内での情報の共有，コミュニケーション，コンピュータ間での処理や役割の分散，プリンタなどの資源の共有など，様々な目的で使われる．LAN の物理的な媒体から見ると，大きく有線 LAN と無線 LAN とに分けられる．有線 LAN ではイーサネットと呼ばれる規格が広く使われており，初期の規格での最大転送速度は 10Mbps であったが，近年は 10Gbps といったものも存在する．無線 LAN では赤外線や電波などの媒体を使うが，電波方式では IEEE802.11 系の規格が広く使われており，例えば IEEE802.11n での最大転送速度は 600Mbps である．

　一方遠隔地にある LAN 同士を接続するネットワークを広域通信網 (WAN) と呼ぶ．本社と支社とを結ぶなどの目的で使われる．これは電気通信事業者の回線を利用することが通常であり，不特定多数に提供する回線を利用する公衆回線や，特定の相手との間を直接回線で接続する専用回線などがある．

3.2.2　インターネット

　インターネットとは，一般的には後述するインターネットプロトコルによって接続されるネットワークを意味するが，通常は固有名詞として，世界中のコンピュータが接続されている特定のネットワークを指す．この特定のネットワークは，1970 年ごろに ARPA が運用した ARPANET が前身となっており，1990 年ごろより商用利用が開始され，現在は世界中から自由に利用ができるようになっている．

　通信を行う際に，送信側と受信側との間のやりとりを規定する約束事をプロトコルと呼ぶ．通信には分野や目的に応じて様々なプロトコルが決められている．インターネットプロトコル (IP) は，ネットワーク上で通信の経路選択をしてデータを転送するために使われる．IP では，データを IP データグラムと呼ばれるパケットに分割して転送する．パケットのヘッダ部には，宛先を示す IP アドレスが示され，データ部に転送するデータが格納される．

　IP アドレスはインターネットに接続されるコンピュータなどの装置（ホスト）に一意に割り当てられるアドレスである．従来から広く使われてきた IPv4 と呼ばれるバージョンでは 32 ビットの長さを持っているが，アドレスの不足が懸念され 128 ビットにアドレス空間を拡大した IPv6 への移行が進められている．なお，IP アドレスをより人間に分かりやすく示すために，10 進表示やドメイン名と呼ばれる文字列表現が使われる．なお，IP の上位に，信頼性の高い通信を提供するための TCP というプロトコルが

▶ [構内通信網]
LAN
Local Area Network

▶ [イーサネット]
Ethernet

▶ bps は通信の伝送速度の単位で，1 秒に何ビットを転送できるかを示す．1Mbps は，1 秒間に 100 万ビット，1Gbps は 10 億ビットとなる．

▶ 最大転送速度は理想的な状況での速度であり，実際の環境では，例えば 1/10 程度とかになる．

▶ [広域通信網]
WAN
Wide Area Network

▶ [インターネット]
internet

▶ 英語で，固有名詞としてのインターネットであることを明示する際に，"The Internet" と表記することもある．

▶ [ARPA]
Advanced Research Projects Agency

▶ [プロトコル]
protocol

▶ [IP]
Internet Protocol

▶ インターネット上で一意に割り当てられる IP アドレスは，正確にはグローバル IP アドレスと呼ぶ．ホストが，直接インターネットから識別できなくてよいならば，特定の LAN の中だけで識別ができる IP アドレスを使えばよく，それはプライベート IP アドレスと呼ぶ．

▶ [TCP]
Transmission Control Protocol

あり，TCP/IP と総称されることも多い．

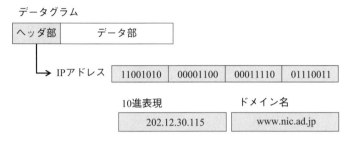

図 **3.8** データグラムと IP アドレス

　インターネット上では，様々なサービスが実現されており，TCP/IP の上位に，特定のサービスのための様々なプロトコルが存在する．例えば電子メールを利用するために，発信者から受信者までメールを転送するための SMTP，メールサーバからメールを読みだすための POP，コンピュータに遠隔からログインして接続するための Telnet，ファイル転送を行うための FTP などがある．

　インターネットは自由に使うことができる世界規模のネットワークとして利便性は高いが，それだけに様々なセキュリティ上の脅威にさらされている．例えば，正規でないユーザが不正使用をする，何らかの手段で不正にアクセスする，あるいは通信を盗聴したり改ざんをしたりする，といったことが起こる．そのために，様々な技術でセキュリティを守る必要がある．例えば自身のネットワークと外部のネットワークの間にファイアウォールと呼ばれるソフトウェアを設置し，通信を制御したり，通信を暗号化して盗聴や改ざんを防御したりするなどが行われる．しかしながら脅威を完全に防ぐことは困難であり，セキュリティの問題はネットワーク利用上の大きな課題となっている．

▶ [SMTP]
Simple Mail Transfer Protocol

▶ [POP]
Post Office Protocol

▶ [Telnet]
Teletype Network

▶ [FTP]
File Transfer Protocol

3.2.3　ワールドワイドウェッブ

　インターネットの普及の背景には，ワールドワイドウェッブ (WWW) の発達がある．WWW は，インターネット上で構築された，ハイパーテキストシステムのことである．なお WWW のことを単に Web とも呼ぶので，以下 Web と記述する．ハイパーテキストとは，ハイパーリンクと呼ばれる他の文書への参照を含んだ文書のことを言う．直感的には文書中のリンクをたどることで他の文書をすぐに閲覧することができる文書である．

　Web は，インターネットに接続された Web サーバとクライアントから構成される．Web サーバはハイパーテキスト文書を管理するコンピュータである．クライアントはハイパーテキスト文書を閲覧する側のコンピュー

▶ [ワールドワイドウェッブ]
WWW
World Wide Web

▶ [ハイパーテキスト]
hypertext

▶ ［統一資源位置指定子］
URL
Unified Resource Locator

▶ 正式には URI (Uniform Resource Identifier) とするのが正しい．URI は，リソースの位置を示す URL と，リソースの一意識別名を表す URN(Uniform Resource Name) との総称である．しかしながら，現実には多くの場合 URL が使われている．

▶ ［HTTP］
Hyper Text Transfer Protocol

▶ ［HTML］
Hyper Text Markup Language

▶ HTML では段落などの文書の構造は規定しているが，一行の文字数などは指定しない．クライアントの画面サイズは様々なので，ブラウザがそれにあわせて表示を行う．

タであり，Web ブラウザというソフトウェアを搭載している．クライアントが Web サーバに対してハイパーテキスト文書の要求をすると，それに応答して該当する文書が返される．ここで要求に際しては統一資源位置指定子 (URL) という表現を用いてハイパーテキストを指定し，応答は HTML という形式で文書を返す（図 3.9）．

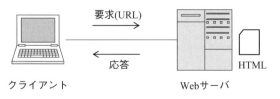

図 3.9 Web サーバとクライアント

URL は HTML などの文書（リソースと呼ぶ）の位置を示すための表現方法で，大きく 3 つの要素から構成されている（図 3.10）．スキームは，リソースを取得するための方法を示す．Web サーバから取得する際によく使われるのが HTTP プロトコルであり，http と記述されるが，他に https（よりセキュリティを高めた HTTP），ftp（上述した FTP）なども利用される．ホスト名は，ホストのインターネット上の位置を示し，パス名はホスト中でのリソースの位置を示す．

図 3.10 URL の構造

HTML はハイパーテキストを記述するための言語で，階層構造をもった文書の構造と，他の文書へのリンクを記述することができる．タグと呼ばれる付加情報をテキスト中に記述することで，構造やリンクなどを表現している．一般に，こうした付加情報を記述することのできる言語をマークアップ言語と呼ぶ．図 3.11 に HTML の記述例を示す．「<」と「>」で囲まれた部分がタグで，例えば文書の見出し，本文などといった構造を示している．また「<A HREF="url">」という記述は，他のハイパーテキスト文書への参照（その文書の URL）を示している．

現在インターネット上では，検索，ショッピング，予約など，Web を利用したアプリケーションが多数作られ，広く使われている．こうした Web サーバと Web ブラウザを利用した Web 上のソフトウェアを Web アプリ

```
<HEAD>
<TITLE>HTML example</TITLE>
</HEAD>
<BODY>
<H1>リンク</H1>
<A HREF="http://www.gakka.hoge.ac.jp/">
  ここ</A>から<B>学科</B>へアクセスできます。<br>
<A HREF="http://www.gakubu.waseda.ac.jp/">
  こちら</A>は<B>学部</B>です。
</BODY>
```

図 3.11　HTML の記述例

ケーションと呼ぶ.

▶ [Web アプリケーション]
Web application

3.2.4 XML

XML は，マークアップ言語の 1 つで，データの構造を記述するためのメタ言語である．一般にメタ言語とは，言語に関する記述をするための言語であり，XML はデータの内容ではなく，データがどのような構造を持っているのか，その構造を定義することができる．定義された構造に基づいて，具体的なデータが記述される．文書の構造は XML スキーマを用いて表現する．なお XML や HTML は，電子文書の構造を記述するための SGML から発展した言語である．

▶ [XML]
Extensible Markup Language

▶ [SGML]
Standard Generalized Markup Language

XML はテキスト言語なので文字の一次元の並びであるが，木構造に基づくデータ構造を定義することができる．XML が表現するデータモデルを

XML

```
<?xml version="1.x"?>
<!-コメント->
<コンピュータ名前="hoge">
  <タイプ>ノート</タイプ>
  <CPU>
    <ビット数>64</ビット数>
    <周波数>1.5</周波数>
  </CPU>
 <補助記憶>SSD</補助記憶>
 <画面>WXGA+</画面>
</コンピュータ>
```

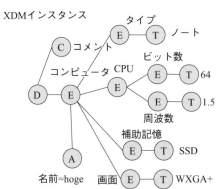

D：文書(Document)　E：要素(Element)　C：コメント(Comment)
A：属性(Attribute)　T：テキスト(Text)

図 3.12　XML と XDM インスタンス

▶ [XDM]
XML Document Model

▶ コンピュータで処理しやすい厳密に規定された構造を持つデータを構造化データ (structured data) と呼ぶ．一方，自然言語のように構造が厳密に規定されないデータを非構造データ (unstructured data) と呼ぶ．それらに対し，章構成は厳密に規定するが，章の内容は自然言語で書くといった，緩やかな構造を持つデータを半構造化データ (semi-structured data) と呼ぶ．XMLは半構造化データの表現に向いている．

▶ XMLは，データベースの世界でも活用されている．また様々なソフトウェアがデータを格納する際にも利用されている．

▶ [RDF]
Resource Description Framework

▶ [集中処理]
centralized processing

▶ [分散処理]
distributed processing

XDMと呼び，XDMに準拠したデータをXDMインスタンスと呼ぶ．図3.12は，XMLでの記述と，対応するXDMインスタンスを直感的に示した図である．

XMLは様々な分野で広く使われているが，Webの世界に大きな影響をもたらしている．HTMLは文書を表現するものだが，XMLを用いることでデータを管理できるようになった．Web分野で使われる様々なデータの表現や通信のプロトコルなどにXMLが使われている．さらにXMLは，知識を表現するための基盤であるRDFなどでも使われ，RDFによって表現されるメタデータに基づき，高度な活用を可能とするsemantic Webなどの検討も行われている．

3.3 情報システムの処理形態

情報システムは，その目的に適した処理形態をとる．本節では，情報システムの典型的な形態とそれらの持つ特性について説明する．

3.3.1 情報システムの構成

情報システムには，いくつかの典型的な構成がある．

集中処理とは，1台のコンピュータで様々な処理をすべて行う方式である．すべてを1ヵ所に集中させることで効率的な運用ができ，1ヵ所を守ればよいのでセキュリティの確保もやりやすくなる．またデータが1ヵ所にあり重複しないので一貫性が保てる．一方，分散処理とは，複数のコンピュータで処理を分けて行う方式である．個々のコンピュータの特徴を踏まえた処理の分担や，負荷の分散などができる．また一部が故障しても他の部分を使えるので耐故障性の面からも有利である．図3.13に集中処理と分散処理の例を示す．

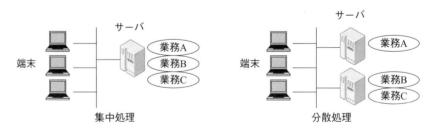

図 **3.13** 集中処理と分散処理

▶ [クライアントサーバ]
client-server

▶ [シンクライアント]
thin client

クライアントサーバ方式は，ネットワークに接続された複数のクライアントからの要求をサーバで処理する分散処理の一形態である．Webアプリケーションをはじめ，この構成をとるシステムは多い．クライアント側で

は画面表示のみを行い，ほとんどの処理をサーバ側で行う方式をシンクライアント方式，クライアント側でも一定の処理を行う方式をファットクライアント方式と呼ぶこともある．

▶ [ファットクライアント]
fat client

一般にクライアントサーバ方式においては，画面管理はクライアント側で行い，データ管理はサーバ側で行う．業務プログラムをクライアント側あるいは，データ管理の中に格納してしまう方法を2層クライアントサーバと呼ぶ．一方，クライアントとデータ管理を行うサーバの間に，業務プログラムを行うサーバを配置する方法を3層クライアントサーバと呼ぶ．図3.14に両者の例を示す．3層クライアントサーバは，3つの層からできており，クライアントの属する層をプレゼンテーション層，アプリケーションサーバの属する層をファンクション層あるいはアプリケーション層，データベースサーバの属する層をデータ層あるいはデータベース層などと呼ぶ．現在の業務システムは3層クライアントサーバが多い．

▶ [2層クライアントサーバ]
two-tier client-server

▶ [3層クライアントサーバ]
three-tier client-server

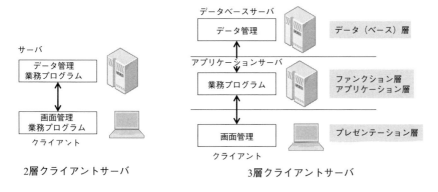

図 3.14 2層クライアントサーバと3層クライアントサーバ

データを処理するタイミングの観点からは，バッチ処理とリアルタイム処理とがある．バッチ処理は，発生したデータを一定時間ためておき，一括して処理する方式である．例えば月単位の売上集計や学校の成績計算などが相当する．一方，リアルタイム処理は，データが発生した時点で即時に処理を行う方式である．銀行のATMでの処理，商店のPOSシステムの処理などが相当する．

▶ [バッチ処理]
batch processing

▶ [リアルタイム処理]
real-time processing

ホストとの通信の接続状態の観点からは，オンラインシステムとオフラインシステムとがある．オンラインシステムとは，データが発生した箇所と，データを処理する箇所とが通信回線で接続されたシステムである．一方，オフラインシステムは，そうした接続を持たないシステムであり，データは蓄積され，例えば記憶媒体で移送するなどして処理される．

▶ [オンラインシステム]
on-line system

▶ [オフラインシステム]
off-line system

システムを利用したい時に，どの程度システムが稼働し利用できるかと

▶ [可用性]
availability

▶ [シンプレックスシステム]
simplex system

▶ [デュプレックスシステム]
duplex system

▶ [デュアルシステム]
dual system

いう度合いを可用性というが，可用性向上の観点からのシステム構成の分類もある．シンプレックスシステムは1台のコンピュータで処理を行う構成である．特段可用性に配慮した構成ではなく，そのコンピュータが故障するとサービスが提供できなくなる．可用性を上げる基本的な考え方は冗長構成にすることであり，典型的には2台のコンピュータを用意し，一方が故障しても他方を使ってサービスを継続することで可用性を向上させる．デュプレックスシステムは2台のコンピュータを用意し，一方でサービスを行い，故障したら他方に切り替える．通常は待機する1台は別の処理を行うなどしている．デュアルシステムは，用意した2台のコンピュータに同一処理をさせ，一方が故障しても他方はその処理を継続する．図3.15に各システム構成の例を示す．

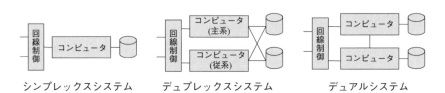

図 **3.15** 可用性向上のためのシステム構成

3.3.2 データベース

データベース (DB) は OS などが備えていたデータ管理機能を高度化して独立させたものである．図3.16にデータベースの役割を直感的に示す．

▶ [データベース]
database

▶ 関係する用語としてデータウェアハウス (data warehouse, DWH, DW) がある．これは，大量に蓄積した情報を分析するために時系列情報とともに統合，再構成したものである．これに基づき，顧客の行動様式，購買履歴，売れ筋情報などを時系列的に分析して，傾向の理解や将来の予想などに活用できる．

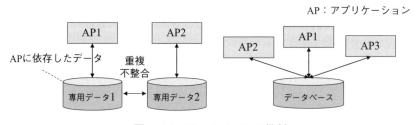

図 **3.16** データベースの役割

アプリケーションごとにそれぞれ必要なデータを管理すると，それらのデータに重複や不整合が生じる危険性が出てくる．例えば大学の成績管理システムと学費管理システムは，学生の名前や連絡先などの重複したデータを持つが，修正の時間差などで不整合が生じうる．データベースを使うことで，データを一元管理することができ，一貫性の保持がしやすくなる．

情報システムにおいてデータは重要な資産であり，それを管理するデー

タベースは，以下に述べる原子性，一貫性，独立性，永続性の4つの特性を持つべきとされている．これらの特性は，英単語の頭文字をとってACID特性と呼ばれる．

　データベースへのデータの登録や削除といった処理の実行単位をトランザクションと呼ぶが，トランザクションが中断されるとデータベースの内容が不整合を起こす危険がある．そこでトランザクションは完全に終了するか，それができないなら何もしないかのどちらかであるという原子性を持つ必要がある．またデータに矛盾が発生してはいけない性質を一貫性という．もしもトランザクションが一貫性を保証するための基本的な実行単位になっていて，かつ原子性が保てるなら一貫性が保証される．多数のトランザクションが同時に発生しても，それぞれのトランザクションは影響を受けずにそれぞれの処理を行えなければならないという性質を独立性という．また障害が起こっても回復して内容を保つことができる性質を永続性という．

▶ [ACID]
Atomicity Consistency
Isolation Durability

▶ [原子性]
atomicity

▶ [一貫性]
consistency

▶ [独立性]
isolation

▶ [永続性]
durability

3.3.3　情報爆発と分散処理

　1.3.10でも触れたように，かつては高価で貴重な存在だったコンピュータやネットワークは，劇的に高性能化，小型化，低価格化され，様々な情報がデジタル化されるようになってきた．こうした情報爆発の時代には，図書館学のように，あらかじめ整理整頓のための分類軸を決め，厳選された情報だけを蓄えて活用するという方法が成り立たなくなる．そこで大量のデータの中から必要なデータを検索したり情報を掘り出したりする方法がとられるようになってきた．あるいはトップダウンな分類軸を設定せずに，ボトムアップにタグ付けをするといった方法もとられる．以下，こうした時代背景における，情報システムの考え方や構成方法について，いくつか説明する．

　大量のデータを処理するための方法として，ハードウェアを高性能化してより大きな負荷に対応できるようにする方法と，分散処理をして負荷を分散して全体として大きな負荷に対応できるようにする方法がある．前者をスケールアップ，後者をスケールアウトと呼ぶこともある．大量のデータを扱うような場合，一般にはハードウェアを高性能化するよりも，数を増やす方がコストパフォーマンスがよい．この場合，負荷の分散や，ハードウェアが故障したりした際の対応などは，ソフトウェアで行う必要がある．

　分散処理を行う際には，データの一貫性について配慮が必要となる．図3.17を用いて説明する．分散したデータベースにデータが重複して配置されているとする．①ではその重複したデータの内容が等しく一貫性がとれている．②はDB1でデータの変更が発生した状況であり，まだDB2には変更が反映されていない．③は変更内容をネットワーク経由で反映し，

▶ [スケールアップ]
scaling up

▶ [スケールアウト]
scaling out

両者の同期をとった状態である．こうするとまたデータは一貫性のとれた状態となる．

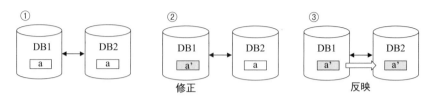

図 3.17　分散ノード間でのデータの同期

ここでネットワークの障害を考慮する．ネットワークが障害を起こしている間は同期がとれないため，もしも一貫性を重視するならネットワークが回復するまでデータの処理を中断する必要がある．つまりサービスが中断するので可用性が損なわれる．一方，サービスを継続して可用性を確保しようとすると，障害が回復するまでデータの同期ができないので一貫性が損なわれてしまう．これは CAP 定理 [42] といわれ，ネットワークの障害を考慮した際には，可用性と一貫性が両立できないという考え方である．ACID 特性からは，一貫性を犠牲にすることはありえないように思われるが，分野によっては一貫性をある程度犠牲にしても可用性を重視するという立場も増えている．

▶ [CAP 定理]
　CAP theorem

▶ [CAP]
　Consistency, Availability, Partition tolerance

大量に発生するデータの活用として，ビッグデータという考え方も広まってきた．ビッグデータは無機的には大量のデータということだが，ビジネス的には事業に役立つ何らかの知見を得ることのできるデータ，という意味合いで使われる．例えば顧客管理，証券取引，あるいは不具合や不正の監視などに応用されている．こうしたデータを解析する際に，データをハードディスクなどに蓄積するのではなく，流れ込むデータをメモリ上に格納し，あらかじめ定義したルールに従って即座に分析するなどといった，新しい技術を用いたシステム構成がとられたりする．

▶ [ビッグデータ]
　big data

▶ こうしたデータは大量で，次から次へと生成され，また様々な種類のものが含まれるため，量 (volume)，速度 (velocity)，多様性 (variety) という 3 つの V で始まる英単語で表される特徴を持つといわれる．

このように，情報を取り巻く環境の変化に伴い，情報システムの構成やシステムの考え方も変化，多様化していることに留意が必要である．

3.4　ビジネスと情報システム

情報システムは人間の活動，広い意味でのビジネスを支援するものである（1.1.2 参照）．本稿では，まずビジネスにおける IT 技術の重要性を見たうえで，ソフトウェア開発の位置づけを理解するための一助として，ソフトウェア開発より上位のビジネスそのものの分析に関わる技術のいくつかを簡単に紹介する．

▶ ビジネスシステムは多岐にわたり，その捉え方，分析手法，モデリングなども多様である．本節の内容はそうした中の一部と考えてもらいたい．あくまで情報システムとの関係性をイメージするための位置づけである．

3.4.1 情報技術の重要性

1940年代にコンピュータが開発されて以来，短期間のうちにコンピュータが様々な分野の情報処理に使われるようになった．1960年代には情報化社会といった用語が使われるようになった．1980年にA. Tofflerは，情報革命は，農業革命，産業革命に次ぐ第三の波である，という指摘をしたが[152]，情報の重要性はその後も一層増している．

ビジネスプロセスとは，顧客や市場のためのアウトプットを生み出すための活動の集合である．H. Davenportは，ビジネスプロセスの改善と革新の違いを比較するとともに，プロセス革新においてIT技術がどのように役立つかを指摘している（表3.1）[27]．IT技術が，人よりも早く正確に作業を行うという効率化の手段という位置づけだけではなく，人手だけでは実現し得なかった新たなプロセスを実現するための手段として位置づけられていることは重要である．

▶ [ビジネスプロセス] business process

▶ 本書では基本的にICT（情報通信技術）という用語を使っているが，この用語が使われるようになったのは比較的近年のことである．Davenportの著書ではIT（情報技術）という用が使われており，ここでは情報技術という用語を用いた．

表 3.1　IT技術のプロセス革新への影響（[27] に基づく）

自動化面 automational	人手を減らす．人が行っていた作業を手順化してコンピュータで行う．
情報化面 informational	プロセスを理解するための情報を得る．IT技術でプロセスを強化するために，生産性や品質などプロセスに関する情報を得る（これらは下段の分析面で活用される）．
手順面 sequential	プロセスの順序変更や並列化をする．手作業ではできなかった情報共有や情報交換により，より望ましい作業手順の実現や，複数作業の同時進行を行う．
追跡面 tracking	プロセスの状況や対象物を監視する．製品や材料をはじめ，活動に必要となる様々な対象物の状況を追跡し把握する．
分析面 analytical	情報の分析や意思決定を改善する．情報化面などで得られる様々なデータを分析し，それに基づく意思決定を支援する．
地理面 geographical	離れた場所でのプロセスを調整する．通信などを活用することで，プロセスに対する地理的な距離による制約を排する．
統合面 integrative	仕事間，プロセス間の調整を行う．個人やチームごとに分散して行われている仕事間で，IT技術を利用することで情報を共有し作業の協調を行う．
知的面 intellectual	知的財産を獲得し配信する．個々の作業者の経験や知識を形式化，共有化して，活用する．
仲介排除 disintermediating	仲介者をなくす．情報や物品を提供する人と，それを利用する人とをIT技術で直接つなぐことで，やりとりに介在していた人や組織を省き効率化する．

▶ [資材所要量計画]
MRP
Materials Requirements Planning

▶ [企業資源計画]
ERP
Enterprise Resource Planning

▶ [サプライ・チェーン・マネジメント]
SCM
Supply Chain Management

▶ [顧客関係管理]
CRM
Customer Relationship Management

1960 年代に資材管理と結びつけた生産管理手法である資材所要量計画 (MRP) が考案され，1980 年代には，在庫だけでなく資金や配員などより広い管理を行う MRP II へと発展したが，1990 年代になってこれをものづくり以外に拡張したものが企業資源計画 (ERP) である．ERP は，それまで人事，購買，販売，生産ごとに別々だった情報システムを統合，連携させることで，より効率的で有機的な情報システムを実現しようという動きである．

製造業における原材料供給から顧客に至る業務プロセスをビジネスプロセスと捉え，顧客価値を高めるためにそれを全体最適の観点から改善する手法を，サプライ・チェーン・マネジメント (SCM) と呼ぶ．SCM でも ICT 技術を活用して，いかにロジスティクスを最適化するかの取り組みがなされている．

また，大量生産の時代が終わり顧客との継続的な関係維持が重要となる中，顧客関係管理 (CRM) が重要となっているが，多様なチャネルから顧客情報を捉え，顧客をセグメント化してそれに応じたアプローチをするなど，ICT 技術の活用がなされている．

これらは一部にすぎないが，ビジネスにおける ICT 技術の重要性はますます高まり，情報システムがビジネスの中枢となっているのである．したがって，情報システムの開発には，ビジネスそのものの理解，分析，設計が必然となる．これらは本書の範囲を超えるが，情報システムやソフトウェアの位置づけを理解してもらう目的で，ビジネス分析に関係する技術をいくつか紹介する．

3.4.2 バランス・スコアカード

R. S. Kaplan と D. P. Norton は，1992 年に業務評価と経営管理の手法としてバランス・スコアカードを提唱した [75]．ここでは，情報化社会の中では物理的な資産の管理以上に，目に見えない資産がより決定的な重要性を持つようになると指摘した上で，経営の指標として従来的な財務の視点に加えて，顧客，内部プロセス，学習と成長の視点を加えることの重要

▶ [バランス・スコアカード]
balanced scorecard

表 3.2 バランス・スコアカードの 4 つの視点

視点	説明	評価指標例
財務	株主や債権者のためにどう行動すべきか．	売上，利益率など
顧客	顧客のためにどう行動すべきか．	顧客満足度など
内部プロセス	株主，債権者，顧客のためにビジネスプロセスがどうあるべきか．	作業効率，品質改善など
学習と成長	自身の能力をどう進化させ改善していくか．	従業員スキルマップ，IT 化率など

性を説いた（表 3.2）.

さらにこの 4 つの視点を目標に展開するためのリファレンスモデルとして戦略マップを提案した．図 3.18 は戦略マップの記述例を示したものである．視点ごとに目標やサブ目標が示され，それらの間の因果関係などが示されている．このようにビジネスのねらいや意図を具体的な目標にブレークダウンし，4 つの視点から目標の妥当性や整合性を検討することにより，短期的な財務指標だけでなく中長期的な視点を含めた検討を行うことをねらったものである．

▶ [戦略マップ]
strategy map

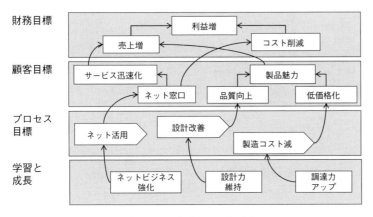

図 3.18　戦略マップの例

3.4.3　エンタープライズアーキテクチャ

全体的な観点から企業活動と情報システムを捉えながら情報システムを実現していく手法として，エンタープライズアーキテクチャ (EA) がある．EA の定義は多様だが，体系的な視点を整理するフレームワークや参照モデル，それに基づく情報システム開発の手順や実践などから構成されるものが多い．

例えば，J. Zachman は，1980 年代に情報システムアーキテクチャのフレームワークを提唱した [163]．これは一般にザックマン・フレームワークと呼ばれ，EA の先駆的な位置づけとなっている．また 1990 年代に米国政府は連邦政府 EA を提唱し，また日本でも 2003 年に EA 策定のガイドラインが作られている [67]．さらに企業においても EA に対する適用がなされている．

図 3.19 左は，経済産業省の EA フレームワークである．4 つの層は上から，業務機能の構成，業務機能に必要な情報の構成，業務機能と情報の流れをまとめた行政サービスのまとまりの構成，各サービスを実現するための

▶ [エンタープライズアーキテクチャ]
EA
Enterprise Architecture

▶ 情報システムに関わる 6 つの立場（計画者，所有者，設計者，開発者，プログラマ，ユーザ）と，5W1H に対応づけられた観点（データ，機能，ネットワーク，人，時間，動機）に基づく 6×6 のマトリクスに，開発成果物を配置したもの．なお，ザックマン・フレームワークは年代とともに変化しており，近年は 5×6 のマトリクスになっている．

技術の構成を示している．下の層ほど，情報システムの技術的な実現に近い内容を含むものになる．現状 (As Is) モデルは業務の現状を示すモデル，理想 (To Be) モデルは目指すべき業務の姿を意味する．その両者を対比しながら，現実的な制約の中で次期モデルをどうするかを決定する．図右は，EA プロセスを示す．作成された EA は組織全体が参照する知識ポータルとなり，またそれが改善改良されていく．

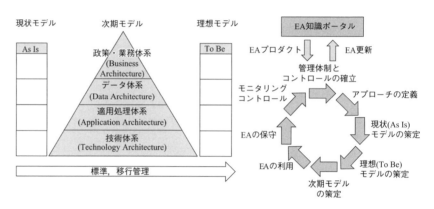

図 3.19　経済産業省の EA フレームワークと EA プロセス [67]

3.4.4 ビジネスプロセス

1985 年に M. Porter は価値連鎖という考えを提唱した [124]．価値連鎖とは顧客に価値を提供するための，製品の設計，製造，販売などの活動の組合せを意味し，これによって会社の競争優位性が決まるとされている．M. Hammer はビジネスプロセスの重要性を主張し，ビジネス・プロセス・リエンジニアリング (BPR) という考えを説いた [45]．BPR では，部門ごとに分割されたプロセスを根本的に見直して，情報技術を用いて新たなプロセスを構築することを目指す．つまり現状のビジネスプロセスを変えずに，単に人手の作業をコンピュータで置き換えることによって効率化を図るだけでは限界があり，情報技術を活用して従来のビジネスプロセスを変えることによって，より大きな顧客価値を生み出しなさいということである．その後，BPR をさらに継続的な活動として捉えるビジネスプロセス管理 (BPM) という考え方も提唱された．

こうしたビジネスプロセスの検討のために，ビジネスプロセスのモデリング手法が提案されているが，その 1 つである BPMN[107] を紹介する．BPMN には複数の図法があるが，ビジネスプロセス図 は，UML のアクティビティ図と類似した図で，ビジネスプロセスを構成する活動をフロー図として記述できる．

BPMN のビジネスプロセスは，記述範囲によっていくつかに分類され

▶ [価値連鎖]
value chain

▶ [ビジネス・プロセス・リエンジニアリング]
BPR
Business Process Re-engineering

▶ M. Hammer はこの論文の中で，牛のたどる道を舗装するようなことはもう止めようではないか，と書いている．

▶ [ビジネスプロセス管理]
BPM
Business Process Management

▶ [BPMN]
Business Process Model and Notation

▶ 2004 年に BPMI (Business Process Management Initiative) が制定し，現在は UML 同様に OMG が管理を行っている．

ている.プライベートビジネスプロセスは,特定の組織内におけるビジネスプロセスである.パブリックビジネスプロセスは,プライベートビジネスプロセスと,他のプロセスあるいは参加者とのやりとりである.コラボレーションプロセスは,2つ以上の主体の間のやりとりを表す.図 3.20 にこれらの記述例を示す.(a) は店舗の中でのプライベートビジネスプロセスを示す.(b) は店舗でのビジネスプロセスと顧客とのやり取りを示したパブリックビジネスプロセスであるが,顧客側のビジネスプロセスは記述されていない.(c) は顧客側,店舗側の双方のビジネスプロセスとそのやりとりが示されている.

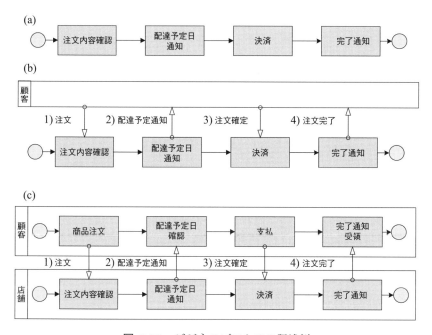

図 3.20 ビジネスプロセスの記述例

図 3.20 では店舗が注文内容確認,配達予定日通知などのアクティビティを制御し実行している.このように統括する主体が活動を制御する方法をオーケストレーションと呼ぶ.一方,主体間で定められたやりとり(メッセージの送受信)に従ってビジネスプロセスを制御する方法をコレオグラフィと呼ぶ.図 3.21 は BPMN のコレオグラフィ図の例である.ここでは顧客側より商品注文があると店舗側は配達予定日通知を返し,さらに顧客側より注文確定されると注文完了を返すというやりとりの方法が記述されている.

▶ [オーケストレーション]
orchestration

▶ [コレオグラフィ]
choreography

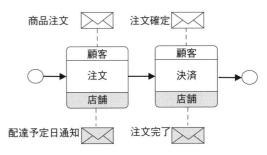

図 3.21 コレオグラフィ図の例

3.5 組込みシステム

ソフトウェアの重要な用途として組込みシステムがある．本節では，組込みソフトウェアの特徴と基本的な技術を説明したうえで，組込みシステムのためのモデリング技術について簡単に触れる．

3.5.1 組込みソフトウェアの特徴

組込みシステムとは機器に組み込まれたコンピュータシステムのことであり，組込みシステムのためのソフトウェアを組込みソフトウェアと呼ぶ．マイクロプロセッサの小型化や低価格化が進み，様々な機器に組込みシステムが搭載されるようになった．組込み向けのプロセッサの出荷数は，サーバやパソコンなどのコンピュータ向けプロセッサの出荷数をはるかに上回っている．また，機器の開発費に占めるソフトウェアの開発費の割合も非常に大きくなっている．

組込みソフトウェアは，ビジネス向けの情報システムとは異なった，以下のような特徴を持っている．

- 専用のハードウェアを扱う：

    組込みシステムは機器に組み込まれ，その監視や制御を行う．つまりその機器のハードウェアに強く依存した処理を行う．汎用的なコンピュータ上で動作させるソフトウェアに比べて，移植性が悪く，またハードウェアに近い処理が必要となる．

- リアクティブ性を持つ：

    組込みソフトウェアの処理も多様だが，例えば水温が上がれば過熱をやめる，速度が下がれば加速をする，といったリアクティブな振舞いをするものが多い．リアクティブな振舞いとは，イベント（出来事の発生）に対して何らかの応答をするというタイプの振舞いである．

- リアルタイム性を持つ：

    組込みソフトウェアは機器などの物理現象を操作するため，例えば何秒以内に操作をしなければ間に合わないといった，リアルタイムに関わ

▶ ［リアクティブ］
reactive

▶ ［リアルタイム］
real-time

▶ 情報システムではリアルタイムはデータが発生してすぐ，という意味で使われることが多い．組込みシステムでは実世界の時間制約があるという意味で使われる．

る制約を持つ．ここでリアルタイムとは，機器が存在する実世界での時間を意味する．

- 資源の制約が強い：

  機器に組み込まれる関係上，汎用コンピュータに比べて資源の制約が強くなる．ここで資源とは，プロセッサの速度，メモリの容量，消費電力などを意味する．制約がきついためその開発が難しくなる．

- 高い信頼性や安全性が求められる：

  組込みシステムは長時間動作し続けるものが多く，連続して動き続けることが求められる．また人を介さずに直接機器を制御するため，不具合があると機器が暴走して人や物を傷つける危険性もあり，安全性への配慮も必要である．また機器に組み込むため，出荷した後で不具合を修正することが困難なことが多く，家電製品のように機器の台数が多いと修正はさらに高コストとなる．したがって出荷前に不具合を発見することが一層重要となる．情報システムも高い信頼性が求められるが，組込みソフトウェアは，こうした特有の理由で，高い信頼性が要求される．

▶ 信頼性は継続して機能し続ける程度をいう．安全性は人，モノ，環境に損害を与えない程度をいう．一般に信頼性が高いほど安全性も高いことが多いが，両者は同一概念ではない．全く飛ばない飛行機が最も安全というジョークもある．

さらに，ソフトウェア工学的な観点から重要なのは，組込みシステムの多様性という点である．機器といっても巨大な産業用機器から家電機器まで多種多様である．また医療機器，運輸機器，家電機器など，それぞれ求められる特性が異なる．さらに上述したようにハードウェアに依存しており，対象のハードウェアも多様である．つまり組込みソフトウェアは，求められる機能，品質，構造，プラットフォーム，作り方などが極めて多様であり，最も典型的なボリュームゾーンというものが存在しないのである．このことは，組込みソフトウェアのための開発の方法，ツール，環境などを整備することを難しくしている．

▶ 組込みシステムに比べて情報システムは，ある程度大きなセグメントがある．例えば機能や特性の類似した Web アプリケーションが数多く作られるため，様々な開発ツールが整備されている．

3.5.2 組込みソフトウェアに関わる技術

組込みソフトウェアも，基本的には 3.1 で説明したコンピュータの基本技術に基づいて動作する．しかしながら組込みソフトウェア特有の技術もある．以下にそうした技術のいくつかについて説明する．

(1) MCU

汎用のコンピュータでは，コンピュータの中央処理装置 (CPU) 部分を 1 つの LSI にした MPU が使われることが多い．それに対して組込みシステムでは，CPU 部分に加えて，記憶装置や，さらには映像信号をデジタル化する機能など，機器が必要とする周辺的な機能を含めて 1 つの LSI にまとめたマイクロ・コントローラ・ユニット (MCU) が用いられることが多い．組込みシステムは機器の制御という単目的のシステムであり，制御に必要

▶ ［マイクロ・プロセッシング・ユニット］
MPU
Micro Processing Unit

▶ ［マイクロ・コントローラ・ユニット］
MCU
Micro Controller Unit

▶ プロセッサを電子部品として販売するのではなく，LSIを作る際に利用できるプロセッサの回路情報を販売している会社もある．こうした回路情報に，必要なメモリや周辺機器の回路情報を加えてカスタマイズしたLSIを作り，製品に組み込むなどする．

十分なメモリや周辺機能があればよいからである．また，それらを1つのLSIとしてまとめることで，部品点数が減り，小型化でき，また消費電力も減るというメリットもある．

(2) 外界とのやりとり

一般に組込みシステムは，人手を介さずに外界の状態を把握し，また外界に対して働きかけをする．そのために，外界とのやり取りを行うための機構を持っている．図3.22は組込みシステムの基本的な構造を模式的に示したものである．

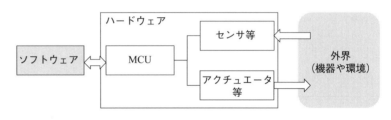

図 **3.22** 組込みシステムの構造

▶ [センサ]
sensor

センサは，外界の状態をコンピュータで扱いやすいデータに置き換える素子のことである．光センサ，温度センサ，位置センサ，圧力センサ，加速度センサなど，様々なセンサが存在する．センサ技術は急速に進化しており，小型化や低価格化が進んでいる．アクチュエータは，運動を発生させる機構で，例えば電気信号を与えることで外界の機器を動作させる．こうした機構は，電気的にMCUと接続され，ソフトウェアからは通信などによって，データを受け取ったり，制御したりする．

▶ [アクチュエータ]
actuator

(3) 割込み

割込みとは，割込みを示す電気信号が入力されると，現在行っているプログラムの実行を中断し，その割込みと対応づけられた処理を行うことであり，プロセッサがハードウェアとしてその機構を備えている．これにより，プログラムの処理中により緊急度の高い処理が発生したら，行っていた処理を一時中断して，緊急性の高い処理を先に済ませてから，中断した処理を再開することができる．

▶ [割込み]
interrupt, interruption

▶ ソフトウェアの開発者が，あらかじめ割込みに応じた処理を記述して設定する．この割込み処理を行うプログラムを，割込みサービスルーチン (ISR, Interrupt Service Routine) などと呼ぶ．

割込みの利用は組込みソフトウェアに限ったものではないが，組込みソフトウェアはリアクティブでリアルタイムな特性を持つため，発生したイベントに即座に対応する必要があり，ハードウェアの持つ割込みを多用することも多い．一方，処理のタイミングによっては割込みが発生するとプログラムの正しい動作が保証されなくなる危険性があるため，危険なタイ

ミングでは割込みを禁止するなど，プログラムを作る際には注意が必要となる．

(4) リアルタイムオペレーティングシステム

リアルタイムオペレーティングシステム (RTOS) とは，リアルタイム性を持ったソフトウェアの開発に有利な機能を持たせた OS のことである．組込みソフトウェア向けの OS ともいえる．3.1.4 で説明した OS と基本的には同様だが，組込みシステムは資源の制約が強いため，プロセス制御を中心とした限られた機能だけを持つものも多い．なお RTOS では実行単位をプロセスと呼ばず，タスクと呼ぶことが多い．RTOS によって複雑なソフトウェアを作りやすくなるため，近年は RTOS を利用した開発が増えてきている．一方，割込み同様，3.1.6 で触れたインタリーブに起因する問題などが発生し，複数のタスクが資源を取り合って止まったり，緊急度の高い処理が緊急度の低い処理に邪魔されて動作できなくなったりしうるので，注意深くプログラムを作る必要がある．

▶[リアルタイムオペレーティングシステム]
RTOS
Real-Time Operating System

(5) 物理現象の制御

ソフトウェアの動作は離散的である．組込みシステムにおいても離散的な制御は多い．例えば通信機器の制御では，待受け状態，通話状態といった離散的な状態管理を行う．しかしながらモータの回転や電気信号の流れは連続的であり，滑らかにアームを動作させたりするには連続的な制御が必要となる．その実現には，例えば微分方程式による数学モデルなどが使われる．特にフィードバック制御は，制御システムの開発において広く使われる重要な技術である．こうした内容は本書の範囲を超えるので，その分野の教科書を参考にされたい．

3.5.3　組込みシステムとモデリング

組込みソフトウェア開発においては，組込みシステムさらには外部環境の理解が重要であり，そのためのモデリングが行われる．以下，組込みシステムのモデリングに関して，いくつか説明する．

(1) アーキテクチャ記述言語

一般に組込みソフトウェアの開発は，まず組込みシステム全体の設計を行って，ハードウェア部分とソフトウェア部分の役割分担を決め，それに基づいて組込みソフトウェアの開発を行う．システムアーキテクチャとは，組込みシステムに課せられた要求を，ハードウェアやソフトウェアによってどのように実現するかという実現構造のことをいい，これによってハードウェアやソフトウェアの役割が決まる．

▶[システムアーキテクチャ]
system architecture

▶[アーキテクチャ記述言語]
ADL
Architecture Description Language

▶ 機器の種類は多種多様であるため，システムアーキテクチャの捉え方は分野によって様々である．

システムアーキテクチャのモデリング手段として，アーキテクチャ記述言語（ADL）の利用がある．ここで言語とはテキストだけの記述というよりは図的な表現を含めた図式言語も含んでいる．ADL の中には UML のように汎用性をねらった言語もあれば，特定分野での利用を想定したものもある．

例えば EAST-ADL[6] は欧州のプロジェクトで開発された自動車向けのアーキテクチャ記述言語である．ここでは 4 つの抽象度のレベルを設定し，各レベルでどのようなモデルを記述するかを設定している（図 3.23）．

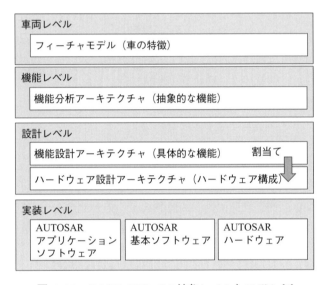

図 3.23　EAST-ADL での抽象レベルとモデル [6]

車両レベルは自動車の外部から認識できる特徴を捉えるレベル，機能レベルは組込みシステムを機能の側面から捉えるレベル，設計レベルはハードウェアに対して割り当てた詳細な機能を捉えるレベル，そして実装レベルは AUTOSAR の要素に照らしてソフトウェアやハードウェアの実装を捉えるレベルである．ここで AUTOSAR とは自動車の分野で組込みシステムの部品化を進めるプロジェクトである．このように，車両という分野における，システム全体からソフトウェアへとブレークダウンされる構造が示されている．

▶ [AUTOSAR]
　Automotive Open System Architecture

ADL としては他に軍事・自動車業界を想定した AADL[33] などがある．

▶ [AADL]
　Architecture Analysis & Design Language

(2) SysML

▶ [SysML]
　System Modeling Language

SysML[112] は，10 章で述べる UML の拡張機能を利用して作られたシステムモデリングのための言語であり，UML と同様あるいは類似の図も包

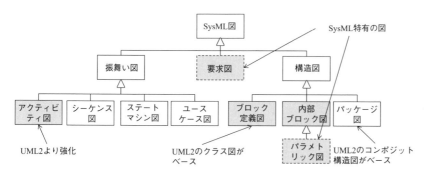

図 3.24　SysML の図

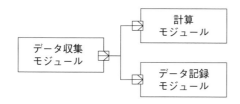

図 3.25　ブロック定義図の例

含している．図 3.24 は SysML の図の一覧と，UML の 2.x 版（UML2 と表記）の図との違いを示したものである．

例えばブロックは外部から観測できるなんらかの特徴をもった単位であり，ソフトウェアモジュールだけでなく，ハードウェアなども表現できる．図 3.25 はハードウェアモジュール間の関係を記述したブロック定義図の例である．

▶ システムエンジニアリングの業界団体である INCOSE と UML を策定した OMG とが 2007 年に共同で策定した言語である

3.5.4　情報システムと組込みシステム

ソフトウェアを利用するシステムの典型例として，情報システムと組込みシステムについて説明した．前者は人間の営みであるビジネスを支援し，後者は機器制御といった物理現象を扱うという点で，それぞれ処理内容に特徴的な点を持っている．なお，機器を制御するものは組込みシステムだけではない．外部にパソコンやサーバを接続して機器を制御することもある．また組込みシステムも機器の制御だけでなく，データの集計などの情報処理を行うこともある．組込みシステムという用語は，その形態を言っているのであって，処理内容を規定した言葉ではない．しかし実務においても，こうした処理内容を表す意味でこれらの用語が使われることがあり，本書でもそれに倣った．

情報システムと組込みシステムは，必ずしも独立したものではなく，お互いに接続され協調してより大きなシステムを作る．例えば工場の設備，輸送機械，あるいは家電機器など様々な機器の状態，あるいは機器から得ら

れる情報をネットワーク経由でサーバに集め，それに基づいた情報処理を行うということが行われている．近年は，このように様々なシステムが連携してより大きなシステムが作られることが多くなっている．

▶ 企業と企業とのやりとりをB2B(Business to Business)，企業と消費者とのやりとりをB2C(Business to Consumer)などというのにならい，機器と機器のやりとりをM2M(Machine to Machine)と呼ぶこともある．

ICT技術の発達で，センサなどの小型化，高性能化，低価格化が進み，さらにそれらがネットワークに接続されたり，アドホックにネットワークを構成して協調したりするようになっている．またインターネットには，パソコンやサーバよりも，様々な機器の方が多く接続されている．こうした機械同士の接続技術や，機械がインターネットに接続されることによるサービスが広く検討されるようになっている．もちろんそれらを理解するうえでも，本書で説明した情報システムや組込みシステムという典型的かつ基本的なシステムに対する理解が前提となるのは言うまでもない．

▶ 機器もインターネットに接続され，その数は汎用的なコンピュータを大きく上回っている．モノがインターネットに接続されることによって生み出されるサービスや能力を，IoT (Internet of Things) という用語で表すこともある．

3章　演習問題

(1) (§3.1.1) 情報とデータがどう違うか述べなさい．
(2) (§3.1.2) コンピュータはどういう動作を繰り返し実行するか説明しなさい．
(3) (§3.1.3) 記憶階層とは何か，またどういう意義があるのか説明しなさい．
(4) (§3.1.4) インタリーブとは何か説明しなさい．
(5) (§3.1.5) 高級言語はアセンブリ言語と比較してどういう特徴を持つか述べなさい．
(6) (§3.2.1) 同期通信と非同期通信とはそれぞれ何か，説明しなさい．
(7) (§3.2.2) IPアドレスのビット長はIPv4, IPv6それぞれいくらか．ビット長が短いと何が問題なのか述べなさい．
(8) (§3.2.3) ハイパーテキストとは何かを説明するとともに，Webでのハイパーテキストはどういう形式で表現されるかを説明しなさい．
(9) (§3.2.4) XMLはメタ言語として何を定義できるのか述べなさい．
(10) (§3.2.4) WebアプリケーションにおいてHTMLとXMLはそれぞれ何の表現に使われるか．
(11) (§3.3.1) 2層クライアントサーバと3層クライアントサーバの各層はどういうものか，それぞれ説明しなさい．
(12) (§3.3.2) ACID特性とは何か説明しなさい．
(13) (§3.3.3) スケールアップとスケールアウトとは何か，それぞれ説明しなさい．
(14) (§3.3.3) CAP定理とは何か，説明しなさい．
(15) (§3.4.2) バランス・スコアカードの4つの視点とはそれぞれ何かを述べ，その4つを考える意義を述べなさい．
(16) (§3.4.3) 現状モデル，次期モデル，理想モデルとはそれぞれ何か説明しなさい．
(17) (§3.5.1) 情報システムと組込みシステムにおけるリアルタイム性とは何か，それぞれ説明しなさい．
(18) (§3.5.2) MCUとは何か，なぜ組込みシステムで使われるかを説明しなさい．
(19) (§3.5.2) 割込みとは何か，なぜ組込みシステムで多用されるかを説明しなさい．
(20) (§3.5.3) システムアーキテクチャとは何か述べなさい．

3章　発展課題

(1) アセンブリ言語，コンパイラ方式の言語，インタプリタ方式の言語，仮想マシン方式の言語について，プログラムの効率性と移植性の観点から比較しなさい．
(2) XMLがどのようなWeb技術に使われているか文献等で調べなさい．
(3) ファットクライアント方式とシンクライアント方式を，ネットワーク障害への耐性，セキュリティ，クライアント側プログラムの更新という観点から比較しなさい．
(4) Webでのネット販売システムによるビジネスプロセスは，ICT技術をどのように活用していると考えられるか．表3.1の項目に照らして整理しなさい．
(5) SysMLについて文献等で調べ，ソフトウェアのモデリングとは違う特徴としてどのような点があるか，記述対象と図法の観点から整理しなさい．

4章　要求定義

[ねらい]

　本章では，ソフトウェア開発の出発点である要求定義について説明する．要求定義ではソフトウェアへの要求を明らかにし，それを要求仕様として定義する．ソフトウェアへの要求を考えるには，情報システムへの要求，さらにその情報システムによって現実世界をどうしたいのかという要求を明らかにする必要がある．

4章　事前学習

(1) §4.1.1, §4.1.2 を読み，要求とは何か，どのような種類があるのかを述べなさい．

(2) §4.1.3 を読み，なぜステークホルダを明確にする必要があるのかを述べなさい．

(3) §4.1.5 を読み，要求定義にはどのような難しさがあるのかを述べなさい．

[この章の項目]

要求と要求定義
情報収集，発想支援，合意形成
ゴールの分析
シナリオの分析
ユースケースの分析
要求仕様
要求仕様の確認

4.1 要求と要求定義

本節では,まず要求とは何かを説明した後,ソフトウェア開発において行われる要求定義という活動について述べる.

4.1.1 要求

要求とは,「問題を解決したり目標を達成したりするためにユーザが必要とする条件や能力」,あるいは「契約,標準,仕様,その他の正式に課せられた文書に適合するために,システム,システムコンポーネント,あるいはサービスが合致しなければならない条件や所有しなければならない能力」である [66]. またこれらを記述した文書を要求ということもある.

前者は目標とすべき現実世界の実現のために必要とされるものという意味である.例えば売り上げをリアルタイムで知りたいという目標に対して,売上を集計する機能が欲しい,集計はどれだけの時間間隔で行いたいといったことが要求となる.後者は結果として作られるシステムやシステムコンポーネント等に対して課せられる条件という意味である.例えば業界標準の通信プロトコルを採用しなければならない,顧客の求める規約に合致したプログラムでなければならないといったことが要求となる.

4.1.2 機能要求と非機能要求

要求は機能要求と非機能要求に分けられる.機能要求とはソフトウェアが提供するサービス,つまり特定の入力に対してどういう出力を返すか,どういう状況の時にどういう反応をするかに関する要求である.例えばネットショッピングのソフトウェアに対して,注文情報とクレジット情報が入力されたら決済結果を出力してほしいというのは機能要求である.こうした機能要求以外の要求が非機能要求である.ネットショッピングの例でいえば,その処理をどれだけの速さで行ってほしい,単位時間にどれだけの注文を処理してほしい,どういう OS 上で開発してほしい,などは非機能要求である.

非機能要求の分類については様々な提案があり,特定の分類が定着しているわけではないが,図 4.1 に分類例を示す.ここでは非機能要求を,品質要求(システムの品質に対する要求),設計・開発制約(設計や開発方法に対する技術的な制約,利用技術の指定,資源の制約など),法令・標準要求(遵守すべき法令や,適合すべき標準など)に分けている.

なお,推奨される要求仕様(4.6.1 参照)を定めた IEEE Std.830-1998[49] には,要求仕様に以下のことを記述するようにと書かれている.

- 外部とのインタフェース:
    ソフトウェアが人,ハードウェア,他のソフトウェアとどのようにや

▶ [要求]
requirement

▶ 要求と類似した用語として要件という用語が使われることもあるが,本書ではその違いは区別せず,要求という言葉で説明をする.またニーズという用語もあるが,これは要求を定義する際の材料となるものであり,そこには要求以前の,期待や思いのようなものも含まれる.

▶ [機能要求]
FR
Functional Requirement

▶ [非機能要求]
NFR
Non-Functional Requirement

▶ [品質要求]
quality requirement

▶ 製品が当然備えていると期待され,備えていないと不満につながる品質を当たり前品質,当然備えていると期待されているわけではないが,備えていると魅力につながる品質を魅力的品質と呼ぶこともある.

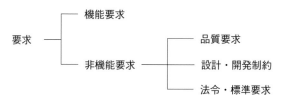

図 4.1　要求の分類例

りとりするか．
- 機能要求：
  ソフトウェアの基本的な働き，入力をどう処理して出力するか．
- 性能要求：
  ソフトウェアの速さ，可用性，応答時間，回復時間など．
- 論理データベース要求：
  データベースに格納されるデータへの内容，利用頻度，一貫性の方針など．
- 設計制約：
  適用される標準，ハードウェアの制約など．
- システムの属性：
  信頼性，可用性，セキュリティ，保守性，可搬性など．

図 4.1 との対応でいえば，これらの中で機能要求以外は非機能要求に含まれる．性能要求やシステムの属性は品質要求，外部とのインタフェース，論理データベース要求，設計制約は，設計・開発制約に対応する．

4.1.3　ステークホルダ

　ステークホルダとは，システムによって影響を受ける，あるいはシステムに影響を与える人，グループ，組織のことを言う．システムに対して明示的に要求を言うのは，例えばシステムを発注する人や実際に使う人かもしれない．これらの人は当然ステークホルダに含まれる．しかしながらステークホルダはより広範である．システムを作る人，システムを開発する人，システムを販売する人，保守する人，あるいはそのシステムが使われる際に関わりを持つ外部のシステム，コンテンツを提供する組織，さらにはそれが使われることによって間接的に影響を受ける人や団体などもステークホルダである．

　システムに対して要求を持つのはステークホルダであるから，システム開発においてはステークホルダが誰なのかを明確にすることが重要である．またステークホルダごとに要求することや要求の重要性が異なり，場合によっては背反するため，ステークホルダごとの立場で要求を検討すること

▶ [ステークホルダ]
stakeholder

▶ stakeholder は利害関係者という日本語が当てられるが，要求定義においてはカタカナで表記することも多く本書もそれに従った．

▶ 例えば子供が容易に高額の買い物ができるようなシステムに対しては，学校関係者から苦情がきて，結局使われなくなるかもしれない．

が大切である．例えば応答速度や信頼性に対する要求は利用者にとっては重要だろうが，開発者にとってはむしろ作りやすさが重要かもしれないし，発注者は信頼性のための高コスト化を嫌うかもしれない．発注者の要求だけしか考えずにシステムを作っても，それが様々なステークホルダにとって望ましくないものであればシステムは目標達成ができない危険性がある．

4.1.4 品質モデル

品質要求はソフトウェアの品質に対する要求であるが，ソフトウェアにはどのような品質があるのだろうか．ソフトウェアの品質に関しては品質モデルが国際標準として定義されている．品質モデルとは，品質要求および品質評価の基礎を与えるような特性の集合および特性間の関係の定義であり，これを参照することでどのようなカテゴリの品質があるのかを理解することができる．

▶ [品質モデル]
quality model

こうした品質モデルとしては，長らく ISO/IEC 9126[59] での規定が使われ，現在も広く使われているが，近年見直され，ISO/IEC 25000 番台に品質に関わる様々な規格が作られた．それらを総称して SQuaRE というシリーズ名でよばれている．その中の 1 つである ISO/IEC 25010[64] ではソフトウェアの品質として，利用時の品質と製品品質を規定している．

▶ [SQuaRE]
Software product Quality Requirements and Evaluation

利用時の品質とはシステムを利用することによる目標達成の度合いに関する品質であり，5 つの特性から構成される（表 4.1）．

▶ [ISO/IEC 25010]
国内対応規格 JIS X25010:2013

製品品質はソフトウェアやシステムそのものの品質を意味し，8 つの特性から構成され，それぞれはさらに副特性から構成される（表 4.2）．例えば応答速度がどの程度かは性能効率性（時間効率性）に，メモリをどの程度使うかは性能効率性（資源効率性）に，システムがどの程度ダウンせずに使い続けられるかは信頼性（可用性）にそれぞれ対応する．

▶ [利用時の品質]
quality in use

▶ 素朴に言えば，どのくらい目標達成に寄与するのか，どのくらいリソースを使わずに利用できるのか，満足感はどの程度かといった度合いを示すものである．

なお ISO/IEC 9126 では製品品質に対応するものとして外部・内部品質

▶ [製品品質]
product quality

▶ [ISO/IEC 9126]
国内対応規格 JIS X 0126

表 4.1 ISO/IEC 25010 での利用時の品質 [64]

特性	説明
有効性 effectiveness	利用者が目標を達成する上での正確さおよび完全さの度合い．
効率性 efficiency	利用者が目標を達成するための正確さおよび完全さに関連し，使用した資源の度合い．
満足性 satisfaction	利用者ニーズが満たされる度合い．実用性，信用性，快感性，快適性などを含む．
リスク回避性 freedom from risk	経済状況，人間の生活または環境に対する潜在的なリスクを緩和する度合い．経済リスク緩和性，安全リスク緩和性，環境リスク緩和性などを含む．
利用状況網羅性 context coverage	有効性，効率性，リスク回避性および満足性を伴って利用できる度合い．利用状況完全性，柔軟性を含む．

表 4.2　ISO/IEC 25010 での製品品質 [64]

特性	説明	副特性
機能適合性 functional suitability	明示的ニーズおよび暗黙のニーズを満足させる機能を提供する度合い.	機能完全性, 機能正確性, 機能適切性
性能効率性 performance efficiency	使用する資源の量に関係する性能の度合い.	時間効率性, 資源効率性, 容量満足性
互換性 compatibility	他の製品, システム, または構成要素の情報を交換できる度合い.	共存性, 相互運用性
使用性 usability	有効性, 効率性および満足性をもって目標を達成するために, 利用することのできる度合い.	適切度認識性, 習得性, 運用操作性, ユーザエラー防止性, ユーザインタフェース快美性, アクセシビリティ
信頼性 reliability	明示された時間帯で明示された条件下に機能を実行する度合い.	成熟性, 可用性, 障害許容性 (耐故障性), 回復性
セキュリティ security	認められた権限の種類および水準に応じたデータアクセスの度合いを持てるようにシステムやデータを保護する度合い.	機密性, インテグリティ, 否認防止性, 責任追跡性, 真正性
保守性 maintainability	保守者によって修正することができる有効性および効率性の度合い.	モジュール性, 再利用性, 解析性, 修正性, 試験性
移植性 portability	他の環境にシステム, 製品, または構成要素を移すことができる有効性および効率性の度合い.	適応性, 設置性, 置換性

表 4.3　ISO/IEC 9126 の外部・内部品質 [59]

特性	説明	副特性
機能性 functionality	明示的および暗示的必要性に合致する機能を提供する能力.	合目的性, 正確性, 相互運用性, 標準適合性, セキュリティ, 機能性標準適合性
信頼性 reliability	指定された達成水準を維持する能力.	成熟性, 障害許容性, 回復性, 信頼性標準適合性
使用性 usability	指定された条件下で利用されるとき, 理解・習得・利用でき, 利用者にとって魅力的である能力.	理解性, 修得性, 運用性, 魅力性, 使用性標準適合性
効率性 efficiency	使用する資源の量に対比して適切な性能を提供する能力.	時間効率性, 資源効率性, 効率性標準適合性
保守性 maintainability	修正のしやすさに関するソフトウェアの能力. 修正は是正, 向上, 変更への適応を含んでもよい.	解析性, 変更性, 安全性, 試験性, 保守性標準適合性
移植性 portability	ある環境から他の環境に移すためのソフトウェア製品の能力.	環境適応性, 設置性, 共存性, 置換性, 移植性標準適合性

を規定している．外部品質は外部から観測できる製品の特性であり，内部品質は開発する人が内部から観測できる製品の特性である．この分類も今まで広く使われてきたので，表 4.3 に記載しておく．

4.1.5 要求定義

要求定義とは，ソフトウェアに対する要求を明らかにする作業であり，最終的に要求仕様として定義される．要求仕様は，ソフトウェアへの要求の明示的な記述である．この要求仕様に基づいてソフトウェアの設計がなされる．なお本書では要求仕様の文書としての性格を明示化するために要求仕様書という記述も用いる．

要求定義には，以下のような特有の難しさがある．

- 開発作業の出発点：

  要求定義はソフトウェア開発の入り口部分にあたる作業である．ソフトウェア開発の他の作業は，例えば要求仕様に基づいて設計を行い，設計に基づいて実装を行うというように，前段階の作業の成果物がある．しかしながら要求定義は，前段階の作業がなく，よりどころとなる情報が明示的に与えられないことも多い．

- 背景の異なる人の間でのコミュニケーション：

  通常，利用者や発注者は ICT 技術の専門家ではなく，一方ソフトウェアを作るソフトウェア技術者はそのシステムが使われる世界に詳しくない．病院システムを考えると，病院関係者は ICT 技術の専門家でなく，開発するソフトウェア技術者は病院業務の専門家ではない．要求定義ではこうした異なった人の間のコミュニケーションが不可欠だが，背景知識や用いる用語の違いなどがコミュニケーションを難しくする．

- 真の要求の発見：

  ステークホルダ自身，自分の要求が何か明確に分かっていないことが多い．こうあってほしいと思っていても，他の提案を聞けばそちらの方がむしろよいと思うかもしれない．したがって示された要求を鵜呑みにせず，その背後にある真の要求が何かを考える必要がある．

- 要求の対立：

  ソフトウェアには多様なステークホルダがいるが，それぞれが持つ要求が背反することもある．ネットショッピングにおいて，店舗側は多くの個人情報を集めたいが，利用者側は個人情報を出したくないといった状況である．そうした要求間の対立を解消する必要がある．

- システム境界が不明瞭：

  現実世界の業務全体を考えている時点では，どのような情報処理システムやソフトウェアが必要かは不明瞭である．大体のイメージはあって

も，どこまでを人や機械が行いどこからを情報処理システムが行うかははっきり決まっていない．しかしながら最終的にはシステム境界を明確にして，システムへの要求を定義する必要がある．

- 要求の変化：

  要求定義の過程で，問題が整理され，あるいは複数のステークホルダの要求を調整する中で，要求が変化するかもしれない．あるいはビジネス環境や技術環境の変化によって要求が変化するかもしれない．要求は変化するものであり，それへの対応が必要である．

4.1.6 要求定義のプロセス

要求定義を行うためにはどのような活動が必要であろうか．要求工学知識体系であるREBOK[71]では要求工学を，ビジネスや製品の企画から情報システム開発，ソフトウェア開発に至る要求を，組織的かつ合理的に定義するための技術とし，そのために必要なプロセス（作業のために必要な活動）を定義している．プロセスは大きく以下の4つから構成されている．

▶ [REBOK]
Requirements Engineering Body of Knowledge

▶ 左の4つのプロセスの他に，要求管理の計画などを行う「要求の計画と管理」についても言及されている．

表 4.4　REBOKにおける要求工学のプロセス [71]

プロセス	含まれる活動
要求獲得	ステークホルダの識別
	現状システムの理解
	現状システムのモデル化
	課題の抽出と原因分析
	課題解決に向けたゴールの抽出
	ゴールを達成する手段の抽出
	実現すべき将来システムのモデル化
	要求の記述と詳細化
要求分析	要求の分類
	要求の構造化
	要求の割り当て
	要求の優先順位づけ
	要求交渉
要求仕様化	ビジネス/プロダクト要求の文章化
	システム要求の仕様化
	ソフトウェア要求の仕様化
要求の検証，妥当性確認，評価	要求検証
	要求妥当性確認
	要求評価
	要求レビュー
	プロトタイピング

- 要求獲得：

  ステークホルダの要求の獲得を行う．どのようなステークホルダがい

▶ [要求獲得]
requirements elicitation

るのか，現状はどういうシステムになっていて，どういう課題があるのか，それを解決するには何がどうなればよいのか．そうした要求（あるいはその素材）を抽出し記述する．

▶ [要求分析]
requirements analysis

- 要求分析：
記述された要求を分類し，その間に存在するあるいは必要とされる依存関係，一貫性，整合性などを明らかにする．要求がシステムのどの構成要素に対するものかを明確にする．また要求間の相対的な優先度を決定する．ステークホルダとの合意形成のための交渉も必要となる．

▶ [要求仕様化]
requirements specification

- 要求仕様化：
分析された要求を文章や図表を用いて仕様記述する．

▶ [要求の検証・妥当性確認・評価]
requirements verification, validation and evaluation

- 要求の検証・妥当性確認・評価：
要求仕様の内容が要求として正しく定義され，またステークホルダの要求を満たすものになっているかを確認する．

表 4.4 にプロセスと，そこに含まれる活動を示す．

4.1.7　問題フレームでの要求と仕様

本節の最後に，問題フレーム [69] における要求と仕様の捉え方を紹介する．問題フレームとは，問題を捉え，理解するための概念的なフレームワークであり，情報システムに関わるいくつかの典型的な問題の構造を提示している．

▶ [問題フレーム]
problem frame

▶ あくまで問題の構造を示すものであり，解決方法を示すものではない．なお著者の文献は他にもあり，内容は若干異なっている．

図 4.2 は問題フレームにおける問題の捉え方を示す模式図である．機械はコンピュータとそこで動作するプログラムである．この機械は現実世界で動作しているが，これを問題世界と呼ぶ．一方，要求は問題世界がこうあってほしいという記述や条件である．機械や問題世界は実体のある現実の存在だが，要求は人間の期待であるので実体を持たない．

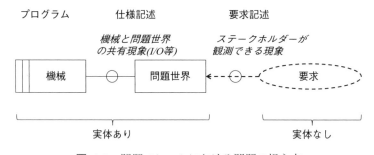

図 4.2　問題フレームにおける問題の捉え方

要求は機械によって問題世界（本書での現実世界）がどうなってほしいという期待であるから，問題世界に対して持たれる．したがって要求は問

題世界において観測できる現象に照らして記述される．一方，機械は問題世界とやりとりをしているので，機械の仕様は機械と問題世界が共有する現象（機械の入出力など）に照らして記述される．例えば遠隔にある店舗の売上げを瞬時に把握したいというのは問題世界に対する要求であり，集計指示を与えると各店舗の現時点の売り上げ情報を一覧にして表示する，というのはその現実世界の一翼を担っている機械の仕様である．このように現実世界への要求と機械の仕様との関係性を明確に示しており参考になる．なお問題フレームではこの考え方に基づいて，動作制御フレーム，操作命令フレーム，情報表示フレームなど，情報システムに関わる典型的な問題の構造を提示している．

4.2 情報収集，発想支援，合意形成

要求獲得での，要求につながる情報の収集や要求を引き出すための発想支援，要求分析での要求交渉における，合意形成などに関する代表的な技術を示す．

4.2.1 情報収集

要求獲得においては要求につながる様々な情報を収集する必要がある．

ステークホルダから直接情報を収集する方法としてはインタビュー，アンケート，ワークショップなどがある．ステークホルダ自身が必ずしも正しい情報や本質的な問題を把握しているとは限らないが，当事者からの情報は重要である．

インタビューは，ステークホルダとの会話の中で質問をしながら情報を得る方法である．あらかじめ質問項目や質問の選択肢を用意して行う構造化インタビュー，質問項目を用意はするが状況に応じて柔軟に質問内容などを変更する半構造化インタビュー，質問をあらかじめ決めずにその場で適切な質問を進めていく非構造化インタビューなどがある．どういう情報を得たいのか，質問者がどの程度インタビューのスキルを持っているのかなどによって適切な方法を選択する．

▶ [インタビュー]
interview

▶ [構造化インタビュー]
structured interview

▶ [半構造化インタビュー]
semi-structured interview

▶ [非構造化インタビュー]
unstructured interview

アンケートは事前に用意された質問項目に対して質問票などで回答を得る方法である．ステークホルダは質問に関する自分の考えを整理して記述でき，質問者は多くのステークホルダからの回答を得ることもできる．一方，対話的ではないため，回答に基づいた発展的な質問などは行いにくい．

▶ [アンケート]
enquete, questionnaires

ワークショップは，複数のステークホルダと特定のテーマに関してインタラクティブな議論を行う方法である．個々のステークホルダから情報を引き出すというよりも，議論の結果としての情報を得るものである．通常の会議同様，テーマの設定，メンバの選定，進行などが重要となる．

▶ [ワークショップ]
workshop

観察は，ステークホルダや現状のシステムを観察することで要求に関わ

▶ [観察]
observation

る情報を得る方法である．システムの運用や活動の様子を観察し，作業方法や作業効率などを，第三者の立場から観察することで問題などを発見する．観察するだけでなく，実際に作業を体験することで情報を集める方法もある．

また具体的なステークホルダやシステムの情報ではないが，一般的な知識やその分野の背景知識を得る方法として調査がある．例えば文献調査は，関係する文献を調べることに基づく情報収集である．動向調査は調査会社等を活用して，市場や競合会社などの情報を調査することであり，ビジネスやユーザの動向などを理解するために有効である．

▶ [調査]
　research

4.2.2　発想支援

一般にアイデアの創出や整理を支援することを発想支援と呼ぶ．要求定義においても，要求獲得で要求に関する情報を引き出したり，要求分析で得られた情報の中から真の問題を見つけたりする作業が重要であり，発想支援の技術が利用される．

▶ [発想支援]
　idea making support, creativity support

ブレインストーミングは特定のテーマについて意見を出し合い，多くのアイデアを作り出す手法である．このとき自由な意見を出し合うために，他人の批判をせずに多くの意見が出るようにし，出てきたアイデアを変化させるなどして独創的なアイデアを集めることを目的とする．

▶ [ブレインストーミング]
　brain storming
▶ A. F. Osborn が 1940 年代に提唱した．

KJ 法は集めた情報を分類，整理するための手法である．情報を 1 件 1 枚のカードに記入して全部を一覧できるように広げ，近い内容のカードをグループ化し，さらにグループを大きなグループにまとめるなどすることで，分類，整理を進める．また，マインドマップは，中心に配置された主題に関わる様々な概念を放射状につなげた記述を活用して発想を支援する手法である．

▶ [KJ 法]
　KJ method
▶ 川喜多二郎が 1960 年代に提唱した．

▶ [マインドマップ]
　mind mapping
▶ T. Buzan が 2000 年代に提唱した．

プロトタイピングは，実際のシステム開発の前に，一部分のみを実現したプロトタイプを開発し試用してもらうことで意見や情報を得る手法である．ステークホルダは，実際にプロトタイプを使った経験に基づいて要求や問題を考えることができる．

▶ [プロトタイピング]
　prototyping

4.2.3　合意形成

要求は対立することがあるが（4.1.5 参照），要求分析ではそうした対立を解消しないとシステムは開発できない．対立した意見を調整して解消することを合意形成といい，それを支援するいくつかの方法がある．

▶ [合意形成]
　consensus building

デルファイ法は，グループの人に一連の質問を行い，結果をフィードバックさせながら収束させる手法である．最初はばらついていた意見が，徐々に多数意見や，理由が明確な意見などに収束されていく．

▶ [デルファイ法]
　delfhi method

階層化意思決定法（AHP）は，複数の代替案の中から1つの代替案を選択する手法である．代替案を評価するための複数の基準を設定し，基準ごとに代替案のペアの一対比較を行い，それらを合成して代替案の評価を決める．代替案間の相対的な比較に基づく評価のため，定性的な基準に対しても利用できる．

Win-Win法は，要求の違いを分析して妥協点を見出すための交渉方法である．ここではステークホルダの目的（Win条件）を明確化し，Win条件間の矛盾やリスクを分析・調停しながら代替案を定義する．

4.2.4 ソフトシステムズ方法論

ソフトシステムズ方法論 (SSM) [16] は，システムの目的や要求を見つける技法であり，システムの基本的な考え方の枠組み整理や，具体化に活用できる．

SSMでは，何が解であるかが明確に定義された問題をハードな問題，明確に定義されない（できない）問題をソフトな問題と呼ぶ．例えば2次方程式の解を求めるという問題はハードな問題である．一方，グループ旅行の行き先を決めるという問題は様々な解や解法が考えられ，ソフトな問題である．現実世界の問題の多くはソフトな問題である．情報システムは，現実世界の問題解決のために作られるので，情報システムへの要求が何かという問題も多くの場合ソフトな問題である．そのため，どういう目標を設定することが妥当かを検討し，ステークホルダ間で合意を得る必要がある．

SSMでは認識された問題に関わるシステムをモデル化する際に，XYZ公式やCATWOE分析などを使う．前者では，システムを「Zを達成するためにYによってXを行う」(Do X by Y for Z) という形で簡潔に表現する．Zは目的，Yは手段，Xは具体的な行為である．後者では，システムを顧客，行為者，変換プロセス，世界観，所有者，環境制約という枠組みで定義する．XYZにおけるXを，インプットからアウトプットへの変換プロセスとして捉え，その背後の世界観を明確にするとともに，システムに関わる重要な要因を記述するものである．システムの基本的な考え方の枠組み整理や具体化に活用できる手法である．

4.3 ゴールの分析

ソフトウェア開発を行う理由は，現実世界をこのようにしたいというゴールを達成するためである．本節ではゴールならびにそれに関わる技術を説明する．

4.3.1 ゴールとは

ゴールとは現実世界あるいはシステムがこうあって欲しいという意図，

▶ [階層化意思決定法]
AHP
Analytic Hierarchy Process
▶ T. L. Saaty が1970年代に提唱した．

▶ [Win-Win法]
Win-Win approach

▶ [ソフトシステムズ方法論]
SSM
Soft Systems Methodology

▶ [XYZ公式]
XYZ formula
▶ [CATWOE]
Customer(顧客), Actors(行為者), Transformation process(変換プロセス), Weltanschauung(世界観), Owner(所有者), Environmental constraints(環境制約)

▶ 世界観とは，目的達成のために何をするのが妥当と考えるか，という見方あるいは立場である．店舗の売上げ拡大という目的に対し，「新規客が増えれば売上げが拡大する」，「リピート客が増えれば売上げが拡大する」といった様々な世界観が存在し，それによって目的達成の手段は変わる．

▶ [ゴール]
goal

目標とすべき状態である．ソフトウェアを開発するのは，ゴールを達成するためであり，要求分析においてゴールを明示的に認識，整理，明示化することは有用である．一般に大目標となる最上位ゴールからより具体的で小さな下位のサブゴールへと階層的に分割することができる．

　上位ゴールが複数のサブゴールに分割され，それらすべてのサブゴールが満たされた時に限り上位ゴールが満たされるとき，その分割を AND 分割と呼ぶ．セキュリティ向上という上位ゴールの達成には，サーバ側のセキュリティ向上，クライアント側のセキュリティ向上という両方のサブゴールの達成が必要といった状況である．一方，サブゴールの中の 1 つでも満たされれば上位ゴールが満たされるとき，その分割を OR 分割と呼ぶ．コスト削減という上位ゴールの達成には，人件費削減というサブゴールと，物流費削減というサブゴールのどちらかが達成されればよいといった状況である．さらに階層構造とは別に，ゴール間の依存関係，ゴール間の衝突といった様々な関係が存在する．例えば可用性をよくするというゴールのために冗長構成をとるというサブゴールが考えられるが，もしもコストを安くするというサブゴールが存在すれば，それと衝突する．

▶ [AND 分割]
　　AND decomposition

▶ [OR 分割]
　　OR decomposition

　こうしたゴール間の関係を分析，整理することによって，上位ゴールを達成するために，具体的にはどのようなサブゴールを達成すべきかが明確になる．小さく具体的なゴールに対しては，それを達成するための手段・実現方法が相対的に理解しやすくなる．

▶ [ハードゴール]
　　hard goal

▶ [ソフトゴール]
　　soft goal

　なおその達成が明確に判断できるゴールをハードゴール，その達成が明確に判断できないゴールをソフトゴールと呼ぶ．例えば前者はボタンを押せば青ランプが光る，応答速度が 1 秒以内といったゴールであり，後者は使いやすい，安心できるといったゴールである．一般に品質要求はソフトゴールとなるものが多い．

4.3.2　ゴールの記述

▶ [ゴールモデル]
　　goal model

　ゴール間の階層構造や依存・衝突の関係を記述するモデルをゴールモデルと呼ぶ．ゴールモデルやその記述方法には複数の提案があるが，木構造的な図法が使われることが一般的である．図 4.3 はゴールモデルの一例であり，AND 分割，OR 分割，ゴール間の関係（ここでは衝突）が記述されている．

　各ゴールに対しては，その内容を記述する文書を別途用意する．そこでは，ゴールの内容に関する具体的な記述の他に，優先度，重要性，関わるステークホルダなどが記述される．なお，K. Pohl はゴールの記述に関するいくつかのヒントや注意点を挙げている [123]（表 4.5）．

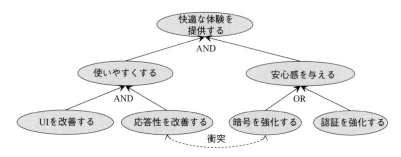

図 4.3　ゴールモデルの例

表 4.5　ゴール記述のルール [123]

ルール	説明
ゴールは簡潔に定義する	余分な記述は排除して明確な記述にする.
能動態で記述する	受動態より理解しやすく，主体が明確になる.
意図を簡潔に記述する	関わるステークホルダの意図を記述する.
上位のゴールを分割する	抽象的なゴールは，より具体的なゴールに分割する.
付加的価値を明記する	ステークホルダに提供される付加的価値を明確にする.
ゴール導入の理由を記述する	そのゴールを設定した理由や背景を記述する.
不要な制約を記述しない	ゴールに対して不必要な制約を記述しない.

4.3.3　ゴール指向要求分析

ゴール指向要求分析は，ゴールを活用することで要求の獲得，評価，合意形成，洗練，構造化，文書化，分析，進化などを行う手法の総称である．ゴール指向分析には，例えば i*法 [162] や KAOS 法 [85] などがある．

一例として KAOS 法の概要を説明する．KAOS 法では「ゴールは，システムが,エージェントの協調によって達成する目的を想定した記述」と定義されている．エージェントとはゴールの達成のために何らかの役割を果たすシステムの構成要素を意味し，人，装置，既存のソフトウェア，これから開発されるソフトウェアなどが含まれる．またゴールには，システムが実現すべき要求や，システム以外によって達成される期待などが含まれる．

本手法では，ゴールを最終的にシステムの仕様に近いレベルまでブレークダウンしていく．その過程で，以下に示す複数のモデルを利用して，ゴール，要求，それに関わるステークホルダや実体などを関連づけながら分析を行う．図 4.4 は上記のモデルの関係を直感的に示したものである．

- ゴールモデル：

    システムを意図の視点から捉えたモデル．システムのゴールを上位ゴールから下位ゴールまで体系的に表現するモデル．ゴール相互の貢献や対立といった内部的な構造なども示す．

▶ [ゴール指向要求分析]
goal-oriented requirement analysis

▶ [KAOS]
Keep All Objectives Satisfied

▶ 上記は [85] の記述に基づく．初期の論文 [26] では Knowledge Acquisition In autOmated Specification との記述もある.

▶ [障害モデル]
obstacle model

▶ [オブジェクトモデル]
object model

▶ [エージェントモデル]
agent model

▶ [操作モデル]
operation model

▶ [操作化図]
operationalization diagram

▶ [振舞いモデル]
behavior model

- 障害モデル：
  ゴールを脅かすものが何かをゴールモデルの記法を用いて表す．ゴールベースのリスク分析ともいえ，この分析を踏まえてゴールモデルをより強固にする．

- オブジェクトモデル：
  システムを構造的な側面から捉えたモデル．ゴールに関わるオブジェクトとして何があり，それらがどのような関係を持つかを表現するモデル．エージェントとオブジェクトの間には監視，制御などの関係が，オブジェクト間には is-a 関係，集約，関連などの関係が定義される．

- エージェントモデル：
  システムを責務の視点から捉えたモデル．ゴールの実現に責任を持つエージェントが何で，それが実現のためにどういう操作を実行すべきかを表現するモデル．エージェントはシステム（ソフトウェア）そのものであったり，システム外部の人や他のシステムであったりする．

- 操作モデル：
  システムを機能面から捉えたモデル．ゴール達成のために必要な操作と，それがどのオブジェクトを入出力するかを表現するモデル．システムの操作を記述する操作化図やユースケース図で表現する．

- 振舞いモデル：
  システムを振舞い面から捉えたモデル．エージェントに要求される振舞いを記述する．エージェントのインスタンス間のやりとりをシナリオで，クラスレベルではステートマシン図で記述する．

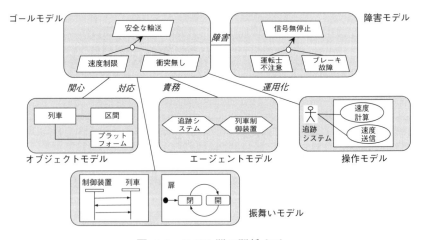

図 4.4　モデル間の関係 [85]

4.4 シナリオの分析

ゴールはシステム開発の目的となるが，その記述は概念的，一般的，抽象的になりがちである．要求定義においてはより具体的な例に基づいた議論や検討が有効である場合も多い．そうした場面で有用なシナリオについて説明する．

4.4.1 シナリオとは

シナリオとは，順次あるいは並行に起こる一連の出来事を1つずつ時系列に記述したものである．シナリオ分析は，システムを利用した状況をシナリオとして記述することによって，情報システムや組込みシステムの理解，あるいは問題の分析に利用しようとするものである．

▶ [シナリオ]
scenario

▶ [シナリオ分析]
scenario analysis

シナリオはシステムの利用のされ方などの具体的な記述であるため分かりやすく，コミュニケーションの手段として有効である．利用者や発注者と，システムの開発者とは持っている背景が違うため，どちらも抽象的な用語を用いて概念的な説明をされるよりも，どのような業務なのか，あるいはシステムを使うとどういう作業になるのかを，具体的に示される方が理解しやすい．

一方，シナリオは利用状況の例示であることを認識することは重要である．1つのシナリオはあくまで1つの状況を示しているだけであり，それ以外にも様々なシナリオがありうる．すべてのシナリオを列挙することは現実的に不可能である．したがって，適切なシナリオを選んで記述することが大切である．

4.4.2 シナリオの記述

シナリオの記述方法は多様である．

叙述的なシナリオは，生活言語を用いたシナリオの記述である．日常的に用いている記述方法であり，特段の知識がなくても読み書きができるため，例えば情報システムの非専門家との議論などにおいて有効である．一方，記述内容の時間的前後関係や，係り受けを正確に疑義なく記述するためには不利である．図 4.5(a) は，叙述的なシナリオの例である．

▶ [叙述的なシナリオ]
narrative scenario

構造的なシナリオは，箇条書きなどの構造化の手法を用いたシナリオの記述である．時間的前後関係をより明確に表現することができる．箇条書き以外にも，表を用いるなどの方法もある．ただし複雑な条件や前後関係を記述するには限界がある．図 4.5(b) は，箇条書きによる構造的なシナリオの例である．

▶ [構造的なシナリオ]
structured scenario

ソフトウェアモデルを利用してシナリオを記述することもできる．例えばシーケンス図やアクティビティ図などを利用することができる．図 4.5(c)

88　4章　要求定義

(a) 叙述的なシナリオ

棚から商品を選んでカゴにいれ，レジに行く．レジの所定の位置にカゴを置くと，金額が表示される．現金で払う場合は，紙幣あるいは硬貨を所定の支払い箇所に投入する．お釣りがある場合は，返却口から返却される．支払いが終わるとレシートが印字出力され，レジのゲートが開く．

(b) 構造的なシナリオ

1. カゴを所定の位置に置く
2. 金額が表示される
3. 所定の位置に紙幣あるいは貨幣を投入する
4. レシートが印字出力される
5. ゲートが開く

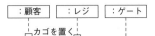

図 4.5 シナリオの記述例

はシーケンス図を用いたシナリオの記述である．こうした記法はより正確で厳密な記述ができるなどの利点がある反面，その読み書きに一定の慣れや熟練が必要なため，利用する目的や利用者によって選択が必要である．

4.4.3　シナリオの種類

　シナリオを記述する視点は多様であり，シナリオには様々な種類がある．正常あるいは典型的な出来事の系列を記述した基本シナリオ，基本シナリオ以外に起こりうる出来事の系列を記述した代替シナリオ，例外的な事象が発生したときの出来事の系列を記述した例外シナリオ，などがある．例えば支払いに関して，現金での支払いを基本シナリオ，クレジットカードでの支払いを代替シナリオ，クレジットカードが認証されなかった場合を例外シナリオとして書き分けることができる．

▶ [基本シナリオ]　main scenario
▶ [代替シナリオ]　alternative scenario
▶ [例外シナリオ]　exceptional scenario

　システムの記述範囲を考えると，システムと外部のアクタとのやりとりのみを記述するシナリオと，システムとのやりとりだけでなくそのやりとりが行われるシステム外部の状況まで含めて記述するシナリオとがある．例えば「ユーザが特典IDを入力すると賞品選択画面が表示される」というのは前者であるし，「ユーザが商品を購入しふたをあけると内側に特典IDが記されている場合がある．その場合，特典IDを入力すると賞品選択画面が表示される」というのは後者である．背後のコンテキストに関する情報の必要性の有無等で，適切な記述範囲を決めることが必要となる．

　悪意を持ったアクタが，システムを意図されていない方法で利用する際の出来事を時系列に記したものをミスユースシナリオと呼ぶ．例えばシステムに対して不正アクセスを試みるような状況を記述するもので，システムの安全性やセキュリティを検討する際に有用である．

▶ [ミスユースシナリオ]　misuse scenario

4.5　ユースケースの分析

　2.2.1で紹介したユースケースは，シナリオをグループ化したものと捉えることができ，要求分析に活用することができる．

▶ [ユースケース分析]　use-case analysis

4.5.1 ユースケースの位置づけ

ユースケースはシステムの利用のされ方を意味する．素朴にはシステムが提供する機能をグループ化したものである．したがって，ユースケース分析は，分析対象とその外部という境界を意識して，システムが外部に対してどういう機能を提供するかという視点で行われる．

図 4.6 は図 1.1 の情報処理システム部分のユースケース図である．情報システムは，人，設備，情報処理システムなどから構成されるが，情報処理システムが開発対象であれば，それがサブジェクトになり，その情報処理システムと関わりを持つ人，設備，他の情報システムがアクタとなる．ユースケース図のアクタは人の形をしたアイコンであるが，人に限らないことに留意されたい．

▶ ユースケースはシステムの外部のアクタに対して提供する機能を記述するものである．4.1.5 で述べたように，要求定義の開始段階ではシステム境界が不明瞭なことも多いが，ユースケースを定義する段階ではそれが徐々に固まっているということである．

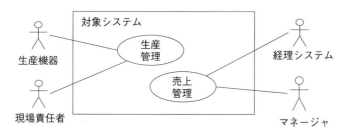

図 **4.6** ユースケースの位置づけ

ユースケースは例示ではなく，システムの持つ機能をグループに分けカテゴライズしたものである．そういう意味で1つのユースケースは複数のシナリオ群に対応する．一方システムを設計するという目的からは，ユースケースは粗く概要的である．つまりユースケースは，具体的で分かりやすい例示としてのシナリオと，抽象的で一般的な要求仕様との中間的な立ち位置に存在すると考えられる．つまり，ゴールや目標を，その達成に必要な具体的なシステムの仕様へと落とし込む段階で，やや粗いがシステム視点で要求を捉えるために用いられる．

4.5.2 ユースケースの利用

ユースケースは機能をカテゴリ分けしたものであるので，情報システムの持つ機能の全体像を把握するために有用である．機能をカテゴライズし俯瞰することが目的なので，詳細なユースケースを多数定義することは意味がない．

ユースケースは機能に対応するため，非機能要求は一義的には記述できない．ある種の品質要求は特定の機能によって達成されるため（例えばセキュリティ向上という品質要求は，暗号化という機能によって達成される

▶ ユースケースを応用したミスユースケースという手法も提案されている [141]．システムに害を与えるアクションをミスユースケース，意図的あるいはうっかりミスユースケースを起こしうるアクタをミスユーザとし，各々ユースケース記号とアクタ記号を黒くして，ユースケース図に書き足す．これによりシステムに対するセキュリティ面などの脅威の分析に使う．

等），ユースケースによってある範囲の記述をすることはできるが十分ではない．他の表現手段と組み合わせて利用することが現実的である．

ユースケース分析においては，識別，抽出されたユースケースを，拡張，包含，あるいは継承などの関係を使って体系化していく．構造化することでユースケースを理解しやすくし，修正などの作業を容易化することもできる．

4.6 要求仕様

ここまで述べてきたように，獲得された要求は分析作業を通じて，本質的な要求を矛盾なく優先度づけし，対象とするソフトウェアへの要求として整理，構造化される．そうした要求は要求仕様としてまとめられる．本節では要求仕様の標準的な構成，要求仕様の満たすべき性質，記述方法などについて説明する．

4.6.1 要求仕様の構成

ソフトウェア要求仕様の記述内容や構成は，分野，状況，利用者などによって多様ではあるが，雛形的な構成はいくつか提案されているし，企業などでは社内の文書標準などとして定められたものを利用することも多い．IEEE Std.830 は，ソフトウェア要求仕様に関する推奨規定を記したものであるが，その中で雛形的な構成が示されているので掲載する．なお 4.1.2 で紹介した IEEE Std.830 での記述内容は，この構成では「3. 詳細な要求

表 4.6　IEEE Std.830 での要求仕様書の雛形構成 [49]

1. はじめに		
	1.1 目的	要求仕様の目的と想定読者
	1.2 適用範囲	適用対象の定義
	1.3 用語定義	用語や略語の定義
	1.4 参考文献	関連する文書
	1.5 概要	以降の内容や構成
2. 全体概要		
	2.1 製品の概要	関連製品の中での位置づけ，全システムの中での位置づけ，インタフェースなど
	2.2 製品の機能	主要な機能の要約
	2.3 利用者の特性	利用者の教育水準，経験，技術専門度など
	2.4 制約事項	開発上の制約（法規制，ハードウェアの制約，他アプリケーションとのインタフェースなど）
	2.5 前提	要求に影響を与える要因
3. 詳細な要求仕様		外部とのインタフェース，機能要求，性能要求，論理データベース要求，設計制約，システムの属性など
付録，索引		

表 4.7 よい要求仕様の特性 [49]

正当性 correct	記述されているすべての要求はソフトウェアが満たすべきことである（満たす必要のない要求は含まれていない）．
非曖昧性 unambiguous	記述されているすべての要求は一意に解釈できる．
完全性 complete	以下がすべて記述されている：① 機能，性能，制約，属性，外部インタフェースに関する重要な要求，② 起こりうる入力データ（正しいもの正しくないもの），起こりうる状況，それに対する応答，③ 図表の参照，用語・単位の定義．
無矛盾性 consistent	要求仕様書中に書かれていることが整合している（要求仕様書が，より上位の文書と整合していない場合は正当でないという）．
順序付け ranked to importance and/or stability	重要度や安定性の順序づけがなされている．
検証可能性 verifiable	記述されているすべての要求は検証可能である．検証可能とは現実的なコストで要求の達成を確認するプロセスが存在することをいう．
変更可能性 modifiable	要求が変更された時に修正が容易な構成や記述方法になっている．
追跡可能性 traceable	それぞれの要求の根拠が明確で，参照できる．

仕様」の部分に相当する．

　要求仕様は，ソフトウェア技術者が設計したりテストをしたりする際の入力情報となる．情報技術に対する非専門家であるステークホルダとの接点では直感的で分かりやすい記述が求められるが，ソフトウェア技術者が設計やテストを行うためには，厳密，網羅的，一般的な記述が求められる．したがって，例示的な表現よりもより包括的な記述が望ましい．ソフトウェアモデルでいえば，オブジェクト図やシーケンス図のような例示よりも，クラス図やステートマシン図などの記述の方が一般的，包括的である．その上で，理解を助けるために重要なシナリオなどを例示することが有用である．

4.6.2　要求仕様の満たすべき性質

　要求仕様は要求定義においてステークホルダの要求を適切に捉えているかを確認する際の対象になるし，これに基づいて設計やテストが行われる．したがって，一定の性質をもった良質の文書であることが望まれる．IEEE Std. 830 では，よい要求仕様の特性を示している（表 4.7）．

▶ 要求仕様に限らず，技術文書一般に求められる特性も含まれており，参考になる．

4.7 要求仕様の確認

定義された要求仕様は，正しく適切なものであるかを確認しなければならない．本節では，要求仕様の確認について説明する．

4.7.1 確認内容

REBOK[71] では，要求仕様の確認を以下のように分類して提示している．

- 要求検証：
要求仕様が満たすべき特性を満たしているか，記述や構造に欠陥がないかを確認する．REBOK では満たすべき特性として，完全性，一貫性，無曖昧性，追跡可能性，法令順守，実現可能性が，発見すべき欠陥として，漏れ，矛盾，不足，曖昧，測定不可/評価不可，ノイズ，過剰，実現不可，理解不可，構成不良，前方参照，変更困難，不透明/不明瞭，不適切が，それぞれ挙げられている [101]．

- 要求妥当性確認：
要求仕様がステークホルダの期待している要求を満たしているかを確認する．妥当性確認する要求は以下のように区分される．
  > ビジネス要求：ビジネスゴールなどのビジネス要求を満たしているか．
  > システム要求：システムへの要求仕様が，ビジネス要求に関する妥当性確認ができた要求仕様を満たしているか．
  > ソフトウェア要求：ソフトウェアへの要求仕様が，ビジネス要求やシステム要求に関する妥当性確認ができた要求仕様を満たしているか．

- 要求評価：
要求仕様の良さを評価する．主要な項目として要求のリスクがある．すなわち要求がリスクを含んでいることは望ましくないので，どういうリスクを含んでいるかを評価するということである．なおリスクの分類には，プロセスリスクとプロダクトリスクという分類，内容に関しての技術リスク，経営リスク，法的リスクという分類，あるいは対象に関する開発リスク，運用リスク，情報リスク，という分類などが挙げられる [101]．

4.7.2 確認の技術

要求仕様の確認においては，以下の技術が使われることが多い．

- ウォークスルーやインスペクション：
ウォークスルーは要求仕様の作成者が説明し，参加者がその内容等について質問やコメントをする形態で確認を行う作業である．インスペクションは，要求仕様を目視で確認する作業である．

▶ [要求検証]
requirements verification

▶ 要求検証という用語・定義は REBOK[71] に従った．ソフトウェア開発における検証については 7 章で触れるが，そこでの意味とやや違う．書籍によっては要求検証という用語を使わないものもある．

▶ [要求妥当性確認]
requirements validation

▶ [要求評価]
requirements evaluation

▶ ウォークスルーやインスペクションについては，7.4 も参照されたい．

- チェックリスト：
  確認を行う際に考慮すべき質問についての一覧をあらかじめ用意することによって，確認をより体系だって行うことができるようになる．
- プロトタイピング：
  要求仕様を文書として確認しづらい場合，プロトタイプを作り，それを動作させて確認する方法である．システムの振舞いや，システムとのやりとりなど動的な側面の確認などに有効である．

なお，K. Pohl は要求仕様の妥当性確認における，以下の6つの原則を挙げている [123]．これも要求仕様の確認に限らず有効なものを含んでいる．

- 適切なステークホルダを関与させる：
  確認の3つの次元（要求が適切な詳細度か，文書化や仕様化の規則に適合しているか，要求の衝突がなくステークホルダが内容に合意できるか），および4つの側面（対象，利用方法，ITシステム，開発）から確認するために必要なステークホルダを参加させる．
- 欠陥の検知と欠陥の修正を区別する：
  欠陥を見つけている途中で，どうやって修正するかの議論を始めると，欠陥の検知作業の質が下がる．両者は区別し，最初は検知に集中すべきである．
- 独立した視点からの確認を行う：
  要求を異なった観点から確認したり，あるいは同一の観点でも異なった人が独立に確認をしたりした後にそれらの結果を総合することで，より質の高い確認が可能となる．
- 適切な文書フォーマットを使う：
  確認をする人にあった文書フォーマットを利用することが望ましい．エンドユーザは自然言語での表現が理解しやすいかもしれないし，技術者は厳密なモデル表現を求めるかもしれない．
- 確認の間に開発文書を作成する：
  要求仕様の確認をしながら，設計書，テスト仕様書，ユーザマニュアルなど，その後の開発で作られる成果物を試しに作成してみることで，問題や欠陥を発見できる．
- 確認を繰り返す：
  ステークホルダの理解や知識は時間とともに変化し，また要求も変わりうる．特に長期間のプロジェクト，新しい技術分野，などでは確認を繰り返すことが有効である．

4章　演習問題

(1) (§4.1.2) 非機能要求とは何か説明しなさい．
(2) (§4.1.4) 品質モデルは何を定義していて，何に役立つのか説明しなさい．
(3) (§4.1.4) 利用時の品質，製品品質とはそれぞれ何か説明しなさい．
(4) (§4.1.5) 以下の文で正しいものを選びなさい．(a) 要求はステークホルダが明確に知っている．(b) 異なるステークホルダの要求は背反しうる．(c) ソフトウェアの要求を考える際に現実世界のことを考える必要はない．
(5) (§4.1.6) 要求定義にはどのようなプロセスがあるか説明しなさい．
(6) (§4.2.1) インタビューにはどのような種類があるか，説明しなさい．
(7) (§4.2.3) 要求定義においてどうして合意形成が必要なのか述べなさい．
(8) (§4.3.1) ハードゴール，ソフトゴールとはそれぞれ何か説明しなさい．
(9) (§4.3.2) ゴール，AND分割，OR分割とはそれぞれ何か説明し，ゴールを分割する意義を述べなさい．
(10) (§4.4.1) シナリオとは何か説明するとともに，要求定義でシナリオの利用が有用な理由を述べなさい．
(11) (§4.4.3) 基本シナリオ，代替シナリオ，例外シナリオとはそれぞれ何か説明しなさい．
(12) (§4.5.1) シナリオとユースケースはどういう関係にあるか説明しなさい．
(13) (§4.6.2) 要求仕様が設計やテストに使われるためには，どのような記述であることが望ましいか説明しなさい．
(14) (§4.6.2) 要求仕様の非曖昧性，無矛盾性とは何か例を挙げて説明しなさい．

4章　発展課題

(1) Webによる販売サイトのステークホルダを列挙しなさい．また，ステークホルダ間でどのような要求が背反しうるか検討しなさい．
(2) Webによる販売サイトで購入を行う際の，基本シナリオ，代替シナリオ，例外シナリオを書きなさい．
(3) エレベータを快適にする，というゴールのゴールモデルを記述しなさい．
(4) 図4.3のようなゴールモデルをUMLの図法を用いて記述する場合，どの図法を使うのが適切と考えられるか，理由を併せて述べなさい．
(5) シナリオをシーケンス図で記述する場合と，コミュニケーション図で記述する場合を考える．それぞれどういう特徴があるか述べなさい．

5章　設計

[ねらい]
　ソフトウェア設計とはソフトウェアの実現構造を決定することである．本章では，ソフトウェア設計の基礎，設計の基本的な3つの視点，それらの発展形としてのオブジェクト指向設計について述べる．さらに設計の骨格構造となるソフトウェアアーキテクチャについて触れる．

5章　事前学習

(1) §5.1.1, §5.1.2 を読み，ソフトウェア設計とは何かを説明し，どのような作業を含むか述べなさい．

(2) §5.2.2, §5.2.3 を読み，モジュール化とは何か，なぜ重要なのか，どのようなモジュール化が望ましいのかを説明しなさい．

(3) §5.6.4 を読み，オブジェクト指向設計の5つのガイドラインを挙げ，それぞれがモジュール強度や結合度とどう関係するか説明しなさい．

[この章の項目]
設計の基礎
機能に注目する設計
情報・データに注目する設計
状態に注目する設計
オブジェクト指向設計
ソフトウェアアーキテクチャ
横断的関心事とアスペクト指向技術

5.1 設計の基礎

本節では，設計と設計作業の説明をした後，設計の中心的課題であるモジュール化についての基礎を説明する．

5.1.1 ソフトウェア設計とは

ソフトウェア設計とは，ソフトウェアの構造，構成要素，構成要素間の関係，およびそれらの特性を決める作業である．またその作業の結果，決定された構造や構成要素などのことを意味することもある．詳細は 5.2.2 で説明するが，それまでは設計とは実現方式を決める作業，あるいは決められた実現方式であるという表現で説明を行う．

素朴に言えば，実現方式の決定とはソフトウェアが何で構成されているかを決めるということである．例えばネット販売システムがクライアント側とサーバ側で構成される，クライアント側がユーザインタフェース部分と通信部分とで構成されるといったことである．後述するように，この作業をモジュール化と呼ぶこともある．

設計は要求に基づいて行われ，決定される実現方式は要求を満たすものでなければならない．すなわち，その実現方式に基づいて機能要求や品質要求が達成されなければならないし，その実現方式は設計・開発制約や法令・標準要求を満たす必要がある．

▶ [ソフトウェア設計]
software design

▶ 英語の design も日本語同様，名詞，動詞どちらでも使われる．

5.1.2 設計に関わる作業

設計に関わる作業には，以下のようなものがある．

- 外部のインタフェースの決定：
  ソフトウェアがその外部とどのようなインタフェースを通してやりとりするのかを決定する．システムの外部には人，設備，他のコンピュータシステム等が存在するため，それらとの間でのインタフェースを決定する．例えばマンマシンインタフェース，帳票などの形式，あるいは通信のインタフェースなどが含まれる．この作業を，外部設計と呼ぶこともある．

- 内部の実現構造の決定：
  ソフトウェアの実現方式，すなわち内部の構成要素とその間の関係を定義するとともに，個々の構成要素の実現の詳細を決める．この作業を内部設計と呼ぶこともある．また，全体の構造の中で特に基本的な構造をソフトウェアアーキテクチャと呼び，特にアーキテクチャ設計と呼ぶこともある．

- 実現技術の決定：
  どのようなハードウェア，OS，ミドルウェアなどを利用するのか，ど

▶ [外部設計]
external design

▶ [内部設計]
internal design

のような標準に準拠するのか等，ソフトウェアを実現する際に利用する技術や標準を決定する．
- 設計の確認：
　　設計が要求を満たしたものであるかどうかを，確認する．

本章では，これらの中でモジュール化に関する技術を中心に説明する．5.2でモジュール化の基礎を説明した後，5.3から5.6では，モジュール化の代表的な技術について説明する．また，5.7ではアーキテクチャ設計について触れる．設計の確認は多くの場合レビューで行われるが，レビュー技術については7.4で説明する．

▶ マンマシンインタフェースの設計も重要なテーマであるが，本書では割愛する．

5.1.3　プログラムの実現構造

ソフトウェア全体の実現方式，すなわちモジュール化の説明の前に，プログラムの実現方式について考えてみよう．プログラムの実現方式に関する基本的課題はアルゴリズムとデータ構造である．アルゴリズムは問題を解くための有限回の手順であり，データ構造は特定のデータ操作のためのデータ要素の関連づけ方をいう．

▶ [アルゴリズム] algorithm

▶ [データ構造] data structure

例えば要素をある順番に並べ替えるソーティングを考える．ソーティングのアルゴリズムにはバブルソートやクイックソートなどがあり，ソートされるデータを保持するデータ構造として配列やリスト構造などがある．どのアルゴリズムでもソーティングは可能だが，速さや必要とするメモリ量などが違う．同様にどのデータ構造でもデータを保持することは可能だが，必要とするメモリ量や，データの追加，挿入，削除の効率などが違う．あるいはアルゴリズムが複雑になるとプログラミングに時間がかかり間違いが入りやすくなるかもしれない．大量のデータをソートするなら少しでも速い方が望ましいだろうが，データ量が多くなければ，速くなくてもむしろ簡単なプログラムが望ましい場合もある．

▶ バブルソートは隣接する要素を比較・交換しながらソートを行う．クイックソートは要素を分割して並べ替える操作を再帰的に行ってソートする．一般的にはクイックソートが速いが，ソートする要素の状況によっては，必ずしも速くはならないこともある．また再帰的な繰り返しが何回起こるかわからない場合には，メモリ管理の面などから不向きなこともある．

このように，プログラム設計においては，候補となるアルゴリズムやデータ構造の中から，求められる要求，特に品質要求の観点から，望ましいと判断されるものを選ぶことになる．

5.1.4　実現方式と品質特性

プログラムの設計において，アルゴリズムやデータ構造が品質特性に影響することを説明したが，これはプログラムに限らずモジュール化においても同様であり，ソフトウェアはその実現方式によって品質特性が変わりうる．したがって，ソフトウェア設計とは機能要求を満たす複数の実現方式の中から，品質要求にとって最も適したものを選択する作業であると捉えられる．

> 前述の実現技術は基盤の重要な一部であるが，基盤には利用のされ方等，より広い内容を含む．

なお，実現方法は要求だけに基づいて決定されるものではなく，ソフトウェアがどのような基盤上で作られるかということの制約を受ける．ここで基盤とはそのソフトウェアが動作する環境（ハードウェア，OS など），開発される環境（利用言語，開発ツールなど），あるいは利用環境（情報システムにおける人，設備，他のシステムなど）を意味する．この関係を模式的に書いたのが図 5.1 である．

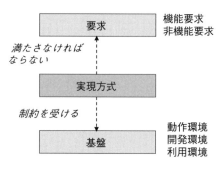

図 5.1 要求，基盤，実現方式

例えば特定の性能が要求されたとして，それを高性能なサーバ上で実現するのか，スマートフォン上で実現するのかによって実現方式は変わる．あるいは使いやすさにしても，コンピュータを使い慣れた人が利用するのか，そうでない人が利用するのかによって実現方式は変わる．要求と基盤とを考慮しながら妥当な実現方式を決定するところに設計の難しさがあるといえる．

上記については，5.7 でより詳しく説明する．

5.1.5 要求定義と設計

本節の最後に，要求定義と設計の関係について補足する．要求定義は素朴に言えば何を作るのかを決めることであり，What を定義するものといえる．一方設計はどう作るかを決めることであり，How を定義するものといえる．ここで，要求の存在する空間，すなわち現実の問題の存在する空間を問題空間，その実現方式すなわち解決策の存在する空間を解空間と呼ぶこともある．

> [問題空間]
> problem space
>
> [解空間]
> solution space

問題空間と解空間は独立した空間であり，設計は問題空間中の要求仕様を，解空間の設計へと変換する作業ともいえる．大きな流れとしては，まず要求定義がなされ次に設計が行われるのだが，この過程は完全に順次的に行われるわけではない．ある程度要求が見えてくると，その設計が想定される．ある程度設計が想定されると，それに基づいたさらに詳細な要求が出てくる，というように要求定義と設計とは行きつ戻りつしながら，徐々

に具体化されていくことが多い.

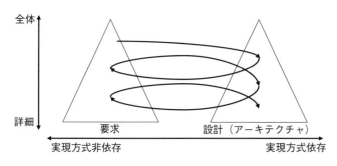

図 **5.2** ツインピークスモデル（[123] に基づく）

▶ あるシステムの要求を検討する際に, Web アプリとして作ることが想定されると, Web アプリにするならこういう機能が欲しいなど, より具体的な要求が出てくるといった状況に相当する.

▶ [ツインピークスモデル] twin-peaks model

▶ 2000 年頃に, B. Nuseibeh が提案した.

図 5.2 は，この関係を模式的に捉えたもので，ツインピークスモデルと呼ばれる．横軸は実現方式への依存性，縦軸は詳細度を表す．要求の多くの部分は，何らかの設計の想定をしながら定義されることを示唆している．

5.2 モジュール化

本節では設計の中心的な課題であるモジュール化の基本事項について説明する．次節以降の各種設計手法すべての基礎であり，しっかり理解してほしい．

5.2.1 構造化プログラミング

コンピュータが高価で貴重な機械だった時代，少ないメモリでできるだけ高速に計算することが至上命令だった（1.3.4 参照）．そのため様々な技法が使われたが，その 1 つが go to 文の多用である．go to 文を使うと任意の命令に実行を移すことができるので，命令の断片を様々な箇所から利用することがでる．しかしながら go to 文を多用すると，プログラムが複雑な制御構造を持ち，読みづらく修正や改造が難しくなるという弊害が出る．図 5.3 左は，そうした例である．

1960 年代後半に，go to 文を多用せず，プログラムの制御を順次，選択，繰返しの基本 3 構造（図 5.3 右）で組み立てる構造化プログラミングが提唱されるようになった [30]．図 5.3 中は図左と同等のプログラムを構造化プログラミングの考え方で書き直したものである．構造化プログラミングにより，go to 文多用のプログラミングより効率性は下がるが，プログラムの理解や修正が容易となる．現在ではほとんどのプログラミング言語が構造化プログラミングを前提とした制御構造を提供している．ソフトウェア工学初期の重要な成果といえる．

構造化プログラミングは，プログラムの内部構造を制御の観点から要素

▶ こうした構造になったプログラムは, 俗にスパゲッティプログラムと呼ばれる.

▶ 多くのプログラミング言語は go to 文, あるいは break や continue などといったジャンプ命令を持っている. 一般にループの内側から外側に抜けるジャンプ, プログラムの後方に抜けるジャンプは, 適切な使用で可読性があがる場合も多い. 要は整構造にすることが目的であり, 機械的に go to 文を使うなということではない.

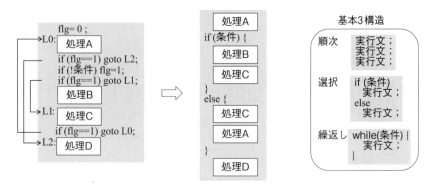

図 5.3 構造化プログラミング

単位に分け，それらの間の関係性を単純にして絡み合わないようにするものである．そういう意味で，以下で述べるモジュール化と類似の趣旨をもつ．

5.2.2 モジュール化の重要性

モジュールとは，ソフトウェアの構成要素を意味する．コンポーネントやユニットといった用語もほぼ同義で使われる．またモジュール化とは，ソフトウェアを構成するモジュールとそれらの間の関係を定義することである．ソフトウェア設計の定義（5.1.1 参照）にあるように，ソフトウェア設計においてはモジュール化が中心的な課題である．モジュール化の良し悪しによって，品質要求が達成できたり達成できなかったりする．またモジュールは開発や作業分担の単位ともなるので，作業分担のやりやすさや開発チームの構成などにも影響を持つ．

小さなプログラムであればモジュール化しなくてもプログラミングできるかもしれない．しかしながら大きなソフトウェアをいきなりプログラミングすることは考えられない．間違いなく確実に作ることのできる適切なサイズに分割する必要がある．モジュールのサイズが小さくなるとそれだけそのモジュールの仕様が小さくなるのでプログラミングも容易となり間違いが入りにくくなる．

一方，モジュールが増えると，モジュール間の関係が複雑になる．2個のモジュールなら関係は1ヵ所（その2つのモジュールの関係）だけだが，3個になると3ヵ所，4個になると6ヵ所と，潜在的には関係の数は組合せ的に増える危険性がある．したがってモジュール化に際しては，どういう単位でモジュールを定義し，それらの間の関係をどうやって適切なレベルに抑えるかが重要となる．

5.2.3 モジュールの強度と結合度

前述したように，大規模なソフトウェアほどその変更が容易であることが

▶ [モジュール]
module

▶ 構成要素とは，プログラムやファイルのような具体的なものであってもよいし，アプリケーション部分やハードウェア隠蔽部分といったより抽象度の高いものであってもよい．

▶ [モジュール化]
modularization

▶ 適切なサイズがどの程度かは，個人差もあり，またソフトウェアの種類や言語によっても異なるが，工業的にプログラムを作る場合は，数十行から数百行程度と考えられる．

重要となる．そのためには，変更を行う際に，その変更が局所化され，また変更の影響波及が抑えられることが望ましい．ソフトウェアがそのように分離され，独立性の高いモジュールで構成されている度合いをモジュール性と呼ぶ．G.J. Myers はモジュール性を議論するために，モジュール強度とモジュール結合度という概念的な尺度を提案した [93]．概念的というのは，客観的な定量化の方法があるのでなく，あくまで定性的な意味合いによって定義される尺度であることを言っている．モジュール強度は，モジュール内の結びつきの強さをいう．直感的にはシステムの中でそのモジュールが果たす役割が明確に定義されているほど強度が強く，役割定義が不明確であるほど強度が弱いと考える．モジュール強度は，モジュール凝集度と訳されることもある．一方モジュール結合度とは，モジュール間の結びつき，つまり関係性のことをいう．モジュール間の関係が必要十分に抑えられ，またそれが開発者に明示的に把握されているほど結合度が弱く，不必要，不用意な関係が存在したり，開発者が把握できない関係が存在したりしていたりすると結合度が強いと考える．強度が強く，結合度が弱いほどより独立性が高く，よいモジュール化と捉える（図 5.4）．

▶ 原著ではそれぞれに 7 段階の尺度が示されているが，本書ではその詳細は触れず，意味することのみを説明する．

▶ [モジュール強度]
モジュール凝集度
module cohesion

▶ [モジュール結合度]
module coupling

図 5.4　モジュール強度とモジュール結合度

5.2.4　情報隠蔽とカプセル化

1972 年に D. Parnas は情報隠蔽の考えを示した [119]．情報隠蔽とは，内部構造の詳細を外部から隠蔽し，外部からは公開された操作しかできないようにし，独立性を高めることである．情報隠蔽はモジュール結合度を弱めるために使われる重要な考え方である．

スタックを例に説明をする．スタックはデータ構造の 1 つであり，複数のデータを格納できるが，最後に格納されたデータから取り出される．格納する操作をプッシュ，取り出す操作をポップと呼ぶ（図 5.5）．

図 5.6 は，スタックを使った C 言語プログラムの 2 つの例である．プログラム 1 では配列 stack[ ] でスタックを実現し，それを利用する関数 f( ) や g( ) は，その配列を直接操作してプッシュやポップを行っている．一方プログラム 2 では，同様に配列でスタックを実現しているが，プッシュと

▶ [情報隠蔽]
information hiding

▶ 最後に入ったものが最初に取り出されるので LIFO (Last In First Out) と呼ばれる．一方キュー（待ち行列）は，最初に入ったものが最初に取り出されるので FIFO (First In First Out) と呼ばれる．

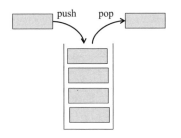

図 5.5 スタックのイメージ

ポップを行うために push( ) や pop( ) という関数を作り，f( ) や g( ) はその関数を利用している．

ここでスタックの実現方法や変数名を変更したとする．プログラム 1 はスタックを利用している f( ) や g( ) が直接に配列を操作しているため，変更すると f( ) や g( ) も修正しなければならない．一方プログラム 2 では，push( ) や pop( ) の中身は変更しなければならないが，f( ) や g( ) は push( ) や pop( ) を介しているので，変更する必要がない．つまり push( ) や pop( ) という関数（公開された操作）が防波堤となって，スタックの実現方法の変更による影響波及を食い止めているのである．

プログラム1
スタックを配列で実現し，直接アクセス

```
int stack[MAX];
int stackptr= 0;

int f( ) {
  ….
  stack[stackptr++] = xxx; //push
}
int g() {
  …
  if (stackptr!= 0) {          //empty?
     yyy= stack[stackptr--]; // pop
  }
}
….
```

プログラム2
配列を直接アクセスせず，関数を介す

```
static int stack[MAX];
static int stackptr = 0;

void push(int val) {
    stack[stackptr++] = val;
}
int pop() {
    if (stackptr!=0) return stack[stackptr--];
    else return ERR;
}
….
```

```
int f() {….
   push(xxx);
….
}
```
```
int g() {
   …
   yyy = pop();
   …
}
```

図 5.6 スタック実現の例

▶ [カプセル化]
encapsulation

情報隠蔽を行うためには，それを徹底するための仕掛けが必要である．公開した操作のみを使えといっても，内部の詳細が外部から見えるとしたら，それを直接参照するプログラムを作ることができる．カプセル化とはシステムの機能やデータを他の部分から分離し，その部分の仕様（公開操作

等）を定義するためのソフトウェア開発上の手段のことをいう．素朴に言えば見えてはならない内部を外から見えなくする手段である．例えばC言語のautomatic変数は関数の外から参照できないし，Java言語のprivateな定義は他のクラスからは参照できない．

5.2.5 データ抽象化とオブジェクト指向

上述の例は，スタックに対して行うことのできる操作（pushやpop）に注目し，配列なのかリストなのかというデータの表現方法を捨象したものと捉えられる．このように，データに対して何ができるのかという操作に注目し，その表現方法をなどの詳細を捨象するプロセスをデータ抽象化という．またそれを特徴づける操作の集合として定義されたデータ型を抽象データ型という．

1970年代には，抽象データ型を定義する機能を持つプログラミング言語が複数提案されたが，それらが発展してオブジェクト指向のプログラミング言語が提案されるに至る．オブジェクト指向プログラミングにおけるクラスは，抽象データ型として捉えられる．後述するように，オブジェクト指向設計ではクラスがソフトウェア設計の基本単位となる．情報隠蔽という考えは，このようにモジュール化さらにはソフトウェア工学の様々な分野に影響をもたらした重要概念である．

5.2.6 設計の基本的な視点

どのようにモジュール化すればよいモジュール性が実現できるのだろうか．あらゆる場合に適した唯一の設計方法はないが，いくつかの基本的な設計の視点があり，状況に応じて選択したり組み合わせたりすることが行われる．基本的な視点として重要なのが，機能，情報・データ，状態の3つの視点である．表5.1は各視点に基づく代表的な手法，そこで使われるソフトウェアモデルや図法を示すものである．続く3つの節で，これらについて説明する．

▶ 単に紳士協定として見てはいけませんというだけでは，それは守られないということである．なんだかモラルが欠如しているように感じるかもしれないが，やればできてしまうことは，必ず誰かがやってしまうと考えるべきである．ソフトウェア開発に限らず，人数が多いプロジェクトや組織においては，決め事は約束だけでは守られず，それを徹底するための仕掛けが不可欠である．

▶ ［データ抽象化］
data abstraction

▶ ［抽象データ型］
ADT
Abstract Data Type

表 5.1 設計の基本的な視点

	代表的手法	利用される代表的な図・モデル
機能	構造化手法 プロセス中心アプローチ	データフロー図 ストラクチャチャート
情報・データ	データ中心アプローチ	実体関連図 リレーショナルモデル
状態	状態遷移設計	ステートマシン図 シーケンス図

5.3 機能に注目する設計

設計の基本的な視点として，機能に注目する設計について説明する．

5.3.1 構造化手法

モジュール化の1つの方法はソフトウェアの機能に注目する方法である．この考え方は1970年前後に提案された構造化手法での考え方である．構造化手法はソフトウェアの設計手法としては初期のものであり，ソフトウェア設計の考え方を提示するだけでなく，設計の結果をデータフロー図というソフトウェアモデルで記述することを提唱した点でも重要性が高い．なお構造化手法とはその時期に提案された機能に注目した複数の手法の総称である．手法ごとの違いもあるが本書で説明する範囲はおおむねどの手法でも共通である．なお，後述するデータ中心の手法と対比的に，プロセス中心アプローチ (POA) と呼ばれる場合もある．

▶ [構造化手法]
structured method

▶ 具体的には，T. DeMarco, E. Yourdon, と L. L. Constantine などが提案した手法がある [28][161]．手法によって構造化分析，構造化設計，など名称が異なるが，ここでは構造化手法という用語で総称する．なお構造化分析は，設計のための分析という意味で，要求分析ではない．

▶ [プロセス中心アプローチ]
POA
Process Oriented Approach

▶ [プロセス]
process

5.3.2 機能分割と段階的詳細化

構造化手法では，モジュールは機能を実現するものであり，プロセスと呼ぶ．機能は入力データから出力データへの変換として捉える．つまりプロセスは，入力データを出力データへと変換する処理を表す．例えば割り算という機能は，除数と被除数という2つの入力データから商という出力データへの変換と捉える．

構造化手法ではシステム全体を1つの機能として捉え，その機能を実現するために必要なサブ機能群へと分割する．こうした考え方を機能分割と呼ぶ．分割された結果はデータフロー図でモデル化する．図5.7は料金判定という機能を実現するために必要なサブ機能をデータフロー図で記述した例である．

▶ [機能分割]
functional decomposition

▶ 図では丸がプロセス，矢印がデータフロー（データの流れ）を示す．なお二本線はデータストア（データの格納場所）を示す．

▶ 手法によって違いはあるが，プロセスは円形あるいは楕円で記述された．それを泡にみたてて，バブルチャートとも呼ばれた．なお，2.2.3で触れたように，UMLにはデータフロー図という名称の図はないが，アクティビティ図で表現できる．ただしその場合はバブルではない．

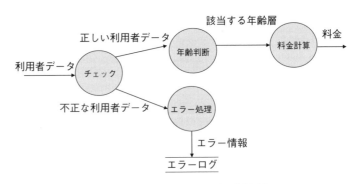

図 5.7 データフロー図の記述例

個々のサブ機能は必要に応じてさらにそれを実現するサブ機能（サブサ

ブ機能）へと分割される．こうした分割が繰り返され，それ以上分割しなくてもその機能の実現（入力データを出力データへ変換する方法）が明らかになるまで繰り返す．このように最初は粗く定義し，徐々に詳細な定義を追加していく手法を段階的詳細化と呼ぶ．

図 5.8 はデータフロー図を用いた段階的詳細化の全体像である．最上位の図は，システム全体を 1 つの機能として捉え，それに対する外部からのデータ入出力を示す図でありコンテキスト図と呼ばれる．これ以上分割が不要と判断された機能に対してはプロセス仕様書という文書が付加され，その入出力変換のアルゴリズムなどが記述される．また機能間の入出力データについては，別途データ辞書という文書で，その内容が定義される．

▶ [段階的詳細化]
stepwise refinement

▶ [コンテキスト図]
context diagram

▶ [プロセス仕様書]
process specification

▶ [データ辞書]
data dictionary

▶ コンテキストという用語はシステムがおかれる状況といった意味で使われるため，構造化手法でなくても，例えばコンテキストクラス図，というように，図の名称に使われることがある．

▶ コンテキスト図ではシステム全体を 1 つの丸で表す．長方形はシステムの外部にありシステムに対するデータの入力元（データ源泉）や，出力先（データ吸収）を示す．

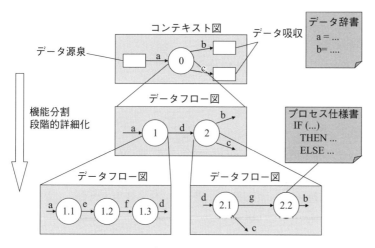

図 **5.8** 段階的詳細化の全体像

5.3.3 プログラム構造への変換

　構造化手法では，プロセスがモジュールとなり，その間のデータフローがモジュール間の関係として捉えられる．これらのモジュールは，実際のプログラムの構造，例えば関数と呼び出し関係などに対応づけられる．図 5.9 に簡単な例を示す．ここではストラクチャチャートという図を利用してプログラムの構造を表している．四角はモジュール（関数など）を表し，矢印はモジュール間の関係（データや制御のフロー），矢印のついた丸はモジュール間でやりとりされるパラメータを示している．この図は UML のアクティビティ図などで表現することもできるが，ここでは構造化手法で用いられているストラクチャチャートの図法そのままで示している．データフロー図からストラクチャチャートへの変換方法などの詳細については本書では割愛する．なお構造化手法では，機能分割の部分を構造化分析，プ

▶ [ストラクチャチャート]
structured chart

ログラムの構造の決定部分を構造化設計と呼ぶこともある．

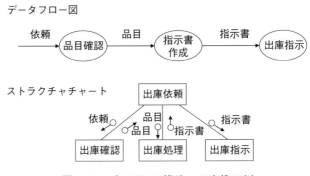

図 5.9　プログラム構造への変換の例

5.4　情報・データに注目する設計

設計の基本的な方法として，情報・データに注目する設計について説明する．

5.4.1　データ中心アプローチ

ビジネスシステムでは様々な情報やデータを扱う．そのため機能の設計に先立って情報やデータの構造を明らかにすることが多い．この手法をデータ中心アプローチ (DOA) と呼ぶ．ビジネスシステムではデータベース中の情報・データは貴重な資産であり，その資産の永続性が最優先される．顧客管理システムを考えると，顧客の購買履歴をどのように分析し，活用するかという処理方法は日進月歩であり必要に応じて処理機能が作られる．一方購買履歴という情報そのものは貴重な財産として保持し続ける必要がある．従って，システムがどのような情報を扱うのかを検討して安定したデータベースの構造を設計することが重要となる．

▶ [データ中心アプローチ]
DOA
Data Oriented Approach

構造化手法同様，データ中心アプローチも類似した手法の総称であるが，おおむね図 5.10 に示すような手順で設計される．まず概念設計でどのような情報・データを管理する必要があるのかを整理し，論理設計でそれを

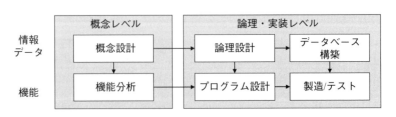

図 5.10　データ中心アプローチの例

データベース中にどのように格納するのかを検討する．機能の分析や設計もなされるが，それらは情報やデータの分析，設計を踏まえて行われる．

5.4.2　概念設計と実体関連図

　概念設計では，システムがどのような情報やデータを扱うのかを明らかにする．この段階では，データベース中での格納方法などは考えず，あくまで意味的な整理を行う．この論理設計では実体関連図が使われる．

　実体関連図は P. Chen が提案した記法である [17]．図 5.11 に実体関連図の記述例を示す．ここで四角は実体型と呼ばれる．実体は対象世界に存在するもの，できごと，概念などを表し，実体型はその集合（実体集合）を表す．四角につながる楕円は属性と呼ばれ，実体を特徴づける付随的な情報を表す．実体型間を結ぶひし形は関連型と呼ばれ，実体間の関係の集合を表している．関連端に示す 1 や N は多重度を表し，関連に参加する実体集合の個数を表す．また下線の引かれた属性はキーと呼ばれ，その値を用いることで実体集合中の実体を識別することができる．複数の属性値を組み合わせると識別できる場合は複合キーと呼ばれる．なお近年は，概念設計に UML のクラス図が用いられることもある．

▶ [概念設計]
conceptual design

▶ [実体関連図]
ER 図
Entity Relationship diagram, ER diagram

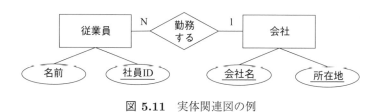

図 **5.11**　実体関連図の例

5.4.3　論理設計とリレーショナルモデル

　論理設計では情報・データを，データベース中にどのように保持するのか，格納方法を検討する．この段階で用いられるのが論理モデルである．論理モデルはデータベースの種類によって異なるが，現在の主流はリレーショナルデータベースであり，論理モデルとしてリレーショナルモデルが使われる．

　リレーショナルモデルは E. F. Codd が提案したモデルである [23]．リレーショナルモデルでは，要素の組をタプル，タプルの集合をリレーションと呼ぶ．直感的には図 5.12 に示すような 2 次元の表として表現される．図左のリレーション「社員」は，「社員番号」，「名前」，「所属」という 3 つの要素（属性の値）の組でタプルが構成されており，ここでは 3 つのタプルが存在する．図右のリレーション「部門」は，「部門番号」，「部

▶ [論理設計]
logical design

▶ [リレーショナルモデル]
relational model

門名」,「部門長」という3つの属性の値の組でタップルが構成されており，2つのタップルが存在する．下線のひかれた属性は主キーと呼ばれ，それを用いて1つのタップルを一意に識別できる．また他のリレーションの主キーとなる属性を外部キーと呼ぶ．これにより複数のリレーションを関係づけることができる．

社員

社員番号	名前	所属
0012	田中一郎	UT1
0213	山田次郎	UT1
0703	鈴木三郎	UT2

リレーション部門に関する外部キー

部門

部門番号	部門名	部門長
UT1	営業	0213
UT2	開発	0703

リレーション社員に関する外部キー

図 **5.12** リレーショナルモデルの例

5.4.4 正規化

データベースにデータを格納する際には，できるだけ冗長性を減らすことが望ましい．冗長なデータがあるとデータの更新や削除の際に不都合だからである．リレーションは一定の性質を満たすと冗長性を減らすことができ，そうした性質を備えたリレーションを正規形と呼ぶ．正規形には第一正規形から第五正規形まであり，数字が大きいほど高度な正規化となる．リレーションを正規形のリレーション（群）に変換することで冗長性を減らす作業を正規化と呼ぶ．実際には第三正規形まで正規化することが多いため，以下第三正規形まで説明する．

▶ [正規形]
normal form

▶ データの修正がやりやすいようにモジュール化していると見なすことができる．

▶ [正規化]
normalization

リレーショナルモデルでは属性値が要素的な単位であり，属性値が構造を持ったり集合になったりしてはならない．図 5.13 の左のリレーションは，属性値が「姓」と「名」の組という構造を持っているので，この場合は右のリレーションのように属性値が構造を持たないようにしなければならない．このように属性値が構造を持たないリレーションを第一正規形と呼ぶ．

▶ [第一正規形]
1NF
the first Normal Form

顧客ID	氏名
A	(山田，太郎)
B	(河田，花子)

→

顧客ID	姓	名
A	山田	太朗
B	河田	花子

図 **5.13** 第一正規形でないリレーションの正規化

図 5.14 の左のリレーションは第一正規形である．しかし，「桜餅」の単

価が「200 円」という情報が重複しているため，単価を修正する際には複数箇所を修正しなければならない．あるいは「A」が「おはぎ」を買ったというタップルを削除すると，同時に「おはぎ」の単価が「150 円」という情報も削除されてしまう．これは 1 つのリレーション中に複数の情報（ここでは，顧客の購入情報と，商品の単価）が格納されているからで，これらの情報を失わないようにリレーションを分割することで解決する．

▶ 1 つのリレーション中に 1 つの情報を含めることを，one fact in one relation という．

第二正規形は，第一正規形であってキー以外の属性がキーに完全関数従属するリレーションである．関数従属とは，ある属性（群）の値が決まると，他の属性の値が決まることをいう．さらに完全関数従属とは，その属性（群）の部分集合には関数従属しないことをいう．図左のリレーションは，「単価」という属性が，キー（「顧客 ID」と「商品名」）の部分集合である「商品名」に関数従属しているため，キーに完全関数従属しておらず第二正規形にならない．これを図右の 2 つのリレーションに分解することで，図左のリレーションの情報を失うことなく，かつ上記の問題を回避することができる．

▶ ［第二正規形］
2NF
the second Normal Form

▶ ［関数従属］
functional dependent

▶ ［完全関数従属］
fully functional dependent

顧客ID	商品名	数量	単価	金額
A	おはぎ	6	150	900
B	桜餅	10	200	2,000
C	桜餅	3	200	600
C	柏餅	20	180	3,600

↗

顧客ID	商品名	数量	金額
A	おはぎ	6	900
B	桜餅	10	2,000
C	桜餅	3	600
C	柏餅	20	3,600

↘

商品名	単価
おはぎ	150
桜餅	200
柏餅	180

図 5.14　第二正規形でないリレーションの正規化

第三正規形は，第二正規形であって，かつキー以外の属性がキーに推移的に関数従属しないリレーションである．推移的関数従属とは，キーによってある属性が決まり，その属性によって別の属性が決まるというように，間接的に関数従属している状況である．図 5.15 左のリレーションは第二正規形である．しかし，「ステータス」がキー（「顧客 ID」）に関数従属し，「ポイント倍率」が「ステータス」に関数従属しているため，「ポイント倍率」がキーに推移的に関数従属しており，第三正規形でない．このため「ステータス」が「ゴールド」の場合，「ポイント倍率」が「2 倍」といったデータが複数回現れ冗長である．これは図右のように，リレーションを分解して第三正規形とすることで問題を回避できる．

▶ ［第三正規形］
3NF
the third Normal Form

▶ ［推移的関数従属］
transitively functional dependent

顧客ID	氏名	ステータス	ポイント倍率
A	山田太郎	シルバー	1.5倍
B	河田花子	ゴールド	2倍
C	田中一郎	一般	1倍
D	山田次郎	一般	1倍
E	鈴木三郎	ゴールド	2倍

顧客ID	氏名	ステータス
A	山田太郎	シルバー
B	河田花子	ゴールド
C	田中一郎	一般
D	山田次郎	一般
E	鈴木三郎	ゴールド

ステータス	ポイント倍率
ゴールド	2倍
シルバー	1.5倍
一般	1倍

図 5.15　第三正規形でないリレーションの正規化

5.4.5　リレーショナル代数と SQL

リレーショナルモデルに対してはリレーショナル代数が定義されている．リレーショナル代数には和集合演算，差集合演算，共通集合演算，直積演算という集合演算と，射影演算，選択演算，結合演算，商演算というリレーショナルモデル特有の演算とがある．図 5.16 は選択演算，射影演算，結合演算の例である．こうした演算に基づく言語として SQL がある．SQL は ISO で国際標準化されたリレーショナルデータベース言語である [58]．この言語はリレーショナルデータベースに対して演算に基づく問合せを行い，その結果としてのリレーションを取り出すなどの機能を持っている．

データベースは複数のアプリケーションで使われるデータを一元管理するものであり (3.3.2)，正規化を行って冗長性をできるだけ減らす．一方，各アプリケーションは，リレーショナル代数を使ってそのアプリケーショ

▶ ［リレーショナル代数］
relational algebra

選択（条件にあった行を抽出）

氏名	学年	研究室
A	4	1研
C	4	1研

氏名	学年	研究室
A	4	1研
B	3	2研
C	4	1研
D	2	3研

射影(条件にあった列を抽出)

氏名	研究室
A	1研
B	2研
C	1研
D	3研

▶ 2 つの表を単に結合すると同じ値をもつ列（この場合「研究室」）が 2 回現れる．ここではそれが 1 つにまとめられており，厳密には自然結合と呼ぶ．

研究室	内線
1研	0123
2研	4567
3研	7654

氏名	学年	研究室	内線
A	4	1研	0123
B	3	2研	4567
C	4	1研	0123
D	2	3研	7654

結合（二つの表から、特定の列が同じ値のものを組み合わせる）

図 5.16　リレーショナル代数の演算の例

ンにとって必要なデータを使いやすいリレーションとして取り出すことができる．このようにして，様々なアプリケーションから利用できるデータを，安定した形で格納することができる．

5.5 状態に注目する設計
設計の基本的な方法として，状態に注目する設計について説明する．

5.5.1 リアクティブなシステム
イベントに対してなんらかの反応を返す振舞いをリアクティブな振舞いと呼ぶ（3.5.1 参照）．組込みシステムはリアクティブな振舞いをするものが多い．しかし 1 つのイベントに対して常に同じ振舞いをするとは限らない．電話機に着信があっても，待ち受け状態のときと，通話中の状態のときではその反応は異なる（2.2.5 参照）．つまりリアクティブシステムの反応は，イベントと内部状態の組合せで決定されると捉える必要がある．したがって，リアクティブシステムにおいては，システムがどのような状態を持ち，それぞれの状態において発生したイベントに対してどのような振舞いをするのか，また状態がどういう時に変化するのかを正しく捉え，それに基づいた設計を行う必要がある．

5.5.2 ステートマシン図と状態遷移表
リアクティブな振舞いを状態に注目して整理するという考え方はソフトウェアだけでなく，例えばハードウェアの設計などでも使われる．そうした際に用いられる手法の基礎となっているのが有限オートマトンである．ソフトウェア開発で用いられるステートマシン図などは，有限オートマトンをベースに，遷移あるいは状態に振舞いを関連づけて記述できるようにするなどの拡張を施すことで，ソフトウェアのリアクティブな振舞いを記述できるようにしたものである．2.2.5 で説明したように，ステートマシン図では，遷移や状態に振舞いを関連づけて定義することができる．

ステートマシン図はグラフ構造として状態遷移モデルを表現しているが，状態遷移表は状態，イベント，遷移間の関係の表形式での表現である．図 5.17 は音楽プレーヤのステートマシン図と，それと同等の情報を記述した状態遷移表の例である．状態遷移表にはいくつかの記述方法があるが，ここでは縦にイベントを横に状態を列挙し，各セルは該当する状態の時に該当するイベントが発生した際の振舞いを記述している．状態に番号を振り，各セルの上段に次状態番号，下段にアクティビティを記述している．条件によって振舞いが異なる際にはセルを縦に分割して条件ごとに次状態と該当するアクションやアクティビティを記している．次状態部分が横線の部分（停止と PLAY のセルの右側）は現在の状態に留まることを示している．

▶ [有限オートマトン]
finite automaton

▶ オートマトンについては，11 章でも触れる．

▶ [状態遷移表]
state transition table

またセルに斜め線が引かれている部分は，その状態でそのイベントが発生しても何も起こらないことを示している．

▶ CD プレーヤの例である．「PLAY」「STOP」などは操作ボタンの押下を，「演奏開始」「演奏停止」などはハードウェアに対する指示を，「停止」「演奏中」などはソフトウェアが認識しているプレーヤの状態を示している．

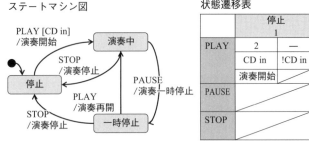

図 5.17 ステートマシン図と状態遷移表

複合状態を持たないステートマシン図であれば，単純な変換で等価な状態遷移を表す状態遷移表を作ることができる．しかしステートマシン図と状態遷移表は，実際の利用においては特性が異なる．ステートマシン図はグラフ的な表現のため，どういう状態遷移なのか直感的に捉えやすい．一方，状態遷移表はイベントと状態のマトリクスを作るので，考慮漏れが減る．状態遷移がないセルも斜め線を引くことにより，検討した結果，遷移が起こらないことを記入したということが明確に分かる．したがって典型的な利用方法としては，ステートマシン図は仕様や基本設計などで基本的な状態遷移を示す場合などに適しており，状態遷移表は検討の抜け漏れが起こってはならない場合などに適しているといえる．なお 3 章で述べたように，ステートマシン図はシーケンス図との適切な併用が有用である．

▶ ステートマシン図の場合は，状態間に状態遷移の線がなかった場合，本当に遷移がないのか，考慮漏れなのかが判断できない．

▶ 理論上は表現力が同じであっても，工学的な観点からは特性が異なるということである．

5.6 オブジェクト指向設計

1980 年ごろにプログラミング言語のパラダイムとして提案されたオブジェクト指向は少しずつ現場でも使われるようになり，1990 年ごろよりオブジェクト指向での設計が提案されるようになった．オブジェクト指向設計は，今まで述べた基本的な設計の視点を踏まえ発展した手法と捉えることができる．本節ではこのオブジェクト指向設計について説明する．

5.6.1 オブジェクト指向設計の経緯

オブジェクト指向は前述した情報隠蔽や抽象データ型などに基づき，1970 年代末にプログラミング言語の新しいパラダイムとして提案された．1980 年には最初の商用のオブジェクト指向言語である Smalltalk80 が発表された．1983 年に C 言語を拡張した C++ が開発され，オブジェクト指向プログラミングが徐々に使われるようになってきた．1990 年代になり Java 言

▶ C++ は C を包含しているため，C を利用していた人にとっては敷居が低かった．当初の C++ の処理系は，C++ を C に変換するプリプロセッサの形態をとっていた．

語が開発され，また分散オブジェクト基盤などのオブジェクト指向でのミドルウェアが利用されるなどして，現在ではビジネスアプリケーションの分野では広く使われるようになっている．

　プログラミング言語よりもやや遅れて1980年代半ばより，分析や設計をオブジェクト指向の考え方で行うオブジェクト指向分析・設計が徐々に提案されるようになってきた．1990年代前半には様々なオブジェクト指向分析・設計の手法が提案された．この時期にはBooch法[8], OOSE法[70], OMT法[130], Shaler-Mellor法[137]など，様々な手法が提案された．それぞれ重要なアイデアを含んではいるが乱立状態となり，特に手法ごとに異なったモデリングの記法が提案されるなど混乱をもたらすこととなった．そうした背景からオブジェクト指向でのモデリングの記法を統一する動きが出て，UMLの標準化へとつながっていった．UMLの最初の版は1997年に発表され，以降改版を重ねている．

　なお構造化手法，あるいは初期のオブジェクト指向設計は，基本的な作業の手順を提示していた．しかしながらUML標準化の頃より作業手順を提示する手法は少なくなってきた．これは開発プロジェクトごとに必要なモデルや適した作業手順は異なるため，それらは本質的に個別にカスタマイズが必要であるという考え方が主流になってきているからと考えられる．

5.6.2 オブジェクト指向設計とは

　オブジェクト指向分析・設計（以下オブジェクト指向設計と総称する）は，素朴に言えばクラスやオブジェクトをモジュール化の単位とする設計手法である．設計の課題は独立性を高めることであるが，後述するように，オブジェクト指向の特徴をいかすことで，独立性の高いモジュール化が可能となる．以下，オブジェクト指向の特徴を生かしたモジュール化の典型的な例をいくつか説明する．

(1) 継承

　継承を利用すると，独立性の観点から有利である．図5.18において，スーパークラス「図形」の持つ属性や操作を変更すると，継承によってサブクラス「円形」，「長方形」，「三角形」にもその変更が反映されるので，修正が1ヵ所で済む．共通の定義はできるだけ1ヵ所にまとめることが独立性のためには望ましく，継承を利用することでこれを実現できる．別の状況として，新たな図形（例えば「五角形」）を「図形」のサブクラスとして追加しても，他のクラスへの影響はなく，変更の影響を局所化することができる．

▶ [OOSE]
Object Oriented Software Engineering

▶ [OMT]
Object Modeling Technique

▶ UMLの標準化には，Booch法のG. Booch, OOSE法のI. H. Jacobson, OMT法のJ. Rumboughの3人が中心的役割を果たした．この3名のことをスリーアミーゴス (Three Amigos) とも呼ぶ．

▶ [オブジェクト指向設計]
object oriented design

▶ 構造化手法と同様にオブジェクト指向設計も様々な手法の総称であり，個々の手法は分析や設計など違った名称がついている．なおオブジェクト指向分析は構造化分析と同様に設計のための分析であり，要求分析のことではない．

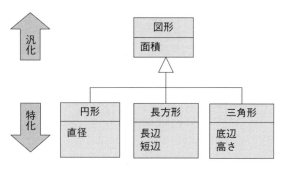

図 **5.18** 継承の例

(2) ポリモルフィズム

オブジェクト間のやりとりはインタフェースを通じてなされるが，あるメソッドが呼ばれた時に実際に動作する実装が動的に変わる性質をポリモルフィズムと呼ぶ．つまりインタフェースと実装との対応づけが実行時に決まるという性質である．

▶ [ポリモルフィズム]
polymorphism

▶ サブクラスがスーパークラスの定義に対して同名の実装を再定義することをオーバーライド (override) と呼ぶ．

図 5.19 左では「図形」に 3 つのサブクラスが定義されている．「図形」には「移動 ()」というメソッドが定義されているが，各サブクラスではその図形に適した「移動 ()」の実装を再定義している．図右は図左のクラス図から導出されるオブジェクト図の例である．「Fc」，「Fr」，「Ft」はいずれも「図形」のサブクラスのインスタンスであるため，「C」は「図形」のインタフェース中の「移動 ()」というメソッドを呼ぶ．しかし実際に実行される実装は，「Fc」は「円形」，「Fr」は「長方形」，「Ft」は「三角形」にそれぞれ定義された「移動 ()」である．実装が動的に決まるとはこういう状況をいう．

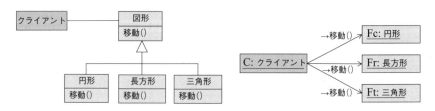

図 **5.19** ポリモルフィズムの例

ポリモルフィズムも独立性の高いモジュール構造の実現に有用である．上記の例では「クライアント」は「図形」のサブクラスが「移動 ()」メソッドを持つことのみを知っていればよく，プログラムも簡潔になる．それでいて実行時には適切な「移動 ()」の実装が実行される．また，新たに「図形」のサブクラス「五角形」が追加されても，「クライアント」側のプログラムは変更しなくても，実行時には適切にその実装が実行される．このよ

うに，スーパークラスのインタフェースが防波堤となって，クライアントへの影響波及を抑えることができる．

(3) 委譲

委譲は，他に対して何らかの動作や責務を割り当てる動作をいう．例えばクラスが自分の行う処理を他のクラスに任せるといった動作である．図5.20では委譲元となる「窓口」クラスのメソッド「仕事()」は，委譲先となる「担当」クラスの「仕事()」を呼び出すことで実現されている．

▶ [委譲]
delegation

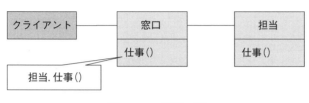

図 5.20　委譲の例

モジュール化において委譲を利用することによって，影響波及を抑えることができる．上記で，「担当」クラスではなく，別のクラスの「仕事()」を利用するように変更した場合，「クライアント」が直接「担当」の「仕事()」を呼び出していると「クライアント」となるすべてのプログラムを変更しなければならないが，上記では「窓口」クラスさえ書き直せば，「クライアント」側は変更の必要がない．

(4) 利用例

上記のオブジェクト指向の特徴を生かしたモジュール化の例を紹介する．図形エディタでは円，四角形，三角形などの基本図形はあらかじめ用意され，それらを移動したり，拡大したりすることができる．一方，複数の図形をグループ化して集合図形を定義したとき，その集合図形に対しても基本図形と同様の操作をしたい．つまり基本図形か集合図形かの区別をせずに，移動や拡大といったメソッドを呼び出せると便利である．本構造はそうした状況で利用されるものである．

図5.21がこの状況を踏まえた図形エディタのクラス図である．基本図形（「円形」，「長方形」，「三角形」）は「図形」のサブクラスとして定義されており，それぞれが「移動()」の実装を持っている．さらに集合図形を表すクラスとして「コンポジット」を用意し，それを構成する「図形」と集約関係で結ばれている．ここで「コンポジット」の「移動()」は，その構成要素となる「図形」すべての「移動()」を呼び出す実装になっている．

図5.22はこのクラス図から導出される1つのオブジェクト図である．こ

▶ これはオブジェクト指向で多用される典型的な構造の1つである．9章で説明するデザインパターンではCompositeパターンと呼ばれる．

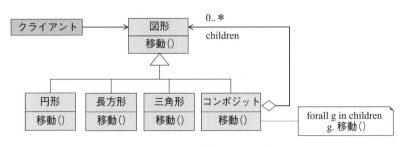

図 5.21 集合図形のクラス図

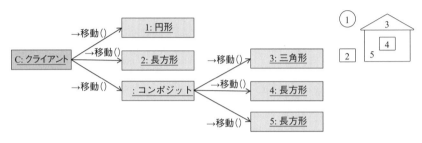

図 5.22 集合図形のオブジェクト図

れは図右に示すような図形（基本図形1と2，ならびに3,4,5からなる集合図形）を示している．「クライアント」のオブジェクトは基本図形か集合図形かの区別をせずにメッセージを呼び出す．基本図形であれば自身に定義されている「移動()」の実装が動作する．集合図形の場合は，部分となっている図形に対して「移動()」を委譲する．部分となっている図形がさらに集合図形であれば，再帰的にこの呼び出しを繰り返すことになる．この構造は継承，ポリモルフィズム，委譲といったオブジェクト指向の重要な概念が効果的に使われている例である．

5.6.3 クラスの役割の検討方法

オブジェクト指向設計ではクラスがモジュール化の単位となるが，モジュール化に際してはそのクラスがシステムの中で果たす役割に注目する．クラスのメソッドは他に対して提供するサービスと捉えられるため，役割を検討する際には，メソッドについて考えることが重要である．こうした検討を行うための方法として CRC と契約による設計を紹介する．

CRC は，図 5.23 に示すようなカード（CRC カードと呼ばれる）を利用したクラスの役割検討手法である．CRC カードは3つの領域に分かれ，それぞれにクラス名，責務（メソッド群），協調（その責務を果たすために必要な他のクラス群）を記述する．このカードを利用しながら設計に関係する人がどのようなクラスが必要かを議論する，といった利用をする．CRC はある意味素朴な手法ではあるが，責務や他との関係，つまり強度と結合

▶ クラスはその役割を果たすために必要な機能や情報・データを持ち，内部状態を持って他のクラスとやりとりしていると考えられる．

▶ [CRC]
Class-Responsibility-Collaborator

度を意識しながらクラスの検討ができるハンディな手法であり，アジャイル開発（8.2.5 参照）でも利用が推奨されている．

図 5.23 CRC カード

契約による設計 (DBC) は，B. Meyer が提案した，クラスのインタフェースを契約と呼ばれる仕様で記述する方法である [92]．契約とはメソッドを提供するクラスと，そのメソッドを利用するクラスとの間で成立すべき条件を意味する．条件にはメソッドを呼ぶ前に成立すべき事前条件と，メソッドを呼んだ後に成立すべき事後条件とがある．例えば，クラスが被除数と除数を渡されると商を返すメソッドを持つとする．このとき「除数が 0 でない」という事前条件ならびに「被除数 = 商 × 除数」という事後条件が考えられる．DBC では事前条件はメソッドを呼び出す側が保証する責任があり，事後条件はメソッドを提供する側が保証する責任があると考える．役割を考えるだけでなく，条件のチェック漏れや無意味な重複チェックが無くなり，よりくっきりとしたクラスの設計が可能となる．

▶ [契約による設計]
DBC
Design By Contract

5.6.4　設計のガイドライン

オブジェクト指向設計において望ましいモジュール構造を実現するための原則が提唱されている．以下，各原則について簡単に説明をする．

▶ これは何人かの人が提唱した有益な考え方をまとめたものであり，設計の時に考慮すべき 1 つのガイドラインやチェックリストとして利用することができる．

- 単一責任の原則 (SRP)：
  クラスは変更する理由を 1 つだけ持つべきである．クラスを変更するのは果たす役割が変わる場合であるから，1 つのクラスに複数の役割を持たせてはならないことを意味している．複数の異なる役割を持たせると，それらがクラス内部で強結合する危険性があり，1 つの役割に関する変更が他の役割へ影響波及する可能性が高まり，独立性が弱まる．

▶ [単一責任の原則]
SRP
Single Responsibility Principle

- 開放閉鎖原則 (OCP)：
  クラスを修正することなくその振舞いを拡張できるべきである．つまり拡張が容易であり（オープン），修正が局所化される（クローズ）のが望ましいことを意味している．例えば継承を用いると新たな図形要素の追加はサブクラスの追加で容易にでき，また他のクラスに対する直接的な影響は防ぐことができる．

▶ [開放閉鎖原則]
OCP
Open Closed Principle

▶ [リスコフの置換原則]
LSP
Liskov Substitution Principle

● リスコフの置換原則 (LSP)：
派生するクラスは，元となったクラスと置き換え可能でなければならない．同一のインタフェースを持つならば置き換えても不整合は起こらないが，実際に置換可能となるためには，契約による設計で述べた事前条件と事後条件に関して，事前条件はより緩く，事後条件はよりきつくする必要がある．

▶ [依存関係逆転の原則]
DIP
Dependency Inversion Principle

● 依存関係逆転の原則 (DIP)：
具体（実装）に依存するのではなく，抽象（インタフェース）に依存するべきである．図 5.24 左に DIP の例を示す．通常の関数呼出しでは (a) のように上位から下位への呼出し関係となるが，上位が下位へ依存するので下位が変更されると上位が影響を受ける．(b) のようにインタフェースを介在させると，下位が変更されても上位は影響を受けないため，独立性が高まる．

▶ [インタフェース分離の原則]
ISP
Interface Segregation Principle

● インタフェース分離の原則 (ISP)：
クライアントごとにきめ細かいインタフェースを作るべきである．図 5.24 右に ISP の例を示す．(a) のように「クライアント 1」と「クライアント 2」が必要とするメソッド群を 1 つのインタフェースとして提供

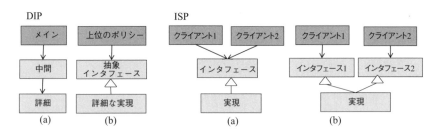

図 5.24 DIP と ISP

表 5.2 オブジェクト指向設計の原則（ガイドライン）

単一責任の原則 SRP (Single Responsibility Principle)	クラスは変更する理由を 1 つだけ持つべきである．
オープンクローズドの原則 OCP (Open Closed Principle)	クラスを修正することなく，その振舞いを拡張できるべきである．
リスコフの置換原則 LSP (Liskov Substitution Principle)	派生するクラスは，元となったクラスと置き換え可能でなければならない．
依存関係逆転の原則 DIP (Dependency Inversion Principle)	具体（実装）に依存するのではなく，抽象（インタフェース）に依存するべきである．
インタフェース分離の原則 ISP (Interface Segregation Principle)	クライアントごとにきめ細かいインタフェースを作るべきである．

すると，各クラスに対して不要なメソッドが公開され，不必要な結合をもたらす危険がある．(b) のようにそれぞれが必要とするメソッド群だけをまとめたインタフェースを用意することで独立性を高めることができる．

表 5.2 は以上をまとめたものである．

5.7 ソフトウェアアーキテクチャ

様々なモジュール化の視点を説明したが，モジュール構造の中には相対的に重要性の高い構造とそうでない構造がある．本章ではそうした重要度の高い構造であるソフトウェアアーキテクチャについて説明する．

5.7.1 ソフトウェアアーキテクチャとは

ソフトウェアアーキテクチャとは，ソフトウェアおよびその開発を支配する構造や構造化の原則のことである．ソフトウェア構造の中には重要度の高い要求の達成に決定的な影響を及ぼすものがある．特にソフトウェア構造は品質要求に大きな影響を及ぼす．あるいはその構造に基づいて他の構造が作られるために，容易に変更ができないものもある．支配する構造とは，このようにソフトウェアの特性や開発に強い影響を持つ構造のことをいう．なお構造化の原則とは，実際の構造そのものではなく構造を定義する際の背後の考え方や制約をいう．

▶ [ソフトウェアアーキテクチャ]
software architecture

5.7.2 品質特性と構造

本章の冒頭で，実現方式は要求を満たす必要があり，また基盤の制約を受けると述べた．ソフトウェアアーキテクチャを理解するために，特にソフトウェア構造との関係が深い機能要求と，品質要求について検討してみる．

機能は入力から出力への変換であり，どういう計算を行うかという処理や，どういう判断を行うかといったロジックとして実現されるため，基本的には基盤を考慮せずに検討することができる．一方品質要求は，例えばその処理がどの程度の速さで実行されるとか，どの程度の信頼性で実行されるという程度に対する要求なので，基盤を考慮しないと検討できない場合が多くなる．例えば速さを考慮する際には基盤となるハードウェアの性能を考える必要がある．

それでは，どういう品質特性を考える際に，どういう基盤を考慮する必要があるのだろうか．品質特性には様々なものがあり，また基盤との関係は複雑であるため，両者の対応関係を正確に議論することはできない．しかしながら，実際の設計において参考にできる対応関係の基本的な考え方がある．

表 5.3　要求を検討する際の典型的なビュー

ビュー	要求の例	基盤の例
論理	機能	（基盤は存在しない）
実行	性能，信頼，可用性	実行スレッド（プロセス，タスク），通信チャネル，データ（メモリ，ファイル）
開発	拡張性，変更容易性，再利用性	定義モジュール（関数，クラス，インタフェース），ファイル構造
配置	変更容易性，信頼性	実行ファイル，定義ファイル

▶ [4+1 ビューモデル]
　4+1 View Model

▶ なお+1 はシステムを記述するユースケースやシナリオを示している．

▶ [論理ビュー]
　logical view

▶ [実行ビュー]
　process view

▶ [開発ビュー]
　development view

▶ 図 5.1 を 4 つのビューに分離して記述している．ただし論理構造には該当する基盤が存在しない．また一般に機能は他の 3 つの特性の前提となり，また論理構造も他の 3 つの構造の前提となるため，そこにも依存する関係を示している．

　本書では比較的広く受け入れられている，4+1 ビューモデルをベースに説明する [82]．4+1 ビューモデルでは要求を検討する視点をビューと呼び，ソフトウェア開発において考えると有用な 4 つのビューを示している（表 5.3）．

　論理ビューは，ソフトウェアの機能を検討するための視点である．上述したように，機能の検討においては対応する基盤は存在しない．

　実行ビューは，ソフトウェアが動作する局面を捉える視点である．このビューに分類される品質要求は，ソフトウェアの動作に関わるもので，性能，信頼性，可用性などがある．またこれらの品質特性はソフトウェアが実行時に利用する基盤に影響される．例えば実行スレッド（プロセスやタスク等）や通信チャネル，あるいはデータ（メモリ，ファイル）などが相当する．

　開発ビューは，ソフトウェアを開発する局面を捉える視点である．直感的に言えばソフトウェアを作るときの定義の構造を捉える視点である．このビューに分類される品質特性は，開発にかかわる拡張性，変更容易性，再利用性などがある．また関わる基盤には，定義モジュールやファイル構造

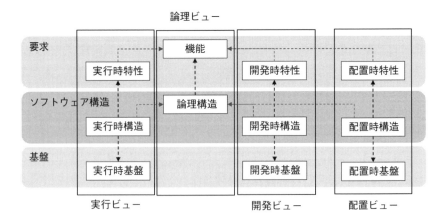

図 5.25　ビューごとの要求と基盤（[126] に基づく）

などがある.

配置ビューは，ソフトウェアをサーバやボードなどに配置する局面を捉える視点である．直感的に言えばソフトウェアとハードウェアのマッピングを捉える視点である．このビューに分類される品質特性には（配置の）変更容易性，信頼性などがある．また関わる基盤には，配置される実行ファイルや定義ファイル，配置先のサーバやボードなどがある．

▶ [配置ビュー]
deployment view

図 5.25 は，要求と基盤の関係を示す図 5.1 に，これらのビューを加えたものである．実現方式という用語はここではソフトウェア構造としている．

5.7.3 ビューに応じたソフトウェアモデリング

ビューに応じたソフトウェア構造を検討することの重要性を述べたが，ビューに応じた構造はどのようにモデリングするのだろうか．2.2で紹介したソフトウェアモデルは，必ずしも特定のビューと一対一に対応しているわけではない．まずユースケース図はソフトウェア構造を記述する図ではないので，どのビューの記述にも使われない．一方，クラス図やオブジェクト図はすべてのビューの記述に利用できる．また，アクティビティ図，シーケンス図，ステートマシン図は論理ビューもしくは実行ビューの記述に利用できる．以下，各ビューに応じた構造の記述例を挙げる．

図 5.26 はクラス図による論理ビューの記述例である．ここでは対象世界の意味構造を表しているが，どのような技術を用いてこれが表現されるのかは明示していない．

図 5.26 論理ビューの記述例

図 5.27 はクラス図による実行ビューの記述例である．ここではイベントを検知すると温度を取得してログに記録するための構造を示しているが，イベントが発生すると割込みが起り，それがタスクを起動してファイルに温度を記録するというように，OS の提供するメカニズムとの対応関係が

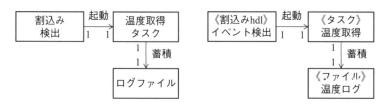

図 5.27 実行ビューの記述例

示されている．図左は対応関係をクラス名によって示しているが，図右はステレオタイプで示している．意味をクラス名で，対応関係をステレオタイプで記述することで分かりやすい記述が可能となる．

　図 5.28 はクラス図による開発ビューの記述例である．図形を扱うプログラムが，別のパッケージ中で定義されている座標というデータ型を import して利用する状況を示している．

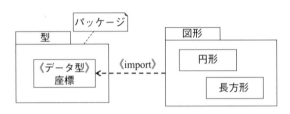

図 5.28　開発ビューの記述例

▶ [配置図]
deployment diagram

　図 5.29 は配置ビューの記述例である．図左は 2 つの成果物（jar ファイルという成果物）が，サーバに配置されることを示すオブジェクト図である．図右は UML の図法の 1 つである配置図での記述である．配置図は配置ビューのためだけに用いられ，コンピュータなどを表すノードや，そこに配置される成果物などを表すステレオタイプや図形要素が用意されている．

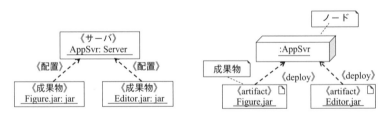

図 5.29　配置ビューの記述例

　このように，用いる図法や用いられるステレオタイプによってどのビューの図であるかをある程度区別することはできる．しかしながら記述されている内容をみて意味的に区別することが必要な場合もあるので，明示的に伝えたい場合にはビューを明記するなどすることが有用である．

▶ 例えばオブジェクト指向言語では，開発構造上のクラス定義と，実行構造上のインスタンスはお互いに関係を持つ．

5.7.4　品質特性のトレードオフと設計方針

　図 5.30 は要求と構造間の関係を示したものである．
　アーキテクチャ設計では，機能要求に対応した論理構造を整理し，それを踏まえて各ビューに対応した実行構造，開発構造，配置構造を検討する．各構造は独立しておらず相互に関係を持つため，各構造間の調整が必要と

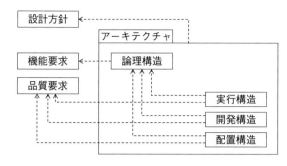

図 5.30　要求と各種構造の関係

なる．つまり設計は一直線には行われず，繰り返しながら徐々に全体の構造が決定される．

　品質要求間にはトレードオフの関係が存在しうる．例えばセキュリティを向上させるために高度な暗号化を行うと処理速度が遅くなる．トレードオフの問題に開発者がそのつどアドホックに対応すると，全体として一貫性のないちぐはぐな設計となり不都合である．そこで重要なのが設計方針である．これは品質要求間のトレードオフについての基本的な対応方針である．例えば最優先の品質特性を示したり，要求事項の優先度づけといった形で示したりする．4.6.2 で述べた順序づけもこれと関係する．アーキテクチャ設計は一貫性が大切なので，こうした上位の方針を明確にすることが大切である．

5.8　横断的関心事とアスペクト指向技術

本章の最後に，モジュール化を難しくする横断的関心事について説明する．

5.8.1　横断的関心事とは

　設計の本質であるモジュール化やモジュール性の背後にある重要な考え方が関心事の分離である．関心事とはシステムに対する何らかの興味領域をいい，機能，性能，セキュリティ，あるいは要求，設計，実装など，多様なものが含まれる．関心事の分離とは，対象を関心事ごとに分けて考える技法である．素朴に言えば複数の関心事をまとめて考えるより，1 つずつ分けて考えた方が容易ですよ，ということである．

　モジュール化が関心事の分離の手段だとすると，モジュール性は関心事がそれぞれ特定のモジュールに閉じ込められる程度と捉えられる．しかしながら，どのような設計手法を使っても，1 つの視点だけでは，関心事を適切にモジュール化できないことが指摘されている．例えばセキュリティを考えると，すべてのモジュールでセキュリティを向上させなければ全体のセキュリティは向上しないので，セキュリティに関わる処理等はすべて

▶ [関心事]
concern

▶ [関心事の分離]
separation of concerns

▶ [横断的関心事]
crosscutting concern

▶ [散らばり]
scattering

▶ [絡まり]
tangling

▶ M0 と M1 の境界線が交差してしまい，モジュールとして独立させることができない．
▶ C0 と C1 がそれぞれ性能とセキュリティへの要求だとし，a, b などはその要求を実現するための設計上の箇所だとする．1 対 1 は設計上の 1 ヵ所でそれらが実現されている状況，散らばりはそれぞれが複数箇所で実現されるが重なりがない状況である．絡まりは，ある箇所が両方の実現に関わっている状況である．例えば暗号化という箇所が，性能にもセキュリティにも関わっているような状況である．

のモジュールに分散する．また変更する際にはすべてのモジュールに変更をしなければならない．こうした複数のモジュールに関わる関心事を横断的関心事と呼ぶが，横断的関心事はモジュール性を高める際の障害となりうる．

　プログラムや設計書など何らかの表現上で，1 つの関心事に関わる事項が複数箇所に分散している状況を散らばりという．また複数の関心事に関わる事項が 1 ヵ所に重なっている状況を絡まりという．横断的関心事とは，散らばりや絡まりが起こった状況に対応するといわれている．図 5.31 は，散らばりと絡まりについて模式的に示したものである．関心事「C0」，「C1」に対応する事項（a, b 等）の集合をモジュール「M0」，「M1」としたとき，図右のように散らばりと絡まりが同時に起こると，モジュール化がうまくできないことを示している．

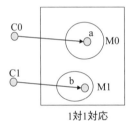 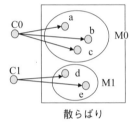 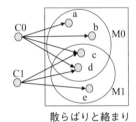

1対1対応　　　　　散らばり　　　　　散らばりと絡まり

図 5.31　散らばりと絡まり

5.8.2 アスペクト指向技術

　アスペクト指向技術は，横断的関心事をモジュールに閉じ込めるための技法の 1 つであり [77]，この考え方に基づいた AspectJ[78] というプログラミング言語として広く知られるようになった．以下，アスペクト指向技術の考え方を，AspectJ の用語を使って説明する．

　AspectJ は Java の拡張であり，ジョインポイントという概念を追加している．ジョインポイントとはメソッド呼出しなど，明確に定義できる実行上の箇所である．ポイントカットは，そうしたジョインポイントのいくつかを取り出したものである．このポイントカットによって複数のモジュール（Java のクラス）に散在する横断的関心事に関わる実行上の箇所を指定する．アドバイスは実行がジョインポイントに到達した際に実行されるコードである．ジョインポイントの実行前に実行される before アドバイス，ジョインポイント実行後に実行される after アドバイス，ジョインポイントで本来実行されるはずだった処理の代わりに実行される around アドバイスなど様々なアドバイスを指定できる．

　アスペクトは横断的な関心事のモジュール化単位であり，ポイントカッ

▶ [ジョインポイント]
join point

▶ [ポイントカット]
pointcut

▶ [アドバイス]
advice

▶ [アスペクト]
aspect

トとアドバイスによって構成される．つまり横断的関心事に関わる箇所をポイントカットで指定し，そこで行われる処理をアドバイスとして定義するものである．これによりJavaでは各クラスに分散してしまうコードを，1つのアスペクトに局所化することができる．AspectJでは，ウィーバというソフトウェアツールが，Javaコードにアスペクトを「織り込む」処理を行い，最終的なプログラムを生成する．図5.32はアスペクトの定義イメージである．様々なクラスに分散する処理メソッドを「send_」という文字列を含むメソッドとして指定してポイントカットを定義し，アドバイスで処理の前(before)に暗号化(encrypt)を行うことを指定している．

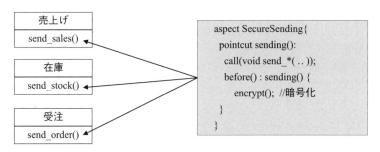

図 5.32　アスペクトの定義イメージ

ジョインポイントに基づいて横断的関心事をモジュール化する処理モデルをジョインポイントモデルと呼ぶ．横断的関心事を扱う手法としては主流となっており，複数のプログラミング言語，ソフトウェアの実行環境，設計手法，モデリングに採用されている．

▶ [ジョインポイントモデル]
join point model

5章 演習問題

(1) (§5.2.1) go to 文を多用したプログラムにはどのような弊害があるか述べなさい．
(2) (§5.2.3) モジュール強度とモジュール結合度とは何で，どうあることが望ましいのか説明しなさい．
(3) (§5.2.4) 情報隠蔽とカプセル化とはそれぞれ何か，説明しなさい．
(4) (§5.3.2) 構造化手法における機能はどう定義されるか，またプロセスとは何かそれぞれ説明しなさい．
(5) (§5.3.2) 機能分割において段階的詳細化を行うのはどうしてか，また詳細化はどこまで行う必要があるか，それぞれ説明しなさい．
(6) (§5.4.1) データ中心アプローチとは何か，どうしてビジネスシステムに適しているのか，それぞれ述べなさい．
(7) (§5.4.4, §5.4.5) 3.3.2 のデータベースの役割を読み，正規化やリレーショナル代数がどのような役割を果たしているか説明しなさい．
(8) (§5.5.1) リアクティブなシステムとはどういうシステムか，具体例を挙げて説明しなさい．
(9) (§5.5.2) ステートマシン図と状態遷移表それぞれの特徴と，ソフトウェア開発における典型的な利用方法を説明しなさい．
(10) (§5.6.2) 図 5.19 のポリモルフィズムの利用例では，強度が強くなっているのか，結合度が弱くなっているのか述べなさい．
(11) (§5.6.2) 図 5.21 と図 5.22 で説明されている集合図形の例では，どの部分に，継承，ポリモルフィズム，委譲が使われているか指摘しなさい．
(12) (§5.6.3) CRC カードには何を記述するか述べるとともに，図 5.20 の「窓口」クラスの CRC カードを記述しなさい．
(13) (§5.6.3) DBC では事前条件，事後条件を保証する責任はどこにあると考えるか，それぞれ述べなさい．
(14) (§5.7.1) ソフトウェアアーキテクチャはどうして簡単に変更できないのか，説明しなさい．
(15) (§5.7.2) 4+1 ビューモデルの 4 つのビューとは何かを説明するとともに，図 5.18，図 5.21，図 5.22 がそれぞれどのビューの図か述べなさい．
(16) (§5.7.4) 品質要求間のトレードオフとは何か説明し，具体例を 3 つ考えなさい．

5章 発展課題

(1) アドレス帳を情報隠蔽する場合，どのような操作を公開すればよいか，考えなさい．
(2) プレゼンテーションソフトを 2 段階まで機能分割しなさい．
(3) 図 5.9 のデータフロー図とストラクチャチャートは，UML ではそれぞれどの図で記述するのが妥当と考えられるか．
(4) 図 5.17 で示される音楽プレーヤに「演奏中に PLAY を押すと 2 倍速再生に，2 倍速再生中に PLAY を押すと演奏中になる」という機能を付け加えると，ステートマシン図，状態遷移表はそれぞれどうなるか．
(5) 図 5.21 のクラス構造は，表 5.2 のどの原則が使われていると考えられるか．

(6) 上記のクラス構造を応用して，フォルダとファイルによって階層的に構成されるフォルダ構造のクラス図を書きなさい．
(7) 横断的関心事とは何か，具体例を挙げて説明しなさい．

6章　実装

[ねらい]
　本章では，実際に動作するソフトウェアを構築する実装について，実装作業の内容，それに関わる課題，支援する技術などについて説明する．

6章　事前学習

(1) §6.1 を読み，実装とは何で，実装に関わる作業にはどのようなものがあるかを説明しなさい．

(2) §6.2.2 を読み，ビルド作業とは何か説明し，どのような支援が必要かを述べなさい．

(3) §6.2.4 を読み，バージョン管理や排他制御がなぜ必要か説明しなさい．

[この章の項目]
実装と実行環境
実装に関わる技術
デバッグ

6.1 実装と実行環境

本節では，実装とは何か，実装に関する作業にはどういうものがあるか，実装環境にはどのようなものがあるかを説明する．

6.1.1 実装とは

▶ [実装]
implementation

実装とは，設計に基づき実行可能なソフトウェアを構築する作業である．計算機の仕組みから考えると，実行可能なソフトウェアは基本的には機械語によるプログラムである．ただし実際の開発では機械語を直接定義することはなく，プログラミング言語など，より抽象度の高い表現が使われる．3.1.5 で説明したように，プログラミング言語も多様であり，それぞれの特徴を持っているため，適切な言語を選択しなければならない．

▶ [実行環境]
run time environment

また，近年は計算機技術も進化，多様化しており，ソフトウェアの実行環境も様々である．ここで実行環境とは，開発したソフトウェアが実行される際に必要とされるハードウェアやソフトウェアなどの集合を意味する．計算機以外にも，言語ライブラリ，OS，ミドルウェア，フレームワーク，バーチャルマシン，仮想化のためのソフトウェア，あるいはネットワークや，ネットワークで接続される他の計算機やその上のソフトウェアなど，様々なものが含まれる．

ソフトウェアを実行するためには，機械語のプログラムだけでなく，その実行環境を設定するための情報，例えば OS の構成，画面の定義，ネットワークの設定などが必要となる．そういう意味で，実装とは実行可能なソフトウェアを構築するとともに，それが想定する実行環境を設定する作業であるともいえる．

6.1.2 実装に関わる作業

実装に関わる作業には，以下のようなものがある．

- 実行可能なソフトウェアの定義：
  設計に基づき，実行可能なソフトウェアを構築するために必要な定義を行う．典型的にはプログラミングということであるが，上述したように実行環境に応じて画面定義や設定ファイル定義など，定義されるものは多様である．プログラミング言語をはじめ実装に用いられる技術の選択，その技術を利用するための調査や検討などの作業も含まれる．これらは設計段階で決まることもあるが，実装者に任せられる部分もあり，実際の作業としての区分は状況によって異なる．
- 実行可能なソフトウェアの構築：
  実行可能なソフトウェアの定義に基づき，実行可能なソフトウェアを構築する．プログラミング言語で開発を行う際には，ソースファイルを

コンパイルし，必要なライブラリ等とリンクを行い，実行形式を得る作業などがこれに相当する．

- 実行環境の設定とそこへの配置：

   実行可能なソフトウェアは，それが想定した実行環境で実行しなければ正しく動作しないため，実行環境を想定通りに設定しなければならない．ハードウェア，OS，ミドルウェア，フレームワーク，ネットワークなどを用意し，適切な設定を行う必要がある．また配置とは実行環境にソフトウェアを設置して利用可能な状態にする作業をいう．配置のことをデプロイとも呼ぶ．

▶ [配置]
デプロイ
deploy

- バージョン管理：

   ソフトウェアは機能拡張，類似した製品群の開発，異なった出荷地域への対応，あるいは不具合への対応など様々な理由で，異なったバージョンが作られる．開発においては，一旦作られたソフトウェアは再現可能な形で管理する必要がある．またこうした作業は複数の人での共同作業となり，プログラムの修正が競合するなどといった問題への対処も必要となる．

- デバッグ：

   プログラム中の欠陥を検出し，その原因箇所を特定し，それを修正する作業をデバッグと呼ぶ．なお，欠陥の検出は7章で述べる検証作業においても行われ，そこでもデバッグ作業が発生する．

6.1.3 実装の課題

実装には様々な課題がある．

- プログラムの作成：

   実行可能なソフトウェアの定義には様々な知識，技術，熟練を必要とする．設計と実装技術を理解し適切なプログラムを定義することだけでなく，実装技術の選択や利用方法の検討といった設計に関わる作業，あるいは作成したプログラムの動作確認などのテストに関わる作業も行う必要がある．開発規模が大きくなると多くの人がこの作業に関わるが，個人差の大きな作業である．

- 機械的な作業の繰返し：

   ソフトウェアを作る際には，プログラムファイルや設定ファイルなどの多数の成果物が必要であり，それらを正しい順序や設定でコンパイルやリンクなどをしなければならない．この作業は一度だけ行われるのではなく，正しい動作が得られるまで，何度も繰り返される．こうした作業を手作業で行うことは煩雑で間違いが混入する危険性が高いため，できるだけ自動化することが重要となる．

- 依存関係の管理：

    成果物の間には複雑な依存関係が存在する．例えば変数定義が変更されれば，その変数を参照しているプログラムは再コンパイルをしないと正常に動作しない．したがってどのファイルを修正した場合にはどのファイルの再コンパイルが必要であるのかといった依存関係を正しく管理し，それに従って作業を行う必要がある．こうした依存関係の管理も煩雑なため，できるだけ自動化すべきである．

- バージョンの再現：

    ソフトウェアに変更を加えたりバージョンの異なったソフトウェアを作ったりする際には，それらに関する成果物や必要な情報を管理しておく必要がある．既にリリースしたプログラムであっても，そのソフトウェアに不具合が起これば，その問題を調べるためにその時点でのソースコードを再現する必要がある．またその時に使っていた開発ツールや実行環境も知る必要がある．こうしたバージョン管理も煩雑かつ難しい問題を含んでいる．またこうした作業は複数の人での共同作業となり，プログラムの修正が競合するなどといった問題への対処も必要となる．

- 不具合の再現や原因の特定：

    ソフトウェアを作っても正しく動作しない場合にはその原因を見つける必要があるが，このデバッグ作業にも困難が伴う．まず不具合が報告されても，それを再現できなければ問題を調べることができない．また不具合はあくまで現象であり，修正のためにはその現象を引き起こした原因を特定しなければならない．さらに修正の副作用がないかの確認も必要となる．これらはソフトウェアの定義とは別の難しさを含んでいる．

なお，実装に関する課題の背景にある問題の1つは，ソフトウェアや実行環境の構成要素が，人間が定義した機能的な人工物だということである．計算機も，ネットワークも，ライブラリも，フレームワークも，それを利用するためには，その仕様を理解しなければならない．また人工物である以上，仕様からの逸脱，利用上の制限事項，バージョンごとの違い，構成要素間の相性，さらに不具合なども存在する．実際に動作するソフトウェアを実現するには，こうした実行環境に関する知識や，それらを使ったり問題を解決あるいは回避したりするノウハウが不可欠となる．

6.1.4　ソフトウェアと実行環境

実行可能なソフトウェアの定義方法やその実行環境は多様である．本項ではいくつかの典型的なパターンについて説明する．

(1) 基本的な形態

ソフトウェア開発の基本的な形態はプログラミング言語による開発である．3章で説明したように，プログラミング言語はコンパイラなどで処理され，最終的に機械語へと変換される．アセンブリ言語の利用も組込みソフトウェアの分野などでは存在するが，C言語などの高級言語での開発が主流となっている．

プログラミング言語には，コンパイラ言語やインタプリタ言語など様々な種類がある（3.1.5 参照）．図 6.1 はコンパイラ言語の処理フローを示したものである．開発者が定義したプログラムのことをソースファイルと呼ぶ．一般に複数のソースファイルに分割して定義される．ソースファイルをコンパイルすることで中間的なオブジェクトファイルが生成され，それらをリンクすることで，計算機上で実行できる実行形式ファイルが得られる．実行形式ファイルを実行形式とも呼ぶ．リンクの際には，言語ライブラリなども併せて結合される．なおライブラリを実行形式に含めてしまう方式を静的リンク，実行形式には含めずに実行時に結合する方式を動的リンクと呼ぶ．

▶ [ソースファイル]
source file

▶ [オブジェクトファイル]
object file

▶ [実行形式ファイル]
executable file

▶ [静的リンク]
static linking

▶ [動的リンク]
dynamic linking

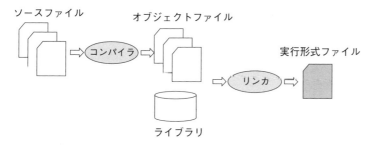

図 6.1 コンパイラ言語の処理フロー

実行形式ファイルは計算機上で直接実行することも可能だが，一般的には OS やライブラリなどの実行環境上で実行されることが多い．図 6.2 は

図 6.2 ソフトウェアの実行環境

実行環境を模式的に示したものである．図左は最も基本的な形態だが，典型的には図中のようにOSやライブラリなどが必要となる．また言語によっては，図右のように，インタプリタや仮想マシンなど，言語の実行環境が必要となる．

(2) アプリケーションフレームワークの利用

Webアプリケーションなど，分野によっては開発に特定のアプリケーションフレームワークを利用することもある．アプリケーションフレームワークは様々なアプリケーションが共通に利用できる骨格をあらかじめ用意し，アプリケーションごとに違う部分のみを定義することで，アプリケーションを実現するものである（9.3.3参照）．こうしたアプリケーションフレームワークの定義部分は，必ずしもプログラミング言語で記述されるとは限らない．例えば構成情報はXML，画面の定義はHTML，プログラム部分はJSPなど，内容に応じて異なった方法で定義を行うことも多い．

実行環境の観点からは，アプリケーションフレームワークの実行環境が前提となる．図6.3は以上を直感的に示した図である．図左のように開発者はアプリケーションフレームワークに応じた定義を作成する．その定義あるいはその定義から変換処理等を行って得られた形式とアプリケーションフレームワークの実行環境によってソフトウェアが実行される．

▶ [JSP]
Java Server Pages

▶ WebサーバがHTMLを返す際に，あらかじめ用意されたHTMLをそのまま返す方法と，ユーザや状況に応じて表示を変えるためにリクエストに応じてHTMLを生成して返す方法とがある．前者における表示データを静的コンテンツ，後者を動的コンテンツと呼ぶ．JSPは，HTMLの中にJavaコードを埋め込んで，動的コンテンツを作るための技術である．

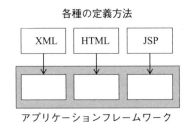

図 6.3 アプリケーションフレームワークの利用

(3) 分散システム

近年は複数の計算機がネットワークを介して接続され，それらが協調しながら実行される分散システムが増えている．個々の計算機上では，上述したような何らかの実行環境が存在する．こうした環境での実装作業では，個々の計算機の実行環境の設定，相互に協調できるための設定，あるいはネットワークそのものの設定などを適切に行う必要がある．また実行させるためにはそれぞれの計算機にソフトウェアをデプロイしなければならない．分散システムでは単独のシステム以上に複雑度が増すので，より体系だった作業が必要である．

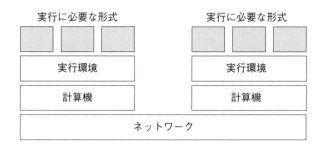

図 6.4　分散システムの実行環境

(4) 仮想化環境・クラウド

　仮想化とは，リソースを，それを利用する側に対して隠蔽する技法をいう．計算機の世界では，仮想記憶など様々な仮想化の技術が利用されているが，実行環境においても，計算機の上にソフトウェアを使って仮想的な計算機であるバーチャルマシンを実現し，その上にOSを稼働させ，さらにその上でソフトウェアを実行するという方法が使われることがある．こうした仮想化によって実現される実行環境を仮想化環境と呼ぶ．

　例えば複数の実行環境が必要な際に，実行環境ごとに計算機を用意することは高コストであるし，1つの計算機の上で異なった実行環境を実現するには，そのつどソフトウェアのインストールやアンインストールが必要となり，新しい実行環境を得るまでの時間やコストもかかる．バーチャルマシンを用いることで，例えば1つの計算機の上で様々な環境を同時にソフトウェアで実現することができるため，上記の問題を改善することができる．

　バーチャルマシンの実現方法には複数の方法がある．ホストOS型は，計算機の上にOS（ホストOSと呼ぶ）を動作させ，その上でハードウェアを仮想化するモニタを動作させ，さらにその上で実行環境として用いるOS（ゲストOSと呼ぶ）を動作させる（図6.5左）．この方式は1つのアプリケーションのようにモニタを動作させるため利用が簡便である．一方ハイパーバイザ型では，計算機の上に直接ハイパーバイザと呼ばれるソフトウェアを搭載してハードウェアを仮想化させる（図6.5右）．ハイパーバ

▶ [仮想化]
virtualization

▶ [仮想化環境]
virtual environment

▶ [ハイパーバイザ]
hypervisor

図 6.5　バーチャルマシンの実現方法

イザ型はホストOS型よりも実行効率が良く，1つの計算機上で複数のOSを稼働させるなどの目的に適している．

こうした仮想化技術を利用し，共有目的で計算リソースを蓄えておき，必要に応じて計算リソースをネットワークを介して柔軟かつ迅速に提供する形態を，クラウドコンピューティングと呼ぶ．ユーザはネットワークにつながるWebブラウザなどが稼働するクライアントを持っていれば，クラウドコンピューティングを利用することができる．

▶ ［クラウドコンピューティング］
cloud computing

▶ クラウドコンピューティングを利用した運用形態と対比して，自社で環境を保持する従来的な運用形態をオンプレミス（自社運用型，on-premises）と呼ぶこともある．

典型的なサービスの形態として，サービス提供者のクラウド環境上で稼働するソフトウェアの能力を提供するSaaS，サービス提供者のクラウド環境上のソフトウェア開発や実行のためのプラットフォーム（プログラミング言語，ライブラリ，ツール，ネットワーク，オペレーティングシステムなど）を提供するPaaS，サービス適用者のクラウド環境上の基本的な計算基盤（処理，ストレージ，ネットワークなど）を提供するIaaSなどがある．

▶ ［SaaS］
Software as a Service

▶ ［PaaS］
Platform as a Service

自身が開発するソフトウェアの実行環境という観点からいえば，PaaSやIaaSを活用することで，実際にプラットフォームや計算基盤を保持しなくても柔軟に実行環境を実現できる．

▶ ［IaaS］
Infrastructure as a Service

(5) 組込みソフトウェア

組込みソフトウェアも高級言語で開発されることが主流であり，それをコンパイルリンクして開発を行うことが多い．またRTOSの利用も増えてきている．

コンパイルなどの作業を行うための開発用の計算機と，得られた実行形式が動作する計算機とが異なる開発形態をクロス開発と呼ぶ．組込み用のプロセッサはその上でソフトウェア開発を行うことを想定していないことが多いので，クロス開発の形態をとることが多い．なお開発を行うマシンをホストマシン，実行形式を動作させるマシンをターゲットマシンと呼ぶ．また他の計算機で動作するコードを生成するコンパイラをクロスコンパイラと呼ぶ．

▶ ［クロス開発］
cross development

▶ ［クロスコンパイラ］
cross compiler

図6.6は，クロス開発での開発フローの典型例である．コンパイルには

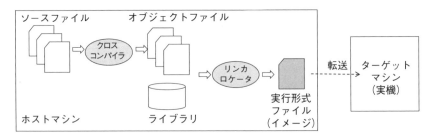

図 6.6 組込みソフトウェアのクロス開発のフロー

クロスコンパイラが使われる．また以下に説明するように，汎用計算機の場合とは実行形式の実行方法が違うため，その生成にはリンカ・ロケータなどのツールが使われる．組込みソフトウェアの開発では，実行形式のことをイメージと呼ぶこともある．作られた実行形式はターゲットマシンに転送される．転送には，通信を使う，メモリにプログラムのイメージを直接書き込む，など複数の方法がある．

　ソフトウェアが実行されるためには機械語が主記憶装置上に配置されなければならない．サーバやパソコンは様々なソフトウェアを実行するので，実行形式ファイルは補助記憶装置に格納され，実行を行うタイミングでローダというプログラムが実行形式ファイルを主記憶装置上に展開する．一方，機器に搭載されるプロセッサは，特定のソフトウェアだけが動作すればよいことが多く，その場合にははじめから主記憶上に展開した状態にしておいて構わない．

　図 6.7 は実行時の処理を直感的に示したものである．サーバやパソコンでは図左のように，実行時に主記憶に展開するが，組込みソフトウェアでは図右のようにあらかじめ展開した状態で機器に搭載される．図 6.2 左の形態に近い．ただしライブラリや OS が存在しないのではなく，ライブラリや OS の機能を含めてすべてが，実行形式（イメージ）中に含まれてしまっていると理解されたい．

▶ サーバやパソコンのプログラムは補助記憶装置に格納されるため，主記憶のデータは電源を切った際に消えても構わない．一方，組込みシステムであらかじめ主記憶にプログラムを展開した状態にする場合は，プログラムが消えては困るので，プログラムの命令が格納される領域には ROM などのメモリが使われる．ただし同じ主記憶でも変数を格納する領域は書き換えができないと困るので RAM などが使われる．こうした対応付けはリンカ・ロケータなどのツールが解決する．

▶ ［ローダ］
loader

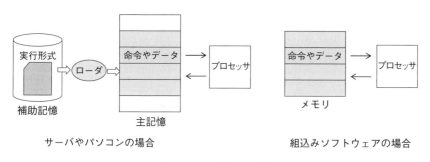

図 **6.7**　実行時の処理

6.2　実装に関わる技術

　本節では，実装に関わる技術について説明する．

6.2.1　プログラミング支援

　快適にストレスなくプログラミング作業を行えるためのツールや環境については，様々な技術が検討されてきた．プログラミングはプログラミング言語で定義をする作業であり，エディタが重要な利用ツールである．プ

▶ [構文エディタ]
syntax directed editor

▶ [ビルド]
build

▶ [統合開発環境]
IDE
Integrated Development Environment

ログラミングに用いられるエディタは，プログラミング言語の構文に関する知識に基づいて入力を支援する構文エディタが使われることが多い．構文エディタはキーワードの自動補完や，対応する括弧の表示，構文を見やすくするための段下げなどを行う機能を持っている．またエディタを単独で利用するのではなく，後述するビルドやデバッグに必要なツール類など統合して操作性やツールの連携性を高めた統合開発環境 (IDE) の利用も一般化している．

6.2.2 ビルド作業と依存関係

ビルドとは実行可能なソフトウェアの定義を，実行可能なソフトウェアへと変換する作業のことをいう．なおビルドの結果得られる実行可能なソフトウェアのこともビルドと呼ぶこともあるため，以下，作業としてのビルドをビルド作業と呼ぶ．ビルド作業は，典型的にはソースファイルを実行形式ファイルに変換する作業をいうが，これまで見てきたようにその形態は多様である．またビルド作業にどこまでの作業を含めるかの厳密な境界線はなく，コンパイルとリンクだけを指す場合もあれば，テスト実行までを含める場合もある．

(1) ビルド作業の自動化

実行可能なソフトウェアを構築するためには，多くの定義が必要となる．例えば，1 つのソースファイルの行数を仮に 100 行とすると，1 万行のソフトウェアなら 100 ファイル，10 万行のソフトウェアなら 1000 ファイルが必要となる．また最終的に作られる実行形式ファイルも 1 つとは限らず，複数の実行形式ファイルが得られることも多い．これらのファイルは 1 ヵ所に格納されるのではなく，ファイルシステムのフォルダ構造やディレクトリ構造を利用して格納され，あるいは異なったマシン上に分散されて管理される．ビルド作業の多くは，コンパイラやリンカなどのツールを使って行われるが，ソースファイルに応じて設定するオプションが異なるかもしれない．1 つのシステムでも複数のプログラミング言語が使われるかもしれない．またオブジェクトファイルのような中間的な成果物も多数生成される．

▶ ツールの動作モードなど選択肢の指定をオプションと呼ぶ．例えばコンパイルをする際に，デバッグに便利な機能を埋め込むデバッグモードと，そうした余分な機能を排したリリースモードがあり，いずれかをオプションで指定するといった利用イメージである．

こうした大量のファイルに対する煩雑な作業を，人手でひとつひとつツールを起動して行うことは非現実的である．1 ヵ所のコンパイルオプションの指定ミスのために，全体のソフトウェアが動作しないということも容易に起こりうる．そこで作業を効率化し，間違いをなくすためにもビルド作業の自動化が重要となる．

ビルド作業の自動化ツールには，様々なものが存在するが，いずれもビルド作業の手順をあらかじめ定義しておけば，それに基づいてツールを適

用して，実行可能なソフトウェアを生成する機能を備えている．作業の手順の記述には何らかの言語を用いるが，ツールによってその記述能力や記述方法が異なる．

例えば自動化ツールの1つであるMakeでは起動するツール名を直接記述するが，Antという自動化ツールでは，それを抽象化したタスクという単位で記述する．SConsという自動化ツールでは，一般のプログラミング言語であるPythonを用いて記述できる．なおEclipseなどの上では，様々な言語を対象として，プログラミング，ビルド作業，あるいはテストなどを支援するツール群が統合された形で提供されており，ツール間の連携を図って利便性を高めている．

(2) 依存関係の管理

ビルド作業を行う際の重要な課題の1つが依存関係の管理である．ビルド作業に関わるソースファイル，オブジェクトファイル，実行形式ファイル，あるいはライブラリ，設定ファイルなどの成果物間には様々な依存関係がある．ここで依存関係とは，依存先の成果物が修正された場合に，依存元の成果物に関わるビルド作業を再度行う必要があるという関係である．

例えばC言語はコンパイル言語なので，ソースファイルを定義し，それをコンパイルすることでオブジェクトファイルが生成され，それをライブラリとリンクすることで実行形式ファイルが生成される．またデータ型の宣言など，複数のソースファイルで参照される定義は，インクルードファイルと呼ばれるファイル中に定義され，ソースファイル中から参照される．

図6.8は，こうした状況の一例を示したものである．ここではソースファイル「a.c」がインクルードファイル「i.h」，「j.h」を，「b.c」が「j.h」，「k.h」を，「c.c」が「k.h」をそれぞれ参照しているとする．もしもインクルードファイル中の宣言が修正されるとそれを参照しているソースファイルは再コンパイルが必要となる．またソースファイルが修正されるとオブジェク

▶ 正確には，ソースファイル中にインクルードファイルの参照を宣言して，プリプロセッサというツールを適用すると，その宣言がソースファイル中に展開される．そのソースファイルをコンパイルする．

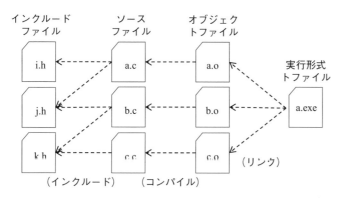

図 6.8　ビルド作業における依存関係の例

トファイルを再生成しなければならない．またオブジェクトファイルが再生成されると実行形式ファイルを再生成しなければならない．図ではこうした依存関係を破線矢印で示している．

前述したようにビルド作業に関わる成果物は多数あるので，その一部のみを修正した際に，すべてを再コンパイルするのは非効率的かもしれない．例えば「j.h」が修正された場合には，「a.c」や「b.c」の再コンパイルが必要だが，「c.c」の再コンパイルは不要である．依存関係が適切に管理されていれば，このように必要最小限の再コンパイルで済む．こうした修正に応じて必要なコンパイルのみ行うことをインクリメンタルなコンパイルという．しかしながら，依存関係の管理が不正確だと正しい再コンパイルができない．そうすると，同名のデータ型なのにオブジェクトファイルによって異なった構造を持つなどして，実行時にエラーを起こしうる．こうしたエラーはソースコード上では見つからず，発見が難しい場合もある．

▶ なお依存関係が循環していると，ビルド作業がうまくいかないため，ソースファイルなどを定義する際には，参照関係のループがないか気をつけることが重要である．

したがって成果物間の依存関係を抽出し，成果物が修正されているかどうかを判断し，どの成果物をどういう順序で変換すればよいかという作業手順を決めるという作業を自動化することが望まれる．また自ら開発した成果物だけでなく，利用するライブラリ類やそれへの依存関係の管理も重要となる．ビルドの自動化ツールは，こうした機能を備えたものも多い．

6.2.3　パッケージングと配置

ソフトウェアを実行するには，ビルド作業で作られた実行可能なソフトウェアを，実行環境にインストールする必要がある．実行環境にソフトウェアをインストールするために必要なファイル群を含んだ形態をリリースパッケージと呼ぶ．またリリースパッケージを構築する作業をパッケージングと呼ぶ．

▶ ［リリースパッケージ］
release package

▶ ［パッケージング］
packaging

ソフトウェアを実行するためには，実行形式ファイル，データファイル，あるいは設定ファイルや画像ファイルなど様々なファイルが必要となる．またそれらは，実行環境のファイルシステム上で定められたフォルダやディレクトリにインストールされなければならない．これらを間違いなく効率的に行うために，リリースパッケージを構築する．

パッケージングに関する代表的な技術としては以下がある．

(1) アーカイブファイル

▶ ［アーカイブファイル］
archive file

アーカイブファイルとは複数のファイルを1つにまとめたファイルである．実行環境にインストールされるのと同じ構造を持ったフォルダあるいはディレクトリ構造を作り，そこに必要なファイルを配置する．アーカイブファイルを作るツールを用いることで，それらが1つのファイルにまとめられる．インストールする際には，アーカイブファイルを展開するツール

を用いることで，その構造に従ってファイルが実行環境に作られる．アーカイブファイルの形式には，zip, tar，あるいは CD や DVD に格納する際の ISO 9660 イメージなどがある．

(2) パッケージ管理ツール

インストール先によって異なったプロセッサが使われていたり，OS にいくつかのバージョンがあったりする場合には，同一の実行形式ファイルをコピーしても動作しない．そうした場合にはソースファイルをインストールし，そこでビルド作業を行う．しかしながら，単純なコピーと違い，コンパイルエラーが出るなどインストール作業が必ずしもスムースにいかなくなることがある．パッケージ管理ツールは，インストール先の実行環境を調べたり，依存関係を確認したり，あるいは高度なインストールのためのスクリプトを備えるなどして，こうしたインストール作業をより簡単に行えるようにしたものである．パッケージ管理ツールとしては例えば RPM などがある．

▶ [パッケージ管理]
package management

▶ [RPM]
RedHat Package Manager

(3) GUI でのインストールツール

GUI を用いて対話的にインストールを行うツールがある．こうしたツールは単にスクリプトによってインストール作業を行うだけでなく，例えば利用許諾条件の確認，インストール場所の指定，インストール内容の選択などをインタラクティブに行いながら，より柔軟で高度なインストールを行うことができる．GUI でのインストールツールとしては，例えば InstallShield や NSIS などがある．

▶ GUI (Graphical User Interface)
図式表示，ポインティングデバイスなどで，直感的な操作を可能としたユーザインタフェース．

▶ [NSIS]
Nullsoft Scriptable Install System

6.2.4 バージョン管理

実行可能なソフトウェアのリリースあるいは再リリースをバージョンと呼ぶ．一般にソフトウェアは1つのバージョンだけということはなく，6.1.2 で指摘したような様々な理由で多くのバージョンを持つ．なお不具合の修正など相対的に小さなリリースはリビジョンと呼ぶ．ただしバージョンとリビジョンに明確な違いはなく，運用上の理由から使い分けることが多い．以下，問題がない限りバージョンという用語で説明する．

バージョンは前のバージョンに基づいて作られるため，これらは時系列的に順序づけることができる．またバージョンは分岐をすることもある．例えばある OS 向きの製品をベースに別の OS 向きの製品を作るような状況である．したがってバージョン間の関係は木構造的に捉えることができる．バージョン間の関係を表す木構造をバージョン木と呼ぶ．図 6.9 はバージョン木の例であり，ここでは丸がバージョンを，矢印が時間的な前後関係を表している．ただしバージョン木の表記方法は多様であり定まった記

▶ [バージョン]
version

▶ [リビジョン]
revision

▶ 複数のバージョンを統合して1つのバージョンにまとめることを認める場合もある．この場合は木構造ではなくネットワーク構造となる．

▶ [バージョン木]
version tree

法があるわけではない．また，各バージョンを識別するためにバージョン番号を付与することが多いが，番号づけにも様々な方法がある．図はその一例である．

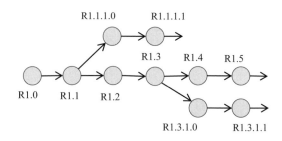

図 **6.9** バージョン木の例

　バージョン管理の目的はバージョンを再現するために必要な成果物や情報を記録し，必要に応じて再現することである．バージョンは必ずしも1つずつ作られるとは限らず，複数のバージョンが同時に作られることもある．作業時には同じソースファイルに対して，複数の開発者が作業を行うこともありうる．そうした作業を間違いなく行うようにすることも必要である．

(1) バージョンの再現

　バージョンを再現するためには様々な成果物や情報が必要となるが，その中でソースファイルを正しく記録することが中核的な作業となる．バージョンに発生した不具合を修正したり，そのバージョンに対して何らかの拡張を行ったりする際には，ソースファイルが必須だからである．また実行形式ファイルに比べてソースファイルのサイズは格段に小さいため，非常に多くのバージョンの記録をとる際には容量的にも有利である．

　ソフトウェアがバージョンを重ねていく過程においては，例えばソースファイルに対してコードの追加，削除，修正がなされる．またソースファイル自身の追加，削除もありうるし，それを格納するフォルダやディレクトリの構造も変化するかもしれない．

　簡単な例を図6.10に示す．「R1.0」は3つのソースファイル「a.c」,「b.c」,「c.c」から構成されており，「R1.1」ではそのうち「a.c」,「c.c」が修正されている．「R1.2」では「a.c」と「b.c」が修正され，さらに新たなソースファイル「d.c」が追加されている．「R1.3」ではソースファイルの追加と削除が行われ，一部のソースファイルがさらに修正されている．

　したがって，バージョンごとに，それを構成するソースファイルの構成と，個々のソースファイルの内容とを記録する必要がある．また，ソース

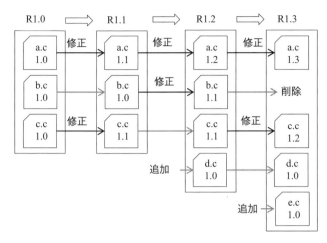

図 6.10 バージョンとソースファイルの変化

ファイルだけでは特定のバージョンを再現することはできない．ビルド作業の手順，利用するツール，利用時のオプション，ツールのバージョン，実行環境の設定など，関連する情報も併せて記録をすることが必要である．

こうした記録や再現作業を手作業で行うことは煩雑でかつ間違いが入り込むため，できるだけ自動化することが重要である．そのためバージョン管理を支援する各種のツールが利用されてきた．初期のバージョン管理ツールはソースファイルのバージョン管理のみを行っていたが，その後構成のバージョン管理や，分散環境での利用などを可能としたツールなど様々なものが使われている．バージョン管理ツールの例としてはCVS，Git，Subversionなどが挙げられる．

(2) 排他制御

バージョン管理においてソースコードの変更の履歴を記録することが重要であると説明したが，基本的にはベースラインとそれに対する変更の過程として記録されることが多い．バージョン管理ツールなどにおけるベースラインは，無機的に言えばツールに登録された成果物のことである．登録された成果物が蓄えられている場所をリポジトリと呼ぶ．この際に，リポジトリ中の成果物を直接修正するのではなく，一旦リポジトリから自分の作業スペースに取り出して修正作業を行い，修正作業が終了して確認を終えるとリポジトリに登録する．リポジトリから取り出す作業をチェックアウト，リポジトリに登録する作業をチェックインと呼ぶ．一旦チェックインされた成果物は，その後で修正されたものがチェックインされても再現可能な形でリポジトリ中に記録される．

チェックアウトされている間に他の作業者がチェックアウトを行うと，修正が競合してトラブルが起こる危険性がある．それに対応する方式とし

▶ ベースラインは構成管理（12.6.5）での用語である．ただし構成管理では管理手続きとしての側面がより重視される．

▶ ［リポジトリ］
repository

▶ ［チェックアウト］
check out

▶ ［チェックイン］
check in

てロック方式とコピーマージ方式とがある．ロック方式は，チェックアウトされるとリポジトリ中の成果物をロックして，他の作業者がチェックアウトできなくし，チェックインされたらそれを解除するという方式である．こうすることで修正が競合したりするトラブルは回避できる．図 6.11 はロック方式の例を示す図である．一方，修正作業は長時間に及ぶこともあるが，その間に他の人がその成果物に対する修正作業を一切できないことが不便となる状況もある．

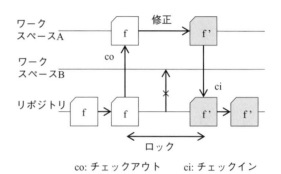

図 6.11　ロック方式

　コピーマージ方式は，複数の作業者が同時にチェックアウトしてそのコピーを作業スペースに作って修正作業を行うことを認める方式である．この場合，チェックインする際にそれを最新バージョンとするとその間に他の作業者が行った修正が反映できない．そのためチェックインに際しては，リポジトリ中の成果物と変更箇所をマージする．図 6.12 はコピーマージ方式の例を示す図である．ここでは 1 つのファイルが「ワークスペース A」と「ワークスペース B」に同時にチェックアウトされている．「ワークスペース A」からチェックイン後に，「ワークスペース B」からチェックインしているため，単純にそれをリポジトリにコピーすると，「ワークスペース A」で行った修正個所が反映されない．そこでリポジトリ中のファイルに

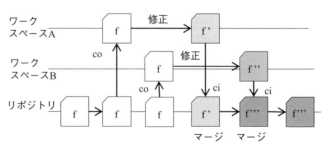

図 6.12　コピーマージ方式

チェックアウト後の変更箇所を反映するマージ作業が必要となる．ただし「ワークスペース A」と「ワークスペース B」とが同じ個所に異なった修正を行った場合には，ツールがそのことを警告し，人間がどうマージするかを判断する．

6.2.5 継続的インテグレーション

継続的インテグレーション (CI) とは，プログラムを作成し，ビルド作業を行い，配置をして，テストをするという作業を繰り返し頻繁に行う方法である．これは全体を結合して動作させる過程で様々な重要な問題を発見できるため，その作業を引き延ばすよりも，プログラムを作成したり修正したりするたびに頻繁に行うことが，より早期に問題発見や解決ができ，動作するソフトウェアをより早くかつ確実に手に入れることができるという考え方に基づいている．

継続的インテグレーションでは，例えば一日一回あるいはそれ以上の頻度でこの作業を繰り返す．こうした頻度で行うためには，作業の自動化が必須となる．リポジトリにチェックインを行うと自動ビルドが行われ，テストも自動的に行われるといった自動化を行うためのツールも複数存在する．

6.2.6 オープンソースソフトウェア（OSS）

本節の最後に，関連する話題としてオープンソースソフトウェア (OSS) について触れる．OSS とは誰でも自由に利用できるという条件で公開されたソフトウェアのことである．

ソフトウェアは知的活動の産物であり著作権で守られているため，著作者に無断でコピーをしたり貸与したりすることはできない．したがってソフトウェア開発は，著作権を保有する個人や組織がそれを管理しながら開発することが一般である．一方，OSS は冒頭で述べたように一定の条件下で自由に公開や改変ができるため，多くの人が自主的にソフトウェア開発に参加することができる．開発はインターネット上で行われ，OSS の利用者を含め多くの人がコメントをしたり，コードを書き換えたりしながら開発が進められる．実際には何らかの中心となるグループや個人が開発全体を取り仕切ることが多い．Linux という OS や mySQL というデータベースシステムなど，さまざまな OSS が開発されている．

OSS は市販のソフトウェアよりも安価（あるいは無償）であり，よく使われているものは機能や品質も優れているため，ソフトウェア開発での OSS の利用も広がっている．例えば市販の OS やデータベースではなく，上述したような OSS を利用するといった状況である．一方，市販のものに比べて保守などの点で不利な場合もある．利用にあたっては，OSS 利用の適否を技術面，ビジネス面等から検討する必要がある．

▶ [継続的インテグレーション]
CI
Continuous Integration

▶ 頻繁に繰り返したほうがよいという考えは1つの立場であって，どのような状況でもそれが正しいとは限らない．

▶ 継続的インテグレーションは，動作するソフトウェアを重視し，短いサイクルで開発を行うアジャイル開発(8.2.5)の中で，1つの実践として位置づけられている．

▶ [オープンソースソフトウェア]
OSS
Open Source Software

▶ 著作権は作成時点で発生するもので，特許のように登録の必要はない．

▶ OSS 以前からも著作権の観点からは，PDS (Public Domain Software) や，フリーソフトウェアなどがあった．前者は著作権を放棄したソフトウェアであり，後者は放棄はしないが利用を無料にしたものである．

▶ 開発には上述したバージョン管理，排他制御，ビルド支援などを支援するツール，後述するバグ管理システムなどが活用されることが多い．

なお，OSS を利用する際には，法的な側面を含めいくつかの条件がライセンスとして定められている．さまざまな OSS があるが，そのライセンスの形態も多様である．例えば改版されたソフトウェアにも元のソフトウェアのライセンスが適用されるコピーレフトという考え方があるが，OSS のライセンスでもコピーレフトのある GPL や，コピーレフトのない修正 BSD ラインセンスなど多様である．利用にあたっては，こうしたライセンスの扱いについても留意が必要である．

▶ [GPL]
　GNU General Public License

▶ [BSD]
　Berkeley Software Distribution

6.3 デバッグ

実装作業に関わる話題として，デバッグに関して，その概要，基本的なプロセスやデバッグの戦略，関連する技術について説明する．

6.3.1 デバッグとは

プログラム中の欠陥を検出し，その原因箇所を特定し，それを修正する作業をデバッグと呼ぶ．例えば，全く確認もしていないソースファイルをリポジトリにチェックインすることはプロジェクトの運用上ありえない．一旦リポジトリに登録されると他の開発者がそれを参照したり，それと結合をしたりする．チェックイン前に何らかの確認をし，欠陥が見つかれば修正をしてからチェックインをしなければならない．

▶ [デバッグ]
　debugging

デバッグの方法は多様だが，一般に以下の作業から構成される．

- 不具合の発見：
  ソフトウェアが期待した動作をしないといった状況が観測されることで，何らかの欠陥があるのではないかという推定が成り立つ．
- 不具合の再現：
  不具合の原因を特定するには，不具合が再現できることが重要である．不具合は特定の利用方法や実行環境の設定などにおいてのみ起こることも多いため，再現が困難なこともあるが，再現できない不具合の解明は困難である．
- 原因の特定：
  不具合はあくまで観測される現象であり，対症的にその現象だけを回避しても問題は解決されない．そうした現象が起こった真の原因，つまりどこに欠陥があるかを特定する必要がある．
- 原因の解決：
  欠陥が特定されたらその修正方法を検討し，実際に修正作業を行う．
- 確認：
  修正作業によって不具合が解決されたか，他の部分に副作用が生じていないかなどを確認する．

なお，ソフトウェアの動作を確認して不具合が見つかればデバッグを行うという作業は実装フェーズでも行われるし，テストフェーズでも行なわれる．そういう意味でデバッグが行われるタイミングは多様である．

6.3.2 デバッグの課題

デバッグは特有の難しさを持っている．

1つは，不具合を見つけることの難しさである．もちろん作成したばかりのプログラムは，最初から期待した動作をしないことが多いので，そういう基本的な不具合は気づきやすい．しかしながら重要で本質的な問題が潜んでいるからといって，それが簡単に観測できるとは限らない．そもそも欠陥の不在を示すことは不可能である．そのため，効率的な不具合発見のために様々な方法が考えられ，現在も工夫が続けられている．不具合発見の難しさについては7章でも説明する．

次に不具合の再現の難しさがある．一度は観測された不具合を再現できないことも多い．同じデータを与えても，実行環境の設定，内部の状態，やりとりのタイミングなどの違いで不具合が再現できないこともある．再現できない不具合の原因究明は困難であるため，不具合の再現は重要な課題である．

不具合が再現できたとして，どうしてそうした不具合が起こるのか，その原因を特定しないといけない．不具合は仕様や設計の間違い，実装の間違い，実装環境の問題，操作エラーなど様々な理由で起こりうる．またある箇所で不具合が発生したとしても，欠陥は別の箇所に存在することもある．こうした欠陥の特定には一定の戦略はあるにせよ，ソフトウェアや実行環境に対する知識やソフトウェア開発やデバッグの経験などが欠かせない．

欠陥が特定されても，その修正方法が自明とは限らない．対症療法的に観測された不具合が顕在化しないようにしただけでは，別の形で不具合が現れるかもしれない．修正によってそれまで正常に動いていた他の機能に影響が出る危険性もある．修正作業はこうした様々な状況を慎重に見極めながら行う必要がある．

6.3.3 デバッグの技法

不具合は様々な理由で起こりうるし，どこにどのような欠陥が潜んでいるか予想ができない．したがって思いつくままアドホックにデバッグを行っても，うまくいかない．デバッグの方法は，ソフトウェアの種類，ソフトウェアの構造，開発方法や開発環境，実行環境，利用方法など様々な要因によって多様であるが，基本的な技法や方針として，以下の点が重要となる．

(1) 状況の的確な把握

不具合が発生したときの状況や事実関係を正しく把握することが重要である．不具合はささいな条件の違いで発生したりしなかったりする．どういう設定で，どういうことを行っている時に，どのような症状が出たのか等，記録しておくことは有用である．また，不具合が発生した時にエラーメッセージやトレースの情報が表示されることがあるが，それらは貴重な情報を含んでいることが多い．これらの意味することをしっかりと調べることは，デバッグの第一歩である．

(2) 観測の容易化

不具合を発見するためには，必要な情報を観測しやすくすることが重要である．ソフトウェアは外部と何らかのやりとりを行っているが，それらは必ずしも人間が見て理解できる形式とは限らない．また場合によっては膨大なデータ量があるかもしれない．そこで，そのままでは理解できないバイナリのデータを人間が読める文字列として表示したり，大量の情報の中から特定のデータだけを取り出して表示したり，あるいは一旦ファイルに格納して，時系列で観測したりすることで，より適確に状況を把握できる．また外部から観測できない内部の状態，例えば変数の値や，実行されているプログラム上の位置などを表示することも有効かもしれない．正確な状況を間違いなく効率的に把握することが重要である．

(3) 問題の簡略化

問題を徐々に簡略化していくことが有用である．別の言い方をすれば，不具合が起こるできるだけシンプルな状況を特定することである．例えば大量のデータを入力したとき，あるいは長時間のユーザ操作を行った時に不具合が起こるとしても，その原因の特定は難しい．より少量のデータや短時間のユーザ操作で不具合を再現できれば原因特定が容易となる．あるいはプログラムの表示部分に問題があるのか，内部のロジックに問題があるのか，データの格納に問題があるのか，というように問題が起こる箇所を絞り込むことでも原因特定が容易になる．なお，こうした問題の絞り込みは，アドホックに行っても効率が悪いので，二分法の考えを応用したり，あるいは問題箇所に依存関係がある際に，依存先から先に調べたりすることなどが有効である．

過去の情報を活用することも，問題の絞り込みには有効である．特定のバージョン以降で不具合が発生するようになったのであれば，そのバージョン開発時に作成，修正した部分が不具合に関わっているという推定ができるし，OSやネットワークの設定を変更してから不具合が出始めたとすると，そうした設定に関わる部分に不具合があるのではないかという推定が

▶ 二分法の応用とは，中間点を設定しながら問題箇所の絞り込みを行うという方法である．例えばプログラムの前半に問題があるのか，後半に問題があるのか，という切り分けを繰り返すと，箇所の絞り込みが早く行える．

▶ 依存先から先に調べるとは，基本的なことから確認を行うということである．ある関数を使って計算をしている時に，まずその関数に問題がないことを確認してから，使っている側の確認をするといったことである．難しそうな部分ばかりを調べていたら，実は基本的な部分に間違いがあった，ということは案外ある．機器が動かないと思ったらコンセントが抜けていた，というようなものである．

できる．そうした箇所に焦点をあてて調査を行うことも有効である．

(4) 原因の追跡

不具合の個所がある程度絞り込めると，さらに詳細な解析が必要となる．ある個所での不具合を見つけたとすると，基本的にはそこからさかのぼって原因を追跡する．典型的には制御フローやデータフローを手がかりとする．

制御フローはプログラムの実行の流れであるから，ある箇所で不具合が観測されたとすれば，それより以前の実行の箇所ではどうなのか，どの箇所までは正しく処理が進んでいたのかを調べる．データフローは関わる変数などの更新や参照の流れなので，ある箇所で変数の値が正しくないとすれば，それ以前のどの更新において正しくない値になったのかを調べる．なおこうした追跡においても，少しずつさかのぼるよりも二分法などを応用することが有効である．こうした追跡には，プログラムスライシング（9.2.1参照）などの技術を使うことも可能である．

6.3.4 デバッグに関する技術

本節の最後に，デバッグに関わる技術について概観する．

(1) プリントと表明

観測を行う際の最も基本的な方法は画面に表示することである．プログラム言語の提供するプリント命令をプログラムの適切な箇所に挿入することで，どの箇所が実行されたか，その時点でデータがどういう値であったか，などを表示することができる．表示ではなく，ファイルにログとして蓄えることも有効である．

表明はプログラムのある時点で成り立つべき条件の記述である．プログラム言語によっては，表明を記述し，その表明に違反する場合エラーを起こす命令が用意されているため，これを利用することで，プログラムの実行のどの箇所で意図からの逸脱が起こったかを知ることができる．

▶ プリント命令の利用はプログラムへの修正を伴うので，プリント命令の記述や削除の際に，プログラムを壊す危険がある．アスペクト指向言語（5.8.2）を使うと，プログラムを直接修正せずに，プリント命令を埋め込んだり，外したりすることができる．

▶ [表明]
assertion

(2) デバッガ

デバッグを支援するツールとしてデバッガがある．デバッガはプログラムの実行状況を詳細に確認するための機能を用意しており，これを利用することでプログラムが意図通りに動作しているかどうかを知ることができる．例えばブレークポイントの設定機能を使うことで，プログラムの実行上の特定箇所をブレークポイントとして指定し，プログラムの実行をブレークポイントで中断させ，その時点での変数の値やメモリの状況などを調べることができる．あるいはステップ実行機能はプログラムを一命令単位に実行する機能で，プログラムの実行に伴う変化を詳細に追跡することがで

▶ [デバッガ]
debugger

きる．

　組込みソフトウェア開発などでは，ターゲットマシンにデバッグに適したマンマシンインタフェースが存在しないなど，ターゲットマシン上でのデバッグが困難なことも多い．そのため開発に使うホストマシン上でシミュレータを用いて一定の動作確認を行ったり，ホストマシンから通信回線を通じてデバッグを行ったりする．ICE はハードウェアに基づくデバッグツールである．プロセッサの振舞いを疑似する機能を持っており，実際のプロセッサの代わりに ICE を接続することで信号の状態などを観測することができる．また JTAG と呼ばれる規格は LSI などのハードウェアの信号レベルの入出力を規定しており，この規格に基づいたハードウェアはこの信号を使って外部から観測を行うことができる．なお，こうした観測を行うこと自体がシステムの正しい振舞いを妨げることもあるため，実行状況をトレースし，それを解析することでデバッグを行う手法もある．

▶ [ICE]
　In-Circuit Emulator

▶ [JTAG]
　Joint Test Action Group

▶ JTAG は，本来は業界団体の名称であるが，そこが決めた標準の名称にもなっている．

(3) バグ管理システム
　バグ管理システムは，発見された不具合を登録し，それが修正される状況を追跡するシステムで，バグトラッキングシステムなどとも呼ばれる．
　不具合の原因究明には時間がかかるかもしれないし，現実には解決できないままの不具合もある．また複数の不具合が実は同一の欠陥によるものだったということもある．バグ管理システムは，こうした不具合の発見，原因特定，あるいは修正といった状況を登録し，それを検索して特定の不具合の履歴を確認するなどの機能を提供している．そのため，例えばバグが報告され，解決され，確認される，といったワークフローを定義し，それに沿って個々の不具合のライフサイクルを管理するなどしている．

▶ [バグトラッキングシステム]
　BTS
　Bug Tracking System

6章　演習問題

(1) (§6.1.1) 実行環境とは何か説明しなさい．
(2) (§6.1.3) 実装作業にはどのような機械的な作業があるか挙げなさい．また，機械的な作業を手作業で行うとどういう問題があるか述べなさい．
(3) (§6.1.4) 仮想化環境とは何か，仮想化環境を使う利点は何か，述べなさい．
(4) (§6.1.4) クラウドコンピューティングのサービス形態にはどのようなものがあるか，説明しなさい．
(5) (§6.1.4) クロス開発とは何か，組込みソフトウェアではどうしてクロス開発が多いのか，それぞれ説明しなさい．
(6) (§6.1.4) ローダとは何かを説明するとともに，通常，組込みシステムでは使われない理由を述べなさい．
(7) (§6.2.2) ビルド作業における依存関係とは何か，具体例を挙げて説明しなさい．またその管理がどうして重要か述べなさい．
(8) (§6.2.4) 成果物の排他制御を行う方式を2つ挙げ，それぞれ説明しなさい．
(9) (§6.2.5) 継続的インテグレーションは，どういう考え方に基づいたものか，説明しなさい．
(10) (§6.3.4) デバッグにおけるプリントと表明の違いは何か説明しなさい．

6章　発展課題

(1) プログラミング環境を1つ取り上げ，どのような実行環境が含まれているか考えなさい．
(2) ネット等で，オープンソースのプロジェクトを1つ選んで，どの程度のファイルが管理されているかその数を調べなさい．さらに可能であれば，ソースコードの行数を調べなさい．
(3) ネット等で，実際のバグ管理システムを調べて，バグレポートにはどのような項目が記載されているか調べなさい．またどの程度の頻度でどの程度の量のバグレポートが登録されているか調べなさい．
(4) ビルド時の依存関係をモデルで記述する場合，UMLのどの図法を使うのがよいと考えられるか．

7章　検証と妥当性確認

[ねらい]

　ソフトウェア開発によって作られた成果物が指定された条件や制約を満たしているのか，あるいは現実世界で本当に役立つものなのかどうかを確認する作業が検証や妥当性確認である．本章ではそれらの代表的な技術について説明する．

7章　事前学習

(1) §7.1 を読み，検証と妥当性確認とはそれぞれ何かを述べるとともに，どうしてその両者が必要なのか説明しなさい．

(2) §7.2 を読み，ブラックボックステストとホワイトボックステストとは何かを述べるとともに，それぞれの意義を説明しなさい．

(3) §7.3 を読み，テストの終了の判断方法について説明しなさい．

[この章の項目]

成果物の確認
テスト技術
テストの運用
レビュー技術
静的解析技術

7.1 成果物の確認

ソフトウェア開発で作られるプログラム，データ，ドキュメントなどを成果物と呼ぶ．成果物には最終的な開発目標であるプログラムやマニュアルなどだけでなく，開発過程で作られる仕様書，設計書，テストデータなども含まれる．これらを最終成果物，中間成果物に区別することもある．本節では成果物の確認作業について，検証と妥当性確認の2種類を説明するとともに，確認に使われる技術を概観する．

7.1.1 検証と妥当性確認

成果物の確認には，検証と妥当性確認の2種類がある．

▶ [成果物] artifact

検証とは，開発のあるフェーズで作られた成果物が，そのフェーズ開始時点に課せられた条件や制約を満たしているかどうかを評価する活動をいう．例えば設計フェーズで作られた設計書が，設計フェーズ開始時点に課せられた要求仕様を満たしているかどうかを評価する活動が検証である．このように検証は与えられたものと作られたものとの突合せ作業と捉えることができる．一般にソフトウェア開発をする際には，どのフェーズでどういう成果物を作り，それをどのフェーズで利用するといった組立てを考え，それに沿って開発作業を進める．検証はそうした組立て通りにソフトウェアが作られているか，つまり正しく作られているかどうかを確認する作業ともいわれる．

▶ [検証] verification

▶ フェーズとは開発の段階のことである（8.1 参照）．

一方妥当性確認とは，意図される利用方法や目的に対する要求が達成されているかどうかを，客観的根拠を用意して確認することである．例えば売上げを即座に把握したいという目的があった時に，構築されたソフトウェアによってそれがどの程度達成されるのかを，把握にかかる時間データに基づいて確認することが妥当性確認である．妥当性確認はソフトウェアによって現実世界をどうしたいという目的達成の確認であり，正しいものを作っているかどうかを確認する作業ともいわれる．

▶ [妥当性確認] validation

検証と妥当性確認は意味的には関連した作業であり重複する部分もあるが，一方だけの視点での確認では不十分である．フェーズごとの検証作業は最終的なシステムの合目的性の確認に必要な作業ではあるが，十分ではない．また最終的に合目的なシステムを得るためには，それに適したフェーズの組立てを考え，その組立て通りに作られているかを確認する必要がある．この2つの活動を合わせてV&Vと呼ぶこともある．12.5で触れる品質保証がプロセス面からソフトウェアの品質を作り込むための活動であるのに対して，V&Vはプロダクト面から成果物中の問題発見，修正をしようとする活動である．

▶ [V&V] 検証と妥当性確認 Verification and Validation

7.1.2 成果物確認の技術

成果物確認の方法にはいくつかの技法がある．代表的な手法を以下に示す．

- テストは，開発されたシステムをなんらかの条件下で実行し，その実行結果などを観測あるいは記録することで，そのシステムのある側面の評価を行う活動をいう．つまり最終成果物であるプログラムを実際に動かして確認することであり，レビューと並んで最も広く用いられている確認方法である． ▶ [テスト] testing

- レビューは，関係者に成果物を提示し意見をもらう活動である．例えば会議形式で集まって，開発者が成果物を説明し，他の参加者が質問や意見を出すなどすることにより，成果物の確認を行ったり問題を見つけたりする．要求仕様書や設計書のような文書に対しては最も典型的な技術である．またプログラムなどに対しても広く適用されている． ▶ [レビュー] review

- 静的解析は，ツールを使って成果物を実行せずに解析することである．例えば業界や組織で定めたコーディング規約（7.5.3参照）通りのプログラムかどうか，構文解析をするツールを使ってチェックするといったことなどが含まれる． ▶ [静的解析] static analysis
▶ コードのレビューや静的解析を静的テストと呼ぶこともある．

- 形式検証は，数理論理学に基づいて検証を行うための方法の総称であり，例えばモデル検査技術や定理証明などの方法がある．確認対象は，仕様や設計のような上流工程での成果物であることも，プログラムのような下流工程での成果物であることもある． ▶ [形式検証] formal verification

本章ではこれらの中からテスト，レビュー，静的解析について説明する．形式検証については11章で説明を行う．

7.1.3 ソフトウェアの欠陥

開発されたソフトウェアにはどうしても欠陥が含まれる．欠陥の混入を防ぐために様々な活動を行っても，欠陥をゼロにすることは現実には不可能である．したがって開発されたソフトウェアに対してテストやレビューを適用して欠陥を発見し，それをできるだけ除去することが品質向上にとって重要である．

▶ 本章を含め，テストに関する用語は，テストに関する資格認定団体である ISTQB (International Software Testing Qualifications Board) の定義をベースとしている．

ソフトウェアの欠陥あるいはフォールトは，それにより要求された機能等が果たせなくなるようなコンポーネントまたはシステム中の不備である．バグという用語も同義である．プログラム中にはロジックの間違い，インタフェースの不整合，あるいは変数名のタイプミスなど，様々な不備が含まれる．ソフトウェアの場合，最初は不備でなかったものが物理的な劣化で不備になることはありえない．つまりソフトウェアの不備は，典型的には人間の間違いによって開発過程で作り込まれる．こうした間違った結果

▶ [欠陥] defect

▶ [フォールト] fault

▶ [バグ] bug

▶ [エラー]
　error

▶ [故障]
　failure

を生み出す人間の行為をエラーと呼ぶ．

　一方故障とは，コンポーネントやシステムが，期待した機能，サービス，結果を提供できないことをいう．欠陥があることによって結果的に引き起こされる機能やサービス等への影響である．もちろん欠陥がただちに故障に結び付くわけではない．例えば間違ったロジックが存在しても実行されないかもしれないし，実行された値の範囲では正しく動くかもしれない．あるいは二重化するなど不備に備えた構造になっていれば，それに基づく故障を防ぐことができる場合もある．なお，不具合という用語は，欠陥かどうか明確にされる前の，欠陥と思われる現象を広く捉えて使われる．

7.2 テスト技術

ソフトウェアを実行させて確認を行うテストについて説明する．

7.2.1 テストの目的

　テストの目的は，実際にソフトウェアを動作させて欠陥を発見することである．最終的に出来上がったプログラムの動作を実際に確認することは不可欠である．実行によって期待通りの機能を果たすか，あるいは応答速度や信頼性といった実行時の品質が期待通りであるかどうかを確認するために行われる．

▶ テストは実行によって確認を行うものであるから，機能や実行時の品質以外の確認はできない．保守性や移植性といった開発時の品質はレビューや静的解析で確認する必要がある．

　またテストによって品質レベルを確認し，開発の終了や出荷の判断といった開発上の意思決定を行うためにも行われる．ソフトウェアの開発を委託した顧客が，それを受け取ってよいのかどうかという判断を行うために行うこともある．

　なお，設計通りの動作をするか確認したり，要求への順守を確認するなどの目的のために作られた，入力値，実行条件，期待される出力値（期待値）の集合をテストケースと呼ぶ．またテスト対象となるシステムやコンポーネントのためにテストケースをまとめたものをテストスイートと呼ぶ．

▶ [テストケース]
　test case

▶ [テストスイート]
　test suite

7.2.2 テストの特性

　テストではソフトウェアを実際に実行して確認を行うが，潜在的に起こりうる実行をすべて確認することはできない．ソフトウェアは，入力値，その組合せ，その際の内部状態，あるいは外部の状態など，様々な条件の組合せで実行内容や動作結果が異なる．2つの整数の足し算を考えてもその入力の組合せは膨大である．現実規模のソフトウェアの動作結果に影響する条件の全組合せは天文学的になり，そのすべてをテストすることは不可能である．つまり，テストは起こり得る組合せのほんの一部について確認ができるにすぎないということである．

　したがって，テストを行って不具合が見つからなかったからといって，不

具合がないという証明にはならない．つまりテストはバグの存在はいえるが，不在はいえないということである．そのため，どれだけのテストを実施するか，その時点までのテストで十分なのかどうかといった判断方法にも十分な留意が必要である．

7.2.3　テストレベル

　テストはいくつかの観点から分類することができる．開発のライフサイクル中で，そのテストがどのような対象に対してどのような目的をもって行われるかという位置づけという観点からの分類をテストレベルと呼ぶ（表7.1）．

▶ [テストレベル]
test level

　単体テストは，ソフトウェアの一部のみを他の部分と切り離してテストするもので，コンポーネントテストとも呼ばれる．個別に確認できることは独立して確認しておく方が一般に容易でありコストもかからない．ただし，本来他の部分とやりとりして動作するものを，他の部分と切り離してテストするために，やりとりする他の部分を代替するものを用意する必要がある．テスト対象を呼び出す部分を代替するものをドライバ，テスト対象から呼び出される部分を代替するものをスタブと呼ぶ（図7.1）．ドライバにはテスト対象に様々な入力値を与えてその結果としての出力を取得するテストのための機能を持たせることが多い．一般に単体テストは，開発者自身によって行われる．

▶ [単体テスト]
unit testing

▶ [コンポーネントテスト]
component testing

▶ [ドライバ]
driver

▶ [スタブ]
stub

　統合テストは，単体テストが終了したコンポーネント群の間のインタフェースや，それらの協調動作が期待通りかどうかの確認を行うためのテストである．一定規模のソフトウェアでは，いきなりすべてを統合するのではなく，徐々に統合を行うことも多い．ボトムアップに呼出し構造の下位のコンポーネントから順次上位へと統合する方法，トップダウンに呼出し構造の上位のコンポーネントから順次下位へと統合する方法などがある．いずれにせよすべてを統合するのでなければ，何らかのドライバやスタブ

▶ [統合テスト]
integration testing

▶ OSやミドルウェアなど，実行環境との結合を確認する意味もある．

表 7.1　テストレベル

単体テスト	特定のプログラム，クラス，コンポーネントなどを他の部分と切り離してテストし，その部分の欠陥を発見するためのテスト．
統合テスト	プログラム，クラス，コンポーネントを統合して，それらの間のインタフェースと相互処理に関する欠陥を発見するためのテスト．
システムテスト	システム全体に対して，それが指定された要件を満たすかどうかを確認するためのテスト．
受入れテスト	システムが稼働できるかどうかを確認するためのテスト．主として妥当性の観点からの確認が中心となる．

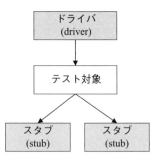

図 7.1　ドライバとスタブ

▶ スタブは，代替として用意するものなので，例えば機械的に定められた値を返すなど単純な実現にすることが多い．リアルに作っていては，スタブの開発や検証にコストがかかり本末転倒である．

が必要となる．統合テストは統合担当者が行うことが多いが，テストの専門チームで行われることもある．

システムテストは，システム全体の振舞いをテストし，それが機能仕様や非機能仕様に合致しているかどうかを確認するテストである．システム開発の終わり近くで実施され，意図され計画されたシステムになっているか，品質は十分かを確認するもので，できるだけ多くの欠陥を見つけることが意図される．一般にテストの専門チームによって実行される．

▶ [システムテスト]
system testing

受入れテストは，典型的には顧客が，そのシステムが目的を達成でき受入れるに足るものであるかどうかを判断するために行われる．網羅的な欠陥除去を意図するものではなく，顧客が妥当性確認上必要と考えるポイントを重点に確認し，受入れることができるかの判定を行うためものである．また開発途中で，開発に利用される市販ソフトウェアやコンポーネントを受入れることができるかどうかを判定するために行われることもある．

▶ [受入れテスト]
acceptance testing

7.2.4　テストタイプ

テストの目的による分類をテストタイプと呼ぶ（表 7.2）．

▶ [テストタイプ]
test type

表 7.2　テストタイプ

機能テスト	機能が仕様通りに実装されているかを確認するテスト．
非機能テスト	非機能的な側面を確認するテスト．性能テストなど様々なテストが含まれる．
構造テスト	構造に基づくテスト．テストの網羅性を測るために使われる．
変更に伴うテスト	変更後に欠陥が除去されているか，新たな欠陥が作り込まれていないかを確認するテスト．

▶ [機能テスト]
functional testing

機能テストは，システムが仕様通りに機能を実装しているかどうかを確認するためのテストである．システムの機能は，要求仕様書や機能設計書などに，自然言語やソフトウェアモデルなどを使って記述されており，そ

れに基づいて行われる．機能テストはソフトウェアの外部仕様の確認であるので，後述するブラックボックステストに分類されるテスト技法を用いることができる．

　非機能テストは，ソフトウェアの非機能的な側面をテストするもので，パフォーマンスの判定をするための性能テスト，どの程度の負荷に耐えられるかを判定するための負荷テスト，要件で定義した限界やそれ以上の条件での評価を行うストレステスト，理解しやすさ，習得しやすさ，使用しやすさを判定するユーザビリティテスト，相互運用性を判定する相互運用性テスト，保守性を判定する保守性テスト，信頼性を判定する信頼性テスト，移植性を判定する移植性テストなど，様々なテストが含まれる．これも後述するブラックボックステストに分類されるテスト技法を用いることができる．

　構造テストは，システムのアーキテクチャやコンポーネントの構造に基づくテストで，内部で何が起こっているかを確認するテストである．一般にテストがその内部構造をどれだけカバーしたかによって，テストの網羅性を測るために使われる．こうしたテストは後述するホワイトボックステストとも呼ばれ，そこに分類されるテスト技法が使われる．

　ソフトウェアを変更した時に行われるテストとして2つのものがある．テストによって発見された欠陥を修正した後に，その欠陥が正しく修正されているかどうかを確認するためのテストが確認テスト，あるいは再テストである．これは前回不合格に終わったテストを再度実行して，修正によってそのテストが合格するかどうかを確認するものである．一方，修正によって欠陥を作り込んでいないかどうかを確認するためのテストが回帰テストである．これは前回合格だったテストだが，修正の副作用で不合格になっていないかどうかを確認するものである．

▶ [非機能テスト] non-functional testing
▶ [性能テスト] performance testing
▶ [負荷テスト] load testing
▶ [ストレステスト] stress testing
▶ [ユーザビリティテスト] usability testing
▶ [相互運用性テスト] interoperability testing
▶ [保守性テスト] maintainability testing
▶ [信頼性テスト] reliability testing
▶ [移植性テスト] portability testing
▶ [構造テスト] structural testing
▶ [確認テスト] conformance testing
▶ [再テスト] re-testing
▶ [回帰テスト] regression testing

7.2.5　ブラックボックステストの技法

　システムの内部構造に基づかずにその機能面，非機能面の確認を行うテストをブラックボックステストと呼ぶ．仕様ベースのテストとも呼ばれる．以下，代表的なブラックボックステストの技法について説明する．

▶ [ブラックボックステスト] black-box testing

(1) 同値分割法

　同値分割法は，入力値を同値クラス（同値領域）に分割し，各同値クラスの代表値を実行するようにテストを設計する技法である．ここで同値クラスとは，システムやコンポーネントの動作が同様とみなせるような入力の集合を意味する．テストにあたっては，各同値クラスに対応した入力を最低1回実行する．

　例えば，料金計算を行うプログラムがあり，その仕様が「12才未満なら

▶ [同値分割法] EP Equivalence Partitioning

子供料金，65才以上ならシニア料金，それ以外は大人料金」であったとする．この場合，12才未満，12才以上65才未満，65才以上という同値クラスが考えられるため，各同値クラスから1つずつ代表値を選んでそれをテストするという考え方である．例えば10才，30才，70才でテストをすることが考えられる（図7.2）．

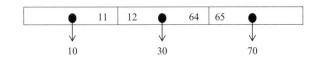

図 **7.2** 同値分割法

同値分割法は，代表値に対して正しい実行が確認されれば同じ同値クラスに属する他の入力に対しても正しく実行され，同値クラスの処理に誤りがあれば代表値に対して正しい結果が得られないだろうという仮定に基づいた方法である．

(2) 境界値分析

▶ [境界値分析]
BVA
Boundary Value Analysis

境界値分析は，領域間の境界に基づいてテストを設計する技法である．境界値とは領域の端の値という意味であり，基本的には境界値と，その近傍で領域に含まれない値をテストケースとする．例えば上記の例で，大人料金の同値クラスに注目すると，境界値は12才と64才であり，その近傍で領域に含まれない11才と65才も併せてテストする考え方である．なお境界値の両端の値（例では11才と13才，63才と65才）をテストする方法もある（図7.3）．

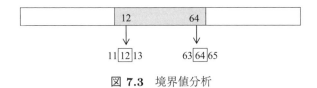

図 **7.3** 境界値分析

ソフトウェア開発において，境界値を理解し間違えたり，条件式の等号をつけ間違えたりすることは多い．境界値分析は，一般に欠陥は境界値周辺で多く発生するという観測に基づいた方法である．

▶ [決定表テスト]
decision table testing

(3) 決定表テスト

決定表テストは，入力や条件の組合せと結果との対応関係をまとめた決

定表を使ってテストを設計する技法である．

例えばお店の割引率が，クーポンの有無，株主優待の有無，特売日かどうかの条件で決まり，ただし株主優待とクーポンは同時に使えない場合，図 7.4 に示すような決定表を得ることができる．条件が成り立つ場合には真（図では T）を，成り立たない場合には偽（図では F）を示し，テストが必要と考えられる組合せを列方向に列挙していき，その場合の結果を併せて記す．各列は規則と呼ばれ，どういう条件の場合にどのような結果となるかが一覧できる．こうして得られたすべての規則をテストする．

		規則					
		ルール1	ルール2	ルール3	ルール4	ルール5	ルール6
条件	クーポン	F	F	T	T	F	F
	株主優待	F	F	F	F	T	T
	特売日	F	T	F	T	F	T
結果	割引率(%)	0	5	5	10	10	15

図 7.4　決定表

一般にシステムは複数の入力や条件によって処理や結果が異なることがあるので，それを表の形式で整理することで，どのような組合せに対してテストをすべきかを体系だって検討することができる．ただし条件の組合せは膨大になる場合があるので，方針づけが重要となる．

(4) 状態遷移テスト

状態遷移テストは，状態遷移図（ステートマシン図）や状態遷移表に基づいてテストを設計する技法である．設計に状態遷移図等を用いている場合には，それを活用して体系だったテストケースを作成できる．また，テストがどれだけ状態や遷移をカバーしたかを測ることで，テストの実施状態の判断などに利用できる．

▶ [状態遷移テスト]
state transition testing

状態遷移図あるいは表からテストケースを設計する考え方は複数存在する．例えば N スイッチ網羅という考え方では，ある状態から次状態までの遷移をテストするものを 0 スイッチテスト，次々状態までの遷移をテストするものを 1 スイッチテスト等とし，テスト設計の基準とする．

例えば図 7.5 の状態遷移図で表されるシステムの場合，0 スイッチテストだと T1, T2, T3, T4, T5 の 5 つの遷移をテストし，1 スイッチテストだと T1 → T2, T1 → T5, T2 → T1, T3 → T1, T4 → T2, T4 → T5, T5 → T3, T5 → T4 という 8 つの遷移系列をテストすることになる．

なお状態遷移図や表は，記述の抽象度を多様に設定できる．上記で演奏

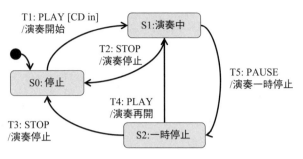

図 7.5 状態遷移図の例

中を曲演奏中と曲間の2つに分割することもできるし，演奏中と一時停止を合わせて動作中とすることもできる．こうした抽象度の設定で，テストの内容や質が変わるので留意が必要である．

(5) ユースケーステスト

▶ [ユースケーステスト]
use case testing

ユースケーステストは，ユースケース記述に基づいてテストを設計する技法である．ユースケース記述中の，事前条件，事後条件，基本系列，代替系列などに基づいてテストケースを構成する．ユースケース記述はシステムのアクタにとっての典型的かつ重要な機能の記述であり，そうした観点からの確認は有用である．一方，一般に記述の抽象度が高いので，テストケース化するにあたっては，実際のシステムの入出力などとの対応づけを行う必要がある．

7.2.6 ホワイトボックステストの技法

▶ [ホワイトボックステスト]
white-box testing

システムのアーキテクチャやコンポーネントの構造に基づく構造テストをホワイトボックステストと呼ぶ．ホワイトボックステストには，制御フローのテストやデータフローのテストなどがある．

(1) 制御フローテスト

▶ [制御フローテスト]
control flow testing

▶ [カバレッジ基準]
coverage criteria

▶ [網羅率]
coverage

制御フローテストは，プログラムの制御構造に基づき，制御構造上の命令や分岐などに基づいたカバレッジ基準に従ってテストを設計する方法である．カバレッジ基準とは，テストによって網羅したいアイテム要素のことをいう．網羅したい要素のどれだけを網羅したかという割合を網羅率という．基本的には設定したカバレッジ基準の網羅率を100%にすることを目指す．

$$カバレッジ = \frac{実行したアイテム要素の数}{アイテムの総数}$$

制御構造は一般的にはフローチャートなどのグラフ構造によって表現す

ることができる．制御構造には条件分岐や繰返しがあるため，実行のパス（構造のなぞり方）は複数存在し，その数も多い．そこで制御フローのテストに際しては，それらの中から，カバレッジ基準に照らしてサブセットを選びだし，そのパスに相当する動作をテストする．

例えば図 7.6 のフローチャートを考える．図左はカバレッジ基準として命令を設定した場合（命令網羅）であり，この場合 START から END までのパスを一度実行するとすべての命令を網羅できる．図中央は，カバレッジ基準として分岐を設定した場合（分岐網羅）であり，2 カ所の条件分岐の両方の分岐を実行する必要がある．これを満たすテストケースは様々あるが，例えば (X= 1, Y= 0, Z= −1) と (X= 0, Y= −1, Z= 1) の 2 つのテストケースを実行すると，分岐を網羅できる．図右はカバレッジ基準として条件判定中の個々の条件を設定した場合（複合条件網羅）である．この場合，すべての条件の真偽を網羅する必要がある．x> 0 の条件判定に関しては，x が正の値と，x が 0 以下の値とで実行させると網羅できる．一方 y== 0 && z < 0 は複数の条件が結合されており，y が 0 の場合と 0 でない場合，z が負の場合と 0 以上の場合，を組合せた 4 回の実行が必要となる．このプログラムの場合，全体としては例えば (X= 1, Y= 0, Z= −1)，(X= 0, Y= 0, Z= 0)，(X= 1, Y= 1, Z= −1)，(X= 0, Y= 1, Z= 0) を実行するとすべての条件を網羅できる．

▶ [命令網羅]
statement coverage

▶ [分岐網羅]
branch coverage

▶ 命令網羅を C0 カバレッジ，分岐網羅を C1 カバレッジと呼ぶこともある．

▶ [複合条件網羅]
multiple-condition coverage

▶ この例では，条件判定で参照される変数の値は，START から変更されていないため，例えば両方の分岐を YES 側にたどるには，X> 0 かつ Y== 0 && Z< 0 となる値を求めればよく，(X= 1, Y= 0, Z= −1) などが見つかる．もしも条件判定で参照される変数が START から変更されれば，逆にさかのぼって条件式を変形する必要がある．もしも条件式が X> 0 で，その前で X++ となっていたら，X>= 0 と変形しなければならない．

▶ 組込みソフトウェアの分野では航空機の業界団体で決められた MC/DC (Modified Condition/ Decision Coverage) などがあり，車載システム開発などでも利用されている．

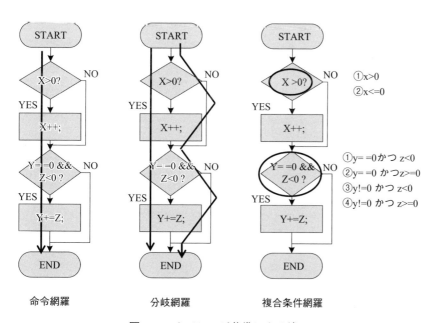

図 7.6　カバレッジ基準による違い

上記は基本的なカバレッジ基準であるが，これ以外にも様々なカバレッジ

基準がある．またフローチャートだけでなく，例えば状態遷移図など様々なものをベースにカバレッジ基準を設定することができる．

(2) データフローテスト

▶ [データフローテスト]
　data flow testing

データフローテストは，データの流れを確認するテストである．典型的にはプログラム中で使われている変数が正しく定義，利用，消滅しているか，といった利用の流れを確認するものである．例えば定義されずに利用される変数，定義したが利用されない変数などがないかどうかを確認する．

こうした状況を捉えるために，データを保持する実体が d（defined, 定義済，生成，初期化），k（killed, 消滅），u（usage, 使用）などの状態を持つと捉え，その関係をみることで問題の有無を捉える．例えば定義したものを使う (du) ことは通常問題ないが，二度定義する (dd) や，使わずに解放する (dk) などは問題の疑いがある．

データフローテストではこうした関係を，データフローを表すグラフ上で捉え，その構造に基づいてテストを構成する．例えば全使用法では，変数を定義した場所から，それを使用するすべてのパスをテストする．あるいは全定義法では変数の定義をすべてカバーし一度は使われるようなパスをテストする．なおデータのこうした側面の確認は，静的解析の技術で行われることもある．

7.2.7 組合せテスト

ソフトウェアでは，特定の条件が組み合わさった場合に不具合が発生することがある．例えば時計のアラーム機能で，スヌーズ設定のみであれば正しく動作するが，繰返し設定も同時に設定すると不具合が発生するといったことが起りうる．こうした条件の組合せによって発生する不具合を見つけるためのテストを組合せテストと呼ぶ．

▶ [組合せテスト]
　combinatorial testing

▶ [因子]
　factor

▶ [水準]
　level

ここで考慮すべき条件を因子，因子が取りうる選択肢や設定値を水準と呼ぶ．組合せテストでは，全組合せをテストすることが望ましいが，現実には因子や水準の数が多く，必要なテストケースの数が文字通り組合せ的に増える．例えば図 7.7 はアラーム機能の例で，ここでは 4 つの因子があり，各因子は 2 もしくは 3 の水準を持っている．これらの条件の全組合せは 36 通りになる．

二因子間網羅は，少なくとも 2 つの因子の組合せは網羅するようにテストするという考え方である．そうした手法として，直交表を用いた方法を説明する．

▶ 二因子間網羅は，組合せによって発生する不具合の多くが 2 つの条件の組合せによって発生し，3 つ以上の条件の組合せまでテストをしなくてもかなりの不具合を検出できるという考え方に基づいている．

▶ [直交表]
　orthogonal array

直交表は実験の割付けなどに使われる表で，任意の 2 つの因子の水準の組合せが同じ数になる性質を持っている．直交表には因子や水準によっていくつかの種類がある．例えば図 7.8 左は，L4 直交表と呼ばれ 2 水準を持

因子	スヌーズ設定	繰返し	音	時刻
水準	有り	無し	ブザー	12時制
	無し	毎日	メロディ	24時制
		同じ曜日	ラジオ	

図 **7.7** 因子と水準の例

つ 3 つの因子 A, B, C の 4 通りの組合せ ①〜④ が示されている．同様に図右は L9 直交表と呼ばれ 3 水準を持つ因子 A, B, C, D に対する 9 通りの組合せを示している．

L4直交表

	A	B	C
①	1	1	1
②	1	2	2
③	2	1	2
④	2	2	1

L9直交表

	A	B	C	D
①	1	1	1	1
②	1	2	2	2
③	1	3	3	3
④	2	1	2	3
⑤	2	2	3	1
⑥	2	3	1	2
⑦	3	1	3	2
⑧	3	2	1	3
⑨	3	3	2	1

図 **7.8** 直交表の例

テストに際しては，テスト対象の因子と水準をこの直交表に割り付ける．因子や水準の数と一致する直交表がなければ，大きめの直交表を選ぶ．例えば上述のアラーム時計は 2 水準の因子を 2 つ，3 水準の因子を 2 つ持つため，やや大きい L9 直交表を用い，スヌーズ設定，繰返し，音，時刻をそれぞれ A, B, C, D に，各水準をその列の 1, 2, 3 に割り付ける．2 水準しかない場合は，3 に対してどちらかを割り付ける．スヌーズ設定なら 1, 2, 3 に対して，例えば有り，無し，無しを割り付ける．図 7.9 は割付け結果である．この 9 通りの組合せのテストを行えば，2 因子の組合せは網羅されることになる．

組合せテストを行う方法としては，これ以外にもペアワイズ法（オールペア法）などがあり，それを支援するツールも入手できる．

	スヌーズ設定	繰返し	音	時刻
①	有り	無し	ブザー	12時制
②	有り	毎日	メロディ	24時制
③	有り	同じ曜日	ラジオ	24時制
④	無し	無し	メロディ	24時制
⑤	無し	毎日	ラジオ	12時制
⑥	無し	同じ曜日	ブザー	24時制
⑦	無し	無し	ラジオ	24時制
⑧	無し	毎日	ブザー	24時制
⑨	無し	同じ曜日	メロディ	12時制

▶ 時刻についても2水準しかないため，1,2,3 に12時制，24時制，24時制を割り付けている．

図 **7.9** L9 直交表を用いた割付けの例

7.3 テストの運用

テストを進める際の留意点について，いくつか説明する．

7.3.1 テストの独立性

テストは，ソフトウェアを開発した本人が行う場合，開発チームで行う場合，開発チームとは異なったチームが行う場合，ユーザあるいはテスト専門の会社が行う場合など，様々な実施形態が考えられる．ここで，開発に関わらなかった人やチームが行うテストは独立性が高いといい，一般に望ましいと考えられている．

開発者はそのソフトウェアの内部構造などについての深い知識を持っているため，それを活用したテストが行えるという側面はあるが，内部構造に対する知識がテストの内容に影響を与えてしまったり，あるいは自らが開発したソフトウェアは正しいと考えてしまったりするなどの危険性がある．そのため，開発者以外がテストを行うことで，より客観的なテストが期待できると考えられる．

もちろん，両者の視点や立場はいずれも重要であり，適切な情報共有を行うとともに，目的に応じて両者のテストを組み合せることが有効である．

7.3.2 テストのモニタリング

テストではあらゆる振舞いを確認することはできず，現実的な工数や期間でそれを打ち切る必要がある．そのため，テストが現在どのような状況にあるかを把握して判断することが重要である．こうした状況把握をモニタリングと呼ぶ．

モニタリングを行う際に，横軸に時間，縦軸に発見された不具合の累積

数を描いたグラフを活用することがある．図 7.10 左は，そうしたグラフの例である．このグラフの描く曲線は信頼度成長曲線と呼ばれる．この形状が一般にどのような曲線になるかが想定できるとすれば，その形状との比較で現在のテスト状況を判断することができる．典型的には図右に示すように，指数的な曲線やS字的な曲線などが用いられる．

▶ [信頼度成長曲線]
reliability growth curve

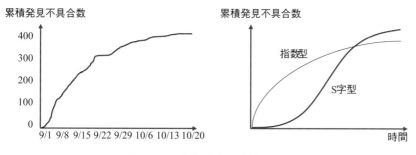

図 **7.10** 信頼度成長曲線の例

想定する曲線との対比で，例えば不具合数が増加している状況であればまだテストは続けなければならないと判断したり，増加率が減ってくれば収束に向かっていると判断したりする．こうしたグラフの他に，実施したテストの累積数，解決済の不具合件数などを時間軸にとることもある．

またモニタリングにおいて，メトリクスを利用することも考えられる．前述したカバレッジを利用して，確認したい対象の総数に対してどこまで確認できたかの指標にする方法がある．あるいは開発規模（ライン数など）当たりのテストケース数の密度はどのくらいか，テストケース数当たりどれだけの不具合を発見できたかなど，様々なメトリクスが使われている．

7.3.3 ツールの利用

テストでは限られた振舞いだけを確認しているといっても，現実規模のソフトウェアでは非常に多くの項目がテストされる．また変更を行った際の回帰テストでは，過去に行ったテスト項目を再度実行する．こうしたテストの実施を手作業で行うのは煩雑で時間がかかり，また間違いも入りやすい．そのため，テストをできるだけ自動化することは有効であり，そのためのツールも様々なものがある．

こうしたツールは，典型的にはテストスイートを登録し，それに従ってソフトウェアにテストデータを与えて実行し，その結果を期待値と照合するなどの機能を持っている．ソフトウェアの種類やテストの内容によっては自動化が困難な場合も多いが，例えば人間の画面操作を伴うテストを自動化するなど，様々な自動化ツールが存在する．継続的インテグレーショ

ン（6.2.5参照）やアジャイル開発（8.2.5参照）など，ツールを活用したテストの必要性は高まっている．

7.4 レビュー技術

本節では，レビュー技術について説明する．

7.4.1 レビューの目的

レビューの目的は，レビューに参加するメンバによって，レビュー対象の欠陥を検出することである．レビューは厳密で網羅的な確認には不向きだが，上流工程から適用できること，人による経験的な気づきに基づく確認ができることなど，他の技術にはない特性を持っている．また，開発に関わる関係者が集まって相互理解や情報共有を行ったり，合意形成を得たりする目的もある．

さらに，手続き的な観点からいえば，レビューが審査としての役割を果たす場合もある．仕様を顧客に確認してもらい承認を得る，設計を上位管理者に説明し製造作業へと進む承認を得る，あるいは第三者に成果物を評価してもらう，などの目的でレビューが行われることもある．そうしたレビューは，客先との契約や，開発組織内で制度化されている手順によって定められ，実施される．

7.4.2 レビューの種類

レビューはその目的などによっていくつかの種類に分類される[50]．これらのうち，技術レビュー，インスペクション，ウォークスルーは相対的に技術的な側面に重点が置かれる活動である．一方，管理者レビューや監査は技術的な側面よりもむしろ管理的な側面に重点が置かれる活動である．

▶ [管理者レビュー]
　management review

- 管理者レビュー：
　　管理者あるいはその立場の人によって実行される，ソフトウェア製品やプロセスの体系だった評価．

▶ [技術レビュー]
　technical review

- 技術レビュー：
　　意図した利用に適しているか，仕様・標準から逸脱していないかなどを検討する資質を持ったメンバによって行う，ソフトウェア製品の体系だった評価．

▶ [インスペクション]
　inspection

- インスペクション：
　　誤りや仕様・標準からの逸脱などの欠陥を検出し識別するためのソフトウェア製品の目視検査．

▶ [ウォークスルー]
　walk through

- ウォークスルー：
　　設計者やプログラマがソフトウェア製品について説明し，参加者が欠

陥,開発標準違反,その他の問題について質問やコメントすることによって行われる静的分析手法.

- 監査:
    第三者によって実施され,仕様,標準,契約上の合意,その他の基準への準拠を査定する,独立した検査.

上記以外にも,必要に応じて特定の問題解決のために周りの同僚と行うアドホックレビューなどがある.インスペクション,ウォークスルー,あるいはアドホックレビューは,開発者がその同僚や仲間と比較的小規模に行うことが多いが,そうしたレビューをピアレビューと呼ぶ.レビューの構成が厳密に定義されているレビューを公式レビュー,そうでないレビューを非公式レビューと呼ぶ.ピアレビューに関しては,最も公式なものがインスペクションであり,ウォークスルー,アドホックレビューの順に,より非公式になる.

▶ [監査]
audit

▶ [アドホックレビュー]
ad hoc review

▶ [ピアレビュー]
peer review

▶ [公式レビュー]
formal review

▶ [非公式レビュー]
informal review

7.4.3 レビューの方法

インスペクションを例に,レビューの方法を見てみる.インスペクションは,基本的にはプロジェクトで計画され,目的や手順などが明示的に定義される必要がある.対象となる成果物に対してはインスペクション基準が設定され,それを満たした成果物に対して実施する.インスペクションへの参加者に対しては,以下の役割を明確にすることが求められている.

▶ インスペクション基準としては,開発が完了しているか,機械的に見つかる問題は除去されているか,関係資料はそろっているか,などが設定される.

- リーダー:
    インスペクションの対象を決め,合目的に手順通り行い,データを記録し,最終的なアウトプットを作り上げるといった,インスペクションの計画と実施に責任を持つ.モデレータともよばれる.
- 書記:
    インスペクションによって発見された欠陥,それに関連してなされた決定,アクションアイテムなどを記録する.
- 読者:
    対象となる成果物を,例えば1〜3行程度に区切るなど論理的な単位ごとに説明する.
- 作成者:
    インスペクション基準に合致するように成果物を準備するとともに,インスペクションの結果必要とされる追加作業を行う.
- インスペクタ:
    成果物中の欠陥を見つける責任を持つ.インスペクタは,どのような視点(例えば異なったステークホルダの持つ視点),あるいはどのような事項(例えば標準への準拠,図の正確さ)からの確認が必要かというイ

▶ [リーダー]
inspection leader

▶ [モデレータ]
moderator

▶ [書記]
recorder

▶ [読者]
reader

▶ [作成者]
author

▶ [インスペクタ]
inspector

ンスペクションの計画に照らして選ばれる．

> リーダーは，ページ当たりどの程度の時間をかけるかを決める．これをインスペクション率という．

インスペクションミーティングに先立って，管理者は時間，場所，メンバなどのリソースを保証する．作成者は成果物や資料を準備し，リーダーはメンバに役割を割り当て，日時や場所を決め，成果物や資料を配布する．メンバは事前配布された資料等をチェックする．インスペクションミーティングは，以下のような手順で行われる．通常2時間以内の時間で行われる．

- 導入：
  リーダーがインスペクションの目的やメンバの役割などを確認する．
- 成果物のレビュー：
  読者が成果物をチームに説明する．メンバは成果物を目的に沿って徹底的にレビューする．リーダーは欠陥を見つけることに専念させる．書記は発見された欠陥を記録する．
- 判定：
  ミーティングの最後に記録された欠陥のリストを確認した上で，成果物に対して，再検証や再作業なくそれを承認するのか，再作業後に検証をすれば承認するのか，あるいは再度インスペクションを行うべきなのかの決定を行う．リーダーはそれに基づいて必要な作業を指示しフォローアップを行う．

このようにインスペクションは，明確な役割を決め，目的をもって計画的に実施される．特にリーダーの役割は効果的な実施において重要となる．一方，ウォークスルーは作成者が主導して数名のメンバを集めて実施されるレビューであるが，インスペクションのように事前準備，明確な役割定義，あるいは正式な記録などは必要とされない．一般にインスペクションよりも短時間で行われる．

いずれにせよレビューは人による作業であり，機械的，網羅的な確認を行うことよりも，多面的な視点から対象を確認することがその本質である．そういう意味からもレビュー目的にあったメンバの選定が重要となる．

> [アーキテクチャレビュー]
> architectural review

7.4.4 アーキテクチャレビュー

5.7でソフトウェアアーキテクチャの設計について説明したが，アーキテクチャの評価にも，特有の課題や方法がある．

ソフトウェアアーキテクチャは支配的な構造であり簡単に変更できないため，実際にソフトウェアを構築してから評価をしても後戻りが困難である．したがって，アーキテクチャを設計した段階で，その妥当性について何らかの評価を行うことが重要である．こうした評価をアーキテクチャ評価と呼ぶ．ソフトウェアが構築されていない段階での評価なので厳密かつ

精度の高い評価は難しいが，基本的な方向性に間違いがないかどうかを確認することは重要である．

アーキテクチャ評価の典型的な方法はアーキテクチャレビューの実施である．アーキテクチャレビューも，基本的には上述したレビューの枠組みで行われるが，アーキテクチャは単に技術的な観点からだけでは評価できず，ビジネス面，管理面，などシステムに関わる様々なステークホルダの視点から検討できる人を集めることが重要である．また，実際にソフトウェアが存在しない段階で，アーキテクチャやその影響を議論するためには，一定の経験やスキルが必要であり，レビューメンバの選定は通常の設計レビュー以上に重要である．

アーキテクチャ評価の方法として知られているATAM[20]について紹介する．本手法では，対象とするアーキテクチャが設計される際になされた，アーキテクチャ上の決定を評価するという方法をとる．例えば集中処理にするか分散処理にするか，冗長設計を採用するかしないかなど，アーキテクチャ設計の過程で行われた設計上の決定が，求められる要求やシステムのビジネス目的の達成にとって妥当なものだったかどうかを検討するという考え方である．

▶ [ATAM]
Architecture Tradeoff Analysis Method

検討にあたっては，要求を階層的にブレークダウンし，個々の要求に，具体的なシナリオや重要度を対応づけるユーティリティツリーを使う（図7.11）．これによって，重要な要求をシナリオに照らして評価することを可能としている．

▶ [ユーティリティツリー]
utility tree

▶ 単に性能がよい，拡張性がよい，というだけでは評価がやりづらい．どういう状況でどの程度の性能が求められているのか，どの程度の修正をどの程度の期間で行えることが求められるのか，といった具体的な例示をすることで，評価がやりやすくなる．

▶ 図では重要度とリスクをH (High)，M (Middle)，L (Low)の3段階で重みづけしているが，他の方法でも構わない．

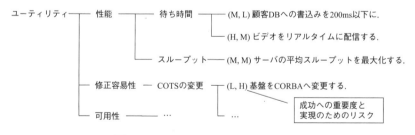

図 7.11　ユーティリティツリーの例

図7.12は，ATAMの全体像である．評価対象は上述したアーキテクチャ上の決定であり，それをユーティリティツリーで示されるシナリオに基づき評価を行う．評価の結果として，問題を生じうるアーキテクチャ上の決定（リスク），暗黙の想定に基づくよいアーキテクチャ上の決定（ノンリスク），特定の品質特性の達成にとって重要な影響を持つアーキテクチャ上のコンポーネント（群）の特性（センシティビティポイント），複数の品質特性の達成に影響を及ぼすアーキテクチャ上のコンポーネント（群）の特

▶ 問題のある決定（リスク）を指摘することは当然だが，よい決定（ノンリスク）を明示化することも重要である．そうしないと，後から修正する際に，よい部分をうっかり駄目にしてしまうかもしれない．

▶ 例えば暗号化をしているからセキュリティの要求を達成できているなら，その決定がセキュリティのセンシティビティポイントとなる．ただし暗号化や複合化の時間が要求される応答性の達成を左右しているとすると，この決定はトレードオフポイントとなる．

性（トレードオフポイント）などを明らかにする．

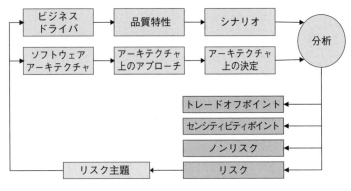

図 **7.12** ATAM の概要 [20]

7.5 静的解析技術

本章の最後に，静的解析技術について説明する．

7.5.1 静的解析の目的

静的解析の目的は成果物の欠陥，特に実行をしても発見が困難な欠陥を発見することである．例えば特定の入力値でのみ発生する欠陥は，実行してもその入力値を与えない限り見つからない．しかし静的解析で制御やデータの流れを捉えることで，こうした欠陥が見つかる場合がある．また，より望ましいソフトウェア構造になっているかどうかを確認することもできる．例えばプログラミング言語はコンパイラによって仕様が異なる場合があるが，こうした違いに依存しないコーディングになっているかどうかの確認，あるいはプログラムが修正や拡張などに適した構造であるかどうかの確認などにも利用される．

ただちに欠陥とはいえなくても，一般に望ましいと思われている状態からの逸脱を捉えることも重要である．例えばプログラムが過度に複雑になると保守性を損なうことになるが，複雑さや保守性といった側面は，明確な判断基準が設定しづらい．こうした側面は後述するメトリクスを設定し，静的解析でそれを測定することで現在の状況を推定することに役立てることができる．

レビューなどに先立ってこうした静的解析をしておくことで，レビュー時間を人でなければできない確認に使うことができ，有益である．なお静的解析は，様々な成果物に対して適用することができ，特に近年はソフトウェアモデルへも適用が広がっているが，以下ではプログラムに対する適用について説明をする．

7.5.2 構造の解析

静的解析では，ツールによってプログラムの構造を解析するが，そうした構造の代表的なものとして，制御フローの構造とデータフローの構造とがある．

制御フローはプログラムの実行の流れであり，プログラム中の命令文の実行順序や関数やメソッドの呼出し順序などが相当する．制御フローを解析することによって，望ましくない実行経路や全く実行されない経路などを見つけ，欠陥の発見に役立てることができる．

一方，データフローはプログラム中でのデータの流れであり，例えばある変数値がどのような命令によって変更され，どういう変数に格納されるかといった流れが相当する．データフローを解析することによって，正しく値が設定されていないまま参照される変数や，全く使われない変数などを見つけ，欠陥の発見に役立てることができる．

7.5.3 コーディング規約遵守の確認

コーディング規約とは，プログラムを記述する際の様々な決め事であり，例えば変数や関数の名前づけの方法，特定の処理を行う際の望ましいプログラムの書き方，使わない方がよいプログラミング言語の機能などを定めるものである．例えば，変数や関数の名前づけの規則を決めることで，意図しない名前の衝突やそれに伴う欠陥を避けることができるし，人がプログラムを読む際の読みやすさを向上し，保守作業を容易にしたり間違いの混入を減らしたりすることが期待できる．また条件文や繰返し文が入り組んでいると，プログラムの修正や拡張を行う際に間違いが混入しやすいので，インデントや括弧を適切に使って分かりやすいスタイルで書くことにより保守性を向上させることができる．あるいは，浮動小数点は演算方法によって誤差を生じうるので，他の値と比較する時には誤差を考慮した処理を書くことが推奨される．

静的解析によって，こうしたコーディング規約の遵守を確認することで，より望ましい性質をもったプログラムの実現に役立てることができる．

7.5.4 メトリクスの測定

メトリクスとは対象の属性に関する定量的な測定値を意味する（12.5.3参照）．その特性を直接的に測定できない場合には，その特性と一定の相関性を持ちかつ測定可能な値を測定してその特性の理解に使う．例えばプログラムが過度に複雑であると理解性や保守性を損ねる．しかし，複雑さを直接測定することは難しいため，間接的に測定するメトリクスを用いる．

複雑度のメトリクスとしてよく使われるものにサイクロマティック複雑度がある．これはプログラムの制御フローから求めることができ，「グラフ

▶ ［サイクロマティック複雑度］
cyclomatic complexity

▶ 領域数は，アークで囲まれた部分 (R1, R2) だけでなく，外側の部分 (R0) も数える．

によって作られる領域の数」，「アーク数 − ノード数 + 2」，あるいは「判定の数 + 1」で求められる．図 7.13 に例を示す．図左のプログラム（数字は行番号）に相当する制御フロー図が図中である．このグラフに基づき，上記のサイクロマティック数を計算すると 3 となる．どの程度の数からが複雑であるかは一概には言えないが，一般には 50 以上といった数は極めて複雑と判断され，改善が期待される．

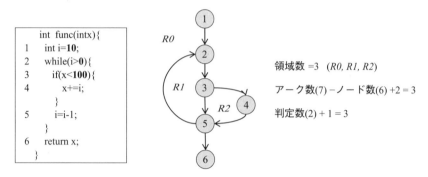

図 7.13　サイクロマティック複雑度の計算例

プログラムに対しては，これ以外にも行数，呼出しや参照の数など，様々なメトリクスが存在する．オブジェクト指向プログラムに対しては，CK メトリクスなどがあり，これはクラスの継承の深さなど 6 つのメトリクスを含んでいる．こうしたメトリクス値を測り，また開発，保守の過程でその値の変化をみることはソフトウェアの状況や傾向を理解する上で有益である．

7章　演習問題

(1) (§7.1.2) テストとレビューとは何か，それぞれ説明しなさい．
(2) (§7.1.3) 欠陥，フォールト，エラー，故障とはそれぞれ何か，相互の関係性を含めて説明しなさい．
(3) (§7.2.1) テストの目的は何か，述べなさい．
(4) (§7.2.2) テストの特性を述べなさい．
(5) (§7.2.3) テストレベルによる分類とはどのようなものか説明するとともに，具体的にどのようなテストがあるか述べなさい．
(6) (§7.2.4) テストタイプによる分類とはどのようなものか説明するとともに，具体的にどのようなテストがあるか述べなさい．
(7) (§7.2.5) 与えた年号がうるう年かどうかを判定するプログラムを同値分割でテストする場合，どういうデータを与えればよいか．なお，年号が4で割り切れればうるう年，ただしそれが100で割り切れると平年，さらにそれが400で割り切れればうるう年である．
(8) (§7.2.5) 図2.21のステートマシン図に対して1スイッチテストを行う際には，どういう遷移系列をテストすることになるか．ただし自動的に発火する遷移は対象から外すものとする．
(9) (§7.2.6) 図7.6のプログラムに対して，(X=1, Y=0, Z=-1) のデータでテストしたとする．カバレッジ基準を命令，分岐，複合条件とした場合，それぞれカバレッジは何％となるか．
(10) (§7.2.7) 二因子間網羅はどういう考え方に基づいているか，説明しなさい．
(11) (§7.2.7) 図7.7のアラーム機能で，繰返しが無しと毎日だけ，音は選択できないとし，L4直交表を用いて2因子網羅のテストを作りなさい．
(12) (§7.3.1) テストの独立性とは何か述べ，どうして独立性が高いことがよいと考えられているのか説明しなさい．
(13) (§7.4.1) レビューの目的を挙げなさい．またテストと比較してそれぞれの特徴を述べなさい．
(14) (§7.4.4) アーキテクチャレビューは通常のレビューとどういう点が異なるか，説明しなさい．
(15) (§7.5.3) コーディング規約とは何か，説明しなさい．

7章　発展課題

(1) 実際のプロジェクトではテストにどの程度の時間や人手をかけているか，文献等で調べなさい．
(2) 以下のプログラムに対してテストをする場合，どういうデータでテストをすればよいと考えるか．考え方と，具体的なテストデータを挙げなさい．

> パスワードは5文字以上17文字以下の英数文字である．ただし先頭は英文字でなければならず，最低数字が1文字出現する必要がある．

(3) 以下のプログラムの制御フローテストを行うとする．命令網羅，分岐網羅，複合条件網羅の3つのカバレッジ基準を考え，それらを100％にするには，それぞれ最低いくつのテストデータが必要か述べよ．また具体的にどういうテストデータ群を与えればよいか，それぞれ具体例を挙げよ．

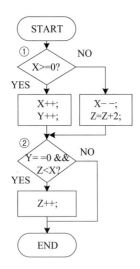

(4) 文献等で，コーディング規約の具体例を調べなさい．いくつか規約を取り上げ，どうしてそういう規約が決められているか考えなさい．
(5) 文献等で，オブジェクト指向プログラムのための CK メトリクスについて，何のためのメトリクスでどうやって求めるかを調べなさい．

8章　開発プロセス

[ねらい]
　ソフトウェア開発には様々な活動が含まれるが，それらの活動をどのように実施するかには，いくつかの考え方がある．本章では，そうした開発プロセスのモデルについて説明する．

8章　事前学習

(1) §8.1を読み，開発プロセスと開発プロセスモデルとは何か，それぞれ説明しなさい．

(2) §8.2.1と§8.2.2を読み，ウォーターフォールモデルの課題は何か，説明しなさい．

(3) §8.2.5を読み，アジャイル開発とは何を目的としたものか，説明しなさい．

[この章の項目]
開発プロセスとライフサイクル
開発プロセスモデル

8.1 開発プロセスとライフサイクル

本節では，開発プロセスあるいは開発プロセスモデルとは何かを説明する．

8.1.1 開発プロセスとは

　ソフトウェアの開発とは，ユーザのニーズをソフトウェアというプロダクトに変換する過程と捉えられるが，その変換に必要となる関連した活動のことをソフトウェア開発プロセスと呼ぶ．活動には大きな単位としては，要求定義，設計などが考えられ，それらはさらに下位の活動，例えば要求定義であれば，要求獲得，要求分析などへと階層的にブレークダウンされる．階層構造の上位より，プロセス，活動，タスクという用語で呼び分けることも多い．

　ソフトウェアを開発する際には，どのようなプロダクトを開発するかという視点と，そのプロダクトをどのようなプロセスで開発するかという2つの視点が重要である．素朴に言えば，よいプロダクトを生み出すためには，そのプロダクトや開発プロジェクトの特性に合わせたプロセスが必要である．したがって，合目的な開発プロセスを定義し，それに従って開発を進めることが，重要となる．

　なお，開発プロセスの定義やそれに沿ったプロジェクトの実行は，個々の開発プロジェクトだけの問題ではなく，そのプロジェクトに関わる組織の問題であるという認識が年々高まっている．これについては12章で説明をする．

▶ ［活動］
　activity

▶ ［ソフトウェア開発プロセス］
　software development process

8.1.2 ソフトウェアのライフサイクル

　人間や生物に一生のライフサイクルがあるように，人工物であるソフトウェアにもライフサイクルがある．ソフトウェアでは，それが作られて廃棄されるまでの過程をライフサイクルという．人間のライフサイクルは，例えば幼児期，学童期，成人期などという段階に分けられるが，ソフトウェアのライフサイクルも例えば開発，運用，保守，廃棄といった段階に分けて捉えることができる．ソフトウェア開発では，段階のことをフェーズや工程と呼ぶ．開発プロセスは，ライフサイクルの開発に関わる部分に注目し，必要に応じてそれをより詳細な活動へとブレークダウンしたものとみなすことができる．

　ソフトウェアがどのようなライフサイクルを持ち，ライフサイクルにはどのようなフェーズがあり，現在どういうフェーズにあるのかを理解することは，ソフトウェアの開発者だけでなく，利用者や管理者など，様々なステークホルダにとって有益かつ重要である．例えばソフトウェアの開発を依頼する立場であっても，開発側の活動について理解できれば，どうい

▶ ［ライフサイクル］
　life cycle

▶ ［フェーズ］
　phase

うタイミングで要求を出すことが効果的なのか，あるいはどういう活動にコストがかかるのかを知ることができ，開発側とより適切な関係を持つことができる．

ライフサイクルの中でどの部分が開発に関わると考えるかは，時代によって変化してきたし，また状況によって変わる．従来は，典型的には要求定義から始まって実装，テストを終えてリリースをするという，1回の開発（特に初回の開発）部分が開発の中心的部分と捉えることが多かった．しかし一旦開発されたシステムは，ビジネス環境や技術環境の変化に合わせて様々な修正や拡張がなされ，長期間にわたって使われる．そうした側面を捉えるためには，開発プロセスは，1回の開発だけを表すよりも，何度も開発が繰り返されるという側面を表すことが適切かもしれない．もちろん現在でも，開発するソフトウェアの種類や開発形態によって，それに適した捉え方は多様である．次節で述べる様々な開発プロセスモデルは，モデルによってこの捉え方が異なる部分があるので留意されたい．

▶ 最初のリリースまでを開発として捉え，以降は保守として捉える考え方は，システムの所有権がそこで移転するという状況では1つの立場ではある．しかし開発と運用とが短いサイクル，あるいは一体化していく状況では，そうした捉え方は適切ではなくなっている．9章の保守についても参照されたい．

なお1章で述べたように，一般にソフトウェアは情報システムの一部であり，情報システムは現実世界のシステムの一部である．したがって，ソフトウェアのライフサイクルを議論する際には，それを取り巻くより大きなシステムのライフサイクルに対する理解も必要となる．もちろん，ソフトウェア開発者，システム開発者，利用者など，その立場に応じて，理解すべき部分や深さはそれぞれ異なるが，全体の中の位置づけを知ることは重要である．

8.1.3 開発プロセスモデルとは

開発プロセスモデルとは，開発プロセスがどのような考え方で関連づけられるかを示したモデルであり，通常最上位のプロセスとその関連づけによって表現される．開発プロセスモデルの他に，プロセスモデル，ライフサイクルモデル，ライフサイクルフレームワークモデルなどといった用語もあるが，ほぼ類似である．

▶ [開発プロセスモデル]
development process model

詳細なレベルまで考えるなら，開発プロセスは開発プロジェクトごとに異なるが，基本的なプロセスの組立て方は，いくつかの類型に整理することができる．こうした類型が開発プロセスモデルとして整理されている．開発プロセスモデルの違いによって特性が異なるため，ソフトウェアの種類やプロジェクトの状況に応じて，適した開発プロセスを採用することが重要である．

なお，ソフトウェア開発において一般的にどのようなフェーズ，活動，タスクがあるかについてはISO/IEC 12207[61]として国際標準で定義されている．またこの標準をベースに，日本の事情を加味した共通フレーム[55]も定義されているので，参考にされたい．

8.2 開発プロセスモデル

本章では，代表的な開発プロセスモデルについて紹介する．まず最も基本的なウォーターフォールモデルを紹介し，それを踏まえてソフトウェア開発におけるプロセス上の問題点について指摘する．その後，その問題を改善する開発プロセスモデルをいくつか紹介する．

8.2.1 ウォーターフォールモデル

▶ ［ウォーターフォールモデル］
waterfall model

ソフトウェア開発には例えば要求定義，設計，実装といったフェーズが必要となる．ウォーターフォールモデル [129] は，これらのフェーズを順序に沿って行い，原則的にフェーズの重なりや繰返しを行わないモデルである．

▶ ここでは5つのフェーズを示しているが，どういうフェーズを捉えるかは様々である．

図 8.1 にウォーターフォールモデルを模式的に示す．四角はフェーズを，矢印は順序関係を示している．例えば要求定義フェーズが終了したらアーキテクチャ設計フェーズを開始し，それが終了したらコンポーネント設計フェーズが始まるということが示されている．一般に，各フェーズの終了時には，例えばレビューなどでそのフェーズの終了を確認し，次のフェーズへと進む．

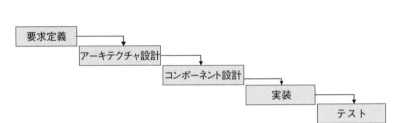

図 8.1　ウォーターフォールモデル

ウォーターフォールモデルの利点は，フェーズが捉えやすく管理しやすい点である．フェーズの組立てがシンプルであり，現在までにどのフェーズが終了し，現在どのフェーズにいるのかといった把握が明確である．要求定義で得られた要求仕様書に基づき，アーキテクチャ設計を行う，といった順序関係は，作業の因果関係をそのまま反映させた組立てであり分かりやすい．しかしながら，ウォーターフォールモデルには，いくつかの課題があることが指摘されている．これはソフトウェア開発における構造的な問題を反映している．これについて次項で説明する．

8.2.2 ウォーターフォールモデルの課題

ウォーターフォールモデルの持つ課題を以下に述べる．

(1) 変更への対応

ソフトウェアはビジネス環境の変化，技術環境の変化に応じて常に変化が求められるという特徴を持っている（1.2.6, 4.1.5 参照）．開発途中であっても，同業他社が新製品を出したら，それと対抗できるように新たな機能を追加する必要が出てくるかもしれない．あるいは OS がバージョンアップして，それにも対応しなければならないかもしれない．しかしウォーターフォールモデルは，フェーズの後戻りや繰返しを考えないため要求定義終了後の要求仕様変更や設計終了後の設計は定義されていない．こうした変化への対応が明示的に定義されていないことはウォーターフォールモデルの 1 つの欠点である．一旦決めたことは変更せずに粛々と開発を行うのには適したモデルといえるが，ソフトウェアへの要求や技術の変化は開発中であっても起こりうるため，そうした状況に対応できない．

(2) 開発上のリスクへの対応

開発上のリスクについて説明するために，V 字モデルについて説明する．V 字モデルはウォーターフォールモデルのフェーズを，定義に関わるフェーズと，確認に関わるフェーズに分け，それを V 字型に配置したモデルである（図 8.2）．なおテストはいくつかのレベルに分割して詳細化している．確認側のフェーズから定義側のフェーズに引かれている破線は，そのテストが主としてどのフェーズの成果物と照らし合わせてなされるかを示したものである．図は左から右へは時間軸であり，上から下は詳細化軸である．つまり定義は，要求定義，アーキテクチャ設計，コンポーネント設計，実装へと時間に沿って詳細化されるが，確認はまず単体テスト，次に統合テストと，部分から確認し徐々に全体の確認へと進むことが示されている．

▶ [V 字モデル]
V-model

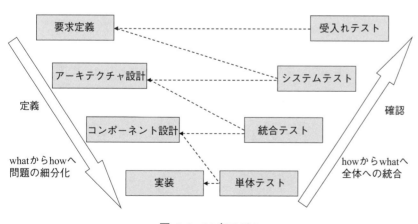

図 8.2　V 字モデル

定義はトップダウンに確認はボトムアップに行われるという構造は，ソフトウェア開発における基本的な構造を表しているといえる．その結果，図に示されるように，開発初期に定義したものほど，開発後期にならなければ確認できないことになる．実装フェーズで定義されたプログラムのコードの単体確認はただちに行われるが，最初に要求定義フェーズで定義された要求事項は，システムテストや受入れテストを待たなければ確認できない．一般に単体テストで発見される不具合はコーディングミスなど比較的短時間で対処可能だが，システムテストで性能が出ない，受入れテストでユーザのニーズと違っていた，という不具合が発見されると，その対応は最悪要求仕様の修正やアーキテクチャ設計の変更を引き起こし，大きな手戻りにつながりうる．

▶ ウォーターフォールモデルに関する論文 [129] 中で，W.W. Royce はテストフェーズで問題に気づき要求や設計を変更するリスクについて自ら指摘しており，開発を2度繰り返すなど対策を議論している．

ウォーターフォールモデルでは，これら一連のフェーズを直線的に繰返しなく行うわけであるから，もしもシステムテストや受入れテストで要求に合致しないことが判明しても，開発終了間際で対応の時間が残されていない危険性が高い．つまり開発上のリスクが高いという欠点がある．

8.2.3　インクリメンタルプロセスモデル

▶ [インクリメンタルプロセスモデル]
incremental process model

インクリメンタルプロセスモデルは，各フェーズを，重なりを持たせながら繰り返して，システムを徐々に増加的に完成させていく開発プロセスモデルである．図 8.3 はインクリメンタルプロセスモデルを模式的に示したものである．紙面の都合上，フェーズ名を記載していないが，ウォーターフォールモデルと同様のフェーズ名が入ると理解されたい．1 つの繰返しは基本的にウォーターフォールモデルに基づく．なお繰返しの回数や，重なり方は任意である．

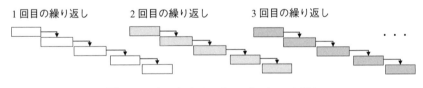

図 8.3　インクリメンタルプロセスモデル

▶ 1 回目の繰返しではシステムの基本的な骨格や基盤部分を作る必要があるので，外から見える実現機能は少なくても開発時間はそれなりにかかる．最後の方の繰返しでは，そうした骨格は出来上がっているので，相対的に短期間で多くの機能を実現できる．

インクリメンタルプロセスモデルでは，まずシステムのコアとなる部分を初期の繰返しで開発する．システムの一部を作ることになるため，開発期間はシステム全体を作るよりも短くなる．2 回目以降の繰返しでは，前の繰返しまでに作られる部分に対して新たな機能などを作り込む．例えば Web アプリケーションを作る時に，最初の繰返しでサーバとクライアントの基本的な通信部分を作り，2 回目の繰返しでデータベースへのアクセス機能を作り，3 回目の繰返しでアプリケーションとしての個別の機能を実

現するといった方法に相当する．

　インクリメンタルプロセスモデルは，ウォーターフォールモデルの欠点を改善したものとなっている．まず，何度かの繰返しがあるため，1回目の繰返し開始後に発生する要求変更などに対して，2回目以降の繰返しで対応することが可能となりうる．これによって変更への対応がより柔軟となる．

　1回の繰返しはウォーターフォールモデルに基づくため，V字モデルで説明したように開発後半になるほど重要な不具合が検出されうる．例えば1回目の繰返しの最後で仕様やアーキテクチャ設計上の不備といった重要な不具合が検出されるかもしれない．しかし，1回の繰返しの終わりに不具合が発覚しても，残された期間でその不具合に対処する時間が残されている．これによって，開発上のリスクへの対応もより柔軟に行える．

　もちろん，対処ができたとしても，不具合への対応を行えばそれだけの時間やコストがかかるので，開発期間全体で予定していた開発項目をすべて実現することができなくなるかもしれない．しかし，そうした開発項目の中でより重要性の高いものを選んで開発することで，仮に予定した開発項目がすべては完成しなくても，その中で価値の高いシステムを作ることができる．

　一方，ウォーターフォールモデルと比べて，その計画や運用は相対的に難しくなる．開発に変更が起きたり，繰返しの途中で大きな不具合が発見されたりすることを想定しているわけなので，開発当初は，後の繰返しについては粗い計画しか立てられない．開発が進み変更や不具合の状況を見つつ，動的に計画を見直したり詳細化したりする必要がある．こうした計画や運用に関わる作業や判断には時間がかかるし，またより高いスキルが必要となる．しかし，近年，変化やリスクへの対応は不可欠となっており，インクリメンタルプロセスモデルは広く受入れられている．

8.2.4 進化型プロセスモデル

　進化型プロセスモデルは，繰り返しながら徐々に完成度の高いシステムへと進化させるモデルである．特定の開発プロセスモデルを示すというより，そうした特徴を持った開発プロセスモデルの総称である．

(1) プロトタイピング

　プロトタイプとは，システムの設計，性能，実現可能性，あるいは要求の確認などの目的で作られる，システムのモデルあるいは初期の実装のことをいう．プロトタイピングとは，プロトタイプを開発することによって，ユーザからのフィードバックによる要求の確認，実現可能性の確認，あるいは性能の確認などを行い，開発を支援する手法のことである．素朴に言

▶ こうした考えは，後述するタイムボックス開発などと通じる点がある．

▶ インクリメンタルプロセスモデルの1つであるRational Unified Process に関わった W. Royce[128] はウォーターフォールモデルで知られる，W. W. Royce[129] の息子である．

▶ [進化型プロセスモデル]
evolutionary process model

▶ [プロトタイプ]
prototype

▶ [プロトタイピング]
prototyping

えば，実際のシステムを作る前に，確認したい事柄だけに焦点を当てたモデルや実装を作る方法である．なおプロトタイプには確認が終われば破棄される使い捨て型のプロトタイプと，それをベースとして最終的なシステムへと発展させる進化型プロトタイプとがある．

プロトタイピングをするには，まず確認事項の明確化を行う．この際，必要に応じてステークホルダとのやりとりを行う．次にプロトタイプ開発の計画を立て，設計と実装を行う．プロトタイプが開発されるとそれを利用者に使ってもらったり，性能を測定したりして評価を行い，そこから実際のシステム開発へのフィードバックを得る，といった手順を行う．一般的には1つの確認が終わるとそれを踏まえて新たな確認を行うなどされるため，これらの手順は繰り返し行われる．図 8.4 にプロトタイピングの手順を模式的に示す．

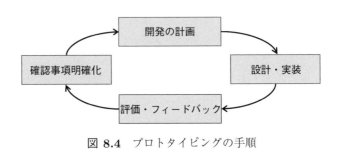

図 8.4 プロトタイピングの手順

プロトタイピングはそれ自身が開発プロセスモデルというよりも，他の開発プロセスモデルの中で活用することでそのモデルに進化的な側面を加味する，開発上の手法と捉えることができる．例えばウォーターフォールモデルの要求分析のフェーズにプロトタイピングを取り入れることで，実際のシステムの利用や運用のイメージを顧客に提示して要求に対するフィードバックを得ることができる．あるいはアーキテクチャ設計のフェーズにプロトタイピングを取り入れることによって，重要な処理の性能が達成できそうかどうかを実測によって予測し，アーキテクチャ設計の評価を行うことができる．

(2) スパイラルモデル

▶ ［スパイラルモデル］
spiral model

スパイラルモデル [7] は，B. Boehm によって提唱された開発プロセスモデルで，プロトタイピングによる繰返しによる進化的な側面と，ウォーターフォールモデルのような管理された体系的な側面とを組み合わせたモデルである．プロトタイピングは早期に要求や性能を確認するための有効な手段ではあるが，アドホックに確認事項を設定して運用しても効果的に運用

できない．Boehmは，スパイラルモデルをリスク駆動な開発手法と呼び，要求定義，設計，実装といった活動ごとに，リスクを識別しそれをプロトタイピングで解決するというサイクルを繰り返しながらシステムを開発する方法を示している．

▶ [リスク駆動]
risk-driven

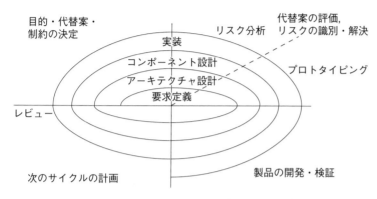

図 8.5 スパイラルモデル（[7] を簡略化）

図 8.5にスパイラルモデルの全体像を示す．らせんの内側よりウォーターフォールのフェーズに相当する活動がサイクルを繰り返しながら進行する．各サイクルは，4つの段階から構成される．目的・代替案・制約の決定では，そのサイクルの目的，考えられる代替案，コストなど各代替案に課せられる制約などを明らかにする．代替案の評価，リスクの識別・解決はリスク分析をして各代替案が目的に照らしてどういうリスクを持っているのか分析し，そのリスク原因がどの程度不確かかを検討する．次にその不確かな原因をどのように解決するかを検討する．ここでプロトタイピングが使われる．これを踏まえ，製品の開発・検証を行い，次のサイクルの検討を行う．最後にレビューを行いステークホルダによる合意を得る点も本モデルの特徴である．

8.2.5 アジャイル開発

アジャイル開発とは，変化に迅速に対応することを目指した軽い開発手法の総称である．この用語自体は開発プロセスモデルの名称ではないが，プロセス上の特徴として，短期間に活動を繰り返しながら段階的に開発を進めていくこと，その繰返しの中でユーザとのやりとりを密に行う点などが指摘できる．ソフトウェアを取り巻く環境の変化は激しいため，重厚長大な開発計画を立てても，システム開発を行っている間にそのシステムが陳腐化してしまう．アジャイル開発は，より軽量な開発を行いながら，変化に対応しつつ，そのときのベストエフォートで使えるシステムを提供す

▶ [アジャイル開発]
agile development

るという開発スタイルをとる．

こうした考え方に基づく開発手法は 1990 年頃よりあった．例えば J. Martin は，クライアント・サーバシステムのようなユーザ中心のシステムを短期に開発するための開発アプローチとして RAD を提唱した [88]．ここでは，ユーザを交えた企画段階での開発優先度づけ，開発段階でのユーザ参画 (JAD)，後述するタイムボックス開発など，アジャイル開発に通じる考え方が含まれている．

アジャイル開発という用語が広まったのは，エクストリームプログラミングを提案した K. Beck らが 2001 年にアジャイルソフトウェア宣言という形で，これら手法の主旨を明示的に示したことが 1 つの契機となっている．この宣言は，プロセスやツールよりも個人と対話を，包括的なドキュメントよりも動くソフトウェアを，契約交渉よりも顧客との協調を，計画に従うことよりも変化への対応をより重視するというもので，軽量で変化への追随を重視する考え方が表れている．

また，アジャイル開発では人間的要因の重要性を強調している．チームメンバのコミュニケーション，協調，お互いの信頼や敬意，自己組織化などを重視し，あまり規律を強めずに，個々のメンバが能力を発揮しやすいスタイルでソフトウェア開発を行うことが重要だという考えが背景にある．

アジャイル開発に含まれる開発手法をいくつか紹介する．

(1) スクラム

スクラムは，J. Sutherland らが提案した開発手法である [147]．ビジネス的な観点からプロダクトへの要求や優先度を理解するプロダクトオーナー，その要求を優先度に沿って実現するためにスクラム開発手法を支援するスクラムマスター，実際にソフトウェア開発を進めるチーム，という 3 つの役割によって実現される．

まず，プロダクトオーナーからの要求を優先度づけしたリストであるプロダクトバックログを定義し，プロダクトバックログから 1 回の開発期間に開発するスプリントバックログを決める．このリストをチームが実現可能性などの観点から詳細化し開発の計画を立てる．開発の 1 回の単位をスプリントと呼び，通常 30 日程度の期間をとる．スプリント期間中は，毎日 15 分程度のミーティングを行い，現状や問題などの確認を行い，また必要に応じて項目の見直しなどをしながら開発を進める．スプリントの期間が終了したら，仮に残存の項目があったとしても期間を延長することはせず，その時までに開発されたものをそのスプリントの成果とする．スプリントが終わるとそこでレビューをし，次のスプリントのためのバックログや計画化に入る．図 8.6 にスクラムの開発手順の概要を直感的に示す．

▶ [RAD]
　Rapid Application Development

▶ [JAD]
　Joint Application Development

▶ J. Martine の著書 [88] では，タイムボックス開発，タイムボックス手法などの用語が使われ，後者は RAD の一種だと書かれている．なお，この書籍ではサイクルは 90 日と書かれており，30 日から 10 日をサイクルとするアジャイル開発とは，考え方は類似でもスピード感は異なる．時代の違いであろう．

▶ 技術用語として定着してはいないが，アジャイル開発などにより開発者と運用者が協調しながらシステムを開発する方法として DevOps という用語も業界では使われている．

▶ [スクラム]
　scrum

▶ スクラムは 90 年代前半に提唱された手法である．

▶ [タイムボックス開発]
　time-box development

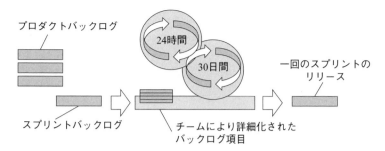

図 8.6　スクラムの開発手順の全体像

(2) エクストリームプログラミング

エクストリームプログラミング [3][4] は，K. Beck によって提案された開発手法であり，アジャイル開発が広く知られるようになったきっかけとなった手法である．エクストリームプログラミングでは，変化に対応する軽量な開発を行うために，チーム全員が目指す4つの価値として，以下を挙げている．

- コミュニケーション：
  開発が円滑に進むためにチームメンバがお互いに相談し情報を共有する．
- シンプル：
  最も簡潔に目的を達成するものをみつけること．無駄な複雑さを持ち込まない．
- フィードバック：
  開発したものに対するユーザの声やコーディングしたものに対するテスト結果などを知り，現在のシステムの状態を理解し，対処する．
- 勇気：
  簡潔さや変化に対応するため，必要ならあえて変更を行う決断をする．

これらの価値を踏まえ，瞬時のフィードバック，シンプルの採用，インクリメンタルな変更，変化を取り入れる，質の高い作業といった，より具体的な基本原則が示され，さらに実際に開発を遂行する際に有用ないくつかのプラクティス（実践）が示されている．表 8.1 にプラクティスの一覧を示す．

なお，エクストリームプログラミングでは，4つの重要な活動を挙げている．ヒアリングは様々なユーザからソフトウェアに対する期待を聞き出す活動，設計は様々な機能を上手に実現するためのソフトウェア構造を考える活動である．コーディングはプログラムを実現する活動であり，テストはプログラムを確認する活動であり，コーディングをどこまで行うかの

▶ [エクストリームプログラミング]
XP
Extreme Programming

▶ K. Beck の著書の初版（2000 年）[3] と第二版（2004 年）[4] は，内容にかなり変更がある．本文は現時点でよく知られている初版の内容に従った．

▶ 第二版では，価値として，チームメンバの貢献に対する敬意 (respect) が加えられている．

▶ シンプルの採用とは，できるだけシンプルな解決策を採用するという意味である．

▶ 第二版では，主要プラクティスとして，ペアプログラミングや継続的インテグレーションなどが引き続き挙げられているが，全員同席 (Sit Together)，チーム全体 (Whole Team) など，新たなものも加えられ変更部分も多い．

表 8.1 エクストリームプログラミングのプラクティス [3]

計画ゲーム planning game	価値のあるリリースを短期に行うために，ビジネス面からの優先度と技術面からの見積もりに基づきリリースを計画する．
短期リリース small release	リリースは短期間に行う．ただしユーザにとって価値のあるものを含むようにし，リリースとして意味を持つようにする．
メタファ metaphor	システムがどう動くのか（アーキテクチャ，技術的実体）を端的に表す用語を持つ．
シンプルな設計 simple design	無駄や重複なく，テストを通る必要十分な設計を行う．不確かな将来に備えた準備をしない．
テスト testing	プログラマは単体テストを，ユーザは機能テストを書き，それらを自動テストする．
リファクタリング refactoring	同じ機能を果たし，よりシンプルになるように，コード，設計を変更して機能追加をやりやすくする．
ペアプログラミング pair programming	2人1組でコーディングを行う．1人はコードを作成し，もう1人はその妥当性，シンプルさ，テスト方法などを考える．
共同所有 collective code ownership	コードは全員が所有し責任を持つ．気づいた人はいつでも修正を行える．
継続的インテグレーション continuous integration	修正を行うたびにインテグレーションを行い，過去のテストを含めて完全にテストが実行できる状態に保つ．
40時間労働 40-hour work week	エネルギーとアイデアに満ちて仕事を始め，満足感を持って仕事を終えるために労働時間を適度に保つべきである．
オンサイトのユーザ on-site customer	問題を最も理解している現場のユーザにシステム開発に参加してもらい，議論し質問に答えてもらう．
コーディング規約 coding standards	ペアプログラミングやお互いにリファクタリングするために，コードの記述方法に関する最低限の約束ごとを決める．

基準を与える．図 8.7 は，この 4 つの活動と，関わるプラクティスを直感的な配置で示したものである．

▶ [テストファースト]
test first

　エクストリームプログラミングのテストは，テストファーストいう考え方に基づいている．テストファーストとは，コーディングを行う前に失敗する自動テストを作ることをいう．失敗するとは，コードを変更する前に，これから行うコード変更によって何が実現されるべきかをまず決めるということである．コードを変更することにより，失敗するテストがすべて成功するようになることを目指す．これにより，何を実現すべきかが明確になり，また実現すべきものがテストによって確認しやすい設計を導き，またコードを変更したら実際にそれが動作することを実証的に示すことがで

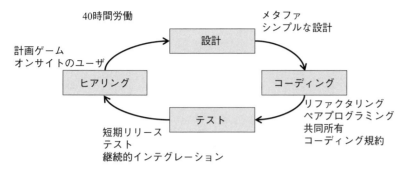

図 8.7　エクストリームプログラミングの活動

きる．こうしたテストファーストの考え方に焦点を当てた開発方法を，テスト駆動開発と呼ぶこともある．

8章　演習問題

(1) (§8.1.1) ソフトウェア開発の際に重要な2つの視点とは何か説明しなさい．
(2) (§8.2.1) ウォーターフォールモデルとはどのようなモデルか説明し，どのような利点があるか述べなさい．
(3) (§8.2.2) V字モデルの縦軸と横軸はそれぞれ何を表すか，またどうしてV型になるのか，それぞれ説明しなさい．
(4) (§8.2.2) ウォーターフォールモデルの課題を，V字モデルに基づいて説明しなさい．
(5) (§8.2.3) インクリメンタルモデルとは何か説明し，これによってウォーターフォールモデルの課題が改善できる理由を述べなさい．
(6) (§8.2.4) プロトタイピングの目的は何か，説明しなさい．
(7) (§8.2.5) アジャイル開発で軽量な開発を行うねらいは何か，説明しなさい．
(8) (§8.2.5) タイムボックス開発とは何か述べ，どういう考え方に基づくものか説明しなさい．
(9) (§8.2.5) エクストリームプログラミングにおけるプラクティスとは何か，説明しなさい．

8章　発展課題

(1) 本書に挙げられたプロセスモデルは，それぞれどういうソフトウェアの開発に向いていると考えられるか，理由とともに述べなさい．
(2) 開発にユーザが密に関わることの利点と欠点を考えなさい．
(3) プロセスモデルを記述するとすれば，UMLではどのモデルを使うのが妥当と考えられるか．
(4) アジャイル開発ではソフトウェアモデリングは有用か，考えを述べなさい．

9章　保守・進化と再利用

[ねらい]

　ソフトウェア開発で，すべてを新規に作ることはほとんどありえない．通常は，一旦作ったソフトウェアを修正・変更したり，他のソフトウェア開発に利用したりして開発を行う．本章ではそうした保守・進化や再利用について説明する．

9章　事前学習

(1) §9.1 を読んで，どうして保守が必要となるのか理由を説明しなさい．

(2) §9.3 を読んで，ソフトウェア再利用を行う際の困難として何があるか，挙げなさい．

(3) §9.4 を読んで，ソフトウェアパターンとは何か述べ，その意義を説明しなさい．

[この章の項目]

保守・進化
保守・進化の技術
ソフトウェア再利用とその技術
ソフトウェアパターン
ソフトウェアプロダクトライン開発

9.1 保守・進化

本節では，ソフトウェアの保守や進化とは何かを説明する．

9.1.1 ソフトウェア保守

▶ ［ソフトウェア保守］
software maintenance, maintenance

ソフトウェア保守とは，ソフトウェアが納入された後に，誤りの修正，品質の改善，あるいは環境への適合などのために修正を加える活動をいう．ソフトウェアは開発され，利用され，やがて使われなくなるが，現実に使われるソフトウェアでは，最初に開発されたままの状態で使われ続けることはほとんどない．

保守の理由の1つは，作られたソフトウェアに不具合が存在することである．完成後に確認をしても不具合を除去することは不可能であり，その後も不具合への対応が必要となる．またソフトウェアが使われる環境が変わることも理由である．使われ方，求められる性能，関連する法規などのビジネス環境，利用するOSや使われる通信プロトコルなどの技術環境の変化への対応が必要となる．

保守に関する国際規格であるISO/IEC 14764[62] では，保守のきっかけとなる修正依頼の種類によって，保守を図9.1のようにタイプ分けしている．

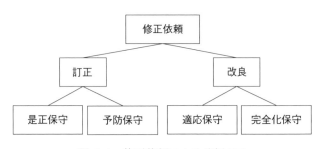

図 9.1 修正依頼による分類 [62]

▶ ［是正保守］
corrective maintenance

▶ ［予防保守］
preventive maintenance

▶ ［緊急保守］
emergency maintenance

▶ ［適応保守］
adaptive maintenance

▶ ［完全化保守］
perfective maintenance

訂正という分類には，是正保守と予防保守とが含まれる．是正保守は，納入後に見つかった問題を修正するための保守であり，予防保守は，ソフトウェア中の潜在的な不具合が操作時の不備となる前に，それを検知し修正する保守である．なお，是正保守が行われるまでの間，システムの運用を維持するために，計画されずに一時的に行われる修正を緊急保守と呼ぶ．

改良という分類には，適応保守と完全化保守とが含まれる．適応保守は，変化した環境や変化している環境においても利用可能なように維持するための保守である．完全化保守は，性能や保守性などの特性を改善するための保守である．

家電製品などのイメージでは，保守はたまに発生する修繕という印象を

持つ場合もあるかもしれない．もちろんそういう保守もあるが，上記の分類にみるように，出荷時点の機能や性能を維持するための作業だけでなく，積極的に不具合を予防したり，機能や性能を改善させたり，さらには新たな機能や性能を持つものへと発展させる場合もある．こうした保守はたまに発生する作業というよりも，定期的，継続的に，かつ長期間にわたることが多い．そのコストも，最初の開発にかかるコストを上回ることもある．このように保守は重要な作業であるが，技術的には難しい作業であり，それでいて場合によっては新規開発よりもより切迫した状況で場当たり的に行われることもあり，問題をはらむことも多い．

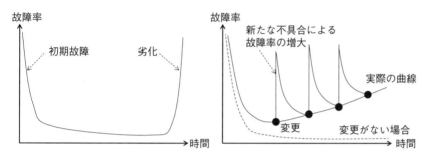

図 9.2　ハードウェアとソフトウェアの故障率曲線 [125]

▶ 図右は，変更があるたびにその部分の初期故障が起こり，それが安定するということを繰り返すので，ミクロにみるとぎざぎざの形状になる．一方マクロにみると徐々にそれが積み重なり構造が崩れていくなどして徐々に故障率が増加していく．

　図 9.2 は，ハードウェアとソフトウェアの故障率曲線である [125]．ハードウェアは初期故障が解決すると安定した状況が一定期間続き，やがて部品等が物理的に劣化して故障が増え始めるため，図左のような曲線（バスタブ曲線）を描く．一方，ソフトウェアの場合は物理的な劣化はないので，図右の点線のような曲線を描くように思われる．しかしながら現実には保守作業によって変更が加えられ，それによって品質の劣化が起こり，徐々に故障率が増加していくため右の実線のような曲線を描くといわれる．つまり使い続けられるソフトウェアは次第に品質が悪くなる傾向にある．

▶ 文字通り浴槽のような形をしているためこう呼ばれる．

　その端的な問題がレガシーソフトウェアである．レガシーソフトウェアとは，過去に作られいまだに業務の中核を支える不可欠なソフトウェアのことである．レガシーソフトウェアは長期間の保守を経て品質に問題を抱えており，内部構造の複雑化，ドキュメントとの乖離，不十分な変更管理などの理由で修正に困難を伴う．しかしながら業務の中核を担っており，コスト，時間，サービスの継続性，相互運用性などの理由で，新たなソフトウェアに置き換えることも難しい．レガシーソフトウェアの問題は，現実には深刻である．

▶ [レガシーソフトウェア]
legacy software

9.1.2 ソフトウェア進化

▶ [ソフトウェア進化]
software evolution

ソフトウェア進化とは，ソフトウェアが新たな環境に適合できるように変更することである．保守と進化とは明確に区別できる用語ではなく，同義的に使われることもある．しかしながら，保守には最初に開発されたソフトウェアを継続して使い続けるための活動という語感が，進化には変化する環境へ適合する新たなソフトウェアへと変更するための活動という語感がそれぞれある．また保守は，最初のソフトウェアの納入までの活動とそれ以降の活動とを区別して捉えるのに対して，進化は開発と運用とは継続的に繰り返される活動として捉えるものともいえる．図 9.3 はそのイメージを示したものである．

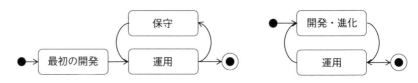

図 **9.3** 保守と進化の捉え方のイメージ

保守も進化も古くから使われてきた用語ではあるが，徐々に進化という用語が広まってきたといえる．開発プロセス（8 章）においても，1980 年代あたりより，進化を明示的にとらえたモデルが提案されるようになった．またソフトウェア開発の現場では，保守という用語が後ろ向きで創造性のない作業というイメージで受け止められるのに対し，進化という用語はより前向きで創造的な作業というイメージを持たれるという側面もある．

▶ 一方，ビジネスの形態として一旦納入された後に，最初の開発とは異なった体制，組織，契約でその維持作業を行う場合には，保守という用語を用いる方が適切な場合もある．保守契約など．

▶ [ソフトウェア進化の法則]
laws of software evolution

M. M. Lehmen らは，人間の活動を機械化するためのシステムを E-type のシステムと呼び，E-type のシステムが長期間にわたって使われ進化する時に観測される現象をソフトウェア進化の法則としてまとめている [86][87]（表 9.1）．これは自身の開発経験や調査などに基づいて得られた知見をそのつど発表したものをまとめたものであり，表左は発表年度を示している．なお名称や記述は発表年によって違いがあるため，ここでは分かりやすさを考慮した表現を用いた．

I から V までが初期の法則で，特に III は最も基本的な法則とされている．IV と V は III から敷衍される内容である．VI から VIII は後年に追加されたものである．III の法則は，ソフトウェア開発を行う組織や個人の意思決定や開発の方法あるいは能力といった枠組みは簡単に変化しないため，1 回の変更に含まれる内容や量，変更の間隔，あるいは作業量などは一定になることを言っている．進化に関わらず，大規模なプロジェクトは力学あるいは慣性を持ち簡単に変更できないことは日常的に実感することであり，重要で興味深い観測といえる．

表 9.1 ソフトウェア進化の法則（[86][87] に基づく）

No.	名称	法則
I 1974	継続的変化	実世界で利用されるソフトウェアは変化が不可欠である．そうしないとソフトウェアが満足されなくなる．
II 1974	複雑度の増大	ソフトウェアが変化するとその複雑度は増加する．複雑度を増加させないためには，そのための特段のコストが必要となる．
III 1974	自己平衡性	ソフトウェア進化は開発の力学に支配される．そのため，ソフトウェアのサイズ，リリース間隔，エラーの数などは一定となる．
IV 1980	組織的安定性の保存	組織の持つ意思決定や開発の方法や能力などは簡単に変わらないため，ソフトウェア進化のための作業量は一定となる．
V 1980	理解可能な複雑度の保存	進化に関わる個人の理解量などは簡単に変わらないため，ソフトウェア進化の各リリースの変更内容や量は一定となる．
VI 1980	継続的拡大	ソフトウェアを満足して使い続けるためには，その機能は増大し続ける．
VII 1996	品質の劣化	ソフトウェアの品質は劣化し続ける．劣化を防ぐには，強固な維持と環境変化への適用が必要となる．
VIII 1996	フィードバックシステム	進化のプロセスは，様々なループ，様々なレベル，複数の主体者からなるフィードバックシステムによって構成される．

▶ 年代は [87] の記載に基づく．[86] には I〜V のみが記載されている．名称などは時代とともに変わっているものもある．

9.1.3 保守・進化のプロセス

保守や進化において，既存のソフトウェアに変更を加える際のプロセスを図 9.4 に示す．

図 9.4 保守・進化のプロセス（[144] に基づく）

保守・進化のきっかけとなるのは変更要求である．上述したように，変更には様々なものがあり，変更要求の具体的な形態もそれによって異なる．障害レポートがきっかけとなるかもしれないし，過去のリリースで積み残された要求の実現要請であるかもしれない．影響分析は，その変更要求を受け入れることによる技術的，ビジネス的な影響を分析する作業である．例えばソフトウェアのどのモジュールにどのような修正を行わなければならないかの同定，その修正が全体に対してどういう品質的な影響を及ぼすかの判断，あるいは修止にかかるコストや工数などの見積もりなどが行われ，これに基づき変更を受けいれるか否かを判断する．次にその変更を含んだソフトウェアのリリース計画を立てる．変更作業は実際の修正作業や

確認作業であり，その後変更後のソフトウェアがリリースされる．なおこの図では，変更要求からリリースまでの作業のみを一直線に記述しているが，全体では図 9.3 に示すように，こうした作業が繰返し行われる．

図 9.5 は，ライフサイクルを通じて必要となる工数がどのように変化するのかを模式的に示すものである．新規開発などでは，問題の分析から徐々に工数が増えていき，実装やテストの段階で最も大きくなる．一方，保守では分析部分に大きな工数がかかり，実装コストの比率は新規開発に比べて小さくなるという傾向がある．

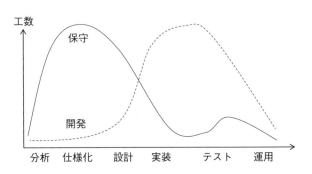

図 9.5 ライフサイクルを通じた工数の変化の違い [44]

これは，保守における分析では，既存ソフトウェアの理解，変更に関係する部分の洗い出し，その影響波及などを技術面，ビジネス面などから検討する必要があり，その作業が高コストになるからである．一方，一旦変更が決まれば，実質的な変更量そのものはゼロから作るよりも相対的に少なくなる．その結果，初期段階のコストが多くなる傾向となる．

9.2 保守・進化の技術

本節では，ソフトウェアの保守・進化に関係する技術について説明する．

9.2.1 ソフトウェア理解

ソフトウェア保守・進化を行う際には，変更要求に対する影響分析などの作業が高コストであると述べた．既存ソフトウェアのどの部分を修正すれば変更要求を達成できるのか，修正を行った時に他の部分にどのような影響があるのか等を特定するためには，既存のソフトウェアに対する正しい理解が必要である．

理解対象となるのはプログラムだけでなく，ドキュメントなど様々なものが含まれるが，現場でまず重視されるのはプログラムである．これは例えばプログラムを修正しても設計書の修正が後回しにされるなど，現実問題としてプログラムと他の成果物との間には内容的なずれが生じることが

▶ 本書ではソフトウェア開発という観点から進化に関わる技術を紹介する．なお，本書では取り上げないが，自動的に進化の必要性を把握し，進化内容を決定し，実際に進化を行うといった，ソフトウェア構造あるいは自己適用などに関わる技術もあり，研究が進められている．

多く，変更を行う際にプログラムが最も信用できる成果物と考えられているからである．本項では主としてプログラムに対する理解について考えてみる．

(1) プログラム視覚化

プログラムを図式表現などの視覚的表現に変換する技術をプログラム視覚化という．プログラム理解は人間の知的作業であり，プログラムの内容を分かりやすい表現で提示することは重要である．プログラムは一次元の文字の並びであり，また現実規模のプログラムは大きく複雑であるため，適切な視覚化を行うことで，理解を支援することが可能となる．

必ずしも視覚化とまでは呼ばれないが，例えばプログラミング言語の予約語をハイライトしたり色づけしたりする機能は通常のプログラミングツールが備えており，シンプルだが有用な機能として広く用いられている．また，プログラム中での呼出し関係をグラフ表現したり，規模や複雑度に関するメトリクス値に応じてプログラムの構成要素の特性を表示したり，あるいはプログラムの振舞いをアニメーションとして表示するといったようなツールや技術も存在する．

▶ ［プログラム視覚化］
program visualization

(2) プログラム解析

プログラム解析とは，プログラムの構造や振舞いを自動的に解析する行為である．プログラム解析には静的プログラム解析と動的プログラム解析とがある．

静的プログラム解析とは，プログラムを実行させることなく解析する行為である．プログラムを文字列として，あるいはプログラムの構文に立ち入って解析することで，様々な情報を抽出できる．例えば，クラス数，メソッド数，行数などを測定することで規模や複雑度に関するメトリクスを得ることができる．あるいは，呼出し関係や変数の参照関係を見ることで，データフローや制御フローなどプログラムの実行に関わる情報を得ることもできる．記号実行とは，プログラムの実行を，記号を用いて疑似する解析手法である．疑似する際には値ではなく変数名などを用い，実行結果としてこれらの変数を含む論理式や数式が得られる．

動的プログラム解析とは，プログラムを実際に動作させて解析させる行為である．例えば何らかのデータを与えてプログラムを動作させ，そこから得られたトレース情報に基づいてプログラムに関する情報を得るといった行為である．プログラムの動作に関する解析方法としては，動的プログラム解析の方がより正確で詳細な情報を得ることができるが，特定の実行に依存した情報しか得られない．一方静的プログラム解析は，およそすべての実行に関わる情報を得ることができるが，得られる情報の正確性や詳

▶ ［プログラム解析］
program analysis

▶ ［静的プログラム解析］
static program analysis

▶ ［記号実行］
symbolic execution

▶ ［動的プログラム解析］
dynamic program analysis

細度は劣る．目的に応じた使い分けが重要である．

(3) プログラムスライシング

プログラム中のある箇所で行われる計算の値に影響を与えると判断されるプログラム部分（命令文）の集合をプログラムスライスと呼び，プログラムスライスを得るための行為をプログラムスライシングと呼ぶ．プログラムスライシングもプログラム解析手法の1つであり，上述したように静的な解析に基づく静的プログラムスライシングと，動的な解析に基づく動的プログラムスライシングとに区別され，プログラム解析同様の特性の違いを持つ．またある注目箇所から影響を前方向に解析するフォワードプログラムスライシングと，後方向に解析するバックワードプログラムスライシングという分類もある．

プログラムスライシングを利用することで，プログラム中のある箇所での値に影響を与えうる部分を知ることができるため，変更の影響波及を分析する際などに有用な情報を得ることができる．図 9.6 は，静的なバックワードスライスの例である．(a) のプログラムに対して，(b) と (c) はそれぞれ矢印の指す個所での変数の値に関わるバックワードなプログラムスライスを示している．

▶ ［プログラムスライス］
　program slice

▶ ［プログラムスライシング］
　program slicing

▶ ［静的プログラムスライシング］
　static program slicing

▶ ［動的プログラムスライシング］
　dynamic program slicing

▶ ［フォワードプログラムスライシング］
　forward program slicing

▶ ［バックワードプログラムスライシング］
　backward program slicing

▶ フォワードプログラムスライシングは，注目箇所の影響を受けるプログラム部分の特定，バックワードプログラムスライシングは，注目箇所に影響を与えるプログラム部分の特定にそれぞれ対応する．

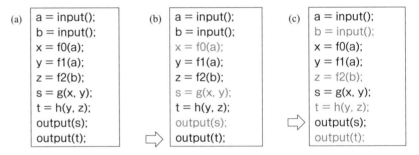

図 9.6　プログラムスライスの例

9.2.2　リバースエンジニアリング

保守や進化を行う際には既存ソフトウェアの理解が重要であり，前項では主としてプログラムレベルでのプログラム理解の技術について説明した．一方，プログラムレベルでは対応が難しい変更も多い．例えば，新たなビジネスルールに対応したい，性能を上げるために基本的な処理方式を変更したい，などの変更要求に対応するためには，要求仕様や設計レベルの理解や変更が必要となる．十分かつ正確なドキュメントが整備され，プログラムとドキュメントが一致しているなら，こうした変更要求への対応もやりやすいかもしれない．しかしながら，前述したように，現実には現場で

はプログラムが最も信頼できる成果物であり，ドキュメントやソフトウェアモデルは信頼できないことが多い．

リバースエンジニアリングとは，プログラムからソフトウェアの要求や設計を導き出すアプローチである．一方，要求や設計から実装を導き出してソフトウェアを生成するアプローチをフォワードエンジニアリングと呼ぶ．新規開発はフォワードエンジニアリングといえるが，この用語は後述するリエンジニアリングの議論の中で用いられることが多い．図 9.7 は，リバースエンジニアリングを直感的に説明した図である．概念（現実世界での意図やねらいなど），要求，設計，実装という方向で，抽象度が下がる（ソフトウェアとして具体化する）．フォワードエンジニアリングは抽象度を下げる方向の作業であり，リバースエンジニアリングは，抽象度を上げる方向の作業といえる．

▶ ［リバースエンジニアリング］
　reverse engineering

▶ ［フォワードエンジニアリング］
　forward engineering

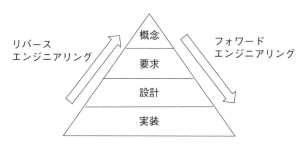

図 9.7 リバースエンジニアリングとフォワードエンジニアリング

このようにリバースエンジニアリングは，プログラムを解析して，そこからより抽象度の高い要求仕様や設計を取り出す作業であり，技術的に様々な難しさがある．どういう設計意図があるのか，どういう要求仕様を実現するためのものなのか，ということはプログラムには明示的に書かれていない．プログラム中のコメント，ドキュメント，ソフトウェアモデルなどはそれを引き出す有用な情報を含んでいるが，既に述べたように完全で信頼できるものではない．したがってすべてを自動的に行うのではなく，難しい部分は人間が考えてその情報を与えるなど，半自動的に行われることが多い．

9.2.3 リストラクチャリング

9.1.1 で，ソフトウェアは変更が加えられていく中で徐々に品質が悪くなることを述べた．同様の問題はソフトウェア進化の法則（表 9.1）でも指摘されており，その中では，品質の劣化を防ぐにはそのための作業を行う必要があるとされている．リストラクチャリングとはそうした作業の 1 つであり，外部的な機能面での振舞いを変更せずに，その後の変更がやりや

▶ 他者の開発したソフトウェアをリバースエンジニアリングする際には知的財産権に気をつける必要がある．またリバースエンジニアリングすることと，それで得られた設計等を利用することは別の問題なので，留意が必要である．

▶ ［リストラクチャリング］
　restructuring

すい構造に変換する作業である．図 9.8 は，リストラクチャリングを直感的に説明した図である．

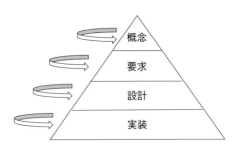

図 9.8　リストラクチャリング

プログラムのリストラクチャリングでは，例えばつぎはぎで可読性の悪くなったプログラム構造をすっきりした構造にしたり，重複コードをまとめたり，関数を同等の機能を持った関数へと書き直したりする．データのリストラクチャリングでは，例えば名前やデータ宣言を統一したり，同じ情報を保持する別のデータ構造に変更したりする．簡単なリストラクチャリングは自動化できるが，一般には人が行ったり半自動的に行ったりする作業である．

▶ [リファクタリング]
refactoring

リファクタリングは，変更による品質劣化を遅らせるために，プログラムに改良を加える行為であり，リストラクチャリングの 1 つである．例えば M. Fowler らは，オブジェクト指向言語を対象としたリファクタリングの具体的な方法として，コードの一部をメソッドとするメソッド抽出，複数の役割を持ったクラスを役割ごとに独立させるクラス抽出，サブクラスの持つ共通のフィールドをスーパークラスに移す上位への移動など，様々な方法を挙げている [35]．また，リファクタリングを行うべきと考えられる典型的な状況を不吉な匂いと呼び，重複したコード，長すぎるメソッド，多すぎる引数など，不吉な匂いを挙げるとともに，それらに対して，行うとよいリファクタリングを示している．

▶ Fowler の著作はオブジェクト指向言語を対象としているが，リファクタリングはそれ以前より実践されてきた手法であり，オブジェクト指向言語のみに限ったものではない．

9.2.4　リエンジニアリング

▶ [リエンジニアリング]
reengineering

リエンジニアリングとは，システムを新しい形態に再構築するための検討や変更を意味する．通常リエンジニアリングは，リバースエンジニアリング，リストラクチャリング，フォワードエンジニアリングなどの作業を内部に含んでいる．局所的な機能変更や問題修正はプログラムレベルで対応できるが，仕様や設計に関わる変更，より広範囲にわたる変更が必要な場合には，プログラムレベルでの対応が困難になる．例えば，ビジネスルールが変わった，システムの稼働環境が変わった，品質要求が高まり従来の

アーキテクチャでは対応できなくなった，などという状況では，より抽象度の高い段階でソフトウェアを理解し，その抽象度でどのように変更するかを考え，それに基づき実装を変更するという手順を踏むことが妥当となる．リエンジニアリングは，現状のソフトウェアをリバースエンジニアリングして，必要な抽象度の情報を導出し，その部分で変更を検討し，フォワードエンジニアリングによって新たなシステムの実装を生成するというアプローチをとる．図 9.9 はリエンジニアリングを直感的に示した図である．

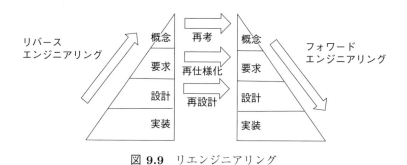

図 **9.9** リエンジニアリング

9.3 ソフトウェア再利用とその技術

本節では，他のソフトウェアを開発に利用する再利用について説明する．

9.3.1 ソフトウェア再利用とは

ソフトウェア再利用とは，他のソフトウェアの構成要素や構造を，ソフトウェアの開発に利用することである．素朴には既存のソフトウェアを，別のソフトウェア開発に利用することである．ここでのソフトウェアにはプログラムだけでなく，ドキュメント，テストケースなど様々なものが含まれる．なお再利用されるソフトウェアの構成要素や構造などを再利用資産と呼ぶ．

▶ ［ソフトウェア再利用］
software reuse

再利用は古くから行われている．ソースコードのコピーアンドペースト，言語の提供する標準ライブラリの利用，オブジェクト指向開発におけるクラスライブラリの利用など様々な再利用の形態がある．再利用をせずにソフトウェア開発を行うことはほとんど考えられない．

▶ ［再利用資産］
reusable asset

Sommerville は，再利用を行う利点あるいは期待として，表 9.2 を挙げている [144]．なお一部修正している．

再利用による開発の効率化だけでなく，品質の改善，開発リスクの低減などが期待されている．分析や設計を行える高スキルの専門家は不足しているので，そうした専門家の成果を最大限活用するという点も重要である．また GUI や通信などは仕様書に沿って作っても同一の操作感や接続性を実

表 9.2 再利用を行うことのへの期待（[144] に基づく）

信頼性の向上	新たに作るよりも実績があり安定したソフトウェアを使う方が，信頼性が高まる．
リスクの軽減	新規開発のリスクは高いので，既存のものを使う方がリスクを軽減できる．
リソースの有効活用	専門家の知識や労力の結果である既存資産を活用できる．毎回新規開発すれば，分析や設計のできる高スキルの専門家を毎回投入する必要がある．
標準への適合	標準への適合のために，標準的な部品を利用する．標準的な GUI 部品を使う，接続確認された通信プロトコルのモジュールを使うなど．
開発効率の向上	すべてを作らずに再利用することで開発期間や検証期間を短縮し，製品化までの時間を短縮する．

表 9.3 再利用を行う際の困難（[144] に基づく）

保守コストの増加	再利用資産のソースコードなどが利用できない場合には，保守コストが増加する．
ツール支援の欠如	開発支援ツールの中には，新規開発を支援するが，再利用資産を利用することを想定していないものや，支援が不十分なものがある．
NIH 症候群	ソフトウェア技術者の中には，自分で新たに作ることを好む傾向を持つ人がいる．再利用するより自分で作る方が技術者としてよりやりがいがあると考える．
再利用資産の開発・保守	再利用資産を広め，使わせ，それを維持することは高コストである．現実の開発として，再利用資産を作る側と使う側との活動がかみ合って回らなければ，再利用は成立しない．
再利用資産の検索・理解・適用	利用できる再利用資産を探し，それを理解し，自分のソフトウェア開発に適用することは，いずれも困難な作業である．

▶ [NIH 症候群]
Not-Invented-Here Syndrome

現できないこともあり，実績のある再利用部品を用いることが有効な場合も多い．

一方，Sommerville は再利用を行う際の困難として，表 9.3 を挙げている [144]．なお一部修正している．

再利用するには，利用できる再利用資産を見つけ，それを理解し，開発するソフトウェアの中に組み込む必要があるが，そもそもこの作業自体が容易ではない．自分で開発したソフトウェアは設計情報やソースコードがそろっているが，再利用資産はそれらが入手できないこともあるので，保守などがやりづらい．さらに，技術的に再利用資産を作れても，再利用資産を作り維持することが，コスト的あるいはビジネス的に成り立たなければ，現実問題としては機能しない．

9.3.2 再利用技術

再利用を行う際には課題もあるが，適切な再利用を行うことで大きな効果が得られるため，再利用は古くから広く行われてきた．

最も素朴な方法の1つは，テキストやデータを複写し，それを別の箇所に複製するコピーアンドペーストである．しかし，コピーしただけでは使えないことも多く，変数名を書き換えたり，ループの繰返しの判定条件を書き換えたりする必要が起こりうる．そうした作業は煩雑で間違いが入りやすい．また，同一あるいは類似した部分が複数作られるため，変更時に複数個所の修正が必要になるなど保守性を下げる危険もある．そこで，再利用をより適切に行うための技術が古くから検討されてきた．以下，それらの中から代表的なものについて概観する．

▶ [コピーアンドペースト] copy and paste

▶ プログラム中の同一あるいは類似した部分をコードクローン (code clone) と呼ぶことがあり，一般には望ましくないと考えられている．

(1) プログラムライブラリ

プログラム開発において再利用されることを意図して用意されたプログラムの集合をプログラムライブラリと呼ぶ．一般にプログラムライブラリは，入出力，数学計算，文字列計算など通常のプログラムが必要とする機能を提供するものが多く，プログラミングにおいて不可欠である．プログラミング言語が一緒でも，プログラムライブラリが異なると移植性が悪くなるため，できるだけ標準的なものを利用することが望ましい．例えばC言語では，標準ライブラリとして，入出力，文字列操作，数学計算，日付計算などの関数群の仕様が規定されている [60]．

▶ [プログラムライブラリ] program library

(2) クラスライブラリ

クラスライブラリはオブジェクト指向プログラミング言語向けのプログラムライブラリである．抽象クラスやインタフェースなどを利用して，適度に抽象化した再利用資産を提供できる．例えばプッシュとポップというスタック共通のインタフェースを提供することで，利用者は整数のスタックや実数のスタックといった，自分の目的に合ったスタックをそれに基づいて定義できる．C言語同様に，C++やJavaに対応した標準的なライブラリが存在する．

▶ [クラスライブラリ] class library

(3) アプリケーションフレームワーク

アプリケーションフレームワークとは，具象クラス，抽象クラス，それらの間のインタフェースから構成される，（サブ）システムの設計である．骨格的な構造が既に作られており，用意されたクラスを利用するなどして最終的なアプリケーションを構築するための，オブジェクト指向技術を利用した再利用資産である．汎用的なものではなく，例えばGUIやWebアプリケーションなど特定あるいは類似したアプリケーションを作るための

▶ [アプリケーションフレームワーク] application framework

ものである．アプリケーションフレームワークについては，9.3.3 でさらに説明する．

(4) COTS（市販の既製品ソフトウェア）

▶ [COTS]
Commercial-Off-The-Shelf

▶ 特にソフトウェアに限った用語ではない．

COTS は，一般に市販されている既成品のことをいう．例えば，データベース，ブラウザといったアプリケーションの構成要素となるものから，売上管理や顧客管理などの業務アプリケーションそのものまで様々なものが存在する．COTS はそのまま，あるいはカスタマイズして再利用ができる．ただしソースコードが提供されないため，カスタマイズを行いたい時には，例えば設定ファイルを変更するなど，あらかじめ用意されたカスタマイズの機能を用いる．

COTS は既存の完成品であるから，開発の手間やコストなしで利用することができる．一方，カスタマイズ可能とはいえ既製品であるから，必ずしも要求に合致するものが得られるとは限らない．ソースコードがないため，変更や不具合対応などが難しくなる課題もある．また COTS そのものの製品計画をコントロールできず，例えば新しい OS への移行などが思い通りにいかないといったことも起こりうる．利用にあたっては，開発の側面と保守の側面，技術的側面とビジネス的側面など，様々な側面から検討することが重要である．

(5) CBSE（コンポーネントベース開発）

▶ [コンポーネント]
component

▶ [コンポーネントウェア]
componentware

▶ コンポーネントウェアという用語は，部品のことを指す場合，技術のことを指す場合などいくつかの使われ方がされている．

▶ [CBSE]
Component-Based Software Engineering

▶ コンポーネントという用語は，構成要素を意味する一般的な用語としても使われるので留意されたい．

何らかの規約に基づいたインタフェースを持ち，それ自身を変更せずに組み合わせて利用できるソフトウェア要素をコンポーネントと呼ぶ．コンポーネントは独立性が高いブラックボックス部品であり，クラスなどより大粒度である．コンポーネントを基本単位としたソフトウェア開発技術をコンポーネントウェアと呼ぶこともある．CBSE とはコンポーネントを定義，実装し，それらを組み合わせてシステムを開発するプロセスを指す．CBSE については，9.3.4 でさらに説明する．

(6) サービス指向アーキテクチャ (SOA)

▶ [サービス指向アーキテクチャ]
SOA
Service Oriented Architecture

▶ [Web サービス]
Web service

インターネットの普及を背景に，1990 年代後半より Web を利用した分散システムが急速に広まってきた．Web アプリケーションでは，クライアントが Web を介してサーバとやりとりをすることで商品購入や宿泊施設の予約などを行うが，こうしたクライアントとサーバの接続をアドホックに行っていては，柔軟性や相互運用性の観点からは不利である．

そこで，Web サービスに注目するという考え方が出てきた．Web サービスとは，Web 上で，ある当事者から他の当事者に対して提供される作用や能力のことをいう．つまり Web を介して何をやってもらえるのかを一義

的に考え,そのサービスがどのサーバのどのプログラムによって提供されているのかは二義的な問題と考える立場である.サービス指向アーキテクチャ (SOA) とは,サービスをシステムの構成要素とした,分散システムの開発方法のことをいう.SOA については,9.3.5 でさらに説明する.

(7) ソフトウェアパターン

ソフトウェアパターンとは,ソフトウェアの構造のクラスあるいは集合である.ここでソフトウェアの構造とは,設計構造やプログラム構造など,およそソフトウェアに関わる様々な構造を指す.ソフトウェア構造の中には,よく使われる構造,つまり様々なソフトウェアで頻出する構造がある.それらは設計やプログラムの定石として使えるものが多いため,それを理解することは有用である.

しかし本項の冒頭で指摘したように,構造をそのままコピーアンドペーストすることは望ましくない.そこで,その構造のエッセンスだけを残したパターンにすることで,より定石として使いやすくなる.ソフトウェアパターンについては,9.4 でさらに説明する.

▶ [パターン]
pattern

▶ 国内ではソフトウェアパターンという用語がそれなりに使われているため,本書ではそれを用いている.ただし英語では単に pattern,あるいは 9.4 で説明する design pattern, architectural pattern などの用例が多いようである.

(8) アプリケーションジェネレータ

アプリケーションジェネレータとは,特定分野の問題を解くためのプログラムを作るコード生成機能である.文法を定義することで構文解析をするためのプログラムを生成する,画面を定義することでその画面によるユーザインタフェースを生成する,フロー図やステートマシン図などでロジックを定義することでアプリケーションを生成する,特定分野の業務用語などを用いた定義からその分野の業務プログラムを生成するなど多様なものがある.生成対象の種類や規模,生成のための定義方法,あるいは生成に用いられる技術は多様である.こうしたアプリケーションジェネレータは,アプリケーションを開発する際の知識やノウハウをジェネレータという形態で再利用していると捉えられる.

(9) モデル駆動工学とドメイン特化言語

モデル駆動工学とは,UML 等で書かれたモデルを変換してソースコードを生成するなど,モデルと変換技術を活用した開発をいう.ソフトウェアの大規模化,複雑化によってソースコードのサイズも非常に大きくなりコード中心の開発は限界にきているため,さらに抽象度が高いモデルを活用しようという考え方である.一方ドメイン特化言語は,特定分野に特化したプログラミング言語であり,汎用的なプログラミング言語の利用に比べて,その分野のプログラムをより効果的に記述できる.モデル駆動工学とドメイン特化言語については 10 章でさらに説明する.

(10) ソフトウェアプロダクトライン開発

ソフトウェアプロダクトライン開発は，製品ファミリを体系的な再利用によって効果的に開発するための大規模な再利用開発である．大規模なソフトウェア開発を行う際には，様々な困難が発生する．ソフトウェアプロダクトライン開発は技術面だけでなく，管理面，組織面など多様な観点から，全体最適の視点で再利用を行うものである．ソフトウェアプロダクトライン開発については9.5で説明する．

9.3.3 アプリケーションフレームワーク

アプリケーションフレームワークとは，具象クラス，抽象クラス，それらの間のインタフェースから構成される，（サブ）システムの設計である（9.3.2(3) 参照）．

図 9.10 はエディタを開発するための，アプリケーションフレームワークの直感的な説明である．「モデル」，「ビュー」，「コントローラ」から構成される構造は，エディタなどの GUI を持つアプリケーションを実現するための基本的な構造で，MVC と呼ばれる．ここで「モデル」はテキストや図形といった編集対象の管理，「ビュー」は印刷イメージやアウトラインといった画面上への表示，「コントローラ」はマウスやキーボードからの編集指示の制御，をそれぞれ受け持っている．

▶ [MVC]
Model View Controller

▶ 簡単のために「モデル」，「ビュー」，「コントローラ」をそれぞれクラスのように表記しているが，実際はクラスの集合となる．

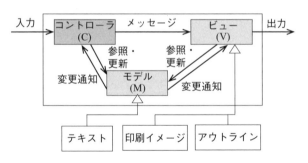

図 9.10　アプリケーションフレームワークのイメージ

MVC 構造を持つエディタ開発のためのアプリケーションフレームワークは，共通の「コントローラ」を具象クラスとして，エディタごとに異なりうる「モデル」や「ビュー」は抽象クラスとして提供する．エディタを開発する人は「モデル」や「ビュー」を特殊化して自身のエディタを作るが，MVC の協調方法は抽象クラスが定義しているので，その枠組みに沿ってエディタが定義できる．なおアプリケーションフレームワーク中で，変更することが可能な部分のことをホットスポット，変更できない部分のことをフローズンスポットと呼ぶこともある．

▶ [ホットスポット]
hot spot

▶ [フローズンスポット]
flozen spot

図 9.11 は，言語ライブラリとアプリケーションフレームワークとの違いを直感的に示したものである．言語ライブラリなどの小規模の再利用資産はどのようなアプリケーションからも利用することができる．一方，アプリケーションフレームワークは，特定のアプリケーションの半製品であるから，様々なアプリケーションで広く使われるものではない．アプリケーションフレームワークは，アプリケーションの骨格ができており，ホットスポット部分についてのみ，開発者が作成すればよい．一般にはアプリケーションフレームワークの方が大規模な再利用が可能であり大きな効果が期待できる．

▶ あくまで再利用の効果という観点での対比であり，両者は果たす役割が違うので，どちらかを選ぶという性質のものではない．

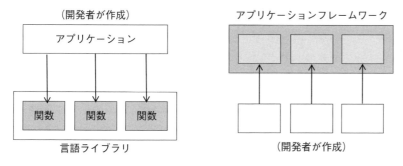

図 **9.11** 言語ライブラリとアプリケーションフレームワーク

9.3.4 CBSE

コンポーネントは，何らかの規約に基づいたインタフェースを持ち，それ自身を変更せずに組み合わせて利用できるソフトウェア要素である（9.3.2(5) 参照）．一般にコンポーネントはネットワークにつながったマシン上に配置され，他のコンポーネントが物理的にどのマシン上に配置されているかを知らなくても相互に通信できる．そのためには，そうした通信を実現するための仕掛けが必要となり，各コンポーネントはその仕掛けを使うための規約に基づいて作られる．コンポーネントモデルとは，コンポーネントの実現，文書化，配置などに関わる標準の定義であり，コンポーネントはコンポーネントモデルによって定められる規約に基づいて作られている．コンポーネントモデルとしては CORBA，EJB，.NET モデルなどいくつか代表的なものがある．

CBSE はコンポーネントを基本単位とする再利用開発であり，大きくコンポーネントを開発する側の活動と，それを利用してアプリケーションを開発する側との活動がある．コンポーネントを開発する側は，コンポーネントを再利用資産として開発し，規約に適合することを認証し，ライブラリに登録するなどの管理を行う．利用する側は，必要なコンポーネントを探し，獲得して，それを利用する．

▶ [コンポーネントモデル]
component model

▶ [CORBA]
Common Object Request Broker Architecture

▶ [EJB]
Enterprise Java Beans

▶ [.NET]
Microsoft .NET Framework

コンポーネントはコンポーネントモデルに基づき通信して協調するものであり粗粒度，つまり大きな機能を持つものが多い．またインタフェースを通じて相互にやりとりするものであり，コンポーネントそのものは利用者にとってブラックボックスである．また実行時にどのコンポーネントとやりとりするかが決定される動的リンクが主体となる．大きな単位つまり大きな機能を再利用できる点や，ネットワーク透過に利用できる点は便利であるが，ブラックボックスであることは保守にとっては不利となる．

9.3.5 SOA

SOA はサービスを基本単位とした分散システムの開発方法である（9.3.2(6)参照）．SOA を実現する基本的な構造について説明する．図 9.12 は，SOA の構造を模式的に表したものである．サービス提供者は，サービスを実現してそのインタフェースを定義する．その定義はサービスレジストリに公表する．サービスを利用したいサービス要求者はサービスレジストリを検索し，もしも利用できるサービスがあれば自分のアプリケーションと検索されたサービスとを結合して利用する．

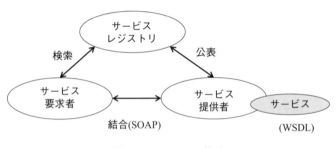

図 9.12　SOA の構造

▶ [WSDL]
　Web Service Description Language

▶ [WS-BPEL]
　Web Service Business Process Execution Language

▶ WS-BPEL の視覚的な表現として BPMN（3.4.4 参照）が用いられることもある．

▶ [UDDI]
　Universal Description, Discovery and Integration

▶ [SOAP]
　Simple Object Access Protocol

こうした構造を支える代表的な標準を図 9.13 に示す．WSDL[157] は Web サービスの記述言語であり，サービス提供者がサービスインタフェースを定義するための標準である．WS-BPEL[102] は Web サービスにおけるビジネスプロセスの記述言語であり，サービス要求者がサービスを利用したプロセスを記述するための標準である．一方，UDDI はサービスレジストリのための仕様である．SOAP[156] はメッセージを交換するためのプロトコルで，アプリケーションとサービスの間のやりとりに用いられる標準である．その他，Web サービスをセキュアにするプロトコルである WS-Security やアドレスの指定情報をやりとりする機構である WS-Addressing などの標準もある．これらは XML を利用し，データの転送などは HTTP などを用いる．

SOA では，粗粒度の Web サービスが比較的緩やかに結合する．汎用性

図 9.13 Web サービスに関わる標準

▶ XSD(XML Scheme Language) は XSL のスキーマ定義言語, XSLT(Extensible Stylesheet Language Transformations) は XML 文書間の変換用言語である.

を持った Web サービスもある一方, ビジネスロジックを実現するような Web サービスもある. こうした, ビジネスロジックを提供するような大きな再利用資産は設計や実装レベルの検討だけでなく, 利用側のビジネスロジックとの整合性など上流工程の検討をふまえて利用する必要がある.

9.4 ソフトウェアパターン

本節では, ソフトウェアパターンについて, デザインパターンやアーキテクチャパターンを中心に説明する.

9.4.1 ソフトウェアパターンとは

ソフトウェアパターンは, よく使われる構造である (9.3.2(7) 参照). 例えば信頼性を上げるために冗長構成にする, ということは1つの定石であり, 設計者が自分でこのことを発見するのではなく, あらかじめ知識として知っておくことが有用である. 問題の解決策をどう導くかという考え方をガイドするのが開発手法だとすると, 典型的な問題に対する解決策を知識として与えるのがソフトウェアパターンである. したがってソフトウェアパターンは, こういう状況でこういう問題がある時に, その解決策としてこういう構造が知られている, という枠組みで定義されることが多い.

ソフトウェアパターンには, 様々なものがある. 分析パターンは, 要求分析などに利用できるパターンであり, 現実世界をモデル化する際などに利用できる. 例えば M. Fowler の分析パターン [34] では, 在庫管理, 会計, トレーディングなどの分野のモデリングに有用なパターンを示している. デザインパターンやアーキテクチャパターンは, 設計を行う際に利用できるパターンである. これらについては 9.4.2, 9.4.3 でそれぞれ述べる. イディオムは, プログラミングの際に利用できる常套手段を示している. また逆に, 例えば不必要に複雑な設計は望ましくないといった, 不適切な解

▶ いわゆる車輪の再発明 (reinventing the wheel) ということである. ソフトウェア工学の世界でも, 新たな概念, 技術, 用語が次々と出てくるが, その本質は再発見だという例はままある.

決策をアンチパターンと呼ぶ場合もある．

9.4.2 デザインパターン

設計のパターンとして著名なものに，デザインパターンがある．E. Gamma ら4名の著者によって発表されたオブジェクト指向設計のための設計パターン集で，GoF のデザインパターンと呼ばれる [39]．GoF のデザインパターンは，ソフトウェアパターンの中でも最も知られているものの1つであり，各パターンは大きく以下の項目から構成される．

- パターン名：そのパターンに対する分かりやすい名前．
- 問題：どういう時にそのパターンを適用すべきかという問題や状況．
- 解決策：問題を解決する設計の記述．構成要素，その役割，協調関係など．
- 結果：そのパターンを適用することのメリットやトレードオフの記述．

デザインパターンにパターン名を付けることで，その解決策がひと言で表現されるため，設計の議論を行う際などに基本語彙として用いることができる．実際，GoF のパターン名の多くは，オブジェクト指向の書籍などで基本語彙として使われている．5.6.2 で紹介した Composite パターンも，GoF のデザインパターンの1つである．図 9.14 は，Composite パターンの構造を示したものである．なお記法は UML に変更している．図形エディタの例（図 5.21）は，このデザインパターンに基づいた設計である．どのように対応づくか確認されたい．

▶ モデルやコードの構造ではなく，プロジェクト管理などに関して，例えばチームの役割の与え方などに関するパターンなどもある．

▶ [デザインパターン]
design pattern

▶ 4名の著者がおり，俗に Gang of Four, GoF と呼ばれる．その後様々なデザインパターンが発表されているが，GoF のデザインパターンといえば，このオリジナルなパターンを指す．なおデザインパターンは，C. Alexander が建築の分野で，よく出くわす問題の解決策として提唱した考え方をソフトウェアの分野に応用したものである．

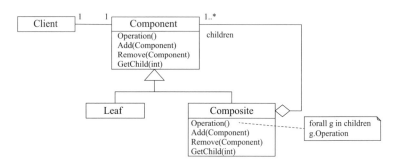

図 **9.14** Composite パターン [39]

表 9.4 は，GoF の示す 23 のデザインパターンである．生成に関するパターンはオブジェクト生成の方法に関するパターン，構造に関するパターンはクラスやオブジェクトの構成に関するパターン，振舞いに関するパターンはクラスやオブジェクトの協調や責任分担に関するパターンである．個々のパターンの内容は本書では省略する．

表 9.4　GoF のデザインパターン [39]

生成に関するパターン	Abstract Factory Builder Factory Method Prototype Singleton	振舞いに関するパターン	Chain of Responsibility Command Interpreter Iterator Mediator
構造に関するパターン	Adapter Bridge Composite Decorator Facade Flyweight Proxy		Memento Observer State Strategy Template Method Visitor

9.4.3　アーキテクチャパターン

ソフトウェアの骨格構造としてのアーキテクチャに関してもアーキテクチャのパターンが提唱されている．M. Show と D. Garlan は，アーキテクチャパターンのリストとして，いくつかの典型的なアーキテクチャ構造を示している [135]（表 9.5）．

▶ [アーキテクチャパターン]
architectural pattern

表 9.5　Show と Garlan のアーキテクチャパターンのリスト [135]

データフローシステム 　バッチシーケンシャル 　パイプとフィルタ コール/リターンシステム 　メインプログラムとサブルーチン 　オブジェクト指向システム 　階層的レイヤ 独立コンポーネント 　通信プロセス 　イベントシステム	仮想マシン 　インタプリタ 　ルールベースシステム データ中心システム（リポジトリ） 　データベース 　ハイパーテキストシステム 　黒板

例えばバッチシーケンシャルはデータの変換処理を行う状況で，個々の変換プログラムの再利用性や修正容易性を高めたい際に使われるパターンであり，階層的レイヤは，垂直分割が必要な状況で，修正容易性や拡張性を向上させたい際に使われるパターンである．図 9.15 左はバッチシーケンシャルの，図右は階層的レイヤの適用例である．

アーキテクチャパターンとしては，F. Bushmann らのパターンシステム [14] も知られている．パターンシステムは，アーキテクチャパターンだけでなく，デザインパターン，イディオムなどのソフトウェアパターンをカ

▶ この書籍 "Pattern Oriented Software Architecture" は，俗に POSA 本と呼ばれている．

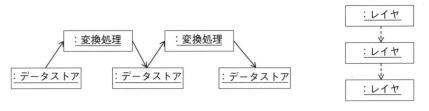

図 9.15　アーキテクチャパターンの適用例

表 9.6　Buschmann らのパターンシステム [14]

	アーキテクチャパターン	デザインパターン	イディオム
構造化	階層 パイプとフィルタ 黒板		
分散システム	ブローカ パイプとフィルタ マイクロカーネル		
インタラクティブシステム	MVC PAC		
適応システム	マイクロカーネル リフレクション		
構造的分割		部分全体	
仕事の組織化		マスタスレーブ	
アクセス制御		プロキシ	
管理		コマンドプロセッサ ビューハンドラ	
通信		発行者-読者 転送-受信者 クライアント-ディスパッチャ-サーバ	
資源管理			カウンタ付ポインタ

▶ [PAC]
Presentation Abstraction Control

▶ インタラクティブなシステムを独立性の高いエージェントの協調によって実現するパターンである.

▶ 発行者-読者 (publish-subscriber) は, 表 9.4 の observer パターンの別名である.

テゴリに分けて提示するものである. 表 9.6 にパターンシステムを示す.

9.5　ソフトウェアプロダクトライン開発

本節では, 大規模な再利用の形態の 1 つであるソフトウェアプロダクトライン開発について述べる.

9.5.1　大規模な再利用の課題

大規模な再利用を行う際には考慮しなければならない様々な課題がある. ここでは 3 つの課題について述べる.

(1) アーキテクチャ不整合

アーキテクチャ不整合とは，再利用資産はそれが使われるアーキテクチャ上の想定を持っており，使う側のアーキテクチャがそれと整合しないと再利用が困難になる，という観測をいう [40]．ここでアーキテクチャ上の想定とは，データ構造や表現，通信モデル，生成のタイミング，利用する OS やミドルウェアなどに関する想定を意味する．再利用資産を作る人は，それがどのような使われ方をするかを想定して作る．しかし再利用資産を使う人が，その想定とは異なる使い方をしようとすると，利用に手間がかかったり，利用しても性能が出なかったり，最悪利用することができなくなるということである．再利用資産が小さければこうした利用上の制約は相対的に小さいが，大規模になればなるほど制約が大きくなり，再利用が難しくなる．

▶ [アーキテクチャ不整合] architectural mismatch

▶ 例えば，日付を long で表すか文字列で表すかの違い，データを起動時にすべて作るか必要に応じてそのつど作るかの違い，あるいは処理を一括して行うのか，イベントの発生に反応して行うのかなどの違いなどが挙げられる．

(2) 利用効果と汎用性のトレードオフ

再利用資産は，特定分野に特化するほど利用効果が高くなるが，それを利用できるユーザが少なくなる．逆に汎用化させるほどユーザは多くなるが，利用効果が低くなる．例えば言語ライブラリのように汎用的な再利用資産は多くのユーザが利用できる．しかし，こうした再利用資産は有用で不可欠ではあるが，大幅に生産性などを向上させることはできない．一方，アプリケーションフレームワークのような再利用資産は，骨格が出来上がっているため生産性などを大きく向上できるが，特定分野に特化しているためその分野以外の開発者は利用できない．図 9.16 はこの関係を直感的に示したものである．

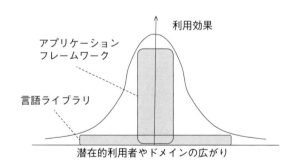

図 9.16　利用効果とユーザの関係

一般にユーザが少なければ再利用資産を開発する側のコストが見合わなくなり，一方多くのユーザが見込まれるからといって汎用性を上げると，再利用資産の利用価値が下がってしまう．再利用資産が実際に使われるためには，どの範囲の分野やユーザを対象とするかという決定が重要となるの

▶ 洋服のオーダーメード，イージーオーダー，ぶら下がりの違いのようなものである．オーダーする人にとっては，合わせてもらうほど着心地がいいが，それ以外の人にとっては有難味は無い．

である．

▶ [エコシステム]
ecosystem

(3) 再利用のエコシステム

生物学では，エコシステムとは生物とそれに関係する無機的な環境から構成されるシステムを意味する．これに倣い，ビジネスのエコシステムとは，生産者と消費者，その間でやりとりされるサービス，商品，決済，情報，知識などから構成されるシステムを意味する．エコシステムの観点から再利用を捉えると，再利用は再利用資産を提供する人や再利用資産を利用する人などといった様々なステークホルダと，その間でやりとりされる再利用資産，コスト，対価などから構成されるシステムとして理解することができる．

再利用がうまく機能するかどうかは，技術的側面だけでなく，再利用のエコシステムが機能し維持されるかどうかというビジネス的側面に大きく依存している．素朴に言えば，再利用資産を作る側も，使う側も，それでビジネスが成り立つかどうかが重要ということである．再利用資産を使うメリットがなければ誰も再利用をしないし，再利用資産を作ってもそのコストが見合わなければ誰も再利用資産を作らない．再利用においてはこうしたエコシステムの検討が不可欠となる．

9.5.2 ソフトウェアプロダクトライン開発とは

▶ [ソフトウェアプロダクトライン]
SPL
Software Product Lines

ソフトウェアプロダクトライン (SPL) とは，共通の管理された特徴を持ち，特定のマーケットやミッションのために，共通の再利用資産に基づいて作られる，ソフトウェア集約的なシステムの集合である [21]．

SPL は共通の再利用資産によって作られる類似したシステムの集合であるが，以下のような重要な特徴がある．

- SPL の特徴が管理されているということは，再利用するのはどんなシステムなのか把握されているということである．どのようなソフトウェアによって再利用されるのか分からない状況と比べ，前述したトレードオフの検討などを精度高く行うことができる．
- SPL が共通のマーケットやミッションのために作られるというのは，例えばデジタルカメラのハイエンド，標準品，ローエンドといった製品ラインナップのように，その全体としてビジネスを考えるということである．こうした状況では，再利用資産開発を含めた全体の対投資効果などの検討がしやすい．
- 共通の再利用資産に基づくとは，逆に言えば再利用資産が SPL 全体で使われるように体系的に設計されているということである．そのために SPL は共通のアーキテクチャに基づいて設計される．これにより，アー

キテクチャ不整合を回避しつつ SPL 全体で利用できる再利用資産を整備することができる.

このように，SPL 開発は，類似製品の開発という状況を生かしながら，9.5.1 で指摘した大規模な再利用における課題を回避するものと捉えられる.

図 9.17 は，SPL 開発のリファレンスモデル [65] であり，SPL 開発においてどのような活動があるかを示すものである. SPL 開発にはドメインエンジニアリングと，アプリケーションエンジニアリングの2つのライフサイクルが含まれる.

ドメインエンジニアリングは，SPL の共通性や可変性を管理して，コア資産を開発する活動群によって構成される. 具体的にはプロダクトラインスコーピング（9.5.3 参照），コア資産開発のための要求分析，設計，実現，検証と妥当性確認などが含まれる. ここでコア資産とは，SPL が基づく再利用資産のことであり，ドメインアセットとも呼ぶ. なお共通性や可変性については 9.5.4 で後述する.

▶ [ドメインエンジニアリング]
domain engineering

▶ [コア資産]
core asset

▶ [アプリケーションエンジニアリング]
application engineering

アプリケーションエンジニアリングはコア資産を再利用しながら SPL に含まれる個々のアプリケーションを開発する活動群によって構成される. 具体的には個々のアプリケーション開発のための，要求分析，設計，実現，検証と妥当性確認などが含まれる.

▶ SPL に含まれる個々のアプリケーションを，プロダクト呼ぶこともある.

アセットベースは再利用資産を格納する仕掛けである. アプリケーションエンジニアリングで開発されたものでも，SPL 開発で再利用できるものはアプリケーションアセットとして格納される. なお組織管理は SPL 開発への移行，SPL 開発の計画，ステークホルダとの関係などに関わる活動，技術管理は，構成管理や資産管理などに関する特定のライフサイクルのフェーズに依存しない横断的な活動を含んでいる.

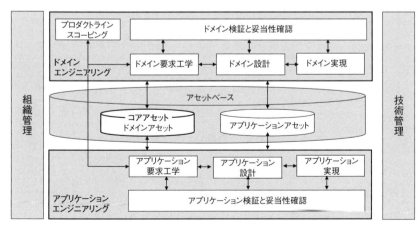

図 **9.17** SPL 開発のリファレンスモデル [65]

▶ [65] ではコアアセットとアプリケーションアセットを区別しているが，その区別をせずにアセットベース中の資産をすべてコアアセットと呼ぶことも多い.

9.5.3 スコーピング

▶ [スコーピング]
scoping

▶ [プロダクトラインスコーピング]
product line scoping

▶ [プロダクトスコーピング]
product scoping

▶ [ドメインスコーピング]
domain scoping

▶ [アセットスコーピング]
asset scoping

▶ 例えばフラッグシップモデルはコスト度外視で特注的に作り，売れ筋の標準モデルはSPL開発を行ってコストを削減するといったことである．

SPL開発を特徴づける活動の1つにスコーピングがある．プロダクトラインスコーピングは，SPLに含まれるプロダクトを決定し，それらの間の共通性や可変性を分析し，プロダクトの計画を検討するといった活動である．素朴にはどの製品がSPLに含まれ，どの製品が含まれないのかという，SPLの性格づけを行う活動である．プロダクトスコーピングは，プロダクトラインスコーピングの中で行われる活動の1つで，個々のプロダクトのロードマップを決定する活動である．例えば，SPLの対象とするマーケットのどういうセグメントをそれぞれのプロダクトが担うのか，そのためにどういう特徴を持つのか，などを決める．

ドメインスコーピングは，SPLを開発する際にどのような機能領域が重要になるかを識別しプロダクトと対応づける活動である．ここで機能領域とは，ユーザインタフェースや通信といったプロダクトを実現するために必要な機能のカテゴリをいう．アセットスコーピングは，どういうコア資産を開発することが効果的かを決定する活動である．

スコーピングは技術的視点からだけ行われるものではない．コア資産を開発するための対投資効果など，ビジネス面からの検討が欠かせない．また，個々のプロダクトにとっての最適解が必ずしもSPL全体としての最適解とは限らない．例えば共通の再利用資産を使わず，個別に製品開発した方が，その製品のロードマップに適した機能や性能を実現しやすいかもしれない．一方共通の再利用資産を利用することで，全体としての開発コストを下げることができるかもしれない．SPL開発では個々の製品の個別最適ではなく，全体最適の視点が重要となる．

9.5.4 共通性と可変性

▶ [共通性]
commonality

▶ [可変性]
variability

▶ 可変性とスコーピングは重要な関係がある．スコーピングされなければ，含まれる製品に制限がなくなるので，可変性は無限になってしまう．

▶ [フィーチャモデル]
feature model

▶ [OVM]
Orthogonal Variability Model

共通性とはSPL中のすべてのプロダクトに共通する機能的，非機能的な特徴のことである．一方，可変性とはSPL中のプロダクトによって変わりうる機能的，非機能的な特徴のことである．例えばデジタルカメラのSPLで，すべての製品は写真撮影の機能を持つが，インターネットにアップする機能は一部製品だけが持つとする．この場合，前者が共通性であり，後者が可変性となる．SPL開発の大きな特徴は，共通性と可変性を明示的に捉えて，開発に活用していく点である．

従来の再利用では，複数のアプリケーションの共通性に注目し，その部分の再利用資産化を考えた．SPL開発においては，共通性部分だけでなく，可変性部分の再利用も考え，より再利用の効果を高めることをねらう．

SPLの共通性と可変性の明示的な記述をするために，フィーチャモデル[74]やOVM[122]などいくつかのモデリング手法が提案されている．ここではフィーチャモデルについて説明する．フィーチャモデルは，ドメイン

分析のために提案されたモデルであり，SPL 開発において広く使われている．フィーチャとは，ソフトウェアシステムあるいはシステム群の重要，あるいは明確にユーザから観測できる側面，品質，あるいは特徴である．フィーチャモデルは，SPL の持つフィーチャを階層的に記述するものである．図 9.18 はフィーチャモデルの記述例である．必須フィーチャは親が選ばれると必ず選ばれるフィーチャ，選択フィーチャは親が選ばれてもその選択は任意のフィーチャである．フィーチャグループは製品によって多重度の制約の範囲で任意のフィーチャを選ぶことができる．要求関係は要求元のフィーチャを選ぶと要求先のフィーチャが必要になることを，排他関係は両端のフィーチャを同時に選ぶことができないことを示す．

▶ [フィーチャ]
feature

▶ オリジナルな記法からいくつかの拡張が提案されており定まった記法はない．図は比較的よく使われている記法に基づいた，記述例である．

▶ 多重度 <1-1> の場合フィーチャグループ中のフィーチャから 1 つを選択することを意味し，代替 (alternative) とも呼ばれる．

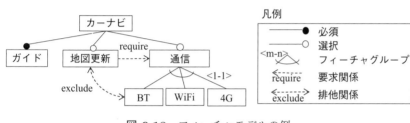

図 9.18 フィーチャモデルの例

9.5.5　プロダクトラインアーキテクチャ

　プロダクトラインアーキテクチャは，SPL 中の製品が共有するソフトウェアアーキテクチャである．ソフトウェアアーキテクチャは製品の品質特性に大きな影響を持つ（5.7 参照）ため，SPL 中の製品の品質特性を十分に考慮して設計する必要がある．

　再利用の観点から考えると，プロダクトラインアーキテクチャは大きな意味を持っている．1 つは 9.5.2 で述べたように，再利用資産がプロダクトラインアーキテクチャを想定して作られるため，アーキテクチャ不整合の問題を回避することができる点である．もう 1 つは，プロダクトラインアーキテクチャが再利用資産のインタフェースを規定する点である．SPL では多くの再利用資産が作られるため，それらがアドホックに設計されると開発がスムースに進まない．インタフェースを規定することで，再利用資産を組み合わせて個々の製品を作る作業が，体系だって進められるようになる．

▶ [プロダクトラインアーキテクチャ]
product line architecture

9.5.6　可変点とバリアント

　可変性に対応した成果物中の表現を可変点と呼ぶ．素朴には成果物中において，製品ごとに表現が異なる箇所である．またそれら個々の表現をバリアントと呼ぶ．例えば，設計において抽象クラスと，そのサブクラスと

▶ [可変点]
variation point

▶ [バリアント]
variant

表 9.7 可変点の実現技術の例

継承 inheritance	オブジェクト指向におけるクラスやインタフェースの継承.
拡張 extension	プロダクトに応じた振舞いを与える (extend, strategy パターン等).
利用 uses	他に定義された機能を包含する (include 等).
構成 configuration	本体と分離されたリソースを利用 (定義ファイルを使うなど).
パラメータ parameter	複数のモジュールをコンポーネントに内包させ，コンポーネントをユーザがパラメータなどで選択するなど.
テンプレート template	特定の型に応じてコンポーネントの定義をインスタンス化する.
コンパイル指示 compiler directives	#ifdef などのコンパイラに対する処理の指定.
生成 generation	仕様や設計記述からコードを生成する.

して複数の具象クラスを用意し，プロダクトに応じて適切な具象クラスを選ぶ箇所があったとすると，その箇所が可変点であり，個々の具象クラスがバリアントとなる．あるいはコンパイル指示によりソースコード中に，プログラム記述を切り替える箇所があったとすると，その箇所が可変点であり，個々のプログラム記述がバリアントとなる．表 9.7 に可変点の実現技術の例を示す．

可変点は，SPL 開発に関わる様々な成果物に対して定義される．要求仕様書，設計書，ソースコードなどだけでなく，マニュアル，テストデータ，設定ファイルなどに定義することもある．可変点間の対応関係を管理することも重要である．例えば選択フィーチャやフィーチャグループ中のフィーチャに対して，どの可変点のどのバリアントが対応するのかの対応を管理する．これにより，あるプロダクトの持つフィーチャが決定できれば，そのプロダクトに対応したそれぞれの成果物が，どういうバリアントを含むかを決定することができる．

▶ ソースコード中のコードを #ifdef や #endif などの記述で囲んでおき，コンパイルの際にその囲んだ部分を選ぶかどうかを指定するといった機構である．便利だが，乱用するとソースコードの保守性や可読性を損なう．

9.5.7 製品導出と結合タイミング

共通の再利用資産から特定の製品を開発することを製品導出と呼ぶ．可変性の管理，コア資産の構築，その間の対応関係の管理が体系だってなされることによって，効果的に製品を構成することが期待できる．

図 9.19 は製品導出のイメージを示したものである．ここではフィーチャモデルによって SPL の可変性を管理し，アーキテクチャ上で可変性に対応した可変点が定義され，また可変点に対応するバリアントがコンポーネントとして定義されている．またどの選択フィーチャやフィーチャグループ中のフィーチャが可変点のどのバリアントに対応するか，その対応関係が

▶ [製品導出]
product derivation

管理されている．特定のプロダクトを導出する際には，そのプロダクトがどのようなフィーチャを含むかを決定し，対応するバリアントを識別することで，そのプロダクトに必要な再利用資産が特定でき，それに基づくプロダクトを開発できる．

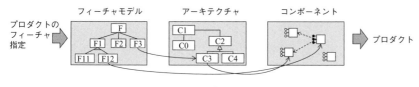

図 9.19　製品導出のイメージ

9.5.6 で述べたように，可変点の実現には様々な技術があるが，用いる技術によって開発のどの時点で可変点にバリアントが適用されるかが変わりうる．継承やテンプレートを用いる場合には設計や実装をする際にバリアントが決定される．コンパイル指示を用いる場合にはコンパイルをする際に決定される．構成やパラメータを用いる際にはインストールや実行をする際に決定される．こうしたプロダクトを開発するライフサイクルの中で，可変性が決定されるタイミングを結合タイミングと呼ぶ．図 9.20 は，様々な可変点の実現技術の結合タイミングの例を示したものである．

▶ [結合タイミング]
binding time

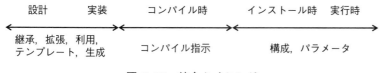

図 9.20　結合タイミング

結合タイミングは，プロダクトの利用や運用に影響を及ぼす場合がある．例えば結合タイミングが実装時であれば，プロダクトの数だけ異なったソースコードが作成されるが，コンパイル時であれば 1 つのソースコードとなる．結合タイミングがインストール時であれば，実行形式ファイルは 1 つとなる．つまり，結合タイミングによって管理する成果物や顧客に提供するプロダクトの形態が変わってくるということである．開発の体制，顧客へのプロダクトの提供形態，現地でのインストール方法，などによって望ましい結合タイミングが異なる．したがって結合タイミングは，技術面だけでなくビジネス的な側面を含めて，様々なステークホルダの立場から検討する必要がある．

▶ 例えばインストールを行うのが技術担当なのか，営業担当なのかあるいは顧客なのかによって，どういう形態で提供することが望ましいかが変わりうる．

9.5.8 ソフトウェアプロダクトライン開発の形態

本章の最後に，SPL 開発においてコア資産などの再利用資産がどのように開発されるのか，典型的ないくつかのパターンを見てみたい．

これから開発されるプロダクト群を想定して再利用資産を開発する方法を先取り型という．製品計画や体系について一定の見通しのある時にはこの方法が効率的である．ただし再利用資産をあらかじめ作るための先行投資やそのための開発期間が必要となる．一方，既存のプロダクト群を分析して，それらの共通性や可変性に基づいて再利用資産を開発する方法を抽出型と呼ぶ．既存プロダクト群があり，今後も類似したプロダクトを開発する場合には有利で，先行投資も少なくて済む．一方，過去とは異なったプロダクトへの対応は不利となる．図 9.21 の左は先取り型，右は抽出型を直感的に説明した図である．

▶ [先取り型]
　proactive approach

▶ 先取り型は，まず再利用資産を整備するので，最初の製品が開発できるまでのリードタイムが長くなる．他の方法は，それに対してより軽量なアプローチと捉えられる．

▶ [抽出型]
　extractive approach

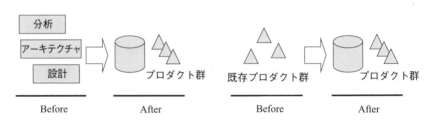

図 9.21　先取り型と抽出型（[83] に基づく）

開発された再利用資産も進化しうる．プロダクトを作った際に，その時点の再利用資産では対応できない要求などがあった際に，それに対応できるように再利用資産を更新する方法を反応型という．それ以降の開発で同じ要求があった際には対応できるようになる．一方，こうした更新をつど行うと，再利用資産全体の構造が崩れてくる恐れがある．必要に応じて再利用資産の要求，設計，コードなどをリファクタリングすることを改造型と呼ぶ．こうした再利用資産の進化によって，再利用資産を充実させたり適切化したりすることが可能となる．一般に再利用資産の進化は避けられ

▶ [反応型]
　reactive approach

▶ 改造型という用語は [83] には現れないが，同じ著者の講演やそれを紹介した文献などでは refactorive approach と記載されている．方法としては重要だが refactorive という用語自体はあまり定着していない．

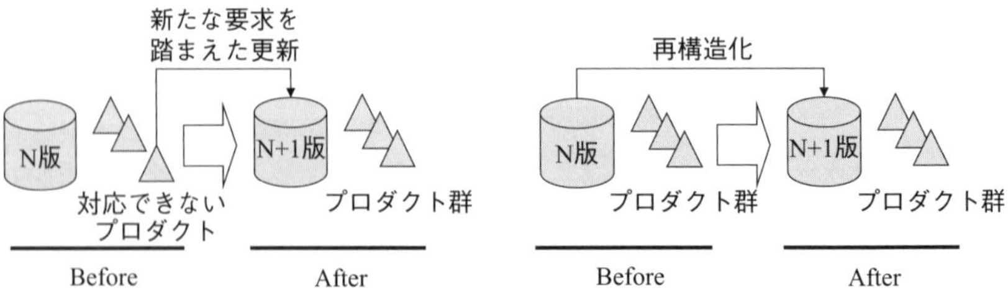

図 9.22　反応型と改造型（[83] に基づく）

ないが，プロダクトがどの版の再利用資産に基づいて作られたのかを管理
する必要があるなど，版管理などが煩雑となる．

9 章　演習問題

(1) (§9.1.1) 保守にはどのような種類があるか説明しなさい．
(2) (§9.1.1) ハードウェアとソフトウェアの故障の特性の違いを説明しなさい．
(3) (§9.1.3) 保守における影響分析とは何か説明しなさい．
(4) (§9.1.3) 新規開発と保守で，ライフサイクルにおける工数の変化はどう異なるか，説明しなさい．
(5) (§9.2.1) ソフトウェア理解は保守のどういう作業で有用と考えられるか．
(6) (§9.2.1) 静的プログラム解析と動的プログラム解析はどういう技術か，どのような特徴があるのかを，それぞれ説明しなさい．
(7) (§9.2.1) プログラムスライスとは何か説明し，どういう時に有用かを述べなさい．
(8) (§9.2.2) リバースエンジニアリングとは何か説明し，どういう時に有用かを述べなさい．
(9) (§9.3.1) ソフトウェア再利用とは何か，その難しさは何か説明しなさい．
(10) (§9.3.2) コピーアンドペーストの問題点は何か，説明しなさい．
(11) (§9.3.2) COTS の利点と課題を述べなさい．
(12) (§9.3.3) アプリケーションフレームワークとは何か説明し，再利用の観点からの利点と課題を述べなさい．
(13) (§9.4.1) ソフトウェアパターンはどういう枠組みで定義されることが多いか，それはどうしてかを説明しなさい．
(14) (§9.4.2) デザインパターンの意義は何か，説明しなさい．
(15) (§9.5.1) 大規模な再利用の課題として何があるか挙げなさい．
(16) (§9.5.2) ソフトウェアプロダクトライン開発とは何か，どういう状況での再利用に適した開発形態かを説明しなさい．
(17) (§9.5.2) ドメインエンジニアリングとアプリケーションエンジニアリングとはそれぞれ何か，説明しなさい．
(18) (§9.5.4) 共通性と可変性とは何か，それぞれ説明しなさい．図 9.18 では，どのフィーチャが共通性に対応するか，挙げなさい．
(19) (§9.5.4) 図 9.18 のフィーチャモデルから選べるフィーチャの組合せは何通りあるか．

9 章　発展課題

(1) 文献等で，2000 年問題とは何か調べなさい．
(2) レガシーソフトウェアに対処するために，どのような方法がとられているか，具体例を調べなさい．
(3) 文献等で Web アプリケーションやその開発方法や開発環境について調べ，どのような再利用技術（9.3 参照）が使われているか挙げなさい．
(4) 文献等で，ソフトウェアパターンにはどのようなものがあるか調べてみよう．
(5) 洗濯機のカタログをみて，様々な製品の共通性や可変性として何があるか調べてみよう．

10章　モデル駆動工学

[ねらい]
　本章では，ソフトウェアモデルを活用したソフトウェア開発アプローチである，モデル駆動工学について説明する．

10章　事前学習

(1) §10.1.1，§10.1.2 を読み，モデル駆動工学とは何か述べるとともに，モデル中心の開発の意義を説明しなさい．

(2) §10.2.2 を読み，モデル駆動工学のためには UML をカスタマイズする必要がある理由を説明しなさい．

(3) §10.3.4 を読み，モデル駆動工学，ドメイン特化モデルなどの利用に際して，考慮すべき課題を述べなさい．

[この章の項目]
モデル駆動工学の概要
UML と MOF
モデル駆動工学の技術

10.1 モデル駆動工学の概要

本節では，モデル駆動工学とは何かを説明し，そのねらい，またモデル駆動工学に関わる技術の経緯について概観する．

10.1.1 モデル駆動工学とは

モデル駆動工学 とは，ソフトウェアモデルと，そこからのモデル変換を活用してソフトウェアを開発するアプローチの総称である．ここでモデル変換は，モデルを他のモデルやコードに変換する技術であり，抽象度の高いモデルを実装に近いモデルへ変換したり，設計を表したモデルからプログラムを生成したりする技術である．典型的には，仕様や設計をソフトウェアモデルで記述し，モデル変換により実際のプログラムを得るという開発アプローチである．ソフトウェアモデルは，プログラミング言語などより抽象度が高いため，現実世界をどうしたいのかという問題を，より直接的にコンパクトに記述でき，結果として生産性の向上などが期待できる．

この際，ソフトウェアモデルとして，ドメイン特化モデルを利用することも多い．ドメイン特化モデルとは，特定の対象領域のためのモデルであり，対象によらず利用できる汎用的なモデルと対比的に使われる．対象領域とは，顧客管理などのビジネス領域，デジタルカメラなどの制御対象に関わる領域，あるいは GUI などの技術領域のことをいう．モデルを特定の対象領域での利用に限定することで，その対象領域でよく扱われる概念や構造を表現するために便利なモデル要素や表現方法をあらかじめ用意し，逆にその分野では不要なモデル要素を削除することができる．それによって，モデルをより直接的かつ簡単に記述でき，その分野の人にとって分かりやすいモデルになる．

また，対象領域によってソフトウェアに求められる品質特性が異なるため，汎用的なモデル変換を作ることは一般に難しい．ドメイン特化モデルからのモデル変換の場合は，その対象領域に特化させることができるため，それに適したモデル変換を行うことができ有利である．

10.1.2 モデル駆動工学のねらい

モデル駆動工学の，目的やねらいについて以下に説明する．

(1) 生産性，保守性，移植性の向上

ソフトウェアは現実世界の問題を解くために開発される．ソフトウェア開発は，現実世界つまり対象領域における問題に対する解決・改善策を，最終的には何らかの技術を用いて具体化する過程と捉えられる．ソフトウェアモデルを用いてより問題に近い記述を行い，そこからモデル変換を利用

▶ [モデル駆動工学]
MDE
Model Driven Engineering

▶ [モデル変換]
model transformation

▶ [ドメイン特化モデル]
DSM
Domain Specific Model

して具体的なソフトウェアを手に入れることができるなら効率的であり，生産性の改善が期待できる．

また問題や技術の変化に対応してソフトウェアも変更しなければならないが，問題が変化すればモデルを修正し，技術が変化すればモデル変換を修正することで変化への対応が可能となり，保守性の向上が期待できる．さらに，複数のOS上で製品を開発するなど，異なったプラットフォームを対象に開発をすることもある．その場合，個々のプラットフォームに応じたモデル変換を用意することで，1つのモデルからそれぞれのプラットフォームに対応したソフトウェアを得ることができ，プラットフォーム展開の容易化が期待される．

(2) プログラム中心からモデル中心へ

モデル駆動工学は，従来プログラムが中心だったソフトウェア開発を，モデルを中心の開発に転換するもの，という捉え方もできる．

従来も上流工程で様々なモデルが利用されてきたが，それはプログラムを作るための補助的な役割だった．上位のモデルは有用な情報を含んでいるが実装に関する全情報を含んでいるわけではなく，また現実にはプログラムに修正が行われてもそれがモデルに必ずしも適切に反映されずに乖離が生じるといった問題があった．その結果，開発においてはプログラムが最終的なよりどころだった．

しかしながらプログラムは大規模，複雑化しており，それを理解し修正するには大きなコストや困難が伴うようになっている．ソフトウェアモデルはプログラムよりもコンパクトであり，特にドメイン特化モデルはその分野の人にとって親和性のよい表現となっており，プログラムより理解しやすい．したがって，モデル変換によってモデルから動作するソフトウェアを得ることができるならば，モデルをよりどころとした開発方法の方が有利である．

これはかつて機械語やアセンブリ言語によってプログラムを作っていたものが，高級言語に転換したことと類似性がある．それまではメモリからレジスタへのデータの転送といった，計算機の基本的な操作の手順を逐一指示していたものが，式を記述することで計算機上での詳細な手順を考えなくても計算ができるようになった．ソフトウェア工学ではこのように抽象度を上げることで生産性などの改善をねらってきたが，モデル駆動工学は，高級言語の抽象度をさらに上げるアプローチと捉えることができる．

10.1.3 モデル駆動工学の経緯

ソフトウェアモデルを活用したソフトウェア開発アプローチとしては，1980年代から1990年代初めにかけて提唱されたコンピュータ支援ソフト

▶［コンピュータ支援ソフトウェア工学］
CASE
Computer Aided Software Engineering

ウェア工学 (CASE) がある．CASE は，データフロー図や状態遷移図のような汎用的なモデルを用いてソフトウェアを表現し，それを解析したり，そこから比較的標準的で単純なプラットフォームを想定したプログラムを生成したりすることを可能とした．開発の基本的な考え方や手順が開発方法論として示され，モデルの記述，解析，コード生成などを支援するツールが開発された．

CASE はそれなりの注目を集め，例えば通信など一部の分野では実務でも成果を挙げたが，ソフトウェア工学全体からいえば成功しなかった．その原因としては，当時はモデル変換の技術も未成熟で，現実の複雑なプラットフォームを対象とした実用規模のコード生成ができなかったり，モデルの抽象度がコードと大きく変わらず記述の量や複雑度の点での優位性が不十分であったりした点が指摘できる．また，ドメイン特化モデルの活用も十分ではなく，汎用的なソフトウェアモデルが使われることが多かったことも一因と考えられる．

1990 年代半ばに UML が提案された．UML はユースケース図やクラス図などの標準的な記法を定めているが，これらは UML4 層メタモデル階層という枠組みの中で定義されており，特定のドメインに特化した UML の記法や，新しいドメイン特化モデルの記法を定義できる仕組みを備えている．ドメインに特化した UML の例としては例えば Real-time UML[31] があり，モデルの記述やコード生成を行うツールが商用化され，実務で一定の実績を挙げている．

こうした UML の提案と同じ時期に，モデルのメタモデルなどを定義する枠組みとして MOF が提案された．その後 OMG は MOF と UML との整合化や定義の共有化を進めているが，これらの技術がモデル駆動工学の基礎となっている．MOF や 4 層メタモデル階層については次節で説明する．

2000 年代初頭に，OMG がモデル駆動アーキテクチャ (MDA)[110] という開発アプローチを提案した．MDA は，モデルをより高度に活用する開発アプローチであり，システムの理解，設計，構築，配置，運用，保守，変更のためにモデルを利用する手段を提供し，生産性，保守性，移植性の向上を目指すものである．図 10.1 に MDA の概要を直感的に示す．

MDA では，計算機技術に依存しないモデルである計算独立モデル (CIM)，特定の実装プラットフォームに依存しないプラットフォーム独立モデル (PIM)，特定の実装プラットフォームに依存したプラットフォーム依存モデル (PSM) の 3 種類のモデルを区別する．PIM は 1 つであるが，PSM はプラットフォームの種類だけ必要となる．PIM から個々の PSM へのモデル変換を定義し，PSM からプログラムへの変換を定義することで，PIM からそれぞれのプラットフォームに対応したプログラムを得ることができる．図では 1 つの PIM から複数の OS を対象とした PSM を生成している．

▶ CASE が出現したころは，ちょっとしたブームになったが，期待に十分に応えられず，ブームが去ると，CASE にだまされたといった反動が起こった．同じような現象は，人工知能に対しても起こり，反動で人工知能の冬の時代に入った．しかし，CASE の考え方はモデル駆動工学に引き継がれ，人工知能は例えばディープラーニングなど新たな注目を浴びている．ビジネス的な期待や盛り上がりがあるのはしかたがないことであるが，技術に対する冷静な判断や活用が重要である．

▶ [モデル駆動アーキテクチャ]
MDA
Model-Driven Architecture

▶ [計算独立モデル]
CIM
Computation Independent Model

▶ [プラットフォーム独立モデル]
PIM
Platform Independent Model

▶ [プラットフォーム依存モデル]
PSM
Platform Specific Model

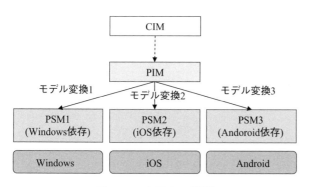

図 10.1　MDA の概要

▶ CIM はシステムが稼働する環境や状況を記述するモデルである．CIM から PIM へのモデル変換は一般に自明ではない．

　MDA は，モデル駆動という用語が広く使われるようになった1つのきっかけとなった．ただし PIM から PSM への変換という考え方は，必ずしもモデル駆動工学の必須要件ではない．また MDA という用語が OMG の登録商標であることなどから，モデル駆動工学いう用語がより広く使われるようになっている．

　その後 2000 年代にはモデル駆動工学のための技術が大きく進展した．特に Eclipse 上で利用できる MOF に基づくモデリングのフレームワークである EMF，EMF を元にしたグラフィカルエディタを生成する GMF，変換の仕様を記述する仕様である QVT やそれに基づいて変換機能を実現するツールなどが開発，活用されるようになり，実務での適用も広がりつつある．

　なお，モデル駆動工学と類似した用語としてモデルベース開発がある．モデルをベースとした開発という意味合いで，状況によってはモデル駆動工学と同義的，あるいはそれを包含する用語として使われることもあるが，フィードバック制御などの連続系のモデルからプログラムを生成する開発アプローチを意味することも多いため，本書ではモデル駆動工学という用語を用いる．

▶ [EMF]
Eclipse Modeling Framework

▶ [GMF]
Graphical Modeling Framework

▶ [モデルベース開発]
model based development

10.2　UML と MOF

　本節では，モデル駆動工学における基本技術である UML と MOF について説明する．

10.2.1　シンタクスとセマンティクス

　2.1.4 で，記法はシンタクスとセマンティクスから構成されると述べたが，モデル駆動工学の観点から，これらについて再考してみたい．

　シンタクスとはどのような図形要素があり，それらをどのように組み合わせることができるのかといった規則であると述べた．モデル駆動工学で

ソフトウェアモデルを利用する際には，図形要素が何を表すのか，どのように変換されるのかを示すために，図形要素をカスタマイズすることも有用である．また UML では認められていても，モデル変換の制約上扱えない図形要素や組合せ規則があるかもしれない．そうした場合はシンタクスを制限したり変更したりすることで，モデル変換が扱えないモデルを記述できなくすることも必要である．

　セマンティクスはシンタクスに基づいて表現されたものが，対象とする世界の概念とどう対応づけられるかを言う，と述べた．つまり同一のモデル（あるいは言語）でも，セマンティクスが異なれば何を意味するかが変わるということである．図 10.2 に直感的なイメージを示す．例えばモデルとしてクラス図を書いたとする．クラス図中のクラス記号はあくまで図形要素であって，それが何を意味するかを決めるのはセマンティクスである．あるセマンティクスでは対象世界が Java で，クラス記号は Java のクラスに対応づけられるかもしれないし，別のセマンティクスでは C++ が対象世界で，クラス記号は C++ のクラスに対応づけられるかもしれない．このようにセマンティクスが決まらないとコード生成ができないし，またセマンティクスによって，同じクラス図から生成されるコードが異なるのである．

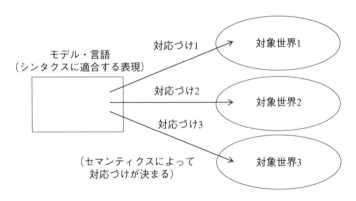

図 10.2　シンタクスとセマンティクス

▶ [実行時セマンティクス]
run-time semantics

　実行時セマンティクスとは，モデル化された概念と実行環境との対応関係を意味する．実行環境とは対象世界における何らかの動的振舞いに関わる環境を意味する．例えばプログラミング言語の実行環境はプログラム中に記述された式や命令がどういう順序で評価され実行されるかを決定するし，OS は管理されるプロセスやタスクがどういうスケジューリングで実行されるかを決定する．同じモデルでも，実行時セマンティクスが異なれば，異なった振舞いとして理解される．例えばステートマシン図中に複数の領域を持った複合状態が定義されていたとして，複数の領域中に定義さ

れた遷移がどういう順序で発火するかは，どのようなスケジューリングで動作するかという実行時セマンティクスによって変わる．

ソフトウェアモデルを人間が読んで理解するドキュメントとして利用する際にはこうした点はあまり厳密に議論しなくても利用できる場合もあるが，モデル駆動開発で，モデルの記述内容や振舞いの解析，さらには変換による他のモデルやコードの生成を行うには，目的に応じたセマンティクスの明確化が不可欠となる．

10.2.2 UML のセマンティクス

UML はソフトウェアモデルの記法の標準として幅広く受け入れられているが，UML のセマンティクスは，当たり障りない範囲でしか決められておらず，そのままでは特定の対象領域の事情を考慮した解析や変換には不十分である．例えば UML の仕様書には，上述した並行動作単位のスケジューリングに関する実行時セマンティクスについては定めない，と明示的に記述されている．したがって，UML で並行動作する対象を記述したとしても，どうふるまうかは未定義なのである．並行動作単位に関わらず，UML でのセマンティクスは，未定義な部分や，複数の選択肢が示されている部分が多い．したがってこのままではモデル駆動工学での利用には不十分である．UML は様々な対象領域での利用を想定しているため，意図的にセマンティクスを決めていないのである．例えば並行動作単位がどういう実行時セマンティクスによって動作するかは，対象とする実行環境が変われば変化する．例えば用いる OS によってスケジューリングポリシーが違うかもしれない．そこで，UML では対象領域によって変化しうるセマンティクスをあえてオープンにしている．こうした箇所を意味論の可変点と呼ぶ．つまりそこは利用する人が決めなさい，という立場なのである．

次項で説明するように UML はそれをカスタマイズするための仕掛けが提供されている．仕様書に示されている UML のセマンティクスの範囲ではモデル駆動工学に使うには不十分だが，それを対象領域や利用目的に応じてカスタマイズすることでモデル駆動工学に活用することができる．

▶ [意味論の可変点]
semantic variation point

10.2.3 MOF と UML4 層メタモデル階層

OMG は，モデルを定義する枠組みとして MOF[108] を提案している．また UML は 4 層メタモデル階層という枠組みに従って定義されている．OMG は UML と MOF の整合化を図っており，UML の 4 層メタモデル階層は MOF を用いたモデル定義の枠組みの 1 つの形態と理解することができる．以下，これについて説明する．

メタモデルとは，モデルの記法を記述するためのモデルである．例えばクラス図はモデルであり，クラス図の記法を定めたモデルがクラス図のメ

▶ [MOF]
Meta-Object Facility

▶ [メタモデル]
metamodel

▶ [抽象シンタクス]
　abstract syntax

▶ [メタメタモデル]
　meta-metamodel

▶ プログラミング言語の世界では，言語を定義する言語としてバッカス記法 (BNF, Backus-Naur-form) があるが，位置づけとしては類似である．

▶ [UML4層メタモデル階層]
　UML four-layer meta-model hierarchy

タモデルである．なお，UML のメタモデルで定義されるシンタクスは抽象シンタクスと呼ばれ，実際にどのような図形で表示をするかといった表示方法は規定しない．つまり，モデル要素としてクラスや関連がある，クラス間に関連を定義できる，といったことを定義するもので，クラス記号が領域をもった長方形で示されるとか，関連が実線で示されるといった，表示方法は規定しない．

　メタメタモデルとは，メタモデルを記述するためのモデルである．つまりモデルの記法を定義するための方法を提供するものである．UML ではクラス図やステートマシン図など複数のモデルが定義されており，それぞれのメタモデルが存在するが，それらはすべて同一のメタメタモデルを用いて定義されている．そのメタメタモデルの中心となるのが MOF である．MOF 中には，モデル要素を定義したり，モデル要素間の関係性を定義したりするといった，メタモデルを定義するために必要な基本的な道具立てが用意されている．

　UML4層メタモデル階層は，こうしたメタメタモデルやメタモデルに基づく UML の定義構造を階層的に示したものである．UML4層メタモデル階層では，メタメタモデルの階層を M3，メタモデルの階層を M2，モデルの階層を M1，さらに実行時インスタンスの階層を M0 と呼ぶ．図 10.3 に UML4層メタモデル階層を直感的に示す．

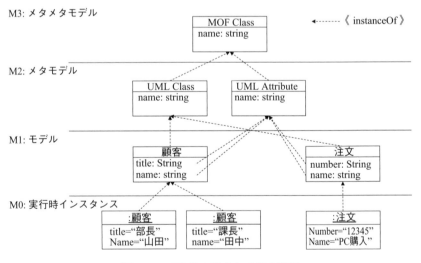

図 10.3　UML4層メタモデル階層

　ある階層中のモデル要素は，1つ上位の階層中のモデル要素のインスタンスである．M3 ではモデル要素を定義するために「MOF Class」が存在する．例えばクラス図の記法を考えると，M2 ではクラス図のモデル要素とし

て「UML Class」や「UML Attribute」が定義されるが，これらは「MOF Class」のインスタンスである．クラス図そのものはM1に属し，ここでは例えば「顧客」クラスやその「title」や「name」といった属性が定義されるが，これらはM2で定義された「UML Class」や「UML Attribute」というモデル要素のインスタンスである．さらにM0のオブジェクトは，M1中のクラスのインスタンスである．

10.2.4 UMLのカスタマイズ

前項で，説明したUML4層メタモデル階層のM3（メタメタモデル）には，言語をカスタマイズするための機構として，ステレオタイプ，制約などが定義されている．

ステレオタイプは，既存のメタクラスがどのように拡張されるかを示すものである．直感的には，メタクラスに対して特定の意味合いを付加するものである．モデルを記述する際には，《》（ギルメット）でステレオタイプを表すキーワードを囲んで，対応するモデル要素の近傍に記述する．またクラス同様にステレオタイプにもプロパティを持たせることができる．

▶ [ステレオタイプ]
stereotype

図10.4はステレオタイプの例である．図左はM2でのメタモデル定義例で，「Class」というモデル要素を「clock」というステレオタイプで拡張できることが示されている．図右はM1で，クラスをステレオタイプで拡張した場合の，モデルの記述例である．(a)はステレオタイプ名だけを示しているが，(b)はプロパティの値を，拡張記号を使って示している．なお，これ以外の表記法もある．

▶ M2のモデル要素にも《MetaClass》や《stereotype》といったステレオタイプが付けられている．これらのステレオタイプはM3で定義されている．MetaClassは，そのインスタンスがクラスとなるクラスである．

▶ M1における，ステレオタイプのプロパティ値の記述方法としては，中括弧で囲んで{resolution = 500}という書き方もあり，タグ付き値(tagged value)という呼び名もある．ただしUMLの版が重なるにつれ，扱いが小さくなっているため，本文では(b)の書き方を示した．なお，図10.6右下のスケジューラの部分の書き方がタグ付き値である．

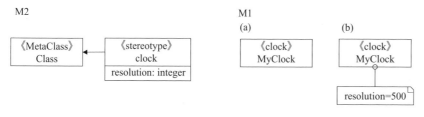

図 10.4　ステレオタイプの例

制約は正しいモデルが満たすべき条件の記述であり，モデルの記法上は{}で囲んで示す．正しいモデルが満たすべき条件としては多重度などがあるが，多重度のように特別な記述方法が用意されているもの以外は制約を用いて記述する．制約を利用することでモデルに特定の意味を与え専用化することができる．図10.5に記述例を示す．リンクでつながれるインスタンス間には，それらの属性値による制限があることを制約で示している．

なお制約の記述方法は自由で自然言語などを用いてもよいが，厳密に制

▶ [制約]
constraint

図 10.5 制約の例

約を記述する際には，UML のモデルに関する式を記述するための形式言語であるオブジェクト制約言語 (OCL)[111] を利用することもできる．これについては，11 章で触れる．

▶ [オブジェクト制約言語]
OCL
Object Constraint Language

特定の対象領域のモデルを記述する際には，その対象領域特有の概念を表現するモデル要素を利用したいし，その対象領域特有の規則に従ったモデルを構成したい．ステレオタイプや制約を利用することで，そうしたモデリングが可能となる．例えば同じクラスであっても，プログラム生成時には，あるクラスは Java のクラスに，あるクラスはデータベースのテーブルに対応づけたいかもしれない．そうした際にステレオタイプを用いてそれらを区別して表現することで，そのステレオタイプに応じた変換方法を適用するといったことが可能となる．

10.2.5 プロファイル

ステレオタイプなど利用することで汎用的な UML を，特定の対象領域に特化したモデルにカスタマイズをすることができることを述べた．一般に，特定の対象領域に特化させるためには，複数のステレオタイプを用意することが必要となる．例えば特定の OS をプラットフォームにすることを考える．OS は様々な機能を持っているので，それらに対応した複数のステレオタイプがあると便利である．そうした特定の対象領域のモデリングに必要なステレオタイプ等を，ひとまとめにするためのメカニズムとしてプロファイルがある．

▶ [プロファイル]
profile

プロファイルは，既存のメタモデルを参照し，参照したメタモデル中のモデル要素に対する拡張定義を行うための機構である．例えば参照したメタモデル中のモデル要素に対して適用できるステレオタイプを定義するなどできる．プロファイルは既存のメタモデル定義を直接修正せず，一旦参照してから拡張しているため，既に定義されているメタモデルを壊す心配がない．

プロファイルは自分で定義することもできるが，いくつかのプロファイルが公開されているので，それらを利用することも有効である．図 10.6 左は「障害物検知」が障害物を検知した際に，「警告」と「記録」に通知する振舞いを，コミュニケーション図で記述したものである．しかしながらこ

の図からは，「警告」と「記録」のどちらが先に動作するか判断できない．一方，右はリアルタイムシステム向けのプロファイルを利用して記述したコミュニケーション図である．ステレオタイプ等の詳細説明は割愛するが，並行動作単位のスケジューリングの方法やメッセージの優先度などが定義されており，「警告」が「記録」より先に動作するという振舞いが示されている．

▶ メッセージの送信順序通りにメッセージが届き，受け取ったオブジェクトがその順序に処理を行うという保証はない．

▶ UML Profile for Schedulability, Performance, and Time Specification[117] というプロファイルを利用．組込みソフトウェアやリアルタイムシステム向けのプロファイルとしては，その後標準化された MARTE(Modeling and Analysis of Real-Time and Embedded Systems)[116] が，後継的な位置づけにある．

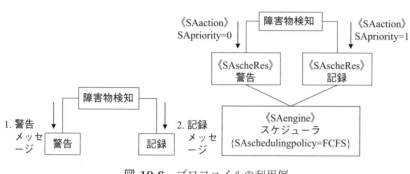

図 10.6　プロファイルの利用例

10.3　モデル駆動工学の技術

モデル駆動工学の技術は，上述した MOF などの技術を前提としたものが主流である．以下それらについて概観する．

10.3.1　ドメイン特化モデル

モデル駆動工学においては，セマンティクスを明確化したり，ドメイン特化モデルを用いたりする必要があることを説明した．MOF あるいは UML 4 層メタモデル階層に従って，必要なメタモデルを定義する方法には，大きく以下がある．

- 既存のメタモデルを利用してそれをカスタマイズする．典型的にはプロファイルを利用して既存のメタモデルを拡張することによって，特定の対象領域に専用化したメタモデルを定義する．
- 既存のメタモデルを利用せずに新たにメタモデルを定義する．MOF はメタモデルを定義するための機能を提供しているので，それを利用して目的に沿ったメタモデルを定義する．

例えば UML のクラス図をそのまま利用して，それをカスタマイズする状況を考える．一般に UML の図法は多くの機能を持っており，そのメタモデルも複雑である．既存の機能の多くをそのまま活用したい場合には，既存のメタモデルを活用してプロファイルで拡張することが容易である．一

▶ 前者のプロファイルを使った方法を軽量拡張，後者の MOF から直接定義する方法を重量拡張と呼ぶこともある．ただし本文に記述したように，どちらが大変なのかはケース・バイ・ケースである．

方，クラス図のごく一部の機能のみしか利用しない場合や，高度なカスタマイズをしたい場合などは，既存のメタモデルを理解して拡張するよりも，MOFの機能を用いて直接メタモデルを定義したほうがいいかもしれない．どのような状況でどのようなカスタマイズを行いたいかによって，適した方法を選択することが望まれる．

実際にMOFに基づくメタモデルの定義，さらにそのメタモデルに基づくモデルの作成を行うためには，そのためのツールや環境を用いる必要がある．そうした目的のツールとしては，Eclipse上で提供されているEMFがある．EMFにはMOF相当のメタメタモデルが含まれているので，メタモデルを定義し，それに基づいてモデルを定義したり，モデル変換やコード生成などのツールを開発したりすることができる．EMFは抽象シンタクスを扱うものだが，GMFを利用することでグラフィカルエディタを生成することも可能である．その他，後述するモデル変換のためのツールなどを含め，様々な機能がEMFに基づいて提供されており，多くのモデル駆動工学関係の開発に使われている．なおEMF以外にも，商用のツールが複数存在する．

10.3.2　モデル変換

モデル変換はモデルを他のモデルやコードに変換する技術と述べたが，変換の仕様のことをマッピングと呼ぶ．マッピングの方法はいろいろとあるが，典型的な方法としてモデル型マッピングとモデルインスタンスマッピングがある．

▶ [マッピング]
mapping

モデル型マッピングは，変換元のメタモデル中の要素と，変換先のメタモデル中のモデル要素とを対応づけるマッピングである．図10.7はモデル型マッピングの例である．ここでは変換元のメタモデルとしてメタクラス

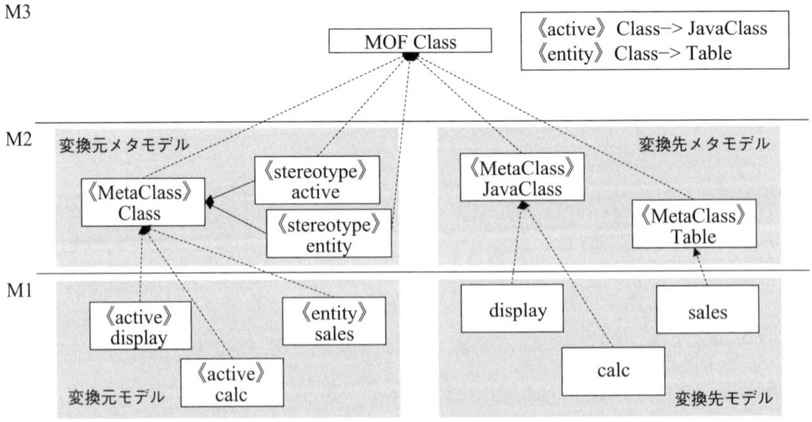

▶ [モデル型マッピング]
model type mapping

図 **10.7**　モデル型マッピングのイメージ

「Class」が定義され，それに対して2種類のステレオタイプ《active》と《entity》が適用できるようになっている．これに基づいて変換元のモデル中には，ステレオタイプが《active》のClassとして「display」と「calc」が，ステレオタイプが《entity》のClassして「sales」が定義されている．一方，変換先のメタモデルはメタクラスとして「JavaClass」と「Table」クラスが定義されている．マッピングは，ステレオタイプが《active》のClassはJavaClassへ，《entity》のClassはTableクラスへと対応づけるというように，メタモデル中のモデル要素間の対応として定義されている．この場合，モデル中で，変換元に適合するすべてのモデル要素が変換先の対応するモデル要素に変換される．ここではステレオタイプが《active》のClassのインスタンスが対応するJavaClassのインスタンスに，《entity》のClassは対応するTableクラスに変換されている．

　モデルインスタンスマッピングは，変換元のモデル中の要素にマークをつけ，そのマークに基づいて変換先モデルと対応づけるマッピングである．図10.8はインスタンスマッピングの例である．ここでは変換元のメタモデルとしてメタクラス「Class」が定義され，それに基づいて変換元のモデルとしてClassのインスタンス「display」，「calc」，「sales」が定義されている．一方，変換先のメタモデルは，メタクラスとして「JavaClass」と

▶ ［モデルインスタンスマッピング］
　model instance mapping

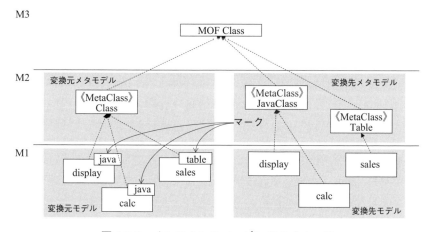

図 10.8　インスタンスマッピングのイメージ

「Table」クラスが定義されている．マークとは，変換先のメタモデルの概念を表現するものであり，変換を行う際に変換先のメタモデルが決定したらそれに基づいて，変換元のモデルに対して適用するものである．ここでは変換先のメタモデル中のメタクラスに対応した2種類のマーク「java」と「table」が，変換元のモデルのモデル要素に対して適用されている．変換を行う際には，マークを手がかりに例えば対応するメタモデル中の要素の

インスタンスを生成する．ここでは「java」マークのついたインスタンスは「JavaClass」のインスタンスに，「table」マークのついたインスタンスは「Table」のインスタンスにそれぞれ変換されている．こうしたマッピングは実際には複合的に用いられることが多い．

モデル変換の仕様を記述するための標準としてQVT[109]がある．QVTはMOFに整合した形での変換仕様を記述できる．仕様記述の方法には，プログラミング言語のように変換の手続きを記述する操作型の記述と，変換の対応関係をリレーションとして宣言する宣言型の記述との2種類がある．図10.9にQVTの記述例を示す．図上が操作型の記述例，図下が宣言型の記述例である．文法の詳細説明は割愛するが，それぞれの特徴が見てとれる．なお，QVTではこうした言語による記述だけでなく，図式言語も提供している．

▶ これ以外にも，変換先モデルをパラメータ化したテンプレートを用意し，それを利用してマッピングを定義する方法などもある．

▶ [QVT]
Query, View, and Transformation

操作型変換の例
```
mapping Package::packageToSchema() : result:Schema
    when{ self.name.startingWith() <> "_"}
{
    population{
        object result:Schema{
            name := self.name;
            table := self.ownedElement->map class2table();
        }
    }
}
```

リレーショナル言語の例
```
relation UML2Rel {
    checkonly domain uml1 c:Class {name = n, attribute = a:Attribute{name = an}}
    checkonly domain r1 t:Table {name = n, column = col:Column{name = an}}
}
```

図 **10.9** QVTの記述例（[109]より）

モデル変換はMOFで定義された変換元モデルから，MOFで定義された変換先モデルへの変換であるが，例えばモデルからプログラミング言語を生成するなどという変換も必要となる．こうしたモデルからテキスト言語への変換をモデル・テキスト変換と呼ぶ．モデル変換をM2M変換，モデル・テキスト変換をM2T変換と呼ぶこともある．モデル・テキスト変換の仕様もQVTなどを利用して記述することができる．

モデル変換やモデル・テキスト変換を定義するためのツールや環境も，例えばQVTに準拠してEMFで作成されたモデルを変換するツールや，EMFでのテンプレート記述を行うツールなど，複数存在する．

▶ [M2M]
Model to Model

▶ [M2T]
Model to Text

10.3.3 ドメイン特化言語

ドメイン特化モデルは，典型的にはMOFに準拠したモデルであり，実

際の表現としては図を活用した図式言語である．一方，特定のドメインに特化したプログラミング言語をドメイン特化言語 (DSL) と呼ぶ．

　DSL とドメイン特化モデルは，単に図式表現かテキスト表現かの違いであり本質的な差異はないという捉え方をする人と，DSL はあくまでコンピュータに何かをさせるためのプログラミング言語でありドメイン特化モデルとは位置づけが異なるという捉え方をする人とがあり，多様である．本書では，あくまでモデル駆動工学というコンテキストの中で，ドメイン特化モデルも DSL も，特定の対象領域に特化した表現方法であるという前者の立場で捉える．そういう観点からは，DSL はドメイン特化モデル同様，その分野の人がよく使う概念を表現しやすいように言語の基本要素や構文を定義することができ，また不要な機能を削除することができるため，記述や理解が容易となる．

　DSL は，大きく外部 DSL と内部 DSL に分類できる．外部 DSL は，実際に実行されるプログラミング言語とは異なった構文を持っており，言語処理技術を利用して最終的に実行されるプログラミング言語に変換される．例えば UNIX という OS 上では makefile, シェルスクリプト，yacc や lex など，特定あるいは限定した目的の言語に基づくツールや環境や，言語を定義するための環境が提供されている．

　一方内部 DSL は，実質的には通常のプログラミング言語そのものであるが，言語の拡張機能などを利用することで特定の対象領域にとってプログラミングを行いやすい表現や記述方法を備えた DSL である．例えば Lisp や Ruby などのプログラミング言語はそうした拡張をやりやすい機能を備えており，これらを利用して内部 DSL 化することができる．

10.3.4　環境やツールの整備

　モデル駆動工学の実際の適用を考える時に重要となるのは，誰がモデル変換やドメイン特化言語を定義するのか，という問題である．汎用のソフトウェア開発ツールやモデリングツールはユーザも多いので，それを提供することがビジネスとして成立する．しかしながら，特定の対象領域に特化したモデル駆動工学のためのツールは，一般にユーザも少なく，それを提供することがビジネス的に成立しづらい．MOF に基づいてメタモデルを定義するためのツールや，MOF に基づくモデル変換を定義するメタなツールを提供することはできても，それを用いて特定の対象領域に特化したメタモデルやモデル変換を定義するという作業は対象領域ごとに必要となる．

　したがってモデル駆動工学が現実に機能するためには，いくつかの条件が満たされる必要がある．まず，ドメイン特化モデルやモデル変換を定義することのできる人や組織の存在である．もしも自分の組織やグループに

▶ [ドメイン特化言語]
DSL
Domain Specific Language

▶ DSL と一般のプログラミング言語との境界線が明確に引けるわけではない．1960 年ごろに標準化されたプログラミング言語である FORTRAN や COBOL も，前者は科学技術計算向け，後者は事務処理計算向けと言われ，ある意味 DSL と言えるかもしれない．

▶ [外部 DSL]
external DSL

▶ makefile はビルド支援ツール Make(6.2.2) の記述である．シェルスクリプトは，UNIX のコマンドインタフェース用の言語である．yacc や lex は言語を定義する際に使う言語である．

▶ [内部 DSL]
internal DSL

そういうスキルを持った人がいれば自ら必要な環境やツールを整備することが可能だろう．あるいは一定のコストを支払うことができるならば，そういうスキルを持った他の部門や，外部の会社に依頼して整備を行うこともできるだろう．いずれにせよ環境やツールの整備は必須である．

　いずれの方法をとるにせよ，そうした整備や維持にはコストがかかるため，そのコストが実際に見合うのかどうかが問題になる．もしも特定の対象領域に対して類似性の高いソフトウェアを繰り返し作るのであれば，そうしたコストも見合うかもしれない．一方，様々な対象領域のソフトウェアを作っていて，1つの対象領域に対するソフトウェアを繰り返し作らないならば整備のコストが見合わないことも考えられる．こうした組織の開発の特性も重要な側面である．

　モデル駆動工学は，対象領域に特化することがポイントであるので，こうした環境やツールの整備や維持に関する技術的，コスト的な課題は避けることができない．この問題は9.5.1の(2)で指摘した，再利用資産を構築する際の留意点と本質的には通じる課題であり，十分な検討が必要である．

▶ モデル駆動工学は，モデル変換という変換の方法を再利用していると考えられる．そういう意味で，再利用資産と類似の課題が生じるのは必然である．

10章　演習問題

(1) (§10.1.1) ドメイン特化モデルのドメインとは何か，具体例を挙げて説明せよ．
(2) (§10.1.3) MDA において，ビジネスが変わると何を変更し，技術が変われば何を変更する必要があるか，説明しなさい．
(3) (§10.2.1) 実行時セマンティクスとは何か，具体例を挙げて説明しなさい．
(4) (§10.2.2) UML のセマンティクスはどうして詳細まで決まっていないのか，理由を述べなさい．
(5) (§10.2.3, §10.2.4) 以下は UML4 層メタモデル階層の中のどの層で定義されるか．(a) ステレオタイプの記法，(b)UML クラスの記法，(c) ステレオタイプのプロパティの値，(d)UML クラスの属性の値
(6) (§10.2.5) プロファイルとは何か述べ，どういう時に利用することが有用か説明しなさい．
(7) (§10.3.1) UML のカスタマイズで，既存のメタモデルを利用する方法としない方法は，それぞれどういう特徴があり，どういう状況に適しているか，説明しなさい．
(8) (§10.3.3) 外部 DSL と内部 DSL とはそれぞれ何か説明しなさい．

10章　発展課題

(1) モデル駆動開発が適する状況，適さない状況をそれぞれ整理しなさい．
(2) MDA において CIM はどういう役割を果たすと考えられるか，説明しなさい．
(3) 図 10.3 に UML の関連とリンクを追加して，正しい階層に位置づけなさい．さらに《instanceOf》の依存関係を定義しなさい．
(4) ネット等で，どのようなプロファイルがあるか，調べなさい．

11章　形式手法

[ねらい]

本章では，数理論理学をソフトウェアの開発や検証に活用する，形式手法について説明する．

11章　事前学習

(1) §11.1.1，§11.1.2 を読み，形式手法のねらいについて説明しなさい．

(2) §11.2.1 を読み，仕様記述の種類を述べ，モデル検査の仕様記述はどれに該当するか説明しなさい．

(3) §11.3.5 を読み，モデル検査で検証される典型的な性質を挙げなさい．

[この章の項目]
形式手法の概要
形式仕様と検証
モデル検査
形式手法の活用

11.1 形式手法の概要

本節では，形式手法についてその概要を述べる．

11.1.1 形式手法とは

▶ [形式手法]
formal methods

▶ [数理論理学]
mathematical logic

▶ [記号論理学]
symbolic logic

▶ 形式手法はソフトウェアだけを対象としたものではなく，ハードウェアなどに対しても適用されている手法である．

形式手法とは，数理論理学に基づいて対象や性質の記述を行うことで，システムの開発や検証を体系的に行う手法である．数理論理学は，記号論理学とも呼ばれるが「論理を記号化，形式化し，数学的手法に基づいて研究する論理学の一分野」[95] である．論理学は，正しい思考の手順や組立てに関する研究分野であるが，数理論理学では，論理式を用いて記号化を行い，それに対して数学的な手法で体系だって論理を扱う．そうした論理の体系には命題論理，述語論理，時相論理など様々なものがある．

11.1.2 形式手法のねらい

形式手法のねらいを端的に言えば，ソフトウェア開発において定義される対象を厳密に記述し，何らかの論理体系に基づいてそれの正しさについて議論を行うことである．ソフトウェアで定義される対象とは，様々な成果物のことであり，例えばソフトウェアの要求仕様，設計，プログラムなどが挙げられる．

形式手法を用いることへの期待としては，例えば以下が挙げられる．

- 対象を厳密に記述できる：

  通常のソフトウェア開発では，自然言語や直感的な図が多く用いられる．ソフトウェアモデリングも，人間が読んで理解するための記法として用いられることが多い．こうした手段で記述すると，曖昧性や記述漏れなどが入り込みやすい．形式手法では厳密に対象を記述できるため，より高品質に仕様や設計を記述することができる．

- 正しさを厳密に議論できる：

  テストやレビューにおいては，何が正しいのかということが厳密に議論されないことも多い．テストデータは，具体的な入力値と出力値（期待値）のペアという例示かもしれない．レビューの際のチェックリストは，エラー処理を確認する，といった観点の提示しかなされず，人間が経験や暗黙知で補っているかもしれない．論理学は正しさを扱う世界であり，対象がどういう性質を満たしていれば正しいのかを厳密に記述することができる．

- 不具合を発見できる：

  論理体系の枠組みに沿って対象を記述し，また性質を記述することで，もしもその対象がその性質を満たさない場合，それを知ることができる．特に，これを上流工程に適用することで，早期に不具合を発見すること

ができ，手戻り作業の減少が期待できる．従来，テスト以前での確認はレビューが主体であったが，形式手法は不具合発見のアプローチが異なり，有効である．

- 不具合がないことを確認できる：

  対象が不具合を含んでいない，正しいものであることを確認できる．例えば，記述した対象が求められる性質を満たしていることを論理体系の中で証明するなど．

▶ 1つの手段や観点からだけの確認は効率が悪く不十分な事が多い．複数の手段を組み合わせることが有効である．

上記は常に達成できるわけではないし，特に不具合の不在を言うことは現実には困難であることが多い．しかしながら形式手法は通常のソフトウェア開発の現場で使われている技術に比べてより厳密で正確な技術であり，有効性の高い技術として期待されている．ただし論理体系の枠組みの中で対象の記述が定義した性質に照らして正しいということと，現実世界において対象としているソフトウェアが正しいということとは必ずしも等価ではないので，注意深い活用が重要である．こうした点については11.4で議論する．

数理論理学は多くのソフトウェア開発者にとって必ずしもなじみのある分野ではなく，また単に論理体系中の議論だけを行えばよいのではなく，現実のソフトウェア開発にそれを適用するための工学的な側面についても技術やノウハウが必要となる．素朴に言えば，そうしたスキルを持った人が，それなりの時間と手間をかけて適用する必要があり，適用は高コストとなる．そのため従来は例えば軍事，航空，鉄道など，ある程度コストをかけても信頼性や安全性の強く求められる分野での適用事例が多かった．しかし近年，ソフトウェアの信頼性に対する要求が高まり，また一方で形式手法を支援するツールなどが進歩してきたこともあり，民需分野でも適用や試行が徐々に広がっている．

11.1.3 論理体系の例

論理体系とは何かのイメージを持ってもらうために，基本的な論理体系の概要をいくつか説明する．なお厳密な定義等はそれぞれの専門書を参照されたい．

(1) 命題論理

命題は真偽が決まる言明であり，命題論理とは，「命題に対する正しい推論の形式」[95]である．ここで要素的な命題を原始命題と呼ぶ．原始命題（あるいは既存の論理式）を論理記号で結ぶことにより，新たな命題を構成することができ，それを論理式と呼ぶ．図11.1に論理記号を示す．

命題論理の意味は，真理表によって与えられる（表11.1）．ここでAや

▶ これらの論理記号がすべて必要というわけではない．例えば A→B は ¬A∨B と表現しても真偽は同じである．ただし意図をクリアにあるいはコンパクトに記述するためには便利である．

¬	否定（でない）
∧	連言（かつ）
∨	選言（または）
→	含意（ならば）
⇔	同値

図 11.1　論理記号

▶ ¬ は記述していないが，¬A の真偽は A が T なら F, F なら T である．

表 11.1　真理表

A	B	A∧B	A∨B	A→B	A⇔B
T	T	T	T	T	T
T	F	F	T	F	F
F	T	F	T	T	F
F	F	F	F	T	T

B はリテラルと呼ばれ，原子論理式もしくはその否定である．また T は真を，F は偽を表す．

　真理表を構成的に適用することで，任意の論理式の真偽を決定できる．例えば (A∨B)∧C という言明は，A, B, C がそれぞれ，T, F, T だとすると，A∨B は T となり，T∧C は T なので T となる．このように命題論理は何らかの対象の正しさをではなく，論理式の正しさを議論するものである．

(2) 述語論理

　述語とは対象の性質に関する言明であり，述語論理は，「述語に対する正しい推論形式」[95] のことをいう．述語は，例えば「x は 0 より大きい」というように対象を表す変数を用いた言明となる．命題はそれ自体で真偽が決まるが，述語はその変数の示すものが具体的に与えられることで真偽が決まる．例えば上記の述語の対象が整数だとした時に，x が 3 なら真だし，x が −1 なら偽となる．対象の選び方で真偽が変わることがあるので，述語論理の論理式には，命題論理同様の論理記号に加えて，量化記号が用いられる（図 11.2）．なおここで P(x) は述語とする．

| ∀x P(x) 全称記号　すべてのxについてP(x)が真 |
| ∃x P(x) 存在記号　P(x)を真にするxが存在 |

図 11.2　量化記号

　命題論理と異なり，述語論理は対象に関する記述であるから，論理式だ

けでは真偽が決まらず，論理式と対象との対応づけ（解釈）が決まって初めて真偽が議論できる．例えば∀x (x≧0) という述語は，対象が自然数なら真となるが，対象が整数なら偽となる．なお，このように対象の個体に対する量化のみを行う述語論理を一階述語論理と呼ぶ

▶ 二階述語論理では，個体の集合に対する量化ができるなど，より表現力が高くなる．

11.2 形式仕様と検証

形式手法における，対象の厳密な記述，および正しさについての議論という 2 つの側面についてさらに説明する．

11.2.1 形式仕様

ソフトウェア工学において仕様とは，システムの定義や検証を目的としたシステムに関する明確な記述である．例えば要求の仕様，設計の仕様，製品の仕様，あるいはテストの仕様などがある．

形式手法において，設計などの対象を，論理体系に基づく記述方法で記述した仕様を形式仕様と呼ぶ．形式仕様は厳密なシンタクスとセマンティクスに基づいて記述される．一方，自然言語や直感的な図による仕様の記述を，非形式仕様と呼ぶ．ソフトウェアモデリングによる仕様の記述は，シンタクスは厳密であるが，セマンティクスが形式仕様のように厳密に取り扱われないことが多いため，準形式仕様と呼ばれる．

なお仕様の記述において，対象の望まれる振舞いを記述する方法を，操作的仕様という．ソフトウェアモデルでいえば，例えばステートマシン図は，状態と遷移を用いて，状態の変化という観点から対象の振舞いを記述する．一方，対象の望まれる性質を宣言的に記述する方法を，記述的仕様と呼ぶ．例えば，実体関連図は，実体やその間の関連に成立する多重度などの性質を宣言的に記述する．

形式仕様は，それを記述するための仕様記述言語を用いるが，基づく論理体系や利用目的などに応じて，様々なものが提案され，また実用化されている．例えば Z は集合論と一階述語論理に基づいた仕様記述言語である．システムはそれを特徴づける型を持った変数によって記述され，その変数の集合によってシステムの状態空間が定義される．状態から状態への遷移は，操作に対する入力と出力の関係として記述され，状態から状態に変化する際に維持されなければならない性質は不変条件として定義される．

OCL[111] は UML の制約を記述するための仕様記述言語であり，UML モデルに対する表明を記述する．典型的にはモデル上で成り立つべき不変条件の記述や，操作の前後で成り立つべき事前条件や事後条件の記述を行うことができる．図 11.3 は OCL の記述例である．「context」はモデルのどの部分に制約が適用されるかを，「inv」，「pre」，「post」はそれぞれ不変条件，事前条件，事後条件を示すキーワードである．ここではクラス「Employee」

▶ [仕様]
specification

▶ [形式仕様]
formal specification

▶ [非形式仕様]
informal specification

▶ [準形式仕様]
semi-formal specification

▶ [操作的仕様]
operational specification

▶ [記述的仕様]
descriptive specification

```
context Employee inv:
        self. weekOverTime < 15
context Employee::calculateOverTime(): Time
        pre : self.isManager = false
        post: self.monthOverTime < 45
```

図 11.3　OCL の記述例

の属性に関する不変条件や，操作の事前条件や事後条件が示されている．

またモデル検査などにおいては有限状態モデルに基づく仕様記述が用いられるが，これについては後述する．

11.2.2　形式検証

ある論理体系の枠組みの中で仕様が記述されると，その論理体系の枠組みの中でその正しさについて議論することができる．典型的な方法としては，その論理体系の中で記述が正しいことを証明する定理証明や，記述した対象を全数探索することで正しさを確認するモデル検査などがある．

▶ [定理証明]
theorem proving

▶ [自動定理証明]
automatic theorem proving

定理証明は，数学の証明と同様に，推論規則を適用して性質が成立することを証明する技術である．証明には自動定理証明のためのツールを利用する．ツールはあらかじめ推論規則や論理式の変形方法などを備えており，これを適用することで性質の証明を自動的に試みる．簡単な証明は自動的に証明できるが，いきなり証明できない場合には，人間がより簡単なサブゴールを設定するなどして証明を試みる．一方，モデル検査は，仕様記述から導出される状態空間を全数探索することで，性質の確認を行う．モデル検査は仕様記述と性質記述がなされると，以降は自動的に検証が行われる．

一般に，定理証明の方がその適用に専門のスキルが必要なため，モデル検査の方が利用の敷居が低く広く使われている．モデル検査については次の節でさらに説明する．

11.3　モデル検査

本節では，モデル検査についてその内容，検証の特性，また利用する際の重要な課題である状態爆発について説明する．

11.3.1　モデル検査とは

▶ [モデル検査]
model checking

▶ [全数探索]
exhaustive search

モデル検査とは，仕様記述と性質記述が与えられると，そのモデル上で記述された性質が成立するかどうかを，全数探索により自動的に検証する手法である．検証対象は有限状態モデルを用いて記述され，性質記述には時相論理が用いられる．全数探索とは，可能な組合せを調べつくす方法である．つまり有限状態モデルから起こりうる振舞いのすべての組合せを調

べつくして，与えられた性質が成り立つかどうかを確認する．すべてで成立することが確認できれば性質が成り立つと出力し，成り立たない状況を見つければ性質が成り立たないと出力するとともに，その状況を反例として出力する．

図 11.4 は，モデル検査による検証の概要である．まず検証の対象を有限状態モデルで仕様記述するとともに，検証したい性質を時相論理で性質記述する．次にモデル検査を行う．これはモデル検査ツールを利用して自動的に行う．最後に検証結果を解釈して検証対象の開発に活用する．

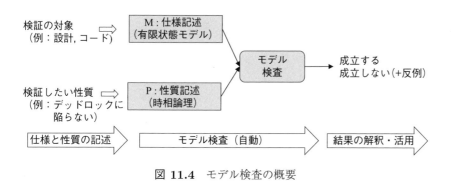

図 11.4　モデル検査の概要

以下，モデル検査について，どのような仕様記述や性質記述を行うのか等について，説明をする．

11.3.2　仕様記述

有限状態モデルとは，有限個の状態とその間の遷移を表現するモデルであるが，モデル検査ではクリプキ構造やオートマトンなどが用いられる．以下にこれらについて簡単に説明する．

▶ [有限状態モデル]
finite state model

(1) クリプキ構造

原子命題（要素的な命題）の集合を AP としたとき，AP 上でのクリプキ構造は，図 11.5 の 4 つ組によって定義される構造である．ラベリング関数は各状態で真となる原子命題の集合を与える関数である．なお，ある状態から遷移可能な状態が 1 つしかない場合，その状態からの遷移は決定的であるという．一方，複数ある場合にはその状態からの遷移は非決定的であるという．

▶ [クリプキ構造]
Kripke structure

▶ [原子命題]
atomic proposition

ここで以下をクリプキ構造の実行経路と呼ぶ．ただし $(s_{i-1}, s_i) \in R$ ($i = 0, ..n$) であるとする．

▶ [実行経路]
path

$$s_0, s_1, s_2, \ldots,$$

S: 状態の有限集合

S_0: 初期状態の集合 ($S_0 \subseteq S$)

R: 遷移の集合 ($R \subseteq S \times S$)

L: ラベリング関数 ($S \rightarrow 2^{AP}$)

図 11.5　クリプキ構造の定義

例えば原子命題を AP={count, alarm} とする．ここで count はタイマがカウント中であることを，alarm はアラームが鳴動中であることを示す命題とする．図 11.6 左は AP 上でのクリプキ構造の例である．図右はそれを直感的に図示したものである．ここでの実行経路は「$s_0, s_1, s_2, s_0, s_1, s_2, \ldots,$」となる．

$S = \{s_0, s_1, s_2\}$

$S_0 = \{s_0\}$

$R = \{ (s_0, s_1), (s_1, s_2), (s_2, s_0) \}$

L= ((s_0, (¬count, ¬alarm)),

　(s_1, (count, ¬alarm)),

　(s_2, (¬count, alarm)))

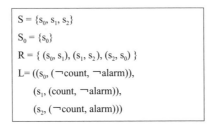

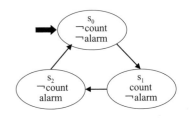

図 11.6　クリプキ構造の例

(2) オートマトン

▶［オートマトン］
automaton

オートマトンはコンピュータの動作（計算）を表すモデルであり，その一種である有限オートマトンがステートマシン図などの基礎になっていることを説明した (5.5.2)．有限オートマトンはイベントに対してシステムがどのように状態を変化させるかを表すためのモデルであり，図 11.7 の 5 つ組で定義される．なお，ある状態からあるラベル（イベント）によって遷移できる状態が複数ある場合，非決定性有限オートマトンと呼ばれる．

▶［非決定性有限オートマトン］
non deterministic finite automaton

S:　状態の有限集合

S_0:　初期状態の集合($S_0 \subseteq S$)

F:　受理状態の集合($F \subseteq S$)

Σ　ラベル（イベント）の有限集合

δ　遷移の集合($\delta \subseteq S \times \Sigma \times S$)

図 11.7　オートマトンの定義

ここで以下を有限オートマトンの実行と呼ぶ．ただし s_0 は初期状態であり，$(s_{i-1}, e_{i-1}, s_i) \in \delta$ ($i=1, \ldots, n$) であるとする．

$$(s_0, e_0, s_1), (s_1, e_1, s_2), \ldots, (s_{n-1}, e_{n-1}, s_n),$$

実行はイベントの系列 $e_0, e_1, \ldots, e_{n-1}$ で表現することができ，この系列を語と呼ぶ．実行において $s_n \subseteq F$ のとき，その実行あるいは語はこの有限オートマトンによって受理されるといい，受理される語の集合を受理言語という．有限オートマトンが受理する言語は正規言語と呼ばれる．

図 11.8 左は有限オートマトンの例である．ここで初期状態は s_0 であり，その状態においてイベント a が発生すると遷移 (s_0, a, s_1) によって，状態 s_1 に遷移するといったことが定義されている．なお図右はこの有限オートマトンを図的に表現したものである．この有限オートマトンの受理言語は，{aa, abaa, ababaa, … } である．

▶ [実行]
run

▶ [語]
word

▶ [正規言語]
regular language

▶ 正規言語は 3 型言語とも呼ばれ，有限オートマトンで認識できるため，計算機で扱いやすい．例えば検索のキーワードの表現などにも使われている．

$S = \{s_0, s_1, s_2\}$
$S_0 = \{s_0\}$
$F = \{s_2\}$
$\Sigma = \{a, b\}$
$\delta = \{(s_0, a, s_1), (s_1, b, s_0), (s_1, a, s_2)\}$

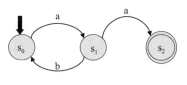

図 11.8　有限オートマトンの例

(3) Büchi オートマトン

有限オートマトンの実行は初期状態から受理状態までの有限の長さを持つ．対象の振舞いを表すという観点から考えると，システムがいつか停止するということを意味する．しかしながら，例えばリアクティブシステムなどで，停止せずにイベントを待ち受けているような側面の表現には向かない．

Büchi オートマトンは，上記の有限オートマトンと同様に定義されるが，受理の定義が違い，無限長の実行を扱える．s_0 を初期状態とし，δ に含まれる遷移から構成される以下の実行において，受理状態が無限個含まれるならば，その実行は受理されるという．無限個含まれるとは，任意の i に対して，$j \geq i$ となる j が存在し $s_j \subseteq F$ であることを言う．

$$(s_0, e_0, s_1), (s_1, e_1, s_2), \ldots, (s_i, e_i, s_{i+1}), \cdots$$

図 11.9 左の Büchi オートマトンの実行の例を図右に示す．矢印で示す受理状態 s_2 が無限個含まれている場合，この実行は受理される．

▶ システムとしては何らかの停止方法があったとしても，モデル化にあたっては動作し続ける側面のみを記述することは当然ありえる．

▶ [Büchi オートマトン]
Büchi automaton

図 11.9　Büchi オートマトンの実行の例

11.3.3　並行処理の表現

▶ [並行処理]
concurrent processing

　一定の時間間隔に複数の処理が実行されることを並行処理と呼ぶ．こうした並行処理は，例えば1つのプロセッサ上でマルチプログラミングによってインタリーブ（3.1.4参照）されて動作したり，異なったプロセッサ上で動作したりする．

　図 11.10 は，こうした並行処理の動作の典型的な実行の形態である同期実行とインタリーブによる非同期実行を示す例である．2つのプロセス P1，P2 がそれぞれ2つの命令（文）で構成されているとする．P1 と P2 の命令が1つずつ同期をとって実行されると，図中のようにまず「s10」と「s20」が実行され，次に「s11」と「s21」が実行される．一方，インタリーブによる非同期実行では，図右にあるように6つの実行順序が発生しうる．

図 11.10　インタリーブによる実行例

▶ [並行合成]
parallel composition

　例えばクリプキ構造を例にとって，こうした並行処理を考えてみる．図 11.11 左は，P1 と P2 の表現例である．ここで例えば「¬s10」は命令 s10

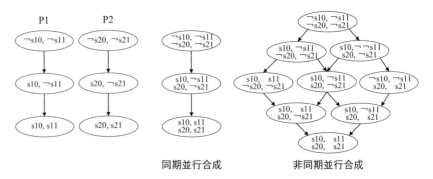

図 11.11　並行合成の例

が未実行なことを，「s10」は実行済であることを表す命題とする．これらが並行動作する際の全体の振舞いの表現は，2つの表現を並行合成することで得ることができる．同期実行の場合には同期並行合成と呼ばれる合成で図中の表現が得られる．一方，非同期実行の場合には，非同期並行合成と呼ばれる合成で図右の表現が得られる．命令がすべて未実行な状態から起こりうる処理の順番を網羅した遷移が定義されている．

オートマトンでも上記と同様の並行合成が可能だが，さらにラベルに注目して遷移の同期を表現できる．図 11.12 では，図左の2つのオートマトンのラベル「x」で同期をさせた非同期並行合成の例を図右に示す．

▶ 例えば，2つのプロセス間で同期通信が行われるような場合などが相当する．

▶ この例では左の2つのオートマトンを合成している．右の各状態は，左の2つのプロセスの状態の組を表している．ここで x の遷移は同期して起こるので，2つのプロセスの状態が同時に変化している．

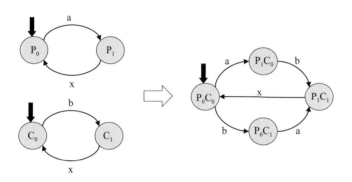

図 11.12 ラベルに注目した同期並行合成の例

このように並行動作においては，各処理の仕様記述を定義し，並行合成を行うことで全体の仕様記述を得ることができる．

11.3.4 時相論理

時相論理は，「命題の真偽が時間に依存する論理」[95] である．本書の説明では，離散的な時間のみを扱う．つまり順序づけられたとびとびの時点を議論し，その時点に応じて命題の真偽が変わりうるという状況である．

時相論理には，時間をどう捉えるかによって線形時相論理と計算木論理がある．線形時相論理 (LTL) では，ある時点の次の時点は決定的に決まると捉える（図 11.13 左）．一方，計算木論理 (CTL*，CTL) では，ある時点の次の時点は非決定的に決まると捉える．つまり，一般にある時点の次の時点は複数存在し，それらのいずれかが非決定的に選ばれると捉える．したがって，時点の関係を図示すると木構造となる（図 11.13 右）．

線形時相論理では，¬，∧，∨，→ といった通常の論理記号に加えて，時間に関する論理記号を用いる（図 11.14）．ここで ψ や ϕ は論理式である．

こうしたシンタクスから構成される論理式は，クリプキ構造の実行経路 π に照らして理解される．図 11.15 に解釈の一部を示す．

▶ [時相論理]
temporal logic

▶ [線形時相論理]
LTL
Linear Temporal Logic

▶ [計算木論理]
CTL
Computation Tree Logic

▶ 複数の実行経路が考えられる場合，線形時相論理ではそれぞれを独立に捉えるのに対して，計算木論理では経路が枝分かれしていると捉える．多くの性質はどちらで捉えても表現できるが，一方でしか表現できない性質も存在する．

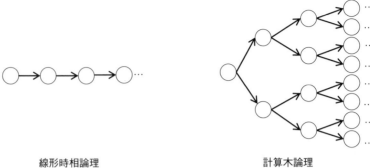

線形時相論理　　　　　計算木論理

図 11.13　時間の捉え方

$X\psi$　　(neXt)
$F\psi$　　(Future)
$G\psi$　　(Globally)
$\psi U\phi$　(Until)
$\psi R\phi$　(Release)

図 11.14　時間に関する論理記号

ここで「$M,\pi \models \psi$」は，クリプキ構造 M の実行経路 π の上で ψ が成り立つことを表す．また実行経路 π が $s_0,s_1,s_2,\ldots,$ のとき，$s_i (i \geq 0)$ から始まる実行経路を π^i と表す．直感的に説明すると，論理式 $X\psi$ は次の時点で性質 ψ が成立することを，論理式 $F\psi$ は将来どこかの時点で性質 ψ が成立することを，$G\psi$ はすべての時点で性質 ψ が成立することを，$\psi U\phi$ は，将来どこかの時点で 2 番目の性質 ϕ が成立し，その時点まではすべての時点で 1 番目の性質 ψ が成立することを，$\psi R\phi$ は 1 番目の性質 ψ が成立するまでは 2 番目の性質 ϕ が成立し続けることを，それぞれ示している．

$M, \pi \models X\psi$	$\Leftrightarrow M, \pi^1 \models \psi$
$M, \pi \models F\psi$	$\Leftrightarrow M, \pi^k \models \psi$ となるような $k (k \geq 0)$ が存在する
$M, \pi \models G\psi$	$\Leftrightarrow M, \pi^i \models \psi$ がすべての $i (i \geq 0)$ で成立する
$M, \pi \models \psi U\phi$	$\Leftrightarrow M, \pi^k \models \phi$ となるような $k (k \geq 0)$ が存在し，かつ $M, \pi^i \models \psi$ がすべての $i (k > i \geq 0)$ で成立する
$M, \pi \models \psi R\phi$	$\Leftrightarrow$ すべての $j \geq 0$ に対し，すべての $i < j$ で $M, \pi^i \not\models \psi$ ならば $M, \pi^j \models \phi$ が成立する

図 11.15　時間に関する論理記号の解釈 [19]

実行経路がソフトウェアの実行を表しているとすると，例えば「いか

なる場合でもデータ x は上限 MAX を超えてはならない」という性質は「G(x≦MAX)」，「ボタンを押すと赤ランプがつく」という性質は「G（ボタン押下 → （F（赤ランプ点灯）））」と記述することができる．

計算木論理もクリプキ構造の実行経路 π に照らして理解できるが，ある状態 s_0 から始まる実行経路は一般に複数あるため，論理式の表現に経路限量子が用いられる（図 11.16）．

Eψ	ψ が成立する実行経路が存在する．
Aψ	すべての実行経路で ψ が成立する．

図 11.16　経路限量子

上記の時間に関する論理記号や経路限量子によって表現される論理式を扱う時相論理は CTL* と呼ばれる．CTL* において時間に関する論理記号 (X, F, G, U, R) を経路限量子の直後にのみ使えるように制限したものを CTL と呼ぶ．なお CTL* で経路限量子の A のみを扱うように制限したものが LTL となる．

▶ CTL では，例えば AG, EF など，経路限量子と時間に関する論理記号が必ずペアで現れる．

▶ LTL では，様々な実行経路がそれぞれ直線的に表現され，すべての実行経路で性質が成立するかどうかのみを議論できる（すなわち A のみを扱える）．したがって，いくつかの経路で性質 P が成立することを議論する際には（すなわち E に関する性質を議論する際には），すべての経路で ¬P であるという性質が成り立たないことで示す．

11.3.5　モデル検査による検証

11.3.1 で説明したように，モデル検査は仕様記述と性質記述が与えられると，そのモデル上で記述された性質が成立するかどうかを，全数探索により自動的に検証する．仕様記述に用いられる有限状態モデルや，性質記述に用いられる時相論理にはいくつかの種類があり，またモデル検査の手法やアルゴリズムも複数存在する．例えば，各状態において成立すべき式をラベルづけする方法や，状態モデルを二分決定木と呼ばれる構造に変換する方法などがある．

モデル検査でどのような検証ができるか例題で説明する．図 11.17 は，2 つのプロセス「a」と「b」がプリンタ (printer) とスキャナ (scanner) を使う例である．これらの 4 つは並行に動作している．2 つのプロセスはプリンタやスキャナを利用する際には利用権を確保し，利用後は利用権を開放

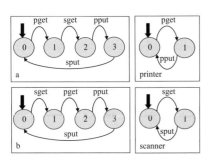
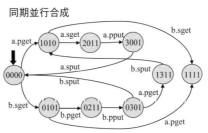

図 11.17　プリンタとスキャナの例

するものとする．

(1) 仕様記述

図 11.17 左は，各プロセスとプリンタ，スキャナの振舞いを示している．「pget」，「pput」はプリンタの利用権の確保と開放，「sget」，「sput」はスキャナの利用権の確保と開放を意味する．図右は，図左の 4 つの定義を，ラベルに注目して同期並行合成したものである．各状態名は，「a」，「b」，「printer」，「scanner」の状態名を連結している．例えば状態名「0000」は 4 つとも「0」の状態にあることを，「1010」は「a」と「printer」が状態「1」に，他は状態「0」にあることを示す．

(2) 性質記述

モデル検査では時相論理で表現できる様々な性質が検証できるが，その典型的なものとして，以下が挙げられる．

▶ [安全性]
sefety

- 安全性：
    ある状況に決して陥らないという性質をいう．例えば上記の例では，「2 つのプロセスがプリンタの利用権を同時に確保することはない」といった性質が相当する．これは時相論理では「AG¬（2 つのプロセスがプリンタの利用権を得る）」と表現できる．なお「(2 つのプロセスがプリンタの利用権を得る)」は「(a が状態 1 もしくは 2) かつ (b が状態 2)」に対応する．

▶ [活性]
liveness

- 活性：
    ある条件が成立すれば必ずある状況に至るという性質をいう．例えば上記の例では，「プリンタとスキャナいずれも確保されていない状態に必ず至る」や「プロセス a がプリンタを確保したらいつかは必ず開放する」といった性質が相当する．これは時相論理ではそれぞれ「AGAF（プリンタとスキャナいずれも確保されていない）」「AG ((a がプリンタ確保) −>AF (a がプリンタ開放))」と表現できる．なお「(プリンタとスキャナいずれも確保されていない)」は「(printer が状態 0) かつ (scanner が状態 0)」，「(a がプリンタ確保)」は「(a が状態 1)」，「(a がプリンタ開放)」は「(a が状態 3)」にそれぞれ対応する．

▶ [到達可能性]
reachability

- 到達可能性：
    初期状態から特定の状態に到達しうることをいう．上記の例では「プロセス a がスキャナを確保する状態に至ることがある」といった性質が相当する．これは時相論理では「EF (プロセス a がスキャナを確保)」と表現できる．なお「プロセス a がスキャナを確保」は「a が状態 2 もしくは 3」に対応する．

(3) モデル検査

上記の性質をモデル検査すると，安全性と到達可能性の性質は成立するが，活性に関する2つの性質は成立せず，例えば反例として「0000 → 1010 → 1111」が出力される．「1111」の状態は「a」と「b」がそれぞれプリンタとスキャナを確保してしまい，お互いに相手の開放を待ち続けてすくんでいる状態あり，デッドロックと呼ばれる．

図 11.18 は，上の例の改良版である．図左下のbの状態遷移において，楕円で囲んでいるように，「b」が利用権をとる順番が上の例から変更され，プリンタ，スキャナの順に入れ替わっている．この場合は，同期並行合成をすると図右のように行き止まりとなる状態は生成されず，上記の性質はすべて成立する．

▶ ［デッドロック］
dead lock

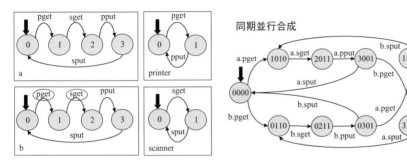

図 11.18 プリンタとスキャナの例（改良版）

なお，並行動作においては特定の並行動作単位のみが実行され続ける状況も発生しうる．例えば上記で，「0000 → 1010 → 2011 → 3001 → 0000 → …」というようにプロセス「a」のみが動作し続ける状況も考えられる．こうした状況を考えることが妥当な場合と妥当でない場合がある．実行可能なプロセスは無限回実行されるという性質を公平性と呼ぶが，公平性を考慮するかどうかで検証の結果が変わりうる．

▶ ［公平性］
fairness

11.3.6 状態爆発

モデル検査は有限状態モデルを全数探索する技術であるが，検査する状態数が大きくなり，現実的な時間やメモリ量で検査が終了しない状況が起こりうる．この状況を状態爆発と呼ぶ．モデル検査ツールの進歩や，コンピュータの性能の向上で，扱える状態数は年々大きくはなっているが，検査する状態数は組合せ的に増えるため，状態爆発は容易に発生しうる．モデル検査では，この状態爆発への対応が重要となる．典型的な対応方法としては抽象化と部分的探索とがある．

抽象化は，検証対象の状態数を減らすように仕様記述を抽象化する方法

▶ ［状態爆発］
state explosion

である．例えば検証する性質にとって区別する必要がない状態やデータをまとめるなどすることで，状態数を減らすといった方法である．検証性質にとって影響のないように状態を削減することが望ましいが，それが難しい場合も多い．そうした場合，抽象化したモデルから得られた検証結果の解釈が重要となる．

例えば OS 上で，タスクが特定のスケジュールの方法で実行が切り替えられて動作しているとする．そのスケジュール方法をそのまま仕様記述すると複雑になるため，ランダムにタスクが実行されるというモデルを記述したとする．ランダムな振舞いの中には，本来のスケジュール方法に基づく振舞いも含まれるが，本来ありえない振舞いも含まれる．このようにモデルがより多くの振舞いを含む場合を，**過大近似**と呼ぶ．一方，本来のスケジュール方法から起こりうる実行順序の中から特定の実行順序だけを実現するモデルを記述したとする．このようなモデルは本来より少ない振舞いを持つが，これを**過小近似**と呼ぶ．

▶ [過大近似]
over-approximation

▶ [過小近似]
under-approximation

過大近似のモデルで性質が成り立つと，それは本来の振舞いを含んでいるので，対象においても性質が成り立つ．しかしながら過大近似のモデルで性質が成り立たなくても，本来のモデルでは発生しない振舞いで性質が成り立たない可能性もあり，対象でも性質が成り立たないとは言い切れない．過小近似の場合は，これとは逆になり，過小近似のモデルで性質が成り立たなければ対象でも成り立たないが，成り立ったからといって対象でも成り立つとは言い切れない．図 11.19 は，これらを直感的に示した図である．振舞いの範囲が違うため，近似したモデルでの性質と対象の性質は必ずしも一致しないことを示している．

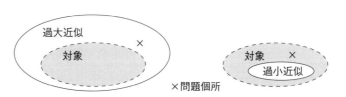

図 11.19　過大近似と過小近似

一方，部分的な探索とは，検証の範囲を限定して，その範囲の中だけの状態を探索する方法である．例えば有界モデル検査という方法では，探索の深さを限定することで高速なモデル検査を実現している．この方法では全数探索を行わないため，その範囲で性質が成り立たなければ対象でも性質が成り立たないが，その範囲で性質が成り立ったとしても，対象で性質が成り立つとは言い切れない．

状態爆発はモデル検査の適用において不可避の問題であるが，それへの対

処はこのようにナイーブな問題を含んでおり，注意深い運用が必要である．

11.4 形式手法の活用

本章の最後に，ソフトウェア開発の中での形式手法の活用に関していくつかの観点から説明する．

11.4.1 モデルの構築と利用

形式手法はソフトウェアそのものを直接確認する技術ではなく，まず形式仕様として表現，つまりモデル化して，そのモデルに対して検証などを行う．したがって，モデルの上で確認できた性質が，現実世界におけるソフトウェアでも成立するのかどうかということが重要となる．

そのため，対象をモデル化したり，性質を記述したりする際には，それらが妥当であるかどうかを十分に考えなければならない．またそのモデル上で性質が成立する，あるいは成立しないといったことが分かった時にそれをどう理解すべきかの解釈も気をつけなければならない．数理論理学は論理体系に基づくものであるが，論理体系にも様々なものがあり，それぞれに表現や確認ができること，できないことがある．そもそも利用する論理体系が自分の確認目的に適しているかどうかということも重要である．

こうした問題の多くは，形式手法に限らずモデルを活用した技術に共通する問題ではあるが，形式手法は厳密性や網羅性に特徴を持つ手法であるため，そうした議論はより本質的な問題となる．

▶ ソースコードに対して直接モデル検査を行うツールなども存在するが，これはソースコードを解析して内部的にフローグラフのようなモデルを構築して，それに対してモデル検査を行うものである．

11.4.2 検証の特性

開発現場で従来から中心的に使われてきたレビューやテストといった技術は，それぞれ異なった特徴を持っているので，フェーズや目的に応じて使い分けられる．同様に形式手法も，その特徴を踏まえた適切な利用が必要である．どれか1つの技術だけに頼るのではなく，個々の特徴を生かした使い分けが重要である．

レビューは人による目視検査であるから，厳密性や網羅性といった観点からは不利だが，人は様々な観点からの気づきがある点は極めて重要である．また，上流工程の成果物など非形式的，準形式的な記述でも扱うことができる．そもそも，妥当性といった側面は人間でなければ確認することが難しいため，レビューが有利となる．

テストはレビューに比べればより厳密で網羅的な確認ができるが，網羅性の観点からは，形式手法などに比べると不利であり，あくまで与えたテストデータに対応した実行しか確認できない．しかしながらテストは開発したソフトウェアそのものの動作を確認するものであり，この点は他の技術にない利点といえる．

形式手法は，厳密性や網羅性の観点からは有利である．状態爆発などが起こり抽象化や部分的探索を行ったとすると，そうした特性が十分に生かし切れないが，それでも他の技術に比べれば厳密性や網羅性は格段に高いといえる．一方，すべての確認において数理論理学を活用することが有効というわけではないし，適用コストは一般に高い．

こうした特性を踏まえながら，開発するソフトウェアやプロジェクトの状況に応じて，どういう部分に形式手法を適用するのが有効かを検討することが重要である．例えば仕様書の曖昧性が問題なら形式的仕様記述を導入する方法も考えられるし，重要部分の処理方式のみに焦点をあて，その部分に欠陥がないかどうかを徹底的に確認するために形式検証を利用することも考えられる．

11.4.3　開発の中での位置づけ

現実のソフトウェア開発は対象の規模も大きく，また開発プロセスの中で様々な成果物が複雑な依存関係を持って作られる．したがって，どのタイミングで，何を対象に形式手法を適用するかという，全体の中での位置づけも重要である．

例えば設計書に基づいて厳密なモデルを作成しようとしても，その設計書そのものの質が悪ければ意味がない．あるいは厳密な設計検証を行っても，実装に用いるコンポーネントの振舞いに未知の部分があれば，設計の正しさを保証できない．一方，質の悪い設計書であっても，それを厳密に仕様記述することにより，曖昧な箇所等を明らかにしてよりよい仕様記述を得るという目的で適用するならば，それは有用性が高いかもしれない．またコンポーネントの振舞いの既知部分は形式手法を用いて設計段階で確認し，テストでは未知の部分に焦点をあてて重点的に確認をするという方法をとることで，より確認が効果的に行えるかもしれない．

こうした問題も形式手法に限らず他の技術に共通する問題ではあるが，一般に形式手法は適用コストが高いため，開発全体を見てその適用の目的や効果を考える視点がより大切となる．

11章　演習問題

(1) (§11.1.1) 数理論理学とは何か説明し，例えばどのような論理体系があるか挙げよ．
(2) (§11.2.1) 操作的仕様記述，宣言的仕様記述とはそれぞれ何か説明せよ．また以下のモデルで仕様を記述した場合はどちらに該当するか．(a) クラス図，(b) ステートマシン図，(c) アクティビティ図．
(3) (§11.3.3) 同期並行合成の同期とは，実際のソフトウェアでは例えばどういう状況に対応すると考えられるか．
(4) (§11.3.4) 図 11.17 の例で，以下の性質を時相論理で表現するとどうなるか．(a) プリンタもスキャナも同時に開放された状態が存在する．(b) a がプリンタを解放したら，いつかは b がプリンタを確保する．
(5) (§11.3.6) 状態爆発とは何か説明しなさい．また典型的な対応策を挙げなさい．
(6) (§11.3.6) 対象で性質が成立することを検証したい場合，過大近似のモデルと過小近似のモデルとどちらを利用することが適切か．
(7) (§11.4.2) モデル検査とテストの特徴を比較しなさい．

11章　発展課題

(1) 文献等で，形式手法がソフトウェア開発に適用された事例を調べ，どういう対象に対して，どういう技術を適用し，どういう効果があったか調べなさい．

12章　プロジェクト管理

[ねらい]

ソフトウェア開発においては，開発規模が大きくなると上流工程や管理の問題が重要となることを1章で指摘した．本章ではプロジェクト管理について考える．

12章　事前学習

(1) §12.1を読み，プロジェクトの特徴を述べるとともに，プロジェクト管理とは何をすることか説明しなさい．

(2) §12.2，§12.3を読み，ワーク・パッケージとアクティビティとの関係を説明しなさい．

(3) §12.5を読み，品質管理においてメトリクスが重要な理由を説明しなさい．

[この章の項目]

プロジェクト管理とは
スコープ・マネジメント
タイム・マネジメント
コスト・マネジメント
品質とその管理
その他の管理
組織としての能力

12.1 プロジェクト管理とは

本節ではプロジェクト管理について，プロジェクト管理に関する知識体系であるPMBOK[121]をベースにし，ソフトウェア開発特有の内容などを補足しながら説明をする．

12.1.1 プロジェクト

▶ [PMBOK]
Project Management Body Of Knowledge

▶ PMBOKはソフトウェア開発だけでなく様々なプロジェクトを対象とした知識体系である．

▶ [プロジェクト]
project

プロジェクトは，独自のプロダクト，サービス，所産を創造するために実施される有期的な業務である．この定義に示されるように，プロジェクトの特徴の1つは，独自の目標を持つことである．ソフトウェア開発では，顧客からの依頼や自主的な企画に基づいてソフトウェアを開発することが目標に対応する．また有期的とは，開始と終了があるということである．コストやリソースの制約の中で，目標を期限までに達成するのがプロジェクトである．一方日常的な営業活動や顧客からの問合せ対応などの業務は定常業務であり，継続的な活動である点からプロジェクトとは区別される．

上記より，プロジェクトには3つの制約があるともいえる．1つは達成すべき目標であり，スコープと呼ぶ．次はプロジェクトを完了するために必要な期間であり，タイムあるいは時間と呼ぶ．もう1つはプロジェクトを完了するために必要な資源にかかるコストである．つまり，プロジェクトはスコープ，タイム，コストに関する制約の下で行われる活動ということもできる．

▶ [スコープ]
scope

▶ [タイム]
time

▶ [コスト]
cost

12.1.2 プロジェクト管理

プロジェクトを完遂させることは容易ではない．最終的なスコープを達成するために日々何を行えばよいのか，定められた期間やコストでスコープを達成するためには個々の活動にどれだけ時間やコストをかければよいのか等を適切に計画，実施しなければ，スケジュールやコストを超過したり，目標を達成できなかったりする．またプロジェクトを実行するのは人間であり，人の能力把握や育成をどう行っていくのかといった，人間的要因に対する配慮も重要となる．

こうしたプロジェクトの遂行には，特有の知識やスキルなどが必要となる．プロジェクト管理は，プロジェクトの要求事項を満足させるために知識，スキル，ツールおよび技法をプロジェクトの活動に適用することをいう．例えばドキュメントやソースコードの管理ひとつをとっても，複数の人が修正や参照を行う際には，適切な約束事や運用上の仕掛けを持ち込まないと混乱をきたす．特に大きなプロジェクトの場合，小さなプロジェクトで行うような素朴な方法ではうまくいかず，適切なプロジェクト管理が不可欠となる．

▶ [プロジェクト管理]
project management

12.1.3 PMBOKの全体像

　プロジェクト管理の様々な局面において，こうした場合にはこうすることが望ましいと実務者や経験者から認められている様々な実践が存在する．こうした実践をプロジェクトマネジメントプロセスと呼ぶ．例えば，上述したドキュメントやソースコードの変更を適切に行うプロジェクトマネジメントプロセスは，統合変更管理プロセスと呼ばれる．PMBOKにはこうしたプロジェクトマネジメントプロセスが47定義されている．これらは，計画，実行，監視・コントロールなどといった5つのプロセスの局面に対応づけて整理されている．また，スコープ，タイム，コストといった管理の対象に応じて10の知識エリアが設定され，全プロセスはマトリクス上に整理されている．

　実際のプロジェクト管理では，これらのプロジェクトマネジメントプロセスを，状況に併せて選択して適用する．その際の基本的な考え方がPDCAサイクルである．PDCAサイクルは，計画，実行，確認，処置という活動を繰返すものであり，計画に基づいてプロジェクト管理を実施し，その状況や結果を確認して必要な対処を行い，それに基づいて次の計画，実行へとつなげ，継続的な改善を行うという行動規範である．計画，実行，監視・コントロールのプロセス群中のプロセスによって，PDCAサイクルをまわし，活動並びに活動結果の品質を高めることが意図されている．以下，主要な管理対象ごとに，説明を行う．

12.2　スコープ・マネジメント

　本節では，スコープの達成に必要十分な作業を管理するプロセスである，スコープ・マネジメントについて説明する．

12.2.1　スコープと成果物

　プロジェクトが提供する製品，サービス，所産などをあわせてスコープと呼ぶ．プロジェクトを実施する一義的な目的はスコープの達成である．なおプロジェクトを完了するために生み出さなければならないプロダクトやサービスは成果物と呼ばれる．これは最終的に外部に出す製品などだけを意味する場合と，設計書などの中間的なものも含む場合とがある．

　プロジェクトを立ち上げる際には，プロジェクトを正式に許可する文書であるプロジェクト憲章を，プロジェクトを始める人やスポンサーが作成する．このプロジェクト憲章中で，プロジェクトの制約，すなわちスコープ，時間，コストなどに関する記述がなされる．この時点ではこれらがすべて明確になっているわけではなく，あくまで暫定的なスコープ定義がなされる．この暫定的なスコープ定義は，プロジェクトが開始してから徐々に明確化されていく．ソフトウェア開発でいえば，顧客からシステムを受

▶ [実践]
　practice

▶ [プロジェクトマネジメントプロセス]
　project management process

▶ [PDCAサイクル]
　Plan-Do-Check-Act cycle

▶ [成果物]
　deliverable

▶ ソフトウェア工学では成果物をartifactとすることも多い．

▶ [プロジェクト憲章]
　project charter

注した時点ではどのようなソフトウェアを作るかの基本的な理解はあるが，プロジェクトがスタートし要求定義を行う過程でより具体的で詳細な要求仕様が決まっていくことに相当する．こうして定義されたスコープは，スコープ記述書中に，プロジェクトの背景，成果物の説明，成功の基準（納期，品質，コストなど）などとして記述される．

12.2.2 WBS

このようにプロジェクトにおいては，最初は大まかに物事が決まり，それが徐々に明確化，詳細化されていくという特性がある．これを段階的詳細化と呼ぶ．スコープを達成し必要な成果物を作るために実行する作業を階層的に要素分解したものをワーク・ブレークダウン・ストラクチャ (WBS) と呼ぶ．図 12.1 に WBS の例を示す．

▶ [ワーク・ブレークダウン・ストラクチャ]
WBS
Work Breakdown Structure

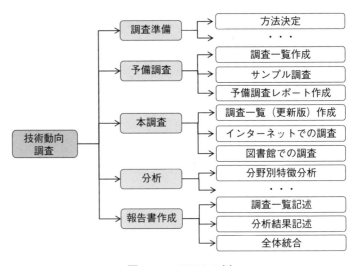

図 12.1　WBS の例

▶ [ワーク・パッケージ]
work package

図に示されるように，WBS ではスコープ達成というプロジェクト全体の作業とそれを達成するために必要となるより小さな作業とが体系づけられる．なお末端でこれ以上分割されない作業をワーク・パッケージと呼び，これが時間やコストを管理する際の基本単位となる．なお分割にあたっては，下位の作業をすべて行うことが上位の作業を行うことに相当する，つまり子作業の総和が親作業になるように分割しなければならない．これをWBS の 100%ルールと呼ぶ．

12.3　タイム・マネジメント

本節では，プロジェクトを所定の時間に完了させるために必要なプロセ

スである，タイム・マネジメントについて説明する．

12.3.1 アクティビティの定義

プロジェクトは有期な活動であるから，その期間でスコープを達成することが求められる．そのために，まずWBSで定義されたワーク・パッケージごとに，そこでの成果物を明確にして，そのために必要となる作業をアクティビティとして定義する．一般には1つのワーク・パッケージは複数のアクティビティと対応づけられる．

直近に行う作業はその内容が細部まで検討しやすいが，先々の作業は検討がしづらく，また不確定要因もあって洗い出しが難しい．このように直近の作業は詳細化し，将来の作業はおおまかに残しておく方法をローリング・ウェーブ計画法と呼ぶ．おおまかな部分は作業の進行とともに詳細化していく．

▶ [ローリング・ウェーブ・計画法]
rolling wave planning

個々のアクティビティに対しては，それを遂行するためにどのような資源が必要になるかを見積もる．ここで資源とは特定のスキルを持った人，装置，サービスなどを意味する．ソフトウェア開発でいえば，設計者やプログラマなどの人，コンピュータやプリンタなどの装置，あるいは技術情報を調べるための図書サービスなどが相当する．資源はいつでもいくらでも使えるとは限らない．作業ができる時間，プリンタが空いている時間，あるいは図書サービスが使える時間などには制約があるので，それらを併せて明らかにする必要がある．

▶ [資源]
resource

12.3.2 プロジェクト・スケジュール・ネットワーク図

アクティビティ間には守らなければならない順序関係があるので，その順序を設定し，プロジェクト・スケジュール・ネットワーク図を作成する．プロジェクト・スケジュール・ネットワーク図としては，プレシデンス・ダイアグラム法 (PDM) や，アロー・ダイアグラム法 (ADM) などがある．PDM は，ノードでアクティビティを，アークで依存関係を表す図法で，表 12.1 に示すような4種類の依存関係を表現できる．ADM は，時点をノードで，アクティビティをアーク表す図法で，表 12.1 における FS 関係のみを表現することができる

図 12.2 にプロジェクト・スケジュール・ネットワーク図の記述例を示す．図左が PDM，図右が ADM での記述であり，いずれも A 終了後に B, C, D が開始，B, C が終了すると E が開始，D, E が終了すると F が開始することを示している　ADM における d1, d2 はダミー・アクティビティという所要時間がゼロのアクティビティで前後関係を示す目的で記述される．

▶ [プレシデンス・ダイアグラム法]
PDM
Precedence Diagram Method

▶ [アロー・ダイアグラム法]
ADM
Arrow Diagram Method

表 12.1　PDM におけるアクティビティ間の依存関係の種類

FS (Finish-to-Start)	先行作業終了後に後続作業を開始する．	FS: 先行作業 → 後続作業
FF (Finish-to-Finish)	先行作業終了後に後続作業が終了する．	FF: 先行作業／後続作業
SS (Start-to-Start)	先行作業開始後に後続作業が開始する．	SS: 先行作業／後続作業
SF (Start-to-Finish)	先行作業開始後に後続作業が終了する（このケースはまれ）．	SF: 先行作業／後続作業

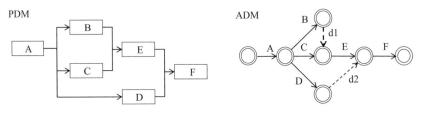

図 12.2　プロジェクト・スケジュール・ネットワーク図の例

12.3.3　作業時間の決定

依存関係が定義されたら，各アクティビティに対して，それを完了するために必要な作業時間を決定する．見積もりに際しては過去の情報から時間を類推したり，作業量から時間を見積もったりする方法がとられる．また典型的に想定される所要時間 M，楽観的なシナリオに基づく所要時間 O，悲観的シナリオに基づく所要時間 P から重みづけ平均 $(O+4M+P)/6$ によって時間を見積もる三点見積もりなどの手法も使われる．

こうした依存関係，資源，所要時間などの情報に基づいて，各アクティビティの開始予定日と終了予定日を含めた全体のスケジュールを作成する．プロジェクト・スケジュール・ネットワーク図にはアクティビティ間の依存関係や所要時間などが定義されているが，それらを満たすスケジュールは多様に考えられる．例えば図 12.2 において，A 終了直後に B を始めるのか，一定時間をおいて B を始めるのか等は規定されていない．あるいは B と C とが 1 つしかない装置を利用する場合，B と C とは同時に実行できず順次行う必要がある．スケジュール作成においてはこうした点を考慮しながらスケジュールを決める．

▶ M,O,P はそれぞれ mostly, optimistic, pessimistic の頭文字で，各時間を最可能値，楽観値，悲観値とも呼ぶ．

▶ ［三点見積もり］
three point estimate

12.3.4 クリティカル・パス法

一般的にはスケジュールは短縮することが望まれるが，プロジェクト・スケジュール・ネットワーク図から，これ以上短縮できない限界を知ることができる．限界を見つける手法にクリティカル・パス法 (CPM) がある．クリティカル・パスとはプロジェクトの所要時間を決定づける一連のアクティビティを意味する．

図 12.2 を例にクリティカル・パスを求める方法を説明する．図 12.3 に示すように，アクティビティ A, B, C, D, E, F の所要時間がそれぞれ 5, 4, 3, 5, 3, 4 だとする．まず各ノードに対して最早結合点時刻 (ET) を求める．ET はそのノードの前のアクティビティが最も早く終わる時間を示す．ただし開始ノードは 0，入ってくるアークが 1 つなら前のノードの ET に所要時間を加えた値，入ってくるノードが複数ならその最大値とする．次に逆方向に，各ノードに対して最遅結合点時刻 (LT) を求める．LT は最終ノードの ET を達成するために，その前のアクティビティをぎりぎり延ばせる（着手しないと間に合わない）時間を示す．最終ノードの LT は ET，出ていくアークが 1 つなら次のノードの LT から所要時間を引いた値，複数のアークが出ていくならその最小値とする．こうして求めた ET と LT が一致するノードをたどるパスが，クリティカル・パスである．この例の場合，A-B-(d1)-E-F がそれに相当する．

▶ ［クリティカル・パス法］
CPM
Critical Path Method

▶ CPMではADMを用いる．

▶ ［最早結合点時刻］
ET
Earliest event Time

▶ ［最遅結合点時刻］
LT
Latest event Time

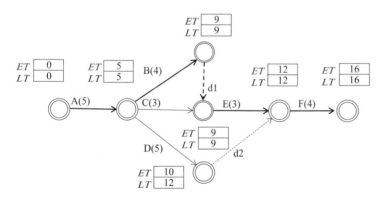

図 12.3 クリティカル・パスを求める例

12.3.5 スケジュールの作成

上述した検討に基づいてスケジュールを作成する．クリティカル・パス上にないアクティビティの着手や終了の時間は，クリティカル・パスに影響しない範囲で変更できる．所要時間や資源の制約を踏まえながら，さらにもしも何らかのトラブル等が発生した場合どうなるかといった要因を考

▶ スケジュールを作成する際には，所要時間に基づき所要期間を考えることが必要である．所要時間が4時間の仕事でも，金曜日の夕方に着手すれば，終了するのは月曜日の午前になるし，その作業に文献調査が必要だが，図書館が月曜日閉館なら終了は火曜日になる．

▶ ［リード］
lead

▶ ［ラグ］
lag

慮するなどして，リードやラグを設定しながら実現可能なスケジュールを作成する．なおリードとは，先行作業終了前に後続作業を開始できる場合のギャップの時間であり，ラグとは先行作業終了後，後続作業開始までの空き時間である（図12.4）．

図 12.4　リードとラグ

▶ ［ガントチャート］
Gantt chart

作成したスケジュールの記述方法としては，アクティビティの開始すべき日から終了すべき日までをバーで示すガントチャートなどがよく使われる（図12.5）．

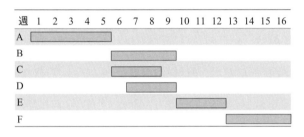

図 12.5　ガントチャートの例

12.4　コスト・マネジメント

　本節では，認められたコストの中でプロジェクトを実施するために必要なプロセスである，コスト・マネジメントについて説明する．

12.4.1　コスト見積もり

　コスト見積もりとは，アクティビティを完了するために必要な資源のコストの概算を作成するプロセスである．特にソフトウェア開発においてはコストに占める人のコストの割合が大きい．人のコストはスキルにも当然左右されるが，かかる人数と時間とが大きな決定要因となる場合が多い．通常，人数と時間は作るものの規模に大きく影響されるため，どの程度の規模になるのか，その開発にどのくらいの人数と時間とがかかるのかを見積もることが必要である．

類推見積もりは，過去の類似のアクティビティのコストを見積もりの基準として用いる方法である．同様のプロジェクトであれば同様のコストで実施できるであろうという考え方に基づいた方法で，過去のコストを蓄積している場合に有効である．ボトムアップ見積もりは，階層の下位にある作業の作業量を見積もり，単価をかけて人件費を求め，それらを積み上げる手法である．個々の作業のコストを集計する方法で，典型的な手法の1つといえる．パラメトリック見積もりは，過去のコストデータと変数（プログラムのサイズなど）との統計的関係を用いて見積もる方法である．変数との関係を理解するのは必ずしも容易ではないが，関係を適切にモデル化することができれば見積もりの精度が上がる．

▶ [類推見積もり] analogous estimating

▶ [ボトムアップ見積もり] bottom-up estimating

▶ [パラメトリック見積もり] parametric estimating

ソフトウェア開発を対象としたコスト見積もりでは，規模に基づく手法が複数提案されている．経験的にソフトウェア開発コストは規模と関係を持っていると考えられ，過去データを用いて回帰分析を行って関係式を得て，それを用いて工数を予測する．なおこのような関係性はソフトウェアの種類や，組織やチームの特性といった特定の状況によって変わりうるため，慎重に活用する必要がある．

▶ 例えば，Putnam, Boehm, Bailey and Basili などの提案するモデルがある．またファンクションポイント法などの考え方を取り入れた CO-COMO II などもよく知られている．

なお，プロジェクトにおいては不測の事態が発生しうる．例えば要求仕様の定義においてステークホルダとの合意が得られない，当初予定した性能がうまく出ない，あるいはバグがなかなか収束しないなど，様々な事態が考えられる．こうした事態が発生することをある程度想定し，それへの対応をあらかじめ予備費として計上することがある．こうした不測の事態への備えをコンティンジェンシー予備と呼ぶ．こうした万一に備えた引当てを用意しておくことは，プロジェクトの遂行上有益であることが多い．

▶ [コンティンジェンシー・予備] contingency reserve

12.4.2 コストの予算化

コスト予算化とは，アクティビティやワーク・パッケージに対して見積もったコストを集約し，コスト・ベースラインを作成するプロセスである．ここでコスト・ベースラインとは承認された予算であり，後述するスケジュールのコントロールやコストやプロジェクトのパフォーマンスの測定の際の基準として使われる．

▶ [コスト・ベースライン] cost baseline

図 12.6 の左側の曲線はコスト・ベースラインの例である．横軸は時間軸，縦軸が累積コストを示している．一般にプロジェクトの開始時にはプロジェクトの立ち上げなどを行っているためにそれほどコストがかからず，プロジェクトの中盤では多くのコストがかかり，終盤はプロジェクトの終結へと向かうため徐々にコストが減っていくことが多いため，こうしたS字カーブを描くことが多い．

コスト・ベースラインは発生するコストの累積を示しているが，例えば物品を調達すると後日請求書が届くなど，実際にお金が必要となるのはコ

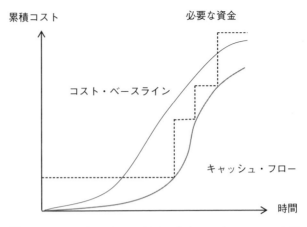

図 12.6 コスト・ベースラインとキャッシュフローの例

スト発生後，少し期間をおいてからになることが多い．実際のお金の流れをキャッシュ・フローというが，実際の資金の流出はコストの発生よりも遅くなる．図右側の曲線はキャッシュ・フローの例である．実際に支払いをする時点では資金が必要なため，その時点までに資金を充当しておかなければならない．図の点線は必要な資金の累積例を示している．

12.4.3 アーンド・バリュー法

スコープ，タイム，コストの計画が立てられると，その計画に基づいて実際にプロジェクトを遂行する必要がある．1章で，ソフトウェア開発が計画通りにいかないことを調査結果などから紹介したが，計画の遂行は立案以上に難しい．『人月の神話』には，「どうしてプロジェクトが一年も遅れるのだ？」「一度に一日ずつ」という引用があるが，一度にはわずかな計画とのずれが積み重なり，取り返しのつかない状態になることは，失敗プロジェクトではよくあることである．

計画の遂行では，スコープ，スケジュール，コストなどプロジェクトの状況を監視し，計画との差異を把握することが重要となる．例えば担当プログラムの開発が期間までに終了しそうにないということが把握できれば，プログラムの機能を減らす，高スキルの人に手伝ってもらう，スケジュールを延ばすなど，必要な処置を検討し対応を行うことが可能となる．

こうしたプロジェクトの状況を把握するための技法であるアーンド・バリュー法 (EVM) について図 12.7 を用いて説明する．

アーンド・バリュー法は，プロジェクトを実行しているある時点において，そこまでにかけたコスト，それまでに得られた価値（作られた成果物）を計画と比較することで，プロジェクトの状態を判断したり，それまでのプロジェクトのパフォーマンスを測定したりするための手法である．

▶ [キャッシュ・フロー]
cash flow

▶ [アーンド・バリュー法]
EVM
Earned Value Management

▶ EVM は 60 年代後半に米国の DoD でのコスト・スケジュール管理システムとして提案され，その後 DoD だけでなく米国の政府機関での契約案件での利用が法制度化されるなどして，90 年代以降，欧米や日本でも利用ガイドラインが整備されている．

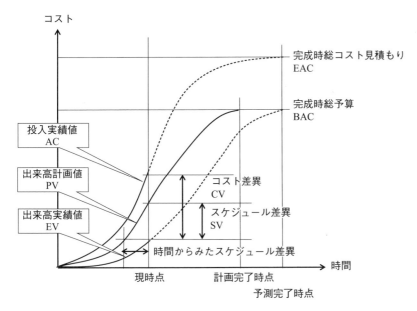

図 12.7　アーンド・バリュー法の基本概念

　出来高計画値 (PV) は，上述したコスト・ベースラインに相当するもので，時間の進行とともにコストがどう累積していくかという計画を示している．投入実績値 (AC) は，それまでにかかったコストの累積であり，出来高実績値 (EV) は，それまでに得られた価値の累積である．

　アーンド・バリュー法では，成果物を作ったことによって得られる価値を，その成果物の開発にかける計画上のコストと理解する．例えばある成果物の開発にコスト 100 をかける計画だとすると，その成果物の価値は 100 となる．しかし実際には，開発の効率が良ければその成果物の開発コストは 90 で済むかもしれないし，効率が悪ければ 110 かかるかもしれない．したがって，実際にかけたコストとそれまでに得られた価値（作られた成果物の価値）は異なった値になりうる．

　スケジュール差異 (SV) は，出来高実績値と出来高計画値の差 (EV−PV) であり，現時点までに得た価値と，予定との差を示している．もしも多くの価値を得ていれば（SV が正ならば）スケジュールは進んでおり，少ない価値しか得られていなければ（SV が負ならば）スケジュールは遅れていることになる（図では遅れている）．

　一方コスト差異 (CV) は，出来高実績値と投入実績値の差 (EV−AC) であり，現時点までに得た価値と，かかったコストとの差を示している．もしも得た価値よりもコストがかかっていなければ（CV が正ならば），コストの範囲内で効率よく作業が進んでおり，得た価値よりもコストがかかっていれば（CV が負ならば）コストをオーバーしていると捉える（図では

▶ ［出来高計画値］
PV
Planned Value

▶ ［投入実績値］
AC
Actual Cost

▶ ［出来高実績値］
EV
Earned Value

▶ ［スケジュール差異］
SV
Schedule Variance

▶ SV を時間軸上で捉えることもある．この場合は，現時点の EV と同じ価値が作られるはずだった計画上での時点と，現時点との時間軸上の差をスケジュール差異と考える．

▶ ［コスト差異］
CV
Cost Variance

オーバーしている).

　計画通りにプロジェクトを進めるためには,そのプロジェクトのパフォーマンスを知ることが重要である.自分が一日に何行のプログラムを作ることが出来るか分かっていなければ,プログラム作成に何日かかるかを見積もることはできない.アーンド・バリュー法を用いて,こうしたパフォーマンスに関する指標を得ることができる.スケジュール効率指標 (SPI) は,出来高実績値と出来高計画値の比 (EV／PV) であり,スケジュールの進捗の速さを示す.コスト効率指標 (CPI) は,出来高実績値と投入実績値の比 (EV／AC) であり,成果を生み出すためにコストが効率よく使われているかどうかを示している.SPI と CPI はいずれも,1 より大きければ計画以上であり,小さければ計画以下であることを示す.

　現時点までの実績とパフォーマンス指標に基づいて,実際にプロジェクトが終了する時点での完成時総コスト見積もり (EAC) を推定することができる.これを計画上の完成時総予算 (BAC) と比較することで,プロジェクト完了時のコストや時間を,計画と比較して検討することが可能となる.

▶ ［スケジュール効率指標］
SPI
Schedule Performance Index

▶ ［コスト効率指標］
CPI
Cost Performance Index

▶ ［完成時コスト見積もり］
EAC
Estimate At Completion

▶ ［完成時総予算］
BAC
Budget At Completion

12.5　品質とその管理

　本節では,要求される品質を達成するために必要なプロジェクトの活動について説明する.

12.5.1　品質と管理のポイント

　品質は,固有の特性群が要求事項を満足している度合いをいう.4 章で説明したようにソフトウェアに関わる品質には様々なものがあり,それらに対する品質要求の達成が求められる.求められる品質を達成するためには,単にテスト担当者が出荷前に十分にテストをすればよいというものではない.ソフトウェア開発を通じて,プロジェクトに関わる様々な立場の人が協調して,体系的,計画的に品質達成に向けた活動を行う必要がある.

　その際,重要なことが,検査よりも予防という視点である.作り込んだ欠陥を発見し修正するコストは一般に高くつく.特に手戻りコストは時には膨大になる.したがって欠陥を未然に防ぐ予防に力を入れることが有用である.またプロジェクト管理全般にもいえることではあるが,PDCA のサイクルに基づいた継続的な改善が重要となる.継続的な改善は,製品の品質だけでなく,プロジェクト管理の方法そのものを改善するものであり,よりよい品質を達成する組織としての能力を向上させる意味がある.

　さらに,品質管理のためには,品質を測定することが重要となる.測定できないものを工学的に管理し制御することは困難である.もちろんソフトウェアの品質のすべてに対して客観的な測定方法が存在するわけではない.むしろそうした測定方法が存在しない場合が多い.しかしながら,そ

▶ ［品質］
quality

▶ PMBOK では重要な点として,顧客満足,検査よりも予防,継続的改善 PDCA,経営者の責任,品質コスト COQ(Cost of Quality) を挙げている.

ういう場合でも，後述するように何らかのメトリクスを設定し，品質を捉えることが重要となる．

12.5.2 品質マネジメント

PMBOKでは，品質を達成するためのプロセスとして品質マネジメント計画，品質保証，品質コントロールがあり，これらを品質マネジメントと呼ぶ．

品質マネジメント計画は，要求される品質やその基準を定め，それらを遵守するための方法を決定するプロセスである．ここでは品質マネジメントの計画，必要な作業が行われたかどうかを確認するためのチェックリスト，求められる品質の尺度などが決定される．この際，品質コストに対する考慮が重要となる．品質コストには，要求品質に適合させ，また適合しているかどうかを確認するために必要な適合コストと，適合しなかった場合に手直しを行うなどの不適合コストがある．コストと便益を考慮しながら計画を立案する必要がある．

品質保証は，要求事項を満たすために必要なプロセスが実行されることを保証するためのプロセスである．ここでは計画されたプロセスを実施し，成果物の品質を監視し，問題があれば修正や是正を行う．品質監査は，プロジェクトの方針や定めた手順通りにプロジェクトが行われているかを第三者がレビューすることであり，品質保証において重要な役割を持つ．また品質コントロールは，プロジェクトのパフォーマンスや実行結果を監視するプロセスであり，プロダクトの妥当性確認やプロセスの改善などに役立てる．

これらのプロセスにおいて，使われる技法としてQC七つ道具がある．品質関連の問題解決のために使われる技法であり，集めたデータの理解や分析に活用することができる．表12.2に概要を，図12.8に各図法のイメー

▶ [品質マネジメント計画]
plan quality management

▶ [品質保証]
perform quality assurance

▶ PMBOKのプロセス名としては上記の英文が記載されている．JISなどではQuality Assurance (QA) という英文になっている．

▶ [品質監査]
quality audits

▶ [品質コントロール]
control quality

▶ [QC七つ道具]
seven basic quality tools

▶ いくつかのリスティングがあり，PMBOKでは「グラフ」の代わりに「フローチャート」が記載されている．また以前は「層別」が含まれていたがツールというより方法ということで記載されなくなっている．さらに新QC七つ道具というものもあり，[160]では，「系統図法」，「マトリックス図法」，「マトリックス・データ解析法」，「PDPC法(重大事故予測図法)」，「連関図法」，「親和図法(KJ法)」，「アローダイアグラム法」が挙げられているが，これ以外のリスティングもある．なおPDPCはProcess Decision Program Chartの略．

表 12.2　QC七つ道具 [160]

特性要因図	品質の特性と要因の関係を表す．ふつう，魚の骨に似た形状となる．
パレート図	項目を横軸とし，度数の多い項目から順に度数を縦軸にとり，累積相対度数曲線を併設した図．
チェックシート	データの分類項目別分布を知るために使う．
ヒストグラム	値の存在する範囲をいくつかの区間に分けた場合，各区間を底辺とし，その区間に属する出現度数に応じた柱を並べた図．
散布図	2変数を横軸と縦軸にとり，値を打点してとる図．
管理図	工程が安定な状態にあるかどうかを調べるため，または工程を安定な状態に保持するために用いる図．
グラフ	データを数字ではなく図に表すために使う．棒グラフ，円グラフ，帯グラフ等．

ジを示す．なお，個々の詳細説明は割愛する．

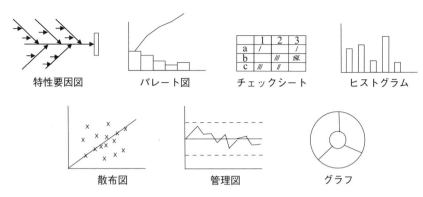

図 12.8　QC 七つ道具のイメージ

なおソフトウェアの品質の確保のために，プロジェクト中に 2 種類のスタッフを持つことが一般的である．1 つは技術レビューやテストなどを実施するソフトウェア技術者であり，もう 1 つは活動の監視，記録，分析などを行う品質保証グループである．これらが適切に補完し合うことにより，より効果的な品質の実現が期待できる．

▶ 実際にプロジェクトを行っている時には，立場の違うこの両者の間には，特有の緊張感などが生まれることも多い．

12.5.3　メトリクス

▶ [メトリクス]
metrics

12.5.1 で品質の測定の重要性について述べた．メトリクスは定義された測定方法と尺度の組であり，ソフトウェア開発では広く使われている．メトリクスには，対象属性に直接値を割り当てる直接メトリクスと，対象属性と関係のある他の属性を測定して間接的に値を求める間接メトリクスとがある．ソースコードの行数を知りたくて行数を測定するのは前者の例であるが，開発の大変さを理解する際に，大変さは行数と関係があると考えて行数を測定するのは後者の例である．

基本的な測定対象として，ソフトウェア開発の生産性を考えてみる．生産性とは単位時間当たりの開発規模であるので，生産性を知るには開発規模を測定しなければならない．開発規模のメトリクスとしては長らくソースコードの行数 (LOC) が使われてきた．しかしながら行数は必ずしも適切なメトリクスとならない状況がある．例えばコピーアンドペーストで重複コードをたくさん含んだプログラムを作る方が，リファクタリングを行いコンパクトで冗長性のないプログラムを作るよりも，より生産性が高いとみなされてしまう．あるいは同じ機能でも，用いるプログラミング言語によって必要とされる行数は大きく異なる．また近年は，そもそもプログラミング言語を用いないことも多い．

▶ [コードの行数]
LOC
Lines Of Code

LOCのこうした問題を改善するために提案されたのが，ファンクションポイント (FP) である．これは行数ではなく，結果として実現された機能の数を測るという考え方である．つまりどう作ろうと，単位時間に実現された機能が同じなら，生産性は同じという考え方である．この考え方は一定の合理性があるが，機能数を測定することは自明な問題ではない．そのため，入力数やファイル数などから機能を求める方法などが提案されている．近年，FP の利用が広がってきているが，対象や分野によって機能を求める方法が異なるなど，注意深い利用が必要である．メトリクスの利用に当たっては，測定方法の定義やデータの収集を行うだけでなく，測定された値を，適切に解析，解釈することが重要となる．

アドホックにメトリクスを定義，設定して測定するのではなく，目標を明確にして測定をすることの重要性も指摘されている．GQM はそうした考え方の 1 つであり，まず測定目標を設定し，目標のために答えるべき質問を定義し，その質問に答えるために必要なメトリクスを捉える，という構造で，体系だって測定を行うことを提唱している．例えば，「設計の良し悪し」を測定したいという目標に対して，「モジュールが冗長でないか」，「グローバル変数を多用していないか」などといった質問が設定され，前者に対して「クラスの平均行数」，後者に対して「グローバル変数の個数」といったメトリクスを定義するといった方法である．

▶ [ファンクションポイント]
FP
Function Point

▶ さらに気をつけなければならないのは，現場では一旦数値化されてしまうと，いくら解析・解釈が重要といっても，数値だけを見て，どちらがよい悪い，といった判断が短絡的になされる傾向があることである．数字の一人歩きなどとも言われる．

▶ [GQM]
Goal Question Metrics

12.6 その他の管理

プロジェクト管理では，以上の他にも様々な管理が必要となる．本節では，それらの中からいくつかを簡単に説明する．

12.6.1 人的資源管理

ソフトウェア開発費用の大半が人件費ということからも分かるように，ソフトウェア開発は大きく人に依存している．したがってプロジェクトの遂行に必要な人材を確保し，プロジェクトを遂行するためのチームを組織し，あるいはプロジェクトの中で人を育成するということが重要となる．プロジェクトの段階に応じて必要となる人材のスキルや人数は異なるので，どのように人を確保し離任させるかを時間軸のなかで計画する必要がある．またプロジェクトの中で，個人の役割と権限を明確にしてチームを編成し，また個人やチームが能力を発揮できるように作業場所を設定したり，賞罰を行ったりすることも必要となる．またパフォーマンスを評価してフィードバックすることも重要となる．なお，ソフトウェア技術者のキャリア（職種）と段階（レベル）を測定するためのフレームワークとして，IT スキル標準 (ITSS)[54] や，組込みスキル標準 (ETSS)[53] なども定められており，人材育成などにおける指針として利用することができる．

▶ [IT スキル標準]
ITSS
IT Skill Standard

▶ [組込みスキル標準]
ETSS
Embedded Technology Skill Standard

12.6.2 コミュニケーション管理

エクストリームプログラミングの価値としてコミュニケーションが挙げられているが (8.2.5 参照)，プロジェクトの運営においてコミュニケーションは極めて重要となる．伝えたつもりになっていたことが伝わっていない，正しく伝わっていない，あるいはこのくらいは伝えなくてもいいと思ったことが重要な問題につながるといったことが容易に起こる．またコミュニケーション上の問題はメンバ間の信頼関係の悪化など，チームワークにも影響を及ぼす．したがってプロジェクトでは，必要とされている情報の配布や，パフォーマンスに関する実績報告などの方法を明確に定義することが必要である．例えば会議やミーティングの設定，メーリングリストや情報共有サーバの設定，変更や障害の報告や通知の方法など，プロジェクトの規模，メンバ，状況に応じた方法を定めることが重要である．

12.6.3 リスク管理

▶ [リスク] risk

▶ PMBOK では，リスクとは必ずしも悪い影響だけをいうわけではない．プラスのリスクを好機 (opportunity)，マイナスのリスクを脅威 (threat) と呼んでいる．

リスクとは，発生すればプロジェクトにプラスもしくはマイナスの影響をもたらす不確実な事象や状態をいう．つまり必ず起こるわけではないが，起こった場合には影響があるということである．プロジェクト管理の観点からいえば，発生してから対応するという受動的な対応ではなく，潜在的なリスクを認識し，その影響を評価し，重要性に応じて備えておくという能動的な対応が重要となる．例えば発生の確率と発生したときの影響度を設定し，その積を重要度とするといった考え方などがある．重要と考えられるリスクへの備えには，不確定要因の多い新技術の利用を見送るなどリスクを取り除く回避，保険をかけるなどリスクの影響を他に移す転化，より確実と思われる業者に発注するなどリスクの影響を減らす軽減などがある．

12.6.4 調達管理

▶ [調達] procurement

プロジェクトの実行に必要なプロダクト，サービス，所産をプロジェクトチームの外部から購入あるいは取得することを調達という．調達もアドホックに行うのではなく，計画的に行うことが重要である．例えば内製と外製のどちらが有利かということを判断する必要がある．この際，現在作っているソフトウェアにとっての得失だけでなく，どういう分野のスキルを内部に持ちたいのか，どういう設備を調達する必要があるのか，などといった中期的な視点も必要になる．

なおソフトウェアを調達する際に，作業時間に対して対価が発生する委任契約と，作業の結果に対して責任を負う請負契約とがある．作業の結果が明確に定義できる仕事かどうかなどを考慮して決定する必要がある．また契約に関しては様々な法律などが規定されている．本書では触れないが，重要な側面である．

12.6.5 構成管理

本節の最後に，成果物などの変更を管理するために必要な一連の活動である構成管理について説明する．ソフトウェア開発プロジェクトにおいては，要求仕様書，設計書，ソースコードなどの成果物に対して様々な変更が行われる．プロジェクトのメンバが変更作業を勝手気ままに行うと，どれが最新版なのか，どれが正式に承認されたものなのか，どれが先日顧客に確認をとったものなのか，といったことが分からなくなりプロジェクトの遂行ができなくなる．したがって，プロジェクト遂行中に管理すべき対象やその管理単位を決め，変更をコントロールし，変更が問題なく行われたことを確認し，その変更を関係者に報告するといった活動を体系だって行うことが必要となる．

変更管理を行う管理単位をソフトウェア構成要素 (SCI) と呼ぶ．また公式にレビュー合意され，その後の開発の基礎となり，正式な変更管理の手続きによってのみ変更することができる成果物をベースラインと呼ぶ．構成管理では，ベースラインを変更する際の手続きを定めることで，秩序だった変更を可能にする．図 12.9 は，変更手順を説明する図である．SCI は公式な技術レビューを経てベースラインとなりリポジトリ（成果物を格納する場所）に格納される．ベースラインはプロジェクトで定められた手順に基づいてのみ変更が可能となる．変更された SCI は公式な技術レビューを経てリポジトリに格納される．

▶ [構成管理]
configuration management

▶ PMBOK では構成管理というプロセスはなく，別のプロセスの一部で説明されている．しかし一般的には構成管理という用語は広く使われており，ここではその用語でタイトルを付けている．

▶ [ソフトウェア構成要素]
SCI
Software Configuration Item

▶ [ベースライン]
baseline

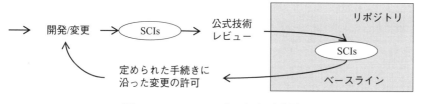

図 12.9　ベースラインと変更手順

なお，ここで説明した構成管理はプロジェクト管理の活動であるが，それを実際に行う際には，6 章で紹介したバージョン管理や排他制御の機能を持ったツール類を活用することが多い．

12.7　組織としての能力

組織としてのソフトウェア開発の能力を捉え，改善を行うことは重要である．本節では，そうした組織としての能力に関する枠組みについて説明する．

12.7.1 組織力とアセスメント

プロジェクト管理などソフトウェア開発に関わる様々な能力は，個人が備えるだけでなく，組織として備える必要がある．同じ組織であっても担当した人によって出来上がるソフトウェアの品質や納期がまちまちでは，ビジネスにならない．そこで，組織がどの程度ソフトウェア開発の能力を持つかを判断することが重要となる．ソフトウェア開発を依頼する立場からすると，その組織がどの程度の能力を持っているかが分かることで，依頼の適否の判断に利用することができる．一方，ソフトウェア開発を行う組織が，自らの能力を知ることで，より高い組織能力をつけるための改善へと活用することができる．

そこで組織の能力を判断する枠組みを作り，それを第三者によるアセスメントを行うことで，組織の能力を判断することが行われている．そうした枠組みとしては，例えば CMMI[22]，ISO15504[63]，あるいは自動車業界に特化した Automotive SPICE[154] などがある．国や自治体，あるいは業界によっては，こうした枠組みに基づいて一定以上の能力を持っていることを示すことが，ソフトウェア開発の入札に参加したり，あるいは受注したりするための条件にもなることもあり，組織能力を知り，改善することはビジネス面でも重要となっている．

12.7.2 CMMI

▶ [能力成熟度モデル統合]
CMMI
Capability Maturity Model Integration

本稿では，こうした枠組みの1つである能力成熟度モデル統合 (CMMI) について説明する．CMMI[22] は，組織の持つソフトウェア工学の能力を判断するためのフレームワークであり，W. Humphrey が発表した CMM を発展させたものである．CMMI では組織の改善に関して2つのアプローチがあり，能力成熟度モデルもそれぞれに対応した表現が示されている．以下，まず CMMI の枠組みの基本となるプロセス領域について説明した後に，2つの表現である連続表現と段階表現について説明する．

(1) プロセス領域

▶ [プロセス領域]
process area

プロセス領域とは関連したプラクティス（実践）の集まりである．それらを実現することにより，その領域において重要と考えられるゴール群が達成できると考える．CMMI では 22 のプロセス領域が定義されている．例えば「構成管理」というプロセス領域には，「ベースラインを確立する」，「変更を追跡し制御する」，「一貫性を確立する」というゴールが設定されており，「ベースラインを確立する」というゴールは，「構成品目を特定する」，「構成管理システムを確立する」，「ベースラインを作成またはリリースする」といったプラクティスによって実現される．なお，そのプロセス領域だけに必要なゴールを固有ゴール，他のプロセス領域でも必要なゴールを

共通ゴールと呼ぶ．プラクティスもそれに準じて固有プラクティス，共通プラクティスと呼ぶ．

(2) 連続表現

連続表現は，それぞれのプロセス領域の能力度レベルを示すことで，組織の状態を表すモデル構造である．ここで能力度レベルとは，あるプロセス領域のゴールがどの程度達成されているかを示す指標で，レベル0（不完全な），レベル1（実施された），レベル2（管理された），レベル3（定義された）の4レベルがある．この表現は，個々のプロセス領域をひとつひとつ改善していくアプローチに対応する．つまり，個々のプロセス領域ごとにどのレベルまで達成されているかを評価し，それに基づいて改善すべきプロセス領域を決め，改善を行うという考え方である．

▶ 連続表現では，プロセス領域ごとに能力度レベルが設定される．例えば，構成管理はレベル2だが，要件管理はレベル1というように，個別にレベルが評価される．それに基づいてどういうプロセス領域に強みや弱みがあるかを判断する．

(3) 段階表現

段階表現は，組織の成熟度レベルごとに必要とされるプロセス領域を設定し，それらプロセス領域のゴールの達成をみることで成熟度レベルを示し，組織の状態を表すモデル構造である．ここで成熟度レベルとは，対応する複数のプロセス領域の達成度によってプロセス改善の度合いを示す指標で，レベル1（初期），レベル2（管理された），レベル3（定義された），レベル4（定量的に管理された），レベル5（最適化している）の5レベルがある．この表現は，様々なプロセス領域を横断的にみて，組織が一定のレベルであるために必要とされるすべてのプロセス領域群を改善していくアプローチに対応する表現である．

表12.3は，成熟度レベルと，その成熟度レベルに対応づけられたプロセス領域を示す．例えばレベル2の成熟度であるためには，「プロジェクト計画策定」，「プロジェクトの監視と制御」など，7つのプロセス領域の達成が必要となる．レベル2に満たない組織は，まずこの7つのプロセス領域を達成することが改善の順序となる．

▶ 段階表現では，組織に対して成熟度レベルが設定され，成熟度レベルごとに達成が必要なプロセス領域群が設定される．そのプロセス領域群がすべて達成されれば，対応する成熟度レベルにあるとみなされる．また高い成熟度レベルは，低い成熟度レベルに必要なプロセス領域の達成を前提としているので，成熟度は段階を追って高めていくことになる．

表 12.3 成熟度レベルと対応するプロセス領域

	プロセス領域			
	エンジニアリング	プロセス管理	プロジェクト管理	支援
5		・組織実績管理		・原因分析と解決
4		・組織プロセス実績	・定量的プロジェクト管理	
3	・要件開発 ・技術解 ・成果物統合 ・妥当性確認 ・検証	・組織プロセス重視 ・組織プロセス定義 ・組織トレーニング	・統合プロジェクト管理 ・リスク管理	・決定分析と解決
2			・プロジェクト計画策定 ・プロジェクトの監視と制御 ・要件管理 ・供給者合意管理	・測定と分析 ・プロセス成果物の品質保証 ・構成管理
1				

12章　演習問題

(1) (§12.1.1) プロジェクトの3つの制約とは何か，説明しなさい．
(2) (§12.2.2) WBS を作成する目的を説明しなさい．
(3) (§12.3.2) PDM の，FS，FF，SS の具体例を挙げなさい．
(4) (§12.3.4) クリティカル・パスを求めることはどういう意味があるか，説明しなさい．
(5) (§12.4.3) SPI と CPI はそれぞれどう定義され，何を表しているか．
(6) (§12.5.1) 品質を管理する際のポイントを挙げなさい．
(7) (§12.5.3) 開発規模のメトリクスに LOC を利用することの課題は何か，説明しなさい．また FP を用いることの意義と，利用上の課題は何か述べなさい．
(8) (§12.6.5) 構成管理の目的は何か，管理の基本単位は何か，それぞれ説明しなさい．
(9) (§12.7.1) 組織力のアセスメントを行う意義を説明しなさい．
(10) (§12.7.2) CMMI の2つのモデル表現の特徴を説明しなさい．

12章　発展課題

(1) 料理を例に，WBS を作成してみなさい．
(2) 文献等で，ファンクションポイント以外に，どのような見積もり法があるか調べなさい．
(3) アーンド・バリュー法において，SPI が1以上で CPI が1以下，SPI が1以下で CPI が1以上だとすると，それぞれどういう状況と考えられるか．
(4) PMO (Project Managemnet Office) とは何か，その目的は何かを調べなさい．

あとがき

ソフトウェア工学—約半世紀の豊かな成果

　ソフトウェア工学とは，素朴に言えば「よいソフトウェアを作る」ための方法についての学問である．

　どうしたらよいソフトウェアを作ることができるだろうか．たった1つの「銀の弾丸」があるわけではなく，知っておくべき大切なことが多々あることは本書で解説した通りである．1冊にまとめあげた今，よいソフトウェアを作るために先人たちが明らかにしてくれた知見，作り上げてくれた技術が，実に多くあるのだとあらためて認識した．ソフトウェア工学は，1968年のNATO会議で誕生して以来，すでに半世紀近い年月を歩んできたわけだが，この間に生まれた豊かな成果を味わっていただきたい．

　本書執筆中には，この話題にも触れたい，この技術についてもっとページを割きたい，と思う時も一度ならずあった．しかしソフトウェア工学の成果すべてを詳細に取り上げるわけにもいかず，残念ながら割愛したり概要の説明に留めたりしたものもある．そうした技術について，一部は特に傍注等で触れているので，興味を持たれた読者は，他の文献等も参考にしながらソフトウェア工学の成果についてさらに学びを深めていただきたい．

重要なもの—設計，そしてモデリング

　本書では，このようにソフトウェア工学の成果すべてを詳細に網羅することこそしなかったが，ソフトウェア工学の全体像をつかむ地図を示すことはできたかと思う．本書で解説した技術はどれも重要であり，どれが一番重要であるか，といった順序づけをすることは意味がないだろう．しかし，あえて筆者らのメッセージをここに記すとすれば，やはり設計の重要性と，それを支えるモデリングの重要性について，再度指摘しておきたい．

　ソフトウェアを取り巻く環境や技術の変化はますます速くなり，その中でソフトウェアはより大規模化，複雑化している．こうした中で，アジャイル開発が注目を浴びるようになってきた．アジャイル開発では動くコードを重視するが，それがイコール設計を無用とすることであるかのように解釈されることがある．しかしながらそれはまったくの誤解である．アジャイル開発で否定されるのは，設計等コーディング以前のプロセスを必要以

上に重厚長大にしてしまうことであり，そのことによって変化に追随できなくなることである．決して設計そのものが否定されているわけではない．

どの開発手法を採用すべきかは開発対象のソフトウェアによって異なるものであり，筆者らは特定の手法の推奨者ではない．しかしながら，どのような手法に従うにしても，よい設計なくしてよいソフトウェアは望めない．質の悪い設計を基にして良質のソフトウェアが作り上げられるということはないのだ．

そして設計においてキーの1つとなるのがモデリングである．アジャイル開発のようにモデルをコミュニケーションツール的に使うものから，モデル駆動工学のようにモデルを開発の中心に据えるものまで，その使い方は様々であるが，最近の大規模で複雑化したソフトウェアの構造をモデリングという抽象化なくして理解することはかなり難しいと言える．今後のソフトウェア開発においては，モデリング力がますます重要になるだろう．

センスを磨く ― 優れたモデルを鑑賞しよう

それでは，よいモデルを作るためにはどうしたらよいだろうか．本書を読んだだけでは無理である．どういうモデルがよりよいと言えるか，その判断の様々な根拠については本書の中にも見いだすことができるだろう．しかし，そのような知識があればよいモデルが作れるかというと，そうではない．モデリングにも「センス」が必要だ．では，どうしたらセンスを磨くことができるか．知識や理論だけではどうしようもない．結局のところ，よりよいモデルにより多く触れることでしか，センスは磨かれないように思う．以前は，優れたソフトウェアのソースコードを読み，その設計やコーディングテクニックを学ぶということが行われていたが，ソフトウェアが大規模化するにしたがって，だんだんとそうした機会が減ってきているように思う．筆者の1人は若き日にUNIXのソースコードを輪講しその設計を学んだ．そしてその時代には多くの開発者がそうした機会を持ったものだが，もう1人の筆者の修行時代にはそのようなことはなされなくなっていた．同じことをもう一度現代において行え，というのは意味がないが，優れた例に学ぶという方法はもう一度見直されてよい．巨大なソースコードを読むかわりに，エッセンスを抽出したモデルを鑑賞するという形で．ベテラン世代には，ぜひよいモデルを若手に提供していただきたいし，よいモデルを見つける手助けをしていただきたい．そして，若い読者の皆さんには，教師や先輩の手も借りながら，優れたモデルを鑑賞しそこから学ぶ機会をぜひ多く持っていただきたい．そしてモデルを読み解く際に，必要な知識を思い出す一助として，そばに本書を置いていただければ筆者らの喜びである．

学習ガイド

まえがきに記述したように，本書は学部の講義の内容としてやや広めかつ深めの内容を含んでいる．内容の区分けを以下に示す．もちろん情報系か非情報系か，他の講義との関係などで，変わりうる点は理解いただきたい．

必須：学部で扱うべき内容
選択：状況に応じて選択して扱う内容
応用：やや高度な内容

章	区分け	補足説明
1. ソフトウェア工学の概観	必須	1.3 は選択．ただし 1.3.2 と 1.3.3 はソフトウェア工学の常識なので必須．
2. ソフトウェアモデリング	必須	モデリングの視点や基本概念は必須．ただし記法等をどこまで詳細に扱うかは状況次第．
3. 情報システムとソフトウェア	選択	非情報系は 3.1, 3.2, 3.3 の内容は前提知識として要確認．3.4, 3.5 は必要性に応じて判断．
4. 要求定義	必須	各テーマはどれも重要だが，やや詳細に説明しているので細部は適宜選択．4.1.7, 4.2.4, 4.3.3 などは応用．
5. 設計	必須	5.1 から 5.6 はどれも重要だが，やや詳細に説明しているので細部は適宜選択．5.4 は必要ならデータベースの講義としてきちんと学びたい．5.7, 5.8 は応用．
6. 実装	選択	重要だが一般のソフトウェア工学の講義では選択的な扱い．プログラミングの講義で教えられる内容も含んでいる．
7. 検証と妥当性確認	必須	各テーマはどれも重要だが，やや詳細に説明しているので細部は適宜選択．7.4, 7.5 は選択．
8. 開発プロセス	必須	特に 8.2.2, 8.2.3, 8.2.5 は重要．
9. 保守・進化と再利用	必須	9.3, 9.4 は必須．9.1, 9.2 は選択．9.5 は応用．
10. モデル駆動工学	応用	高度な内容を含む．大学院では参考文献等を適宜参照するとより深まる．
11. 形式手法	応用	高度な内容を含む．大学院では参考文献等を適宜参照するとより深まる．
12. プロジェクト管理	選択	必要ならプロジェクト管理としてきちんと学びたい．参考文献等を適宜参照すると深まる．12.1〜12.5 が中心．12.7 は応用．

上記を踏まえ，15回の講義での組み立て例を参考までに以下に示す．

- 情報系 A：テーマを全般的に扱う．
- 情報系 B：データベースやプロジェクト管理は他の講義で行う．
- 非情報系：情報技術の基本や周辺の知識をあわせて扱う．

章	情報系 A	情報系 B	非情報系
1. ソフトウェア工学の概観	①	①	①
2. ソフトウェアモデリング	②	②	②
3. 情報システムとソフトウェア	③ 3.4, 3.5	③ 3.4, 3.5	③ 3.1〜3.3 ④ 3.4, 3.5
4. 要求定義	④ 4.1〜4.3 ⑤ 4.4〜4.6	④ 4.1〜4.3 ⑤ 4.4〜4.6	⑤ 4.1, 4.2 ⑥ 4.3, 4.4 ⑦ 4.5, 4.6
5. 設計	⑥ 5.1〜5.3 ⑦ 5.4, 5.5 ⑧ 5.6	⑥ 5.1〜5.3 ⑦ 5.5, 5.6	⑧ 5.1〜5.3 ⑨ 5.4, 5.5 ⑩ 5.6
6. 実装		⑧	
7. 検証と妥当性確認	⑨ 7.1〜7.2.5 ⑩ 7.2.6〜7.3	⑨ 7.1〜7.2.5 ⑩ 7.2.6〜7.3	⑪ 7.1, 7.2.1〜7.2.4, 7.3
8. 開発プロセス	⑪	⑪	⑫
9. 保守・進化と再利用	⑫ 9.3	⑫ 9.3	
10. モデル駆動工学		⑬	
11. 形式手法		⑭	
12. プロジェクト管理	⑬ 12.1〜12.3 ⑭ 12.4, 12.5		⑬ 12.1〜12.3 ⑭ 12.4, 12.5
（事例研究等）	⑮	⑮	⑮

自習でも，一通りの内容を知りたい場合には上記を参考にしてもらいたい．一方，特定のテーマを重点的に知りたい場合には，1章を読んだ上で，以下を中心に読んでもらいたい．

- 要求定義：3.4, 4章．必要に応じ 3.5.3〜3.5.4．
- 設計：4.1, 5章, 9.3, 9.4．
- モデリング技術：2章, 5.6, 10章．必要に応じ11章．
- 検証技術：7章と11章．必要に応じ4.7．
- プロジェクト管理：8章と12章．

演習問題ガイド

　事前学習，演習問題，発展課題の，解答のポイントやヒント等を示す．完全な解答を記載するものではない．

1章

[事前学習] (1)（1.1.3参照），(2) 上流工程と管理や組織の問題，(3) 要求・設計が定義されないとそもそも作れない，不具合の多くが上流工程起因

[演習問題] (1) 情報システムは人，機械，コンピュータから構成，情報処理システムはコンピュータの仕組みで前者の一部，(2) 前者は人間業務を支援するシステム，後者は物理現象へ働きかけるシステム，(3) QCD，(4)（1.2.4参照），(5) 原因は上流工程，発見は下流工程，(6)（工程をさかのぼる）修正コスト，高コストとなる，(7) 大規模プロジェクトほど属人性よりも組織の持つ力が結果を大きく左右する，(8) 品質が劣化しているのに更新が困難，(9) 人月は交換可能であるとの誤解への警句，(10)（1.3.9参照）

[発展課題] (1) 計算機の仕掛けではなく組織や人の業務を考えること，(2) 車両の制御，安全性向上，ナビゲーションなど多様，(3) ソフトウェア開発の中でも作業により特性は違う，(4) 誰にどういう影響があったか考えよう，(5) どの工程が原因だったか考えよう．

2章

[事前学習] (1)（2.1.1参照），(2)（2.1.4参照），(3) 人が解釈（概念整理，コミュニケーション），計算機が解釈（モデル駆動工学，解析，検証）

[演習問題] (1) アクタは役割，(2) 全体を大づかみに捉えるため，(3) ユースケース（ユースケース図ではない），(4)（2.2.2(1)参照），(5) 左端が1..*，(6) 例えば下図，(7) と(8)（2.2.3(1)参照），(9) 制御フロー，(10)（2.2.4(1)参照），(11)（2.2.5(1)参照），(12) 現状態とイベント，(13) backup削除→保存メッセージ表示→保存，(14) より網羅的で厳密，(15) 合目的なレベルで対象を表現．

[発展課題] (1) コンポーネント図（再利用単位としてのコンポーネントの仕様），配置図（ソフトウェアのノードへの配置）など，他に8種類（全部で13種類），(2) アクタが人の形でも人とは限らない，(3) アクタが直接やりとりするハードウェアか，目的とする制御対象か，など多様，(4) クラス名，ステレオタイプなど，手がかりを見つけよう．

3章

[事前学習] (1) (3.1.6参照), (2) (3.3.1参照), (3) 人手作業の効率化，IT技術ならではの新たなプロセスの実現．

[演習問題] (1) データは表現，情報はデータを評価した意味，(2) 命令読込み→命令解釈→処理（データの取出し，演算，結果の書込み），(3) 速度と容量に合わせて記憶装置を階層化し，高速性と大容量性を両立させる，(4) (3.1.4参照), (5) 抽象度高く解法を記述できる，移植性がよい，(6) (3.2.1参照), (7) 32ビットと128ビット．アドレスが足りなくなるおそれ，(8) (3.2.3参照), (9) データの構造, (10) HTMLは文書，XMLはデータ，(11) (3.3.1参照), (12) (3.3.2参照), (13) ハードウェアの高性能化と，ソフトウェアでの分散化, (14) ネットワーク障害を考慮すると可用性と一貫性は両立しない, (15) 財務，顧客，内部プロセス，学習と成長．短期的な財務視点だけでなく中長期的な視点を持てる, (16) 次期モデルは現状と理想との比較の中から設定される, (17) 情報システムではデータが発生してすぐ処理する，組込みシステムでは実時間制約がある, (18) 周辺機器を含めてチップ化し，部品点数減，小型化，低消費電力化する, (19) ハードウェアの機能なのでイベントに機敏に反応する処理の実現に有利, (20) ハードウェアとソフトウェアの役割分担を示す．

[発展課題] (1) 開発者の定義，変換された実行形式，コンパイラや実行環境などどれが計算機依存かを考える, (2) 例えばSOA (9.3.5) など, (3) ファット方式は障害時もある範囲の作業がクライアント側で可能，シン方式はセキュリティやプログラム更新に有利, (4) 物流がどうなるか，広告のあり方など多面的に考えよう, (5) ハードウェアを含めたシステムの記述を視野に入れ，要求や性能に関する記述も強化されている．

4章

[事前学習] (1) (4.1.2参照), (2) 要求を持つのはステークホルダ, (3) (4.1.5参照).

[演習問題] (1) (4.1.2参照), (2) 品質特性を体系化したもので，リファレンスとして利用できるだけでなく，国際標準なので共通語彙としても有用, (3) (4.1.4参照), (4)(b), (5) (4.1.6参照), (6) (4.2.1参照), (7) 要求の対立があるから, (8) (4.3.1参照), (9) 上位ゴールの達成に全サブゴールの達成が必要ならAND，どれかでよければOR．具体化して解決策に近づけることができる, (10) 出来事の時系列の記述．具体的で分かりやすくコ

ミュニケーション等に有用，(11)（4.4.3 参照），(12) ユースケースは複数のシナリオに対応，(13)（表 4.7 参照），(14) 非曖昧性は「A および B か C」のように一意に意味がとれない記述でないこと，無矛盾性はある箇所で「性能第一」別の箇所で「信頼性第一」のように整合しない記述がないこと．

[発展課題] (1) 直接の利用者や関係者だけでなく物流業者，金融機関，PTA など多様，(2) 同じ決済でもいろいろな方法がある，(3) アドホックでなく機能，性能などの分類軸，必要条件，十分条件などのレベルを意識して整理してみよう，(4) 概念間の静的構造なのでクラス図，(5) それぞれ，メッセージの順序を重視した記述，ライフライン間の関係を重視した記述向き．

5 章

[事前学習] (1) 実現方式の決定．(5.1.2 参照)，(2) そもそもモジュール化しないと作れない．モジュール化の方法がソフトウェアや開発に影響を持つ，(3) SRP は強度，OCP は結合度（影響波及），LSP は強度（役割分担）と結合度（インタフェース），DIP と ISP は結合度．

[演習問題] (1) 理解困難，修正困難，(2)（5.2.3 参照），(3) 情報隠蔽は手法，カプセル化は手法を実現するためのメカニズム，(4) 入力から出力への変換，機能単位，(5) いきなり細分化できない．多数の詳細モジュールを体系的に構造化する．プログラムとしての実現が自明なまで分割，(6) データや情報構造をまず決める．データがより安定．データの永続性が重要，(7) 正規化で重複不整合を減らす．リレーショナル代数でアプリケーションごとに必要なデータを取り出す，(8) エアコンが設定温度からの逸脱があると暖房・冷房を ON/OFF するように，何らかの出来事に反応する振舞いを持つ，(9)（5.5.2 参照），(10) 結合度が弱まる，(11)「図形」から 4 つのクラスが継承．「移動」の呼出しはポリモルフィズムで動的に実装が決まる．「コンポジット」の操作の実装に委譲，(12) クラス名：窓口，責務：仕事，協調：担当，(13)（5.6.3 参照），(14) 品質に大きな影響がある．他の構造が依存している，(15) 図 5.18：論理，図 5.21：開発，図 5.22：実行，(16) 安全性のために暗号を強化すると復号などに時間がかかり応答性が悪くなる等．

[発展課題] (1) 登録，検索などユースケースから考えてみよう，(2) 取扱説明書やメニューの構造が参考になる，(3) アクティビティ図，コミュニケーション図．(4) ステートマシン図の差分のみ以下に示す．(5) OCP，LSP，DIP，(6) 以下に示す，(7) セキュリティポリシー，エラー処理等．

6章

[事前学習] (1) (6.1.1, 6.1.2参照), (2) (6.2.2参照), (3) バージョンの再現, 複数人での変更競合の回避.

[演習問題] (1) (6.1.1参照), (2) コンパイルやリンク, 依存関係管理, バージョン管理等. 煩雑で間違いが発生し効率も悪い, (3) 仮想化で実現される実行環境. 環境の実現, 設定, 変更の容易化や低コスト化, (4) (6.1.4(4)参照), (5) 開発マシンとターゲットマシンが異なる. 組込みプロセッサ上では開発環境が充実していない, (6) 実行形式を実行時に主記憶に展開. 組込みシステムは特定の実行形式さえ動けばよいことが多い, (7) 変数の利用箇所が宣言箇所に依存するなど. 宣言が変更されると利用箇所の再コンパイルが必要等, (8) ロック方式はシンプルだが他の作業者の作業が長時間止まる可能性あり. コピーマージ方式は同時に作業できるがマージが必要, (9) ビルドにより早期に問題発見や解決ができるという考え, (10) プリントは常時出力する. 表明は違反のみを捉える.

[発展課題] (1) ハードウェア, ソフトウェア, ネットワーク接続等整理して考えよう, (2) 例えばApacheなどを調べてみよう, (3) 例えばbugzillaなどを調べてみよう, (4) クラス図, パッケージ図など.

7章

[事前学習] (1) 正しく作っているか, 正しいものを作っているか. 異なった視点から確認することが重要, (2) 内部構造に基づかないか, 基づくか. 作りに即した開発者視点の確認, 目的に即した開発者独立視点の確認, (3) 信頼度成長曲線やカバレッジなどによるモニタリング.

[演習問題] (1) (7.1.2参照), (2) (7.1.3参照), (3) 欠陥発見, 意思決定, (4) バグの存在はいえるが不在はいえない, (5) (7.2.3参照), (6) (7.2.4参照), (7) 400で割り切れる, 400で割り切れず100で割り切れる, 100で割り切れず4で割り切れる, 4で割り切れない, (8) 編集指示→終了指示[保存済], 編集指示→終了指示[未保存], 終了指示[保存済]→編集指示, 終了指示[未保存]→編集指示, (9) 命令100%, 分岐50%, 複合条件33%, (10) 多くの不具合が二因子までの組合せで検出できるので少なくとも二因子の組合せは網羅するという考え, (11) スヌーズ, 繰返し, 時刻をA, B, Cとし, 各々の選択項目を1, 2に当てはめる, (12) 開発に関わらなかった人やチームがテストを行う. より客観的になる, (13) (7.4.1参照), (14) 技術面だけでなく多様なステークホルダーの視点が必要, (15) (7.5.3参照)

［発展課題］(1) ソフトウェアの種類，利用状況などよって多様，(2) 同値クラスを考えてみよう，(3) 命令：① を YES 側，NO 側の 2 通り，分岐：例えば ①② を YES-YES, NO-NO として 2 通り，複合条件：① は X> 0 の YES/NO で 2 通り，② は Y==0 の YES/NO と Z<X の YES/NO で 4 通り，全体としては 4 通りで可能，(4) 例えば MISRA-C などを調べてみよう，(5) メソッド数や継承の深さなどを用いた 6 種類が定義されている．

8 章

［事前学習］(1) プロセスはインスタンス，プロセスモデルは基本的な類型，(2) 変化への対応，リスクへの対応がしづらい，(3) 変化への迅速な対応，人間的要因の重視．

［演習問題］(1) プロダクトとプロセス，(2) フェーズを順次行う．分かりやすく把握しやすい，(3) 時間と詳細度．定義は全体から部分へ，確認は部分から全体へなされる，(4) 重要な問題の確認が開発終了間際となるため，問題が判明しても対応できない，(5) 小さなウォーターフォールを繰り返し徐々に開発する．大きな問題を早期に発見でき対応の余地がある，(6) 要求，実現可能性，性能などの早期での確認，(7) 重厚なプロセスや文書作成などは変化への機敏な追随を難しくするから，(8) 計画をすべて完遂させるよりも，使えるソフトウェアの早期提供を重視，(9) 価値をふまえた活動に役立つ具体的な行動．

［発展課題］(1) プロダクトの違い，開発形態の違い，利用のされ方の違いなどで考えよう，(2) 相互理解が深まるなどの利点，ユーザ側の期待と開発の現実のずれ，コミュニケーションなどの課題，(3) アクティビティ図，(4) コミュニケーションツールとしてスケッチ的な活用は有効．

9 章

［事前学習］(1) 不具合への対応のための訂正，変化への対応のための改良，(2)（表 9.3 参照），(3) よく使われる構造．問題の解決策となる．

［演習問題］(1)（図 9.1 参照），(2) ハードウェアは物理的な劣化が起こる．ソフトウェアは修正による品質の劣化がおこる，(3) 変更要求を受け入れた場合の技術的・ビジネス的な影響の分析．変更要求を受け入れるかどうかの判断に使う，(4) 保守の方が上流の比重が大きくなる，(5) 修正箇所の判断や影響分析，(6) 前者はプログラムを実行なく解析する．包括的な解析ができるが詳細度等は落ちる．後者は実行して解析する．詳細が正確に分かるが実行に依存した情報のみ分かる，(7) ある箇所の計算結果に影響を及ぼすプログラム部分．プログラムの理解，解析，検証などに有用，(8) プログラムから要求や設計を得る．仕様や設計レベルの変更を行う際，(9) (9.3.1 参照)，(10) 類似した部分が複数でき保守性が下がる，(11) 開発せずに使えるが，要求に適合できない可能性もある，(12) アプリケーションの骨格．再利用率は上がるが潜在ユーザは限定される，(13) 問題とその解

決策．知識として解決策を使うため，(14) 問題の解決策，設計語彙，(15) (9.5.1 参照)，(16) 体系だった再利用．類似製品の開発，(17) (9.5.2 参照)，(18) すべての製品に共通する特徴，製品によって変わりうる特徴．「ガイド」，(19) 6 通り．

［発展課題］ (1) 年号表現に関わる問題，(2) 性能面，セキュリティ面など多様な観点からの対処がある，(3) アプリケーションフレームワーク，COTS，SOA など，(4) 分析，設計，コーディングなどのパターン，リアルタイムシステムや並行システムなど対象に応じたパターン，プロジェクト管理のパターンなど多様，(5) 洗浄や乾燥などの機能，容量，サイズ，静音性などの特性など，いくつかの観点から整理しよう．

10 章

［事前学習］ (1) モデルとモデル変換による開発アプローチ．コードより抽象度が高く理解性や生産性などが向上する，(2) UML は汎用的すぎて特定目的の利用には意味論が弱い，(3) ドメイン特化モデルやモデル変換を定義する組織や人，整備や維持コストが見合うか．

［演習問題］ (1)（10.1.1 参照），(2) ビジネスが変われば PIM，技術が変われば PSM やモデル変換，(3) モデル化概念と実行環境の対応．言語の実行環境，OS のプロセス等，(4) 汎用性を持たせるため，(5) (a) M3，(b) M2，(c) M1，(d) M0，(6) 関連した拡張定義をひとまとめにするメカニズム．特定の対象領域のために様々な拡張を行いたいときなど，(7) 既存の複雑なメタモデルになんらかの拡張を行うなら既存メタモデルを利用．既存メタモデルをあまり使わない，高度な拡張を行うなどは新規に定義する，(8)（10.3.3 参照）．

［発展課題］ (1) 特定の対象領域の類似製品を繰り返し作る．移植性や再利用性を重視したい等では有利．多様な領域にむけた単発製品を作る場合は不向き，(2) システムの稼働する環境や状況，(3) 以下に該当部分のみ示す，(4) OMG のサイトを調べてみよう．

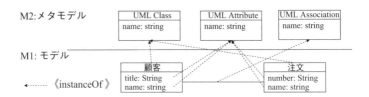

11 章

［事前学習］ (1)（11.1.2 参照），(2) 形式的，準形式的，非形式的．操作的，宣言的．モデル検査の仕様記述は形式的で操作的．(3)（11.3.5(2) 参照）．

［演習問題］ (1)（11.1.1 参照），(2) 操作的：望まれる振舞いを記述する．

宣言的：対象の望まれる性質を記述する．(a) 宣言的，(b) 操作的，(c) 操作的，(3) 同期通信，排他的資源の確保など，(4)(a) EF ((printer が開放) かつ (scanner が開放))，(b) AG ((a がプリンタを開放) – >AF (b がプリンタを確保))，(5) 状態数が多くなりすぎ検査が終了しない．抽象化，部分的探索，(6) 過大近似，(7) モデル検査：モデルを対象，網羅的，特定の性質検証に向く．テスト：ソフトウェアを対象，特定の実行を確認，様々な確認ができる．

[発展課題] (1) 交通や航空関係の事例，組込みシステム関係の事例など様々な事例がある．

12章

[事前学習] (1) 目的を持った時限のある業務．管理のための知識やスキルを適用すること，(2) ワーク・パッケージ達成に必要な作業群がアクティビティ，(3) 管理には測定が重要なので，測定方法や尺度が必要．

[演習問題] (1) スコープ，タイム，コスト，(2) スコープ達成に必要な作業を洗い出す，(3) FS: 設計終了したら実装開始，FF: 受付終了してから販売終了，SS: 製造開始したら確認開始，(4) 作業時間の下限と，それを決定づけるアクティビティを知りスケジュール立案に使う，(5)（12.4.3 参照），(6) 検査より予防，継続的改善など，(7) 冗長なコードの方が生産性が高くなる，言語により必要な行数が異なる，プログラミング言語を使わない開発も増えている．機能の測定方法が自明でない，(8) 成果物の変更を管理する．ソフトウェア構成要素（SCI），(9) 組織の能力を改善する．対外的に能力を示す，(10) 連続表現は能力改善を行うプロセス領域を選択できる．段階表現は組織全体の能力を順次改善できる．

[発展課題] (1) メニュー決め，材料の調達など，必要な作業をよく考えてみよう，(2) オブジェクトポイント法，ユースケースポイント法，COCOMO II など多数．それぞれ対象，見積もりのタイミングなどが異なるので比較してみよう，(3) SPI>1 で CPI<1：スケジュールは守れているがコストがかかっている（生産性が低いのを増員でカバーしているかも），SPI<1 で CPI>1：コストはかかっていないがスケジュール遅延（生産性は悪くないが要員不足かも），(4) プロジェクトマネジメントオフィス (project management office)．組織内に対するプロジェクト管理の標準化や支援を行う部隊．プロジェクト管理の専門家の立場で開発部隊を支援し適切なプロジェクト管理を実現する．

参考文献

[1] 鰺坂恒夫, 『ソフトウェア工学入門』, サイエンス社, 2008.

[2] Bass, L., Clements, P. and Kazman, R., *Software Architecture in Practice, the third edition*, Addison–Wesley, 2013.

[3] Beck, K., *Extreme Programming Explained: Embrace Change*, Addison Wesley, 2000. 邦訳：長瀬嘉秀（監訳）,『XP エクストリーム・プログラミング入門 – ソフトウェア開発の究極の手法』, ピアソン・エデュケーション, 2000.

[4] Beck, K. and Andres, C., *Extreme Programming Explained: Embrace Change, the second edition*, Addison-Wesley, 2004. 邦訳：角征典（訳）,『エクストリームプログラミング』, オーム社, 2015.

[5] Beizer, B., *Software Testing Techniques, the second edition*, Van Nostrand Reinhold, 1990. 邦訳：小野間彰, 山浦恒央（訳）,『ソフトウェアテスト技法』, 日経BP, 1994.

[6] Blom, H., Lonn, H., Hagl, F., Papadopoulos, Y., Reiser, M., Sjostedt, C., Chen, D., Lolagari, R.T., *EAST-ADL – An Architecture Description Language for Automotive Software-Intensive Systems*, White Paper, Ver. M2.1.10, 2012.

[7] Boehm, B., A Spiral Model of Software Development and Enhancement, *Computer*, Vol.21, Issue5, pp.61–72, 1988.

[8] Booch, G., *Object-Oriented Analysis and Design with Application, the second edition*, Benjamin Cummings, 1993.

[9] Bourque, P., *Guide to the Software Engineering Body of Knowledge (SWEBOK), Version3.0*, IEEE Computer Society, 2014. 邦訳：松本吉弘（訳）,『ソフトウェアエンジニアリング基礎知識体系 – SWEBOK, V3.0』, オーム社, 2014.

[10] Braude, E.J. and Bernstein, M.E., *Software Engineering – Modern Approaches, second edition*, Wiley, 2011.

[11] Brooks, F.P. Jr., *The Mythical Man-Month: Essays on Software Engineering*, Addison-Wesley, 1975. 邦訳: 滝沢徹, 牧野祐子, 冨澤昇一訳,『人月の神話』, ピアソン・エデュケーション, 2002.

[12] Brooks, F.P. Jr., *No Silver Bullet–Essence and Accidents of Software Engineering*, Information Processing 86, H.J. Kugler, Ed., Elsevier Science Publishers B.V., pp.1069–1076, 1986.

[13] Brookshear, J.G., *Computer Science: an overview, 11th edition*, Addison-Wesley, 2012. 邦訳: 神林靖, 長尾弘 (訳), 『入門コンピュータ科学』, ASCII, 2014.

[14] Buschmann, F., Neunier, R., Rohnert, H. Sommerlad, P and Stal, M., *Pattern–Oriented Software Architecture – A Systems of Patterns*, Wiley, 1996.

[15] Charette, R.N., *Why Software Fails*, IEEE Spectrum, September 2005, pp.3–18, 2005.

[16] Checkland, P.B., *Systems Thinking, Systems Practice*, John Wiley & Sons, 1984. 邦訳: 高原康彦, 中野文平 (監訳), 『新しいシステムアプローチ–システム思考とシステム実践–』, オーム社, 1985.

[17] Chen, P., *The Entity-Relationship Model- Toward a Unified View of Data*, ACM Transaction of Database Systems 1(1), pp.9–36, 1976.

[18] Chrissis, M. B., Konrad, M. and Shrum, S., *CMMI for Development – Guidelines for Process Ingtegration and Product Improvement, Third Edition*, Addison-Wesley, 2011.

[19] Clark, E.M.Jr., Grumberg, O. and Peled, D.A., *Model Checking*, MIT Press, 1999.

[20] Clements, P., Kazman, R., and Klein, M., *Evaluating Software Architectures – Methods and Case Studies*, Addison-Wesley, 2002.

[21] Clements, P. and Northrop, L., *Software Product Lines – Practices and Patterns*, Addison-Wesley, 2001.

[22] CMMI Prodcut Team, *CMMI for Development, Version 1.3*, CMU/SEI-2010-TR-099, 2010. 邦訳：日本SPIコンソーシアムCMMI V1.3 翻訳研究会（訳）,『開発のためのCMMI, 1.3版』, 2010.

[23] Codd, E.F., Further Normalization of the Data Base Relational Model, *Data Base Systems*, Courant Computer Science symposia 6, R. Rustine (Ed.), Prentice Hall, pp.65–98, 1972.

[24] Cooling, J., *Software Engineering for Real-Time Systems*, Addison-Wesley, 2002.

[25] 中所武司,『ソフトウェア工学』, 第2版, 朝倉書店, 2004.

[26] Dardenne, A., van Lamsweerde, A. and Fickas, S., Goal-directed requirements acqusiton, *Science of Computer Programming*, Vol.20, Issue1–2, pp.3–50, 1993.

[27] Davenport, T. H., *Process Innovation*, Harvard Business School,

Press, 1993.

[28] DeMacro, T., *Structured analysis and System Specification*, Yourdon Press, 1978.

[29] DeMacro, T. and Lister, T., *Peopleware: Productive Projects and Teams*, Dorset House, 1999. 邦訳: 松原友夫, 山浦恒央 (訳),『ピープルウェア – ヤル気こそプロジェクト成功の鍵』, 日経 BP 社, 2001.

[30] Dijkstra, E. W., Go-to Statement considered harmful, *Communication of ACM*, Vol.11, Issue3, pp.147–148, 1968.

[31] Douglass, B. P., *Real Time UML, the Third Editon*, Addison–Wesley, 2004.

[32] Duvall, P.J., Matyas, S.M. and Glover, A., *Continuous Integration*, Pearson Education, 2007. 邦訳：大塚庸史, 丸山大輔, 岡本裕二 (訳),『継続的インテグレーション入門』, 日経 BP, 2009.

[33] Feiler, P. H., *Model–Based Engineering with AADL: An Introduction to the SAE Architecture Analysis & Design Language*, Addison-Wesley, 2012.

[34] Fowler, M. *Analysis Patterns – Reusable Object Models*, Addison-Wesley, 1997. 邦訳：堀内一, 友野晶夫, 児玉公信, 大脇文雄 (訳),『アナリシスパターン—再利用可能なオブジェクトモデル』, ピアソン・エデュケーション, 2002.

[35] Fowler, M., *Refactoring – Improving the Design of Existing Code*, Addison-Wesley, 1999. 邦訳：児玉公信, 友野晶夫, 平沢章, 梅沢真央 (訳),『リファクタリング プログラミングの体質改善テクニック』, ピアソン・エデュケーション, 2000.

[36] Fowler, M., *UML Distilled- A Brief Guide to the Standard Object Modeling Language, third edition*, Adidison–Wesley, 2004. 邦訳: 羽生田栄一 (監訳),『UML モデリングのエッセンス』, 第 3 版, 翔泳社, 2005.

[37] Fowler, M., *Domain-Specific Language*, Addison-Wesley, 2011.

[38] 福田剛史, 黒澤亮二,『データベースの仕組み』, 朝倉書店, 2009.

[39] Gamma, E., Helm, R., Johnson, R. and Vlissides, J., *Design Patterns – Elements of Reusable Object–Oriented Software*, Addison-Wesley, 1994. 邦訳：本位田真一, 吉田和樹 (監訳),『オブジェクト指向における再利用のためのデザインパターン (改訂版)』, ソフトバンククリエイティブ, 1999.

[40] Garlan, D., Allen, R., and Ockerbloom, J. Architectural Mismatch: Why Reuse Is So Hard, *IEEE Software*, Vol.12, Issue6, pp.17–26, 1995.

[41] Ghezzi, C., Jazayeri, M. and Mandrioli, D., *Fundamentals of Software Engineering, second edition*, Pearson Education, 2003.

[42] Gilbert, S. and Lynch, N., Brewer's conjecture and the feasibility of consistent, available, partition–tolerant web services, *ACM SIGACT News*, Vol. 33, Issue 2, pp.51–59, 2002.

[43] Graham, D., Veenendaal, E.V., Evans, I. and Black, R., *Foundation of Software Testing – ISTQB Certification*, Cengage Learning EMEA, 2008. 邦訳：秋山浩一，池田暁，後藤和之，永田敦，本田和幸，湯本剛，『ISTQ シラバス準拠 ソフトウェアテストの基礎』，BNN, 2008.

[44] Grub, P., *Software Maintenance – Concepts and Practice, the second edition*, World Scientific, 2003.

[45] Hammer, M., Reengineering Work: Don't Automate, Obliterate, *Harvard Business Review*, July–August, 1990.

[46] Hamphrey, W. S., *Managing the Software Process*, Addison-Wesley, 1989. 邦訳: 藤野喜一 (監訳)，『ソフトウェアプロセス成熟度の改善』，日科技連出版社，1991.

[47] Hoare, C. A. R., Programming: Sorcery or Science?, *IEEE software*, Vol.1, No.2, pp.5–16, 1984.

[48] Holzmann, G.J., *The SPIN Model Checker*, Addison–Wesley, 2003.

[49] IEEE, IEEE Std 830 1998, *IEEE Recommended Practice for Software Requirements Specifications*, 1998.

[50] IEEE, IEEE Std 1028–2008, *IEEE Standard for Software Reviews and Audits*, 2008.

[51] IEEE, IEEE Std 1471–2000, *IEEE Recommended Practice for Architectural Description for Software-Intensive Systems*, 2000.

[52] 今城哲二，布広永示，岩澤京子，千葉雄司，『コンパイラとバーチャルマシン』，オーム社，2004.

[53] IPA（情報処理推進機構），『組込みスキル標準 ETSS 2008』，2008.

[54] IPA（情報処理推進機構），『IT スキル標準 V3. 2011』，2011.

[55] IPA（情報処理推進機構），『共通フレーム 2013』，2013.

[56] IPA（情報処理推進機構），『2012 年度「ソフトウェア産業の実態把握に関する調査」調査報告書』，2013.

[57] 石原一宏，田中英和，『ソフトウェアテストの教科書』，ソフトバンククリエイティブ，2012.

[58] ISO/IEC, ISO/IEC 9075-1:2011, *Database language – SQL – Part1: Framework (SQL/Framework)*, 2011.

[59] ISO/IEC, ISO/IEC 9126-1:2001, *Product Quality – Part1: Quality*

Model, 2001.

[60] ISO/IEC, ISO/IEC 9899:2011, *Programming languages - C*, 2011.

[61] ISO/IEC, ISO/IEC 12207:2008, *Software Life Cycle Processes*, 2008.

[62] ISO/IEC, ISO/IEC 14764, *Software Life Cycle Processes - Maintenance*, 2006.

[63] ISO/IEC, ISO/IEC 15504-2:2003, *Process Assessment – Part2: Performing an Assesment*, 2003.

[64] ISO/IEC, ISO/IEC 25010:2011, *Systems and Software Quality Requirements and Evaluation (SQuaRE) – System and Software Quality Models*, 2011.

[65] ISO/IEC, ISO/IEC 26550, *Reference Model for Product Line Engineering and Management*, 2015.

[66] ISO/IEC/IEEE, ISO/IEC/IEEE 24765, *Systems and software engineering – Vocabulary*, 2010.

[67] IT アソシエイト協議会，『業務・システム最適化計画について (Ver. 1.1) – Enterprise Architecture 策定ガイドライン- 』，2003.

[68] IT トップガン育成プロジェクト，ソフトウェアエンジニアリング講座 1 - 『ソフトウェア工学の基礎』日経 BP 社，2007.

[69] Jackson, M., *Problem Frames: Analyzing and Structuring Software Development Problems*, ACM Press, 2000. 邦訳：榊原彰（監訳），牧野祐子（訳），『プロブレムフレーム ソフトウェア開発問題の分析と構造化』，廣済堂，2006.

[70] Jacobson, I. Christerson, M., Jonsson, P. and Overgaard, G., *Object-Oriented Software Engineering: A Use Case Driven Approach*, Addison–Wesley, 1992.

[71] JISA（情報サービス産業協会），『要求工学知識体系 REBOK Requirement Engineering Body Of Knowledge』，近代科学社，2011.

[72] 神長裕明，郷健太郎，杉浦茂樹，高橋正和，藤田茂，渡辺喜道，『ソフトウェア工学の基礎』，共立出版，2012.

[73] 神沼靖子（編著），『情報システム基礎』，オーム社，2006.

[74] Kang, K.C., Cohen, S.G., Hess, J.A., Novak, W.E. and Peterson, A.S., *Feature-Oriented Domain Analysis (FODA) Feasibility Study*, CMU/SEI-90-TR-21, ESD–90–TR–222, 1990.

[75] Kaplan, R. S. and Norton, D. P., Using the Balanced Scorecard as a Strategic Management System, *Harvard Business Review*, Vol.74, no.1, pp.75–85, 1996.

[76] 克元亮，『IT コンサルティングの基本』，日本実業出版社，2009.

[77] Kiczales, G., Lamping, J., Mendhekar, A., Maeda, C. Lopes, V., Lo-

ingtier, J. and Irwin, J., Aspect-Oriented Programming, *Proc. the European Conference on Object-Oriented Programming (ECOOP)*, 1997.

[78] Kiczales, G., Hilsdale, E., Hugunin, J., Kersten, M., Palm, J. and Griswold, W. G., An Overview of AspectJ, *Proc. the European Conference on Object-Oriented Programming (ECOOP)*, 2001.

[79] 岸知二，野田夏子，深澤良彰，『ソフトウェアアーキテクチャ』，共立出版，2005.

[80] Kleppe, A., Warmer, J. and Bast, W., *MDA Explained – The Model Driven Architecture: Practice and Promise*, Addison-Wesley, 2003. 邦訳：長瀬嘉秀（監訳），『MDA（モデル駆動型アーキテクチャ）導入ガイド』，インプレス，2003.

[81] 小林隆，『ビジネスプロセスのモデリングと設計』，コロナ社，2005.

[82] Kruchten, P.B., The 4+1 View Model of Architecture, *IEEE Software*, Vol.12, Issue6, pp.42–50, 1995.

[83] Kruegar, C., Eliminating the Adoption Barrier, *IEEE Software*, Vol.19, Issue4, pp.29–31, 2002.

[84] 草薙信照，『情報処理 – Concept & Practice – 第2版』，サイエンス社，2009.

[85] van Lamsweerde, A., *Requirements Engineering – From System Goals to UML Models to Software Specifications*, Wiley, 2009.

[86] Lehmen, M.M., Programs, Life Cycles, and Laws of Software Evolution, *Proc. IEEE*, Vol. 68, No. 9. September 1980, pp.1060–1076, 1980.

[87] Lehmen, M.M., Ramil, J.F., Wernick, P.D., Perry, D. E. and Turski, W.M., Metrics and Laws of Software Evolution – Then Nineties View, *Proc. The 4th International Software Metrics Symposium*, pp.20–32, 1997.

[88] Martin, J., *Rapid Application Development*, Macmillan Publishing, 1991.

[89] 増永良文，『データベース入門』，サイエンス社，2006.

[90] McDonough, A.M., *Information Economics and Management Systems*, McGraw-Hill, 1963.

[91] Mellor, S.J., Scott, K. Uhl, A. and Weise, D., *MDA Distilled: Principle of Model-Driven Architecture*, Addison-Wesley, 2004. 邦訳：二上貴夫，長瀬嘉秀（監訳），『MDA のエッセンス - モデル駆動型ソフトウェア開発入門』，翔泳社，2004.

[92] Meyer, B., Design by Contract, *Advances in Object-Oriented Soft-*

ware Engineering, D. Mandrioli and B. Meyer (Eds.), Prentice-Hall, 1991.

[93] Myers, G. J., *Composite/Structured Design*, Van Nostrand Reinhold, 1978. 邦訳：国友義久, 伊藤武夫 (訳),『ソフトウェアの複合/構造化設計』, 近代科学社, 1979.

[94] Myers, G.J., *The Art of Software Testing*, Word Association, 2004. 邦訳：長尾真 (監訳),『ソフトウェア・テストの技法』, 第 2 版, 近代科学社, 2006.

[95] 長尾真, 石田晴久, 稲垣康善, 田中英彦, 辻井潤一, 所真理夫, 中田育夫, 米澤明憲 (編集),『岩波情報科学辞典』, 岩波書店, 1990.

[96] 中川正樹 (監修), 飯尾淳,『演習と実例で学ぶ プロジェクトマネジメント入門』, ソフトバンククリエイティブ, 2009.

[97] 中島震,『ソフトウェア工学の道具としての形式手法』, NII Technical Report, 2007.

[98] Naur, P. and Randell, B. (ed.), *Software Engineering*, Scientific Affairs Division, NATO, 1969.

[99] 日経 BP 社, "特集：プロジェクト成功率は 33.1%",『日経コンピュータ』, 2008 年 12 月 1 日号, 2008.

[100] 野田夏子, 岸知二, "プロダクトライン開発における可変性のモデル化手法",『コンピュータソフトウェア』, Vol.31, No.4, pp.66–76, 2014.

[101] NTT イノベーションセンタ,『REBOK に基づく 要求分析実践ガイド』, 近代科学社, 2015.

[102] OASIS, *Business Process Execution Language for Web Service, Version 2.0*, 2007.

[103] 大森隆行, 丸山勝久, 林晋平, 沢田篤史, "ソフトウェア進化研究の分類と動向",『コンピュータソフトウェア』, Vol.29, No.3, pp.3–28, 2012.

[104] 大西健児, 勝亦匡秀, 佐々木方規, 鈴木三紀夫, 中野直樹, 町田欣史, 湯本剛, 吉澤智美,『ソフトウェアテスト教科書 JSTQB Foundation, 第 3 版』, 翔泳社, 2009.

[105] 大西淳, 郷健太郎,『要求工学』, 共立出版, 2002.

[106] 大澤幸夫 (編著),『知識マネジメント』, オーム社, 2003.

[107] OMG, *Business Process Model and Notation (BPMN), Version 2.0*, 2011.

[108] OMG, *Meta Object Facility (MOF) Core Specification, Version 2.4.1*, 2011.

[109] OMG, *Meta Object Facility (MOF) 2.0 – Query/View/Transformation Specification, Version 1.2*, 2015.

[110] OMG, *MDA Guide, Version 1.0.1*, 2003.

[111] OMG, *Object Constraint Language, Version 2.4*, 2014.

[112] OMG, *OMG Systems Modeling Language (OMG SysML™), Version 1.3*, 2012.

[113] OMG, *OMG Unified Modeling Language™ (OMG UML), Infrastructure, Version 2.4.1*, (2011).

[114] OMG, *OMG Unified Modeling Language™ (OMG UML), Superstructure, Version 2.4*, (2010).

[115] OMV, *OMG Unified Modeling Language™ (OMG UML), Version 2.5* (2015).

[116] OMG, *UML Profile for MARTE: Modeling and Analysis of Real-Time Embedded Systems, Version 1.1*, 2011.

[117] OMG, *UML Profile for Schedulability, Performance, and Time Specification, Version 1.1*, 2005.

[118] Osterweil, L. J., Ghezzi, C., Kramer, J. and Wolf, A. L., Determining the Impact of Software Engineering Research on Practice, *IEEE Computer*, March 2008, pp.39–49, 2008.

[119] Parnas, D.L., On the Criteria to be used in Decomposing Systems into Modules, *Communications of the ACM* Vol.15, Issue12, pp.1053–1058, 1972.

[120] Pfleeger, S.L. and Atlee, J.M., *Software Engineering, fourth edition*, Pearson, 2010.

[121] PMI, *A Guide to the Project Management Body of Knowledge (PMBOK Guide), Fifth Edition*, 2013. 邦訳：PMI,『プロジェクトマネジメント 知識体系ガイド（PMBOK ガイド）第 5 版』2013.

[122] Pohl, K., Bockle, G. and van der Linden, F., *Software Product Line Engineering – Foundations, Principles, and Techniques*, Springer, 2005.

[123] Pohl, K. *Requirements Engineering – Fundamentals, Principles, and Techniques*, Springer, 2010. 邦訳：林好一，吉村健太郎，今関剛 (訳),『ソフトウェアプロダクトラインエンジニアリング—ソフトウェア製品系列開発の基礎と概念から技法まで』，エスアイビーアクセス，2009

[124] Porter, M., *Competitive Advantage: Creating and Sustaining Superior Performance*, Free Press, 1985.

[125] Pressman, R.S., *Software Engineering – A Practitioner's Approach, seventh edition*, McGraw Hill Higher Education, 2014.

[126] Ran, A., Architectural Structures and Views, *Proc. the 3rd International workshop on Software architecture (ISAW-3)*, pp.117–120, 1998.

[127] Roebuck, K., *Model-driven Architecture (MDA)*, Tebbo, 2011.

[128] Royce, W., *Software Project Management – A Unified Framework*, Addison-Wesley, 1998.

[129] Royce, W.W., Managing the Development of Large Software Systems: Concepts and Techniques, *Proc. International Conference of Software Engineering*, pp.328–338, 1987.

[130] Rumbaugh, J., Braha, M., Premeriani, W., Eddy, F. and Lorensen, W., *Object–Oriented Modeling and Design*, Prentice Hall, 1990. 邦訳：羽生田栄一（監訳），『オブジェクト指向方法論OMT』，トッパン，1992.

[131] Russell, J. and Cohn, R., *Zachman Framework*, Bookvika publishing, 2012.

[132] 坂部俊樹（編主任），"ソフトウェア基礎"，『知識ベース』，7群1編，電子情報通信学会，2010.

[133] 坂田史郎，高田広章 (編著)，『組込みシステム』，オーム社，2006.

[134] Schauffele, J. and Zurawka, T., *Automotive Software Engineering – Principles, Processes, Methods, and Tools*, SAE International, 2005.

[135] Shaw, M. and Garlan, D., *Software Architecture – Perspectives on an Emerging Discipline*, Prentice Hall, 1996.

[136] 紫合治，『プログラム工学 – 実装,設計,分析,テスト』，サイエンス社，2002.

[137] Shlaer, S. and Mellor, S.J., *Object Lifecycles – Modeling the World in States*, 1992. 邦訳：本位田真一，伊藤潔（監訳），『続・オブジェクト指向 システム分析 – オブジェクト・ライフサイクル』，啓学出版，1992.

[138] 白旗修 (編)，『マルチメディア時代の情報処理入門』，産能大学出版部刊，1998.

[139] 新村出，『広辞苑 第5版』，岩波書店，1998.

[140] Simon, D.E., *An Embedded Software Primer*, Addison–Wesley, 2003.

[141] Sindre, G. and Opdahl, A. L., Eliciting security requirements with misuse cases, *Requirement Engineering*, Vol.10, No.1, pp.34–44, 2005.

[142] Smith, P., *Software Build Systems – Principles and Experience*, Addison-Wesley, 2011.

[143] Snyder, L., *fluency 4*, Addison–Wesley, 2009.

[144] Sommerville, I., *Software Engineering, ninth edition*, Pearson, 2011.

[145] Sowa, J.F. and J. A. Zachman, Extending and Formalizing the Framework for Information Systems Architecture, *IBM Systems*

Journal, Vol.31, No.3, pp.590–616, 1992.

[146] SQuBOK 策定部会，『ソフトウェア品質知識体系ガイド – SQuBOK Guide』，オーム社，2007.

[147] Sutherland, J., *Scrum: The Art of Doing Twice the Work in Half the Time*, Crown Business, 2014. 邦訳：石垣賀子（訳），『スクラム仕事が4倍速くなる "世界標準" のチーム戦術』，早川書房，2015.

[148] 高田広章，枝廣正人，沢田篤史，清水徹，中島達夫，平山雅之 (共著)，『組込みシステム概論，組込みシステム基礎技術全集 vol.1』，CQ 出版社，2008.

[149] 高橋直久，丸山勝久，『ソフトウェア工学』，森北出版株式会社，2010.

[150] 玉井哲雄，中谷多哉子，『ソフトウェア工学』，NHK 出版，2013.

[151] 田中譲（監修），磯部祥尚，粂野文洋，櫻庭健年，田口研治，田原康之，『ソフトウェア科学基礎』，近代科学社，2008.

[152] Toffler, A., *The Third Wave*, Bantam Books, 1980. 邦訳：徳岡孝夫（訳），『第三の波』，中公文庫，1982.

[153] 妻木俊彦，白銀純子，『要求工学概論』，トップエスイー基礎講座 2，近代科学社，2009.

[154] VDA–QMC, *Automotive SPICE – Process Reference Model – Process Assessment Model, Version 3.0*, 2015.

[155] Vliet, H. V., *Software Engineering – Principles and Practice, third edition*, Wiley, 2008.

[156] W3C, *SOAP Version 1.2 Part0:Primer, The second edition*, 2007.

[157] W3C, *Web Service Description Language (WSDL) 1.1*, 2001.

[158] The White House, *BigData: Seizing Opportunities, Preserving Values*, 2014.

[159] 山田茂，田村慶信，『ソフトウェア工学の基礎と応用 - 高品質ソフトウェア開発を目指して』，数理工学社，2013.

[160] 保田勝通，奈良隆正，『ソフトウェア品質保証入門』，日科技連出版社，2008.

[161] Yourdon, E. and Constantine, L. L., *Structured Design: Fundamentals of a Discipline of Computer Program and System Design*, Prentice–Hall, 1979.

[162] Yu, E. S. K., Towards Modelling and Reasoning support for Early-Phase Requirements Engineering, *Proc.of the Third International Symposium on Requirements Engineering*, pp.226–235, 1997.

[163] Zachman, J. A., A Framework for Information Systems Architecture, *IBM Systems Journal*, Vol.26, No.3, pp.454–470, 1987.

[164] Zeller, A. *Why Programs Fail – A Guide to Systematic Debugging,*

the second edition, Morgan Kaufmann, 2009. 邦訳：中田秀基（監訳），『デバッグの理論と実践 – なぜプログラムはうまく動かないのか』，オライリー・ジャパン，2012.

索引

A
AADL(Architecture Analysis & Design Language) 68
ACID(Atomicity Consistency Isolation Durability) 57
AND 分割 (AND decomposition) 84
ARPA(Advanced Research Projects Agency) 50
ATAM(Architecture Tradeoff Analysis Method) 171
AUTOSAR(Automotive Open System Architecture) 68

B
B2B(Business to Business) 70
B2C(Business to Consumer) 70
BPMN(Business Process Model and Notation) 62
Büchi オートマトン (Büchi automaton) 249

C
CAP(Consistency, Availability, Partition tolerance) 58
CAP 定理 (CAP theorem) 58
CATWOE(Customer Actors Transformation Process Weltanschauung Owner Environmental constraints) 83
CBSE(Component-Based Software Engineering) 204, 207
COQ(Cost of Quality) 272
CORBA(Common Object Request Broker Architecture) 207
COTS(Commercial-Off-The-Shelf) 204
CRC(Class-Responsibility-Collaborator) 116
CTL(Computation Tree Logic) 251

D
do アクティビティ (do activity) 36

E
EJB(Enterprise Java Beans) 207
EMF(Eclipse Modeling Framework) 227

F
FTP(File Transfer Protocol) 51

G
GMF(Graphical Modeling Framework) 227
GPL(GNU General Public License) 146
GQM(Goal Question Metrics) 275
GUI(Graphical User Interface) 141

H
HTML(Hyper Text Markup Language) 52
HTTP(Hyper Text Transfer Protocol) 52

I
IaaS(Infrastructure as a Service) 136
ICE(In-Circuit Emulator) 150
IoT(Internet of Things) 70
IP(Internet Protocol) 50
ISO/IEC 25010(国内対応規格 JIS X25010:2013) 76
ISO/IEC 9126(国内対応規格 JIS X 0126) 76
ISTQB(International Software Testing Qualifications Board) 155
IT スキル標準 (ITSS IT Skill Standard) 275

J
JAD(Joint Application Development) 186

JSP(Java Server Pages)	134
JTAG(Joint Test Action Group)	150

K

KAOS(Keep All Objectives Satisfied)	85
KJ 法 (KJ method)	82

L

LTL(Linear Temporal Logic)	251

M

M2M(Model to Model)	236
M2T(Model to Text)	236
MOF(Meta-Object Facility)	229
MSIL(Microsoft Intermediate Language)	48
MVC(Model View Controller)	206

N

NATO ソフトウェア工学会議 (NATO Software Engineering Conference)	10
NIH 症候群 (Not-Invented-Here Syndrome)	202
NSIS(Nullsoft Scriptable Install System)	141

O

OMG(Object Management Group)	22
OMT(Object Modeling Technique)	113
OOSE(Object Oriented Software Engineering)	113
OR 分割 (OR decomposition)	84
OVM(Orthogonal Variability Model)	216

P

PaaS(Platform as a Service)	136
PAC(Presentation Abstraction Control)	212
PDCA サイクル (Plan-Do-Check-Act cycle)	263
PMBOK(Project Management Body Of Knowledge)	262
POP(Post Office Protocol)	51

Q

QCD(Quality, Cost, Delivery)	5
QC 七つ道具 (seven basic quality tools)	273
QVT(Query, View, and Transformation)	236

R

RAD(Rapid Application Development)	186
RDF(Resource Description Framework)	54
REBOK(Requirements Engineering Body of Knowledge)	79
RPM(RedHat Package Manager)	141

S

SaaS(Software as a Service)	136
SGML(Standard Generalized Markup Language)	53
SMTP(Simple Mail Transfer Protocol)	51
SOA(Service Oriented Architecture)	204, 208
SOAP(Simple Object Access Protocol)	208
SQuaRE(Software product Quality Requirements and Evaluation)	76
SysML(System Modeling Language)	68

T

TCP(Transmission Control Protocol)	50
Telnet(Teletype Network)	51

U

UDDI(Universal Description, Discovery and Integration)	208
UML(Unified Modeling Language)	23
UML4 層メタモデル階層 (UML four-layer meta-model hierarchy)	230
URL(Uniform Resource Locator)	52

V

V&V (検証と妥当性確認 Verification and Validation)	154
V 字モデル (V-model)	181

W

Web アプリケーション (Web application)	53
Web サービス (Web service)	204
Win-Win 法 (Win-Win approach)	83

WS-BPEL(Web Service Business Process Execution Language)	208	委譲（delegation）	115
WSDL(Web Service Description Language)	208	移植性テスト（portability testing）	159
		依存関係（dependency）	24
X		依存関係逆転の原則（DIP Dependency Inversion Principle）	118
XDM(XML Document Model)	54	一貫性（consistency）	57
XML(Extensible Markup Language)	53	イベント（event）	35
XYZ 公式 (XYZ formula)	83	意味論の可変点（semantic variation point）	229
		入口アクション（entry action）	36
ア行		インクリメンタルプロセスモデル（incremental process model）	182
アーカイブファイル（archive file）	140	因子（factor）	164
アーキテクチャ記述言語（ADL Architecture Description Language）	67	インスタンス（instance）	26
アーキテクチャパターン（architectural pattern）	211	インスタンス仕様（instance specification）	26
アーキテクチャ不整合（architectural mismatch）	213	インスペクション（inspection）	168
アーキテクチャレビュー（architectural review）	170	インスペクタ（inspector）	169
アクション（action）	30	インターネット（internet）	50
アクタ（actor）	23	インタビュー（interview）	81
アクチュエータ（actuator）	66	インタフェース分離の原則（ISP Interface Segregation Principle）	118
アクティビティ（activity）	30	インタプリタ（interpreter）	47
アクティビティ図（activity diagram）	30	インタラクション演算子（interaction operator）	33
アジャイル開発（agile development）	185	インタリーブ（interleave）	46
アスペクト（aspect）	124	ウォークスルー（walk through）	168
アセットスコーピング（asset scoping）	216	ウォーターフォールモデル（waterfall model）	180
アセンブリ言語（assembly language）	46	受入れテスト（acceptance testing）	158
アドバイス（advice）	124	永続性（durability）	57
アドホックレビュー（ad hoc review）	169	エクストリームプログラミング（XP Extreme Programming）	187
アプリケーションエンジニアリング（application engineering）	215	エコシステム（ecosystem）	214
アプリケーションフレームワーク（application framework）	203, 206	エージェントモデル（agent model）	86
アルゴリズム（algorithm）	97	エラー（error）	156
アロー・ダイアグラム法（ADM Arrow Diagram Method）	265	エンタープライズアーキテクチャ（EA Enterprise Architecture）	61
アンケート（enquete, questionnaires）	81	横断的関心事（crosscutting concern）	124
安全性（sefety）	254	オーケストレーション（orchestration）	63
アーンド・バリュー法（EVM Earned Value Management）	270	オートマトン（automaton）	111, 248
イーサネット（Ethernet）	50	オブジェクト（object）	26

オブジェクト指向設計（object oriented design）	113	活性（liveness）	254
オブジェクト図（object diagram）	26	活動（activity）	178
オブジェクト制約言語（OCL Object Constraint Language）	232	カバレッジ基準（coverage criteria）	162
		カプセル化（encapsulation）	102
オブジェクトファイル（object file）	133	可変性（variability）	216
オブジェクトモデル（object model）	86	可変点（variation point）	217
オフラインシステム（off-line system）	55	可用性（availability）	56
オープンソースソフトウェア（OSS Open Source Software）	145	絡まり（tangling）	124
		下流工程（lower process）	6
オペランド（operand）	33	監査（audit）	169
オペレーティングシステム（OS Operating System）	45	観察（observation）	81
		関心事（concern）	123
オンラインシステム（on-line system）	55	関心事の分離（separation of concerns）	123
		関数従属（functional dependent）	109
カ行		完成時コスト見積もり（EAC Estimate At Completion）	272
回帰テスト（regression testing）	159		
解空間（solution space）	98	完成時総予算（BAC Budget At Completion）	272
階層化意思決定法（AHP Analytic Hierarchy Process）	83	完全化保守（perfective maintenance）	192
		完全関数従属（fully functional dependent）	109
概念設計（conceptual design）	107		
開発環境（development environment）	13	ガントチャート（Gantt chart）	268
開発ビュー（development view）	120	管理者レビュー（management review）	168
開発プロセスモデル（development process model）	179	関連（association）	26
		関連クラス（association class）	28
開発方法論（development methodology）	12	記憶階層（storage hierarchy）	44
外部設計（external design）	96	機械語（machine language）	43
外部 DSL（external DSL）	237	企業資源計画（ERP Enterprise Resource Planning）	60
外部品質（external quality）	78		
開放閉鎖原則（OCP Open Closed Principle）	117	記号実行（symbolic execution）	197
拡張（extend）	23	記号論理学（symbolic logic）	242
拡張点（extension point）	23	技術レビュー（technical review）	168
確認テスト（conformance testing）	159	記述的仕様（descriptive specification）	245
過小近似（under-approximation）	256	機能テスト（functional testing）	158
仮想化（virtualization）	135	機能分割（functional decomposition）	104
仮想化環境（virtual environment）	135	機能要求（FR Functional Requirement）	74
仮想マシン（VM Virtual Machine）	47	基本シナリオ（main scenario）	88
過大近似（over-approximation）	256	キャッシュ（cache）	44
価値連鎖（value chain）	62	キャッシュ・フロー（cash flow）	270

索 引

境界値分析（BVA Boundary Value Analysis）	160
共通性（commonality）	216
局所性（locality）	45
緊急保守（emergency maintenance）	192
組合せテスト（combinatorial testing）	164
組込みシステム（embedded system）	3
組込みスキル標準（ETSS Embedded Technology Skill Standard）	275
組込みソフトウェア（embedded software）	3
クライアントサーバ（client-server）	54
クラウドコンピューティング（cloud computing）	136
クラス（class）	26
クラス図（class diagram）	26
クラスライブラリ（class library）	203
クリティカル・パス法（CPM Critical Path Method）	267
クリプキ構造（Kripke structure）	247
クロス開発（cross development）	136
クロスコンパイラ（cross compiler）	136
計算独立モデル（CIM Computation Independent Model）	226
計算木論理（CTL Computation Tree Logic）	251
形式検証（formal verification）	155
形式手法（formal methods）	242
形式仕様（formal specification）	245
継承（inheritance）	30
継続的インテグレーション（CI Continuous Integration）	145
契約による設計（DBC Design By Contract）	117
欠陥（defect）	155
結合タイミング（binding time）	219
結合フラグメント（combined fragment）	33
決定表テスト（decision table testing）	160
原子性（atomicity）	57
原子命題（atomic proposition）	247
検証（verification）	154
限定子（qualifier）	28
語（word）	249
コア資産（core asset）	215
広域通信網（WAN Wide Area Network）	50
合意形成（consensus building）	82
高級言語（high-level language, high-order language）	47
公式レビュー（formal review）	169
構成管理（configuration management）	277
構造化インタビュー（structured interview）	81
構造化手法（structured method）	104
構造的なシナリオ（structured scenario）	87
構造テスト（structural testing）	159
コードクローン（code clone）	203
構内通信網（LAN Local Area Network）	50
構文エディタ（syntax directed editor）	138
公平性（fairness）	255
顧客関係管理（CRM Customer Relationship Management）	60
故障（failure）	156
コスト（cost）	262
コスト効率指標（CPI Cost Performance Index）	272
コスト差異（CV Cost Variance）	271
コスト・ベースライン（cost baseline）	269
コードの行数（LOC Lines Of Code）	274
コピーアンドペースト（copy and paste）	203
コミュニケーション図（communication diagram）	35
ゴール（goal）	83
ゴール指向要求分析（goal-oriented requirement analysis）	85
ゴールモデル（goal model）	84
コレオグラフィ（choreography）	63
コンティンジェンシー・予備（contingency reserve）	269
コンテキスト図（context diagram）	105
コンパイラ（compiler）	47
コンピュータ支援ソフトウェア工学（CASE Computer Aided Software Engineering）	225
コンポジション（composition）	28

コンポーネント（component）	204		実装（implementation）	130

コンポーネント（component） 204
コンポーネントウェア（componentware） 204
コンポーネントテスト（component testing） 157
コンポーネントモデル（component model） 207

サ行

サイクロマティック複雑度
　（cyclomatic complexity） 173
最終状態（final state） 36
最早結合点時刻（ET Earliest event Time） 267
最遅結合点時刻（LT Latest event Time） 267
再テスト（re-testing） 159
再利用資産（reusable asset） 201
先取り型（proactive approach） 220
作成者（author） 169
サービス指向アーキテクチャ
　（SOA Service Oriented Architecture） 204, 208
サブクラス（subclass） 29
サブジェクト（subject） 23
サプライ・チェーン・マネジメント（SCM Supply
　Chain Management） 60
3層クライアントサーバ（three-tier client-server） 55
三点見積もり（three point estimate） 266
資源（resource） 265
シーケンス図（sequence diagram） 32
資材所要量計画（MRP Materials Requirements
　Planning） 60
システム（system） 2
システムアーキテクチャ（system architecture） 67
システムテスト（system testing） 158
時相論理（temporal logic） 251
実行（run） 249
実行環境（run time environment） 130
実行形式ファイル（executable file） 133
実行時セマンティクス（run-time semantics） 228
実行仕様（execution specification） 33
実行ビュー（process view） 120
実践（practice） 263

実装（implementation） 130
実体関連図（ER図 Entity Relationship diagram,
　ER diagram） 107
自動定理証明（automatic theorem proving） 246
シナリオ（scenario） 87
シナリオ分析（scenario analysis） 87
集中処理（centralized processing） 54
集約（aggregation） 28
主記憶装置（一次記憶装置）
　（main memory, primary storage） 43
準形式仕様（semi-formal specification） 245
ジョイン（join） 31
ジョインポイント（join point） 124
ジョインポイントモデル（join point model） 125
仕様（specification） 245
障害モデル（obstacle model） 86
状態（state） 35
状態遷移テスト（state transition testing） 161
状態遷移表（state transition table） 111
状態爆発（state explosion） 255
情報（information） 42
情報隠蔽（information hiding） 101
情報システム（information system） 2
情報処理システム（information processing system） 2
情報爆発（information explosion） 15
上流工程（upper process） 6
書記（recorder） 169
初期疑似状態（initial pseudo state） 36
叙述的なシナリオ（narrative scenario） 87
進化型プロセスモデル
　（evolutionary process model） 183
シンクライアント（thin client） 54
シンタクス（統語論 syntax） 22
シンプレックスシステム（simplex system） 56
信頼性テスト（reliability testing） 159
信頼度成長曲線（reliability growth curve） 167
推移的関数従属

（transitively functional dependent）	109	製品導出（product derivation）	218
水準（level）	164	製品品質（product quality）	76
スイムレーン（swim lane）	31	制約（constraint）	231
数理論理学（mathematical logic）	242	是正保守（corrective maintenance）	192
スクラム（scrum）	186	セマンティクス（意味論 semantics）	22
スクリプト（script）	48	遷移（transition）	35
スケジューラ（scheduler）	46	線形時相論理（LTL Linear Temporal Logic）	251
スケジュール効率指標（SPI Schedule Performance Index）	272	センサ（sensor）	66
スケジュール差異（SV Schedule Variance）	271	全数探索（exhaustive search）	246
スケールアウト（scaling out）	57	全体・部分（whole-part）	28
スケールアップ（scaling up）	57	戦略マップ（strategy map）	61
スコーピング（scoping）	216	相互運用性テスト（interoperability testing）	159
スコープ（scope）	262, 263	操作化図（operationalization diagram）	86
スタブ（stub）	157	操作的仕様（operational specification）	245
ステークホルダ（stakeholder）	75	操作モデル（operation model）	86
ステートマシン図（state machine diagram）	35	ソースファイル（source file）	133
ステレオタイプ（stereotype）	231	ソフトウェア（software）	2
ストアードプログラム方式, プログラム内蔵方式（stored program）	43	ソフトウェアアーキテクチャ（software architecture）	119
ストラクチャチャート（structured chart）	105	ソフトウェア開発プロセス（software development process）	178
ストレステスト（stress testing）	159	ソフトウェア危機（software crisis）	10
スパイラルモデル（spiral model）	184	ソフトウェア工学（software engineering）	5
スーパークラス（superclass）	28	ソフトウェア構成要素（SCI Software Configuration Item）	277
成果物（artifact）	154	ソフトウェア再利用（software reuse）	201
成果物（deliverable）	263	ソフトウェア進化（software evolution）	194
正規化（normalization）	108	ソフトウェア進化の法則（laws of software evolution）	194
正規形（normal form）	108	ソフトウェア設計（software design）	96
正規言語（regular language）	249	ソフトウェアパターン（software pattern）	205, 209
制御フロー（control flow）	30	ソフトウェアプロダクトライン（SPL Software Product Lines）	206, 214
制御フローテスト（control flow testing）	162	ソフトウェア保守（software maintenance, maintenance）	192
静的解析（static analysis）	155	ソフトウェアモデリング（software modeling）	20
静的プログラム解析（static program analysis）	197	ソフトウェアモデル（software model）	20
静的プログラムスライシング（static program slicing）	198	ソフトゴール（soft goal）	84
静的リンク（static linking）	133		
性能テスト（performance testing）	159		

ソフトシステムズ方法論
　（SSM Soft Systems Methodology）　　83

タ行

第一正規形（1NF the first Normal Form）　108
第三正規形（3NF the third Normal Form）　109
代替シナリオ（alternative scenario）　88
第二正規形（2NF the second Normal Form）　109
タイム（time）　262
タイムボックス開発（time-box development）　186
多重度（multiplicity）　27
妥当性確認（validation）　154
単一責任の原則（SRP Single Responsibility Principle）　117
段階的詳細化（stepwise refinement）　105
単体テスト（unit testing）　157
チェックアウト（check out）　143
チェックイン（check in）　143
中央処理装置（CPU Central Processing Unit）　43
抽出型（extractive approach）　220
抽象化（abstraction）　21
抽象シンタクス（abstract syntax）　230
抽象データ型（ADT Abstract Data Type）　103
調査（research）　82
調達（procurement）　276
直交（orthogonal）　37
直交表（orthogonal array）　164
散らばり（scattering）　124
ツインピークスモデル（twin-peaks model）　99
通信（communication）　49
通信回線（communication channel）　49
ディスパッチャ（dispatcher）　46
定理証明（theorem proving）　246
適応保守（adaptive maintenance）　192
出来高計画値（PV Planned Value）　271
出来高実績値（EV Earned Value）　271
出口アクション（exit action）　36

デザインパターン（design pattern）　210
テスト（testing）　155
テストケース（test case）　156
テストスイート（test suite）　156
テストタイプ（test type）　158
テストファースト（test first）　188
テストレベル（test level）　157
データ（data）　42
データ構造（data structure）　97
データ辞書（data dictionary）　105
データ抽象化（data abstraction）　103
データ中心アプローチ
　（DOA Data Oriented Approach）　106
データフロー（dataflow）　30
データフロー図（DFD Data Flow Diagram）　32
データフローテスト（data flow testing）　164
データベース（database）　56
デッドロック（dead lock）　255
手直し　7
デバッガ（debugger）　149
デバッグ（debugging）　146
手戻り（rework）　7
デュアルシステム（dual system）　56
デュプレックスシステム（duplex system）　56
デルファイ法（delfhi method）　82
統一資源位置指定子
　（URL Unified Resource Locator）　52
同期（synchronous）　49
統合開発環境（IDE Integrated Development Environment）　138
統合テスト（integration testing）　157
到達可能性（reachability）　254
同値分割法（EP Equivalence Partitioning）　159
動的プログラム解析（dynamic program analysis）　197
動的プログラムスライシング（dynamic program slicing）　198
動的リンク（dynamic linking）　133

投入実績値（AC Actual Cost）	271
読者（reader）	169
独立性（isolation）	57
ドメインエンジニアリング（domain engineering）	215
ドメインスコーピング（domain scoping）	216
ドメイン特化言語（DSL Domain Specific Lan-guage）	205, 237
ドメイン特化モデル（DSM Domain Specific Model）	224
ドライバ（driver）	157
トリガ（trigger）	35
トレース（trace）	33

ナ行

内部アクション（internal action）	36
内部設計（internal design）	96
内部DSL（internal DSL）	237
内部品質（internal quality）	78
2層クライアントサーバ（two-tier client-server）	55
ネットワーク（network）	49
能力成熟度モデル統合（CMMI Capability Maturity Model Integration）	278

ハ行

配置（デプロイ deploy）	131
配置図（deployment diagram）	122
配置ビュー（deployment view）	121
バイト（byte）	42
バイトコード（bitecode）	47
ハイパーテキスト（hypertext）	51
ハイパーバイザ（hypervisor）	135
バグ（bug）	155
バグトラッキングシステム（BTS Bug Tracking System）	150
バージョン（version）	141
バージョン木（version tree）	141
パターン（pattern）	205, 209
バックワードプログラムスライシング（backward program slicing）	198
パッケージ管理（package management）	141
パッケージング（packaging）	140
発想支援（idea making support, creativity support）	82
バッチ処理（batch processing）	55
ハードゴール（hard goal）	84
パラメトリック見積もり（parametric estimating）	269
バランス・スコアカード（balanced scorecard）	60
バリアント（variant）	217
汎化（generalization）	28
半構造化インタビュー（semi-structured interview）	81
反応型（reactive approach）	220
ピアレビュー（peer review）	169
非機能テスト（non-functional testing）	159
非機能要求（NFR Non-Functional Requirement）	74
非形式仕様（informal specification）	245
非決定性有限オートマトン（non deterministic finite automaton）	248
非公式レビュー（informal review）	169
非構造化インタビュー（unstructured interview）	81
ビジネスプロセス（business process）	59
ビジネスプロセス管理（BPM Business Process Management）	62
ビジネス・プロセス・リエンジニアリング（BPR Business Process Re-engineering）	62
ビッグデータ（big data）	58
ビット（bit）	42
非同期（asynchronous）	49
表明（assertion）	149
ビルド（build）	138
品質（quality）	272
品質監査（quality audits）	273
品質コントロール（control quality）	273
品質保証（perform quality assurance）	273
品質マネジメント計画（plan quality management）	273
品質モデル（quality model）	76

品質要求（quality requirement） 74
ファットクライアント（fat client） 55
ファンクションポイント（FP Function Point） 275
フィーチャ（feature） 217
フィーチャモデル（feature model） 216
フェーズ（phase） 178
フォーク（fork） 31
フォールト（fault） 155
フォワードエンジニアリング（forward engineering） 199
フォワードプログラムスライシング（forward program slicing） 198
フォンノイマン型アーキテクチャ（von Neumann architecture） 43
負荷テスト（load testing） 159
複合条件網羅（multiple-condition coverage） 163
複合状態（composite state） 36
ブラックボックステスト（black-box testing） 159
プラットフォーム依存モデル（PSM Platform Specific Model） 226
プラットフォーム独立モデル（PIM Platform Independent Model） 226
ブルックスの法則（Brooks' law） 10
振舞いモデル（behavior model） 86
ブレインストーミング（brain storming） 82
プレシデンス・ダイアグラム法（PDM Precedence Diagram Method） 265
プログラム解析（program analysis） 197
プログラム視覚化（program visualization） 197
プログラムスライス（program slice） 198
プログラムスライシング（program slicing） 198
プログラムライブラリ（program library） 203
プロジェクト（project） 262
プロジェクト管理（project management） 262
プロジェクト憲章（project charter） 263
プロジェクトマネジメントプロセス（project management process） 263
フローズンスポット（flozen spot） 206

プロセス（process） 45, 104
プロセス仕様書（process specification） 105
プロセス中心アプローチ（POA Process Oriented Approach） 104
プロセス領域（process area） 278
プロセッサ（processor） 43
プロダクトスコーピング（product scoping） 216
プロダクトライン（product line） 206, 214
プロダクトラインアーキテクチャ（product line architecture） 217
プロダクトラインスコーピング（product line scoping） 216
ブロードキャスト（broadcast） 49
プロトコル（protocol） 50
プロトタイピング（prototyping） 82, 183
プロトタイプ（prototype） 183
プロファイル（profile） 232
分岐網羅（branch coverage） 163
分散処理（distributed processing） 54
並行合成（parallel composition） 250
並行処理（concurrent processing） 250
ベストプラクティス（best practice） 14
ベースライン（baseline） 277
ポイントカット（pointcut） 124
包含（include） 24
保守性テスト（maintainability testing） 159
補助記憶装置（二次記憶装置）（auxiliary memory, secon darily storage） 43
ホットスポット（hot spot） 206
ボトムアップ見積もり（bottom-up estimating） 269
ポリモルフィズム（polymorphism） 114
ホワイトボックステスト（white-box testing） 162

マ行

マイクロ・コントローラ・ユニット（MCU Micro Controller Unit） 65
マイクロ・プロセッシング・ユニット（MPU Micro Processing Unit） 65
マインドマップ（mind mapping） 82

マッピング（mapping）	234
マルチキャスト（multicast）	49
マルチタスキング（multitasking）	46
マルチプログラミング（multiprogramming）	46
ミスユースシナリオ（misuse scenario）	88
ムーアの法則（Moore's law）	9
命令網羅（statement coverage）	163
メタメタモデル（meta-metamodel）	230
メタモデル（metamodel）	229
メッセージ（message）	32
メトリクス（metrics）	274
網羅率（coverage）	162
モジュール（module）	100
モジュール化（modularization）	100
モジュール強度（モジュール凝集度 module cohesion）	101
モジュール結合度（module coupling）	101
モデルインスタンスマッピング（model instance mapping）	235
モデル型マッピング（model type mapping）	234
モデル駆動アーキテクチャ（MDA Model-Driven Architec-ture）	226
モデル駆動工学（MDE Model Driven Engineering）	205, 224
モデル検査（model checking）	246
モデルベース開発（model based development）	227
モデル変換（model transformation）	224
モデレータ（moderator）	169
問題空間（problem space）	98
問題フレーム（problem frame）	80

ヤ行

有限オートマトン（finite automaton）	111
有限状態機械（FSM Finite State Machine）	36
有限状態モデル（finite state model）	247
ユーザビリティテスト（usability testing）	159
ユースケース（use case）	23
ユースケース記述（use case text）	25
ユースケース図（use case diagram）	23
ユースケーステスト（use case testing）	162
ユースケース分析（use-case analysis）	88
ユーティリティツリー（utility tree）	171
ユニキャスト（unicast）	49
要求（requirement）	74
要求獲得（requirements elicitation）	79
要求検証（requirements verification）	92
要求仕様（要求仕様書 requirements specificatio）	78
要求仕様化（requirements specification）	80
要求妥当性確認（requirements validation）	92
要求定義（requirements definition）	78
要求の検証・妥当性確認・評価（requirements verification, validation and evaluation）	80
要求評価（requirements evaluation）	92
要求分析（requirements analysis）	80
予防保守（preventive maintenance）	192
4+1 ビューモデル（4+1 View Model）	120

ラ行

ライフサイクル（life cycle）	178
ライフライン（lifeline）	33
ラグ（lag）	268
リアクティブ（reactive）	64
リアルタイム（real-time）	64
リアルタイムオペレーティングシステム（RTOS Real-Time Operating System）	67
リアルタイム処理（real-time processing）	55
リエンジニアリング（reengineering）	200
リスク（risk）	276
リスク駆動（risk-driven）	185
リスコフの置換原則（LSP Liskov Substitution Principle）	118
リストラクチャリング（restructuring）	199
リーダー（inspection leader）	169
リード（lead）	268
リバースエンジニアリング（reverse engineering）	199
リビジョン（revision）	141

リファクタリング（refactoring）	200
リポジトリ（repository）	143
利用時の品質（quality in use）	76
リリースパッケージ（release package）	140
リレーショナル代数（relational algebra）	110
リレーショナルモデル（relational model）	107
リンカ（linker）	47
リンク（link）	26
類推見積もり（analogous estimating）	269
例外シナリオ（exceptional scenario）	88
レガシーソフトウェア（legacy software）	193
レジスタ（register）	43
レビュー（review）	155
ローダ（loader）	137
ローリング・ウェーブ・計画法（rolling wave planning）	265
ロール（role）	27
論理設計（logical design）	107
論理ビュー（logical view）	120

ワ行

ワークショップ（workshop）	81
ワーク・パッケージ（work package）	264
ワーク・ブレークダウン・ストラクチャ（WBS Work Breakdown Structure）	264
割込み（interrupt, interruption）	66
ワールドワイドウェッブ（WWW World Wide Web）	51

著者略歴

岸　知　二（きし　ともじ）

京都大学大学院 工学研究科 情報工学専攻 修士課程修了
北陸先端科学技術大学院大学 情報科学研究科 博士後期課程修了
博士（情報科学）
日本電気 (NEC), 北陸先端科学技術大学院大学 情報科学科を経て
（現在）早稲田大学 創造理工学部 経営システム工学科 教授

主 な 著 書

ソフトウェアアーキテクチャ（共立出版），他

野　田　夏　子（のだ　なつこ）

東京女子大学大学院 理学研究科 数学専攻 修士課程修了
北陸先端科学技術大学院大学 情報科学研究科 博士後期課程修了
博士（情報科学）
日本電気 (NEC) を経て
（現在）芝浦工業大学 デザイン工学部 デザイン工学科 教授

主 な 著 書

ソフトウェアアーキテクチャ（共立出版）

ソフトウェア工学

ⓒ 2016　Tomoji Kishi. Natsuko Noda
　　　　　　　　　　　　　Printed in Japan

2016 年 7 月 31 日　初 版 発 行
2024 年 9 月 30 日　初版第 6 刷発行

著　者　　岸　知二・野田夏子
発行者　　大　塚　浩　昭
発行所　　株式会社　近代科学社
〒101-0051　東京都千代田区神田神保町 1-105
https://www.kindaikagaku.co.jp

藤原印刷　　　ISBN978-4-7649-0509-2

定価はカバーに表示してあります．